HEYNE <

AF551360

Jin Yong

DER PFAD DER ADLERKRIEGER

Roman

Aus dem Chinesischen übersetzt
und mit einem Glossar von Karin Betz

WILHELM HEYNE VERLAG
MÜNCHEN

Titel der chinesischen Originalausgabe:
射雕英雄傳 3

Sollte diese Publikation Links auf Webseiten Dritter enthalten, so übernehmen wir für deren Inhalte keine Haftung, da wir uns diese nicht zu eigen machen, sondern lediglich auf deren Stand zum Zeitpunkt der Erstveröffentlichung verweisen.

Penguin Random House Verlagsgruppe FSC® N001967

Deutsche Erstausgabe 09/2022
Redaktion: Kristof Kurz
Copyright © 1959, 1976, 2003 by Jin Yong (Louis Cha)
Copyright © 2022 der deutschsprachigen Ausgabe und der Übersetzung by Wilhelm Heyne Verlag, München, in der Penguin Random House Verlagsgruppe GmbH, Neumarkter Straße 28, 81673 München
Die Übersetzerin dankt dem Deutschen Übersetzerfonds e. V. für die großzügige Unterstützung ihrer Arbeit durch ein Stipendium.
Printed in the Czech Republic
Umschlaggestaltung: DAS ILLUSTRAT GbR, München, unter Verwendung einer Illustration von Lee Chi Ching
Satz: Schaber Datentechnik, Austria
Druck und Bindung: CPI books GmbH, Leck

ISBN: 978-3-453-32165-6

www.heyne.de

Inhalt

Personenverzeichnis

PROTAGONISTEN

Guo Jing, Sohn von Guo Xiaotian und Li Ping; aufgewachsen im Klan von Dschingis Khan in der Mongolei; Schüler der Sieben Sonderlinge des Südens
Huang Rong, Tochter von Ketzer des Ostens Huang Yaoshi und gewitzte Kung-Fu-Kämpferin
Wanyan Kang (Yang Kang), Sohn Yang Tiexins und Bao Xiruos; aufgewachsen als Adoptivsohn des Jin-Prinzen Wanyan Honglie
Mu Nianci, Adoptivtochter Yang Tiexins

DIE FAMILIEN GUO UND YANG AUS NIU

Guo Xiaotian, Nachfahre von Guo Sheng (einem der legendären Räuber vom Liangshan-Moor)
Yang Tiexin, Schwurbruder Guo Xiaotians, Nachfahre des Helden Yang, der unter General Yue Fei gedient hat
Bao Xiruo, Yang Tiexins Frau, Mutter von Yang Kang
Li Ping, Guo Xiaotians Frau, Mutter von Guo Jing

DIE SIEBEN SONDERLINGE DES SÜDENS

Ke Zhen'e, der Bezwinger allen Übels, genannt Fliegende Fledermaus
Zhu Cong, der Gelehrte, genannt Wunderhand
Han Baoju, der Reiterkönig, genannt Hüter der Ställe
Nan Xiren, der Holzhacker, genannt Holzfäller der südlichen Berge
Zhang Asheng, der Metzger, genannt Lachender Buddha
Quan Jinfa, der Herrliche, genannt Heimlicher Held des Marktplatzes
Han Xiaoying, die Fischerin, genannt Meisterin des Yue-Schwerts

DIE FÜNF GROSSMEISTER DES JIANGHU

Wang Chongyang, Magier der Mitte
Huang Yaoshi, Ketzer des Ostens
Ouyang Feng, Gift des Westens
Hong Qigong, Bettler des Nordens
Duan Zhixing, König des Südens

DIE DAOISTEN

Wang Chongyang, Magier der Mitte, genannt Zweifache Sonne; einer der fünf Großmeister des Jianghu, Begründer der Quanzhen-Kung-Fu-Schule der Daoisten
Zhou Botong, genannt Alter Kindskopf; Nachfolger Wang Chongyangs

Die Sieben Jünger der Quanzhen-Schule:

Ma Yu, genannt Zinnoberrote Sonne
Tan Chuduan, genannt Ewige Wahrheit
Qiu Chuxuan, genannt Langes Leben
Qiu Chuji, genannt Ewiger Frühling
Wang Chuyi, genannt Jadesonne
Hao Datong, genannt Große Ruhe
Sun Bu'er, genannt Wandelnde Klarheit

Yin Zhiping, Novize, Schüler Qiu Chujis
Cheng Yaojia, Schülerin Sun Bu'ers

SCHULE DER PFIRSICHBLÜTENINSEL DES OSTMEERS

Huang Yaoshi, Ketzer des Ostens; einer der fünf Großmeister des Jianghu

Seine Schüler:

Mei Chaofeng, genannt Eisenleiche
Chen Xuanfeng, genannt Kupferleiche
(Zusammen bekannt als die **Zwillingsmörder der Dunklen Winde)**
Qu Lingfeng
Lu Chengfeng
Wu Baifeng
Feng Qianfeng

DER BETTLERKLAN

Bettlerfürst Hong Qigong, der Bettler des Nordens, einer der fünf Großmeister des Jianghu

Die Klanältesten

Lu Youjiao, Der mit den Füßen, Ältester der Schmutzbettler
Liang, Ältester der Sauberbettler
Ältester Jian, Ältester der Sauberbettler
Ältester Peng, Ältester der Sauberbettler

Hauptmann Li Sheng, der Schlangenkönig des Ostufers
Yu Zhaoxing

BEWOHNER DES WANDERWOLKENPALASTS

Gutsherr Lu Chengfeng, genannt Krüppel von den Fünf Seen; Gelehrter und Herr des Wanderwolkenpalasts
Lu Guanying, Sohn von Gutsherr Lu; Schüler der buddhistischen Shaolin-Schule; Befehlshaber der Piraten des Tai-Sees

DIE MONGOLEN

Temüjin, der Große Khan, später Dschingis Khan
Tolui, vierter Sohn des Khans; Schwurbruder (Anda) Guo Jings
Khojin, Tochter des Khans
Jebe, einer der Generäle Dschingis Khans; berühmter Bogenschütze
Borokhul, einer der Generäle Dschingis Khans

JIN-KAISERHAUS (JURCHEN),
Eroberer Nordchinas mit der Hauptstadt Zhongdu
(vordem Yanjing, heute Peking)

Wanyan Honglie, der Sechste Prinz von Jin, Titel König Zhao
Wanyan Kang, Adoptivsohn Wanyan Honglies

KAMPFKÜNSTLER IM GEFOLGE WANYAN HONGLIES:

Ouyang Ke, Meister vom Weißen Kamelhügel; Neffe von Gift des Westens Ouyang Feng
Sha Tongtian, der Drachenkönig vom Dämonentor
Hou Tonghai, der Dreigehörnte Drache
Liang Ziweng, der Ginseng-Unsterbliche
Peng Lianhu, der Metzger der tausend Hände
Lobsang Choden Rinpoche, Lama Ewige Weisheit

Qiu Qianren, genannt Wasserwandler mit der Eisenfaust, Anführer der Eisenfaustbande

Die vier Dämonen des Gelben Flusses, Schüler Sha Tongtians:

Shen Qinggang, genannt Seelensäbel
Wu Qinglie, genannt Todesspeer
Ma Qingxiong, genannt Teufelspeitsche
Qian Qingjian, genannt Unheilsaxt

射雕英雄傳

DER PFAD DER ADLERKRIEGER

竄改經文

1
Das gefälschte Neun-Yin-Handbuch

Bettlerfürst Hong und Guo Jing sahen Zhou Botong nach, der von Ouyang Feng und seinem Neffen zu einer Kabine am Heck des Schiffs gebracht wurde. Sie selbst folgten vier weiß gekleideten Damen zu einer Kabine am Schiffsbug, um die Kleider zu wechseln.

»So sehr hat man mich alten Bettler aber lange nicht verwöhnt!« Lachend streifte Hong Qigong die nassen Sachen ab, bis er völlig nackt war, und ließ sich von einer der Frauen trocken rubbeln.

Guo Jing lief rot an.

»Keine Angst, mein Junge, sie werden dich schon nicht auffressen.«

Zwei Frauen traten auf Guo Jing zu, zogen ihm die Schuhe aus und öffneten seinen Gürtel. Hastig legte er Strümpfe und Oberkleider ab, sprang auf das Bett und schlüpfte unter die Decke, um sich dort selbst die Unterkleider auszuziehen. Hong Qigong lachte schallend und auch die Frauen hielten sich kichernd die Hände vor den Mund.

Als die beiden wieder trockene Kleidung trugen, brachten ihnen zwei weitere Frauen große Tabletts mit Reis und einer Auswahl feiner Speisen. »Ein kleiner Imbiss für die Herren.«

»Fort mit euch!« Bettlerfürst Hong scheuchte die Frauen mit einer Handbewegung hinaus. »Beim Anblick solcher Schönheiten bekomme ich keinen Bissen runter.«

Die Frauen lächelten und verließen die Kabine. Der Bettler schnüffelte am Weinkrug und an den Gerichten. »Rühr bloß nichts davon an«, flüsterte er Guo Jing zu, sobald sie die Tür hinter sich geschlossen hatten. »Der Alte Giftmolch steckt voller Heimtücke. Iss nur den Reis.« Er entkorkte seinen eigenen Flaschenkürbis und nahm zwei kräftige Schlucke Schnaps. Dann schaufelten die beiden je drei Schüsseln Reis in sich hinein. Die Platten mit den anderen Gerichten versteckten sie unter den Bodenplanken.

»Was sie wohl mit Bruder Botong vorhaben?«, fragte Guo Jing.

»Nichts Gutes, so viel ist sicher. Diesmal sitzt der Alte Kindskopf so richtig in der Tinte.«

Es klopfte und eine der weiß gekleideten Frauen steckte vorsichtig den Kopf zur Tür herein. »Herr Zhou bittet den jungen Herrn Guo zu sich in die hintere Kabine.«

Guo Jing warf seinem Meister einen fragenden Blick zu und folgte der Frau über Backbord zum Schiffsheck. Zaghaft klopfte sie an die Kabinentür und wartete einen Augenblick, bevor sie sie öffnete. »Ich bringe Junker Guo.«

Guo Jing betrat die Kabine und hinter ihm schloss sich die Tür. Der Raum war leer. *Seltsam!,* sagte er sich, doch schon ging mit einem Ruck eine seitliche Schiebetür auf und die beiden Ouyangs traten ein. »Wo ist Bruder Botong?«, fragte Guo Jing.

Noch während Ouyang Feng mit der einen Hand die Tür hinter sich zuschob, hatte er unversehens mit der anderen Hand Guo Jing am Handgelenk gepackt. Ein stechender Schmerz durchzuckte Guo Jings Arm. Ouyang Fengs Griff war wie eine eiserne Handfessel. Jetzt versetzte ihm Ouyang Ke mit seinem Eisenfächer flink einen gezielten Schlag auf den zentralen Nervenpunkt am Rücken.

Was wird hier gespielt? Völlig überrumpelt und unfähig, sich zu bewegen, stand Guo Jing da.

Ouyang Feng lächelte kühl. »Der Alte Kindskopf hat nicht getan, was ich von ihm verlangt habe, obwohl er unsere Wette verloren hat.«

Guo Jing brachte nur ein fragendes Grunzen hervor.

»Ich wollte, dass er den *Wahren Weg der Neun Yin* aus dem Gedächtnis für mich niederschreibt. Aber entgegen unserer Abmachung hat er sich geweigert.«

Als ob er zulassen würde, dass dir das Handbuch in die Hände fällt!, dachte Guo Jing. »Was ist mit Bruder Botong?«, brachte er mühsam hervor.

»Nun, hatte er nicht versprochen, dass er über Bord springt und sich den Haien zum Fraß vorwirft, wenn er unsere Abmachung bricht? In dieser Hinsicht hat er immerhin Wort gehalten, hahaha!«

»Er hat …?« Guo Jing war fassungslos. Er wollte sich losreißen und hinausrennen, aber Ouyang Fengs eiserner Griff ließ sich nicht abschütteln. Ouyang Ke schlug ihm noch einmal auf den Nervenpunkt am Rücken und Guo Jing fühlte seinen ganzen Körper taub werden.

Ouyang Feng deutete auf einen Tisch, auf dem Papier, Tusche und Pinsel bereitlagen. »Du bist jetzt der Einzige auf der Welt, der das *Neun-Yin-Handbuch* auswendig kennt. Schreib es auf.«

Guo Jing schüttelte den Kopf. Ouyang Ke grinste verächtlich. »Das Essen, das du dir gerade mit dem alten Bettler hast schmecken lassen, war vergiftet. Ohne das Gegenmittel meines Onkels werdet ihr in einem halben Tag so tot sein wie die Haie vorhin. Wenn du dich fügst, werden wir dein Leben und das deines Meisters selbstverständlich verschonen.«

Wie gut, dass mein Meister so umsichtig war, seufzte Guo Jing innerlich, *diese Kerle hätten uns umgebracht!* Der Gedanke jagte ihm kalte Schauer über den Rücken. Er bedachte Ouyang Feng mit einem wütenden Blick. *Du magst ein Großmeister der Kampfkunst sein, aber deine Niedertracht ist schändlich.*

Ouyang Feng wurde ungeduldig. »Du hast das Handbuch doch ohnehin auswendig gelernt, was ist also dabei, es aufzuschreiben? Warum so zögerlich?«

»Ihr habt meinen Schwurbruder getötet«, sagte Guo Jing kühl. »Meine Verachtung für Euch ist so unermesslich wie der Ozean. Wenn Ihr mich töten wollt, dann tötet mich eben, aber ich denke nicht im Traum daran, mich Eurem Willen zu beugen!«

»Du bist ein tapferer junger Mann, keine Frage. Aber auch wenn du selbst keine Angst vor dem Tod hast, willst du dann nicht wenigstens das Leben deines Meisters retten?«

Guo Jing wollte eben etwas entgegnen, als mit einem lauten Krachen die Kabinentür zersplitterte. Ouyang Feng schnellte herum und sah sich dem Bettler gegenüber, der zwei große Holzbottiche auf den Händen balancierte. Im nächsten Augenblick kippte er jeweils einen Schwall Meerwasser über die beiden Ouyangs. Ouyang Feng sprang zur Seite und zog dabei Guo Jing mit sich, dessen Handgelenk er weiter fest umklammert hielt. Der Wasserschwall klatschte gegen die Kabinenwand und spritzte in alle Richtungen. Ouyang Ke schrie auf. Der Bettler hatte ihn am Kragen gepackt. Er baumelte in der Luft, die Füße eine Elle über dem Boden.

Der Bettler lachte. »Du willst mir partout den Garaus machen, Alter Giftmolch, aber der Himmel scheint es nicht zu erlauben!«

Beim Anblick seines Neffen in der Hand des Bettlers stimmte Ouyang Feng mildere Töne an. »Aber, aber, Bruder Hong, willst du schon wieder dein Kung-Fu mit meinem messen? Warten wir doch ab, bis wir wieder auf dem Festland sind.«

»Du scheinst einen Narren an meinem Schüler gefressen zu haben, Alter Giftmolch. Oder warum willst du seine Hand nicht loslassen?«

»Du warst Zeuge, dass ich die Wette gegen den Alten Kindskopf gewonnen habe, oder etwa nicht? Aber er hat sein Wort nicht gehalten. Das gehört sich nicht, findest du nicht auch?«

Der Bettler nickte. »So weit, so wahr. Wo ist er jetzt?«

»Bruder Botong ist … sie haben ihn gezwungen, ins Meer zu springen!«, stieß Guo Jing verzweifelt hervor.

Entsetzt rannte der Bettler, ohne Ouyang Ke loszulassen, hinaus auf das Deck. Aber es war bereits stockfinster und er sah nichts als wogende, nachtschwarze Wellen. Keine Spur von Zhou Botong.

Ouyang Feng lief ihm hinterher. Er hielt Guo Jing immer noch an der Hand gepackt. »Dein Kung-Fu lässt doch noch arg zu wünschen übrig, junger Mann!«, meinte er verächtlich und ließ ihn los. »Lässt dich mit einem Griff unschädlich machen. Pah! Du solltest noch weitere zehn Jahre mit deinem Meister üben, bevor er dich allein durch den Jianghu ziehen lässt!«

Guo Jing scherte sich nicht um seine Häme. So schnell er konnte, kletterte er auf den Mast und hielt besorgt nach seinem Schwurbruder Ausschau.

Der Bettler schleuderte Ouyang Ke zu seinem Onkel zurück. »Du hast den Alten Kindskopf in den Tod geschickt. Die Rache der Quanzhen-Jünger ist dir sicher, Alter Giftmolch. Gegen die vereinten Kräfte der sieben Daoisten wird dir auch deine große Kampfkunst nichts nutzen.«

Ouyang Ke war wieder sicher auf den Füßen gelandet. *Elender alter Bettler!,* dachte er. *Morgen um diese Zeit wird das Gift seine Wirkung zeigen und du wirst auf Knien um dein Leben flehen.*

»Du warst Zeuge unserer Wette und wirst dich nicht um deine Verantwortung drücken können«, sagte Ouyang Feng lächelnd.

»Gewiss nicht. Ich werde dabei sein, wenn die Daoisten dich heimsuchen und dir mit meinem Hundestock den Rest geben.«

Ouyang Feng legte die Hände zusammen, verbeugte sich und verschwand in der Kabine.

Guo Jing hielt weiter nach Zhou Botong Ausschau. Weder Mond noch Sterne erhellten die Nacht, nichts außer der weißen Gischt auf den Wellen war zu erkennen. Enttäuscht glitt er den Mast wieder hinunter und erzählte seinem Meister, dass der Alte Giftmolch ihn hatte zwingen wollen, den Text des Handbuchs niederzuschreiben. Hong Qigong nickte nur schweigend. *Wenn der Alte Giftmolch sich einmal etwas in den Kopf gesetzt hat, lässt er so schnell nicht locker,* dachte er. *Er wird keine Ruhe geben, bis er im Besitz des Handbuchs ist. Mein Schüler wird ihn niemals loswerden.*

Beim Gedanken an seinen toten Schwurbruder brach Guo Jing in Tränen aus. Auch der Bettler war bedrückt. Sie segelten zwar mit flotter Geschwindigkeit gen Westen, würden aber mindestens noch einen Tag auf See verbringen müssen. Da sie dem Essen, das die Ouyangs ihnen vorsetzten, nicht trauen konnten, brach der Bettler kurzerhand in die Kombüse ein, stahl etwas von den Vorräten und stopfte sich zusammen mit Guo Jing den Bauch voll. Bald darauf fielen sie in tiefen Schlaf.

Ouyang Feng und sein Neffe warteten bis zum darauffolgenden Nachmittag. Ihre beiden Gäste gaben kein Lebenszeichen von sich. Hatte er zu viel Gift genommen und die beiden versehentlich getötet? Dass der Bettler das Zeitliche segnete, wäre Ouyang Feng höchst willkommen, aber mit Guo Jing ginge auch das Handbuch verloren. Der Hand des Alten Ketzers Huang würde er es nie und nimmer entreißen können. Verstohlen spähte er durch die Türritze in die Kabine der beiden und sah, wie Meister und Schüler fröhlich dahockten und plauderten. Der Bettler dozierte wie immer laut und wohltönend. *Verflucht! Der alte Bettler hat meinen Plan durchschaut!,* dachte er. Nun musste er sich etwas anderes einfallen lassen, um Bettler Hong auszuschalten, ohne Guo Jing zu schaden.

Hong Qigong war gerade dabei, Guo Jing alles über den Bettlerklan zu erzählen und wie es kam, dass die Bettler, obwohl sie selbst von Almosen lebten, im Namen der Gerechtigkeit für das Volk stritten und sich stets für die Schwachen und Unterdrückten einsetzten. Schließlich erklärte er ihm die Regeln, nach denen die Nachfolge des Bettlerfürsten bestimmt wurde. »Zu schade, dass du nicht wie ein Bettler lebst, mein Junge. Keiner aus meinem Klan kann es mit dir an Rechtschaffenheit aufnehmen. Zu gern würde ich einem wie dir meinen Hundestock vermachen.«

Dumpfe Schläge unterbrachen sein fröhliches Geplauder. Holz splitterte. Axthiebe? Der Bettler sprang auf. »Das verheißt nichts Gutes. Will der Hundsfott etwa das Schiff versenken?« Er rannte zur Tür. »Schnell, wir schnappen uns den kleinen Sampan am Heck!«

In diesem Augenblick durchschlug eine Axt die Holzwand knapp über dem Kabinenboden, aber was hereinströmte, war kein Meerwasser.

»Der Alte Giftmolch hetzt seine Schlangen auf uns! Na warte«, höhnte der Bettler. Mit einem Schwung aus dem rechten Handgelenk ließ er einen Regen aus stählernen Nadeln auf die zischelnden Schlangen niedergehen und nagelte damit Dutzende davon an den Planken fest. Die Tiere krümmten sich vor Schmerz und verstummten. *Schon Huang Rong beherrscht die Kunst des* Himmels voller Tautropfen *nicht schlecht, aber Meister Hong ist viel besser,* dachte Guo Jing bewundernd.

Immer mehr Schlangen folgten und wurden vom Bettler mit geschickten Nadelwürfen aufgespießt. Doch Flötentöne von draußen trieben immerzu neue Schlangen in die Kabine.

»Zu freundlich vom Alten Giftmolch, mir so viel Gelegenheit zur Zielübung zu verschaffen!«

Der Bettler griff in seine Taschen, um mehr Nadeln hervorzuholen, und erschrak. Er hatte kaum noch Nachschub. Was nun? In diesem kurzen Augenblick des Zögerns flogen krachend die beiden Türflügel auf und eine Handkante sauste auf Hongs Rücken zu.

Guo Jing, der neben seinem Meister stand, spürte den Luftzug des brutalen Hiebs. Ohne sich umzudrehen, legte er die Handflächen aufeinander, nahm alle Kraft zusammen und wehrte den Schlag ab. Ouyang Feng schnappte überrascht nach Luft und holte zu einem horizontalen Schlag aus, den Guo Jing kaum würde abwehren können. Dieser täuschte mit seiner Rechten an und zielte mit der Linken auf Ouyang Fengs Schulter, doch der duckte sich rasch weg und attackierte Guo Jings Handgelenk. Die Lage war brenzlig. Wenn Ouyang Feng die Kabinentür öffnete, würden noch mehr giftige Schlangen hereinströmen. Mit aller Kraft wehrte Guo Jing mit der Linken Ouyang Feng ab, während er mit der Rechten angriff und dabei unbewusst Zhou Botongs Kunst des beidseitigen Kampfs anwendete. Ouyang Feng zögerte kurz. Was war das für eine Technik? Dergleichen hatte er noch nie gesehen. Prompt gewann Guo Jing vorübergehend die Oberhand über den ihm weit überlegenen Kampfkunstmeister. Es dauerte jedoch nicht lange, bis Gift des Westens die ungewöhnliche Methode zu kontern verstand. Ein Großmeister seines Rangs war eben immer noch mehr als doppelt so stark wie ein Guo Jing.

»Ha!« Ouyang Feng attackierte mit zwei Hieben gleichzeitig. Unfähig, ihn mit nur einer Hand aufzuhalten, wich Guo Jing zurück und landete inmitten der zischelnden Schlangen.

»Wunderbar! Hervorragend!«, rief der Bettler vergnügt. »Du willst ein Großmeister sein, Alter Giftmolch? Nicht einmal mit meinem Schüler kannst du es aufnehmen!«

Ein Sprung und Guo Jing flog mit *Der Drache steigt in den Himmel* über die Köpfe der beiden hinweg und versetzte Ouyang Ke, der hinter seinem Onkel aufgetaucht war, einen Tritt. Gleichzeitig wollte er Ouyang Feng den Ellbogen in den Rücken stoßen. Dieser wich aber rasch zur Seite aus, sodass Guo Jings geballte Kraft ins Leere ging.

Mein Meister ist ein ebenso großer Kampfkünstler wie Gift des Westens, dachte Guo Jing, *und ich bin seinem Neffen gewiss mehr als ebenbürtig. Noch dazu ist er verletzt. Bei einem Duell zwei gegen zwei werden wir sicher gewinnen.*

Der Gedanke gab ihm neue Zuversicht. Wie ein Wirbelsturm ließ er seine Hände und Füße auf Ouyang Feng niederprasseln. Auch Bettler Hong attackierte die Gegner mit ganzer Wucht, ohne jedoch die Schlangen aus den Augen zu lassen. Schon tauchte ein Dutzend der Biester hinter Guo Jing auf. »Nichts wie raus hier, Jing!«, rief er, während er mit doppelter Anstrengung Ouyang Feng abwehrte.

Gift des Westens, der unter den fortgesetzten Angriffen von vorn und hinten gehörig ins Schwitzen geraten war, ließ Guo Jing vorbei, um sich ganz auf den Bettler konzentrieren zu können.

Mittlerweile wimmelte es überall an Deck von Schlangen.

»Welcher Großmeister braucht Viecher als Verstärkung? Pfui, schäm dich!«, spottete der Bettler, doch in Wahrheit verursachte ihm der Anblick eine Gänsehaut. Während er mit dem tanzenden Hundestock in der Rechten Dutzende Schlangen totschlug, packte er Guo Jing und stürzte mit ihm zum Hauptmast.

Bloß nicht!, dachte Ouyang Feng. *Wenn sie den Mast erklimmen, komme ich nicht mehr an sie heran.* Rasch stellte er sich den beiden in den Weg. Der Bettler erwartete ihn mit wuchtigen Handkantenschlägen, die gewaltigen Wind machten. Ouyang Feng konterte mit seitlich ausholenden Faustschlägen. Guo Jing zögerte, auf den Mast zu klettern. »Hinauf mit dir!«, schrie der Bettler.

»Erst töte ich seinen Neffen, um Bruder Botong zu rächen«, entgegnete Guo Jing, aber der Bettler drängte ihn verzweifelt dazu, den Mast hinaufzuklettern. »Die Schlangen!«

Ein Blick auf die sich windenden Giftnattern und Guo Jing zögerte nicht länger. Beim Sprung auf den Mast fing er mit nach hinten ausgestreckter Hand nebenbei eines von Ouyang Kes *Fliegenden Schwalbenpendeln* auf. Plötzlich hörte er, wie das nächste Wurfgeschoss pfeifend von hinten auf ihn zuschnellte und schleuderte geistesgegenwärtig das Schwalbenpendel in seiner Hand dagegen. Mit lautem Klirren prallten die beiden Geschosse aufeinander und fielen ins Meer. Endlich konnte Guo Jing den Mast mit beiden Händen packen und bis auf halbe Höhe hinaufklettern.

Mit aller Macht versuchte Ouyang Feng, den Bettler daran zu hindern, ebenfalls den Mast zu erklimmen. Hong Qigong hielt zwar mühelos seinen Angriffen stand, kam dem Mast jedoch keinen Schritt näher. Entsetzt sah Guo Jing, wie immer mehr Schlangen seinen Meister umzingelten. Er schrie auf, schlang die Beine um den Mast und ließ sich kopfüber hinabbaumeln. Er hatte so viel vom magischen Blut der roten Halysotter getrunken, dass allein die Ausdünstungen seines Körpers die Nattern am Boden sofort in die Flucht schlugen. Der Bettler nutzte die Gelegenheit zu einem geschickten Sprung, versetzte dabei Ouyang Feng einen Tritt ins Gesicht und war mit einem Satz bei Guo Jing, der sich ihm entgegenreckte und ihn an seinem Hundestock zu sich heraufzog. Das tat er so schwungvoll, dass der Bettler das Segel über Guo Jing zu fassen bekam und nun fröhlich in der Luft baumelte.

Damit befanden sich beide in sicherer Höhe und selbst Ouyang Feng musste einsehen, dass er sie nicht mehr erreichen konnte.

»Nun gut«, rief er grimmig, »Diesmal habt Ihr gewonnen. Steuermann! Klar zur Wende!«

Das Segelschiff wendete und fuhr in östliche Richtung aufs offene Meer hinaus. Unterhalb des Hauptmasts wimmelte es noch immer von schwarzgrünen Nattern.

Hong Qigong hockte oben auf der Rahe und trällerte das bei den Bettlern beliebte Lied *Fallende Lotusblüten.* Mit demonstrativer Munterkeit überspielte er seine Angst. *Wie lange werden wir es hier oben aushalten? Ouyang Feng könnte auf die Idee kommen, den Mast abzusägen!* Solange er die Schlangen nicht zurückpfiff, saßen sie in der Falle, während unten Ouyang Fengs Bande munter Schnaps trinken und in ihren Betten schlafen konnte. *Mir und meinem Schüler bleibt nichts anderes zu tun, als Wind zu trinken und ins Wasser zu pissen!,* dachte er grimmig. »Ha!« Der Bettlerfürst stellte sich hin und ließ seine Hosen herunter. Sein kräftiger Strahl ergoss sich auf die Schlangenherde.

»Los, Guo Jing, sollen die Viecher sich an unserer Pisse besaufen!«

»O ja!« Der alberne Spaß war ganz nach Guo Jings Geschmack. Meister und Schüler pinkelten fröhlich nebeneinander von der Rahe.

Ouyang Feng sprang gerade noch rechtzeitig aus dem Weg, sein Neffe jedoch bekam etliche Spritzer auf Gesicht und Kragen ab. Und das ihm, der so stolz auf seine reinweißen Kleider war! Ouyang Ke tobte.

Dann zog der Bettler ein Zündholz hervor, riss ein Stück Segeltuch ab, zündete es an und warf es hinunter. »Ruft die Schlangen zurück!«, schrie Ouyang Ke. Sofort ertönten Flötenklänge und die Nattern schlängelten davon, aber das Feuer versetzte sie in Panik, sodass sie kreuz und quer über das Deck strömten, ohne den Tönen zu folgen.

Hong Qigong und Guo Jing lachten. *Bruder Botong hätte an diesem Anblick sicher seine Freude gehabt!* Beim Gedanken, dass ein so großer Kampfkünstler sein Ende auf dem Meeresgrund gefunden hatte, wurde Guo Jing das Herz schwer. Sein Schwurbruder hatte es damals sogar geschafft, gleich zwei Großmeister wie den Ketzer des Ostens und Gift des Westens in seiner Pisse zu baden, während er und sein Meister den Alten Giftmolch nicht einmal mit vereinten Kräften erwischt hatten.

Wenige Stunden später, als der Tag sich neigte, befahl Ouyang Feng der Mannschaft, auf dem Deck Essen und Wein aufzutragen. Dann ließen es sich alle zusammen nach Herzenslust schmecken. Ein köstlicher Duft stieg dem verfressenen Bettler in die Nase. Noch konnte er seinen Magen mit einem Rest Schnaps aus dem Flaschenkürbis besänftigen.

Als es Nacht wurde, hielten Hong Qigong und Guo Jing abwechselnd Wache. Das Deck lag im hellen Schein zahlreicher Laternen und ein kleinerer Schlangenhaufen umgab den Mast, aber es waren immer noch genug, um jeden Fluchtversuch zu vereiteln. Zunder hatte der Bettler auch keinen mehr übrig. Laut verfluchte er Ouyang Fengs Ahnen bis in die achtzehnte Generation und schmückte seine Verwünschungen mit den übelsten Schimpfwörtern aus, die sein Bettlervokabular hergab. Der so Verfluchte ließ sich jedoch nicht einen Augenblick lang auf Deck blicken. Hong Qigong schimpfte weiter, bis seine Lippen trocken waren, seine Zunge lahmte und ihm vor Müdigkeit die Augen zufielen.

Am frühen Morgen schickte Ouyang Feng einen Matrosen mit einer Botschaft zum Hauptmast. »Bettlerfürst Hong! Junker Guo!«, rief der Matrose. »Meister Ouyang bittet Euch zu Tisch, er hat ein opulentes Mahl herrichten lassen. Wenn Ihr ihm Ehre erweisen würdet, herabzusteigen und Euch daran zu laben …«

»Ruf ihn her!«, unterbrach der Bettler, »dann laden wir ihn auf eine Runde Pisse ein!«

Es dauerte nicht lange, bis unter dem Mast ein großes Bankett aufgefahren wurde. Erneut wehte der Duft aus üppig gefüllten Schüsseln zu ihnen herauf. Am Tisch warteten zwei Stühle auf den Meister und seinen Schüler. Zu gern wäre Hong Qigong den Mast hinuntergerutscht, um ein wenig zu naschen, aber das Essen war fraglos vergiftet. »Mögen drei dämonische Doggen dich zerfetzen, Alter Giftmolch!«, knurrte der Bettler.

Nach drei Tagen war den beiden schon ganz schummrig vor Hunger und Durst. »Wäre nur deine kluge Freundin hier«, seufzte der Bettler. »Während wir hier sitzen und sabbernd Löcher in die Luft starren, würde ihr sicher etwas einfallen, um uns aus der Patsche zu helfen.«

Guo Jing nickte und starrte gedankenversunken in die Ferne.

Dann sah er die beiden weißen Punkte. Es war bereits Mittag und die Sonne stand im Zenit. Zuerst hielt er sie für Wolken und schenkte ihnen keine Beachtung, doch als sie näher kamen, hörte er vertraute Vogelschreie. Die weißen Adler!

Begeistert sammelte er sein Inneres Kung-Fu, um ihnen mit einem lauten Schrei zu antworten. Die Vögel kreisten über dem Schiff, stießen herab und landeten auf Guo Jings Schultern. Seine Adler! »Meister Hong …« Die Freude verschlug ihm fast die Stimme. »Ob Huang Rong auf einem Schiff irgendwo in der Nähe ist?«

»Das wäre zu schön, um wahr zu sein, mein Junge. Schade, dass selbst diese stattlichen Vögel zu klein sind, um uns einfach davonzutragen. Wir müssen weiter hier herumsitzen wie zwei Hornochsen. Kannst du sie nicht herbeirufen, damit sie ein bisschen Unruhe stiftet?«

Guo Jing schnitt mit seinem goldenen Dolch zwei Tuchfetzen aus den Segeln und ritzte mit der Spitze erst in das eine, dann in das andere das Wort »Hilfe!« und zeichnete den Umriss einer Kalebasse dazu. Dann band er jedem Adler einen Fetzen an die Krallen und schickte sie los. »Fliegt schnell zurück und führt sie zu uns!«

Die beiden prächtigen Vögel stießen einen lauten Schrei aus, schlugen mit den weiten Schwingen und flogen davon. Noch einmal kreisten sie über dem Segelschiff, dann zogen sie westwärts und verschwanden in den Wolken.

Sie waren noch nicht lange weg, als Ouyang Feng noch einen Versuch unternahm, den Bettler und seinen Schüler durch das Auffahren wohlriechender Delikatessen vom Mast zu locken.

»Das ist wirklich nicht nett von dir, Alter Giftmolch! Mich so zu quälen!«, rief der Bettler hinunter. »Mein Leben lang habe ich mein Äußeres Kung-Fu gestählt, aber wenn es ums Essen und Trinken geht, verliere ich immer noch leicht die Beherrschung«, fuhr er an Guo Jing gewandt fort. »Was meinst du, Guo Jing, klettern wir runter, verpassen ihnen eine gehörige Abreibung und kommen dann wieder hier rauf?«

»Nur Geduld. Die weißen Adler werden Rong meine Nachricht überbringen und schon ist Hilfe unterwegs.«

Der Bettler lachte. Dann fragte er unvermittelt: »Was ist das Widerlichste, das du jemals gegessen hast?«

»Ich weiß nicht.«

»Einmal war ich im Norden, ganz weit oben, in Schnee und Kälte. Acht Tage und Nächte lang habe ich gehungert. Nicht einmal ein mageres Eichhörnchen oder ein Stück Baumrinde konnte ich auftreiben. Also grub ich im Schnee und Schlamm nach etwas Essbarem und stieß schließlich auf fünf zappelnde Dinger, die mir vorerst das Leben retteten. Am nächsten Tag fing ich mir ein Wiesel und aß mich daran satt.«

»Was waren das für zappelnde Dinger?«

»Regenwürmer. Prächtige, fette Regenwürmer. Ich habe einen nach dem anderen am Stück verschlungen, weil ich nicht zu kauen wagte.«

Guo Jing schüttelte sich vor Ekel.

Sein Meister lachte schallend. Der unappetitliche Gedanke an die Würmer half ihm, der Verführung durch die Essensdüfte zu widerstehen. »Weißt du, mein Junge, wenn ich jetzt welche hätte, würde ich die grässlichen Würmer glatt noch einmal verputzen. Es gibt nur ein besonders widerwärtiges, schmutziges und stinkendes Etwas, das ich nie im Leben zu mir nehmen würde. Lieber fresse ich meine eigenen Zehen auf! Rate mal, was es ist?«

»Haha, ich weiß es! Ein Haufen Mist!«, kicherte Guo Jing.

Der Bettler schüttelte den Kopf. »Nein, noch viel ekliger.«

Guo Jing dachte nach, aber ihm wollte nichts Ekligeres einfallen.

»Ich will es dir verraten.« Der Bettler erhob die Stimme. »Das Widerwärtigste, das man sich vorstellen kann, ist der Alte Giftmolch Ouyang Feng persönlich!«

»Stimmt!« Guo Jing lachte.

Am Abend war es dann Guo Jing, der es nicht mehr aushielt. Er glitt den Mast hinunter und köpfte mit seinem Dolch zwei Schlangen. Die anderen Giftnattern wichen sofort zurück, als sie seine Witterung aufnahmen, aber Guo Jing jagte ihnen nach, erlegte zwei weitere und kletterte mit vier toten Schlangen wieder auf den Mast. Er setzte sich auf die Rahe und häutete sie fachmännisch. Die beiden Männer verschlangen das rohe Fleisch, das ihnen gar nicht übel mundete.

Ouyang Ke stellte sich in das Schlangengewimmel und versuchte es jetzt auf die freundliche Art. »Onkel Hong, Bruder Guo! Mein Onkel möchte doch nur, dass Bruder Guo das Handbuch für ihn niederschreibt, weiter nichts!«

»Weiter nichts, von wegen!«, brummte der Bettler leise. Plötzlich kam ihm eine Idee. Mit unveränderter Miene rief er hinunter: »He, du Mistkerl! Dein Onkel hat gewonnen. Ich ergebe mich. Bring uns Wein und Essen und morgen reden wir weiter.«

Ouyang Ke wusste, dass einer wie der Bettler des Nordens zu seinem Wort stand. Erfreut pfiff er die Schlangen zurück. Hong Qigong und Guo Jing konnten gefahrlos den Mast verlassen und gingen zurück in ihre Kabine, wo Ouyang Kes Diener ihnen ein köstliches Mahl servierten.

Kaum waren diese zur Tür hinaus, schon stürzte der Bettler einen ganzen Krug Wein hinunter. Dann riss er ein gebratenes Hühnchen in zwei Teile und begann, genüsslich zu kauen.

»Seid Ihr sicher, dass das Essen diesmal nicht vergiftet ist?«, fragte Guo Jing flüsternd.

»Dummer Junge, der Kerl will schließlich, dass du das Buch für ihn aufschreibst, warum sollte er dich vergiften wollen? Komm, iss. Wir haben etwas zu besprechen.«

Guo Jing ließ sich das nicht zweimal sagen und verleibte sich vier Schüsseln Reis hintereinander ein.

Als er seinen Magen gefüllt hatte, wischte sich der Bettler mit dem Ärmel über den fettverschmierten Mund und rückte dicht an Guo Jings Ohr heran. »Der Alte Giftmolch will das *Neun-Yin-Handbuch* von dir. Dann gib es ihm, aber ein falsches.«

Guo Jing begriff nicht. »Ein falsches *Neun-Yin-Handbuch*?«

»Genau.« Der Bettler grinste. »Schreib einfach irgendetwas. Was du willst. Der Einzige, der eine Ausgabe des Buchs besitzt, ist der Ketzer des Ostens, und der wird es nie und nimmer dem Alten Giftmolch überlassen. Den Anfang hat sich sein Neffe gemerkt, den lass unverändert, damit er keinen Verdacht schöpft. Das Übrige kannst du dir ausdenken und dabei beliebig Unsinn verzapfen, den er dann für den Rest seines Lebens üben wird, ohne dass es seine Kunst auch nur um einen Furz verbessert, haha!«

Das klingt nach einem guten Plan, dachte Guo Jing. *Damit legen wir den Alten Giftmolch herein.* Dennoch zögerte er. »Aber würde ein Großmeister wie Gift des Westens es nicht merken, wenn ich Unsinn schreibe? Was dann?«

»Natürlich musst du etwas schreiben, das vermeintlich Sinn ergibt, aber in Wahrheit unnützes Zeug ist«, entgegnete der Bettler. »Drei richtige Sätze und dann ein falscher. Oder du änderst bestimmte Zahlen, machst aus neun eins, aus zwei acht, aus drei sieben, aus vier sechs, aus fünf machst du zehn und umgekehrt. Das merkt nicht einmal der Alte Giftmolch, so ein durchtriebenes Kerlchen ist er auch wieder nicht. Um ihn beim Üben mit dem falschen *Neun-Yin-Handbuch* zuzusehen, würde ich glatt noch einmal sieben Tage und Nächte hungern und dursten!« Der Bettler kicherte fröhlich.

»Damit wird er nicht nur seine Zeit verschwenden, sondern sich womöglich alle Glieder verrenken«, meinte Guo Jing.

Der Bettler grinste. »Jetzt überlege dir gut, wie du den Text verändern willst. Schöpft er auch nur den leisesten Verdacht, sind wir verloren.« Nach kurzer Pause fuhr er fort. »Denk daran, dass sein vermaledeiter Neffe auf der Pfirsichblüteninsel auch den zweiten Band gelesen hat, diesen darfst du nicht allzu sehr verändern. Ein paar falsche Anweisungen, mehr nicht, damit er den Unterschied nicht merkt.«

Guo Jing sagte sich den Inhalt des Handbuchs noch einmal vor und dachte darüber nach, was er wo verändern könnte. Statt Rückzug könnte er Angriff schreiben, statt oben einfach unten … so müsste es gehen, ohne dass er ganz neue Sätze erfinden musste. Subtil, aber entscheidend mussten die Änderungen sein, so, wie sein Meister es gesagt hatte. *Nach oben wird nach unten und nach unten wird nach oben. Hinten wird vorne und vorne wird hin-*

ten. Brust wird Bauch und Hand wird Fuß. Himmel wird Erde … Wenn er sich auf diese einfachen Grundsätze verließ, sollte es ihm gelingen, das Handbuch zu fälschen. *Die Handfläche reckt sich gen Himmel* würde zu *Die Fußsohle reckt sich gen Himmel* und wo es hieß *Die Füße stehen fest am Boden* würde er schreiben *Die Hände stemmen sich fest in den Boden.* Und dort, wo es um die Kultivierung des Inneren Kung-Fu ging, könnte er Anweisungen wie *Sammle das Qi im Unterbauch* zu *Sammle das Qi in der Brust* verändern.

Guo Jing war sehr stolz auf seine guten Einfälle. Huang Rong und Zhou Botong würden sich gewiss prächtig amüsieren, wenn sie davon wüssten. Wie traurig es war, dass der eine tot auf dem Meeresgrund lag und die andere irgendwo, aber gewiss sehr weit weg war. *Huang Rong werde ich bestimmt eines Tages wiedersehen, aber meinem Schwurbruder werde ich die lustige Geschichte niemals erzählen können.* Guo Jing seufzte.

Am nächsten Morgen in aller Frühe rief Bettler Hong Ouyang Ke zu sich. »Die Kampfkunst, der sich meine Wenigkeit rühmt, sucht bereits ihresgleichen. Ich brauche den *Wahren Weg der Neun Yin* nicht. Selbst wenn ich das Buch vor mir hätte, würde ich keinen Blick hineinwerfen. Nur Stümper mit der Kampfkunst eines hinkenden Gockels recken den Hals nach den goldenen Geheimnissen irgendeines Handbuchs. Wang Chongyang war bis zu seinem Tode im Besitz des Handbuchs und Huang Yaoshi hat es jetzt, aber keiner von beiden hat sich daraus bedient. Darin liegt der Unterschied zwischen einem gewöhnlichen Krieger und einem Helden. Sag deinem Hundehirn von Onkel, dass Guo Jing das Handbuch niederschreiben wird, ganz für ihn allein, damit er sich damit einschließen und fleißig üben kann. Und wenn er soweit ist, soll er den alten Bettler zum Kampf herausfordern. Der *Wahre Weg der Neun Yin* ist eine formidable Schrift, aber ich habe keine Lust, mich damit zu befassen. Mich interessiert allein, ob es dem Alten Giftmolch helfen wird, mich zu besiegen, oder ob er mir nach dem fleißigen Studium nicht einfach nur so ebenbürtig ist wie zuvor. Wie nennt man das noch gleich? *Zum Furzen die Hose runterlassen.*«

Ouyang Feng stand die ganze Zeit über hinter der Tür und hörte jedes Wort. Aber seine Freude war zu groß, um sich auf die Provokation des Bettlers einzulassen. *Dann soll der alte Bettler eben von seiner Kunst überzeugt sein,* dachte er, *Hauptsache, er überlässt mir das Handbuch. Ich musste ihn nur mit meinen Schlangen einschüchtern und mit dem Hungertod bedrohen und schon gibt er auf!*

»Was redet Ihr da für einen Unfug, Onkel Hong?« Ouyang Ke dagegen hielt es für geboten, die Familienehre zu verteidigen. »Die Kampfkunst meines Onkels ist die Perfektion selbst, niemals würdet Ihr gegen ihn bestehen. Als ob er eines Handbuchs bedürfte! Er ist vielmehr überzeugt, dass die Kraft des *Wahren Wegs der Neun Yin* vollkommen überschätzt wird. Warum sonst hat Wang Chongyang dem Jianghu nie gezeigt, wozu das Wissen aus dem Handbuch einen Kämpfer befähigt? Meinen Onkel interessiert allein, seine Mängel bloßzulegen und zu beweisen, dass es sich um einen Witz handelt, der das große Gezänk darum nicht verdient hat. Erweist er uns damit nicht allen einen großen Dienst?«

Hong Qigong konnte vor Lachen nicht an sich halten. »Haha! Eitle Prahlerei! Komm, mein Junge, schreib das Handbuch für sie auf. Wenn der Alte Giftmolch einen Fehler darin findet, werde ich vor ihm niederknien.«

Ouyang Ke führte Guo Jing in die größere Kabine des Schiffes, wo Papier und Pinsel bereitlagen. Er rieb ein Stück Tusche ab und mischte die Tinte für ihn an.

Viel Erfahrung im Schreiben hatte Guo Jing nicht. Sein Pinselstrich war alles andere als sicher und ständig musste er über die richtige Schreibweise eines Schriftzeichens nachdenken. Daher kam er nur sehr langsam voran und musste Ouyang Ke wiederholt um Hilfe bitten, weil er vergessen hatte, wie ein bestimmtes Schriftzeichen geschrieben wurde. Mittags war er mit dem ersten Band noch nicht einmal zur Hälfte fertig. Während der gesamten Zeit blieb Ouyang Ke bei ihm und überbrachte jede vollständige Seite sogleich seinem Onkel. Auf den unverständlichen Sermon am Ende des zweiten Bands hatte sich bislang niemand einen Reim machen können, aber da der Bettler fürchtete, dass es sich dabei um eine Sprache aus dem Westen handeln könnte, hatte er Guo Jing angewiesen, diese Passage nicht zu verändern. Ouyang Feng stammte aus dem Westen und wer konnte schon sagen, ob er diese seltsame Sprache nicht verstand.

Gift des Westens studierte sofort Zeile für Zeile. Die Sprache selbst war eher schlicht, aber bedeutungsschwer, das spürte er. Jeder Abschnitt stellte eine rätselhafte philosophische Weisheit dar. Einmal zurück in seiner Heimat in den Westbergen, sollte es ihm mit seinem scharfen Verstand möglich sein, den Inhalt zu begreifen, selbst wenn es Jahrzehnte dauern sollte. Irgendwann würde er die tiefere Bedeutung des *Wahren Wegs* erfasst haben. Der Gedanke beflügelte ihn. Wie dämlich dieser Guo Jing war! Was für eine ungelenke Handschrift, welch krumme Striche! Dieser einfältige Junge wäre niemals imstande, sich das alles auszudenken, schließlich musste er sogar seinen Neffen bitten, ihm beim Schreiben der Schriftzeichen zu helfen, von denen er nur die Aussprache kannte. Nein, das hier war das echte *Neun-Yin-Handbuch*, daran bestand kein Zweifel.

Guo Jing schrieb und schrieb, ohne Unterbrechung bis zum Sonnenuntergang, fortwährend beaufsichtigt von Ouyang Ke, der ihm jedes fertige Blatt auf der Stelle entriss. Nicht ein einziges Mal durfte er seinen Gefährten sehen, damit der alte Bettler nicht plötzlich seine Meinung änderte. Ein unvollständiger Text war nichts wert, davon war Ouyang Feng überzeugt. So wurde Guo Jing während des Schreibens in der Kabine mit opulenten Mahlzeiten versorgt.

Unruhig wartete der Bettler auf Guo Jing. Als er auch spätabends noch nicht in die gemeinsame Kajüte zurückgekehrt war, hielt er es nicht mehr aus. Waren sie aufgeflogen? Falls der dumme Junge einen Fehler begangen hatte, hätte Ouyang Feng schon längst wieder seine Schlangen auf ihn gehetzt. Vorsichtig öffnete er die Kajütentür, vor der zwei Schlangenhirten Wache hielten, einen Spaltbreit. Der Windstoß, den sein kräftiger Handkantenschlag in der Nachtluft hervorrief, ließ die Takelage wackeln. In dem kurzen Augenblick, in dem die beiden Männer sich nach dem Geräusch umdrehten, schlüpfte er unbemerkt aus der Kabine. Weder Mensch noch Geist hätten ihn entdeckt.

Vorsichtig stahl er sich die Steuerbordseite entlang. Aus der Hauptkabine drang ein schwacher Lichtschein. Er pirschte sich heran und warf einen Blick durch das Fenster. Guo Jing saß noch immer über den Tisch gebeugt und schrieb, während zwei weiß gekleidete Frauen Tusche für ihn rieben und ihm Tee servierten. Ouyang Ke lehnte an der Wand und ließ den Rivalen nicht aus den Augen.

Der Bettler atmete erleichtert auf. Doch dann witterte seine feine Nase den Geruch von Alkohol. Dort, vor Guo Jing auf dem Tisch, stand eine Schale duftende, bernsteinfarbene Flüssigkeit, dunkel wie ein Block Puderrouge und von überwältigendem Aroma. *Soso, der Alte Giftmolch kredenzt meinem ignoranten Schüler seinen feinsten Likör und das nur, weil er ihm dieses Handbuch aufschreibt. Aber mir, dem wahren Feinschmecker, dem besten Sommelier des Landes, setzt er nichts als billigen, wässrigen Schnaps vor. Ich muss von diesem guten Stöffchen kosten! Wahrscheinlich lagert er ihn unter Deck. Erst lasse ich ihn mir munden und dann pinkle ich dem Alten Giftmolch ins Fass. Dann kann er den guten Likör des alten Bettlers schmecken, hehe. Ein wenig Pisse kann ihm sicher nicht schaden.*

Er grinste zufrieden. Was das Stibitzen von gutem Essen und Wein anging, war er schließlich Experte. Hatte er nicht ganze drei Monate zwischen den Dachsparren der Küche des Kaiserhofs in Lin'an verbracht und von ausnahmslos jeder für den Kaiser persönlich bestimmten Delikatesse gekostet? Der Palast war strengstens bewacht gewesen, aber er, der Bettler des Nordens, war dort ein und aus gegangen, wie es ihm behagt hatte. Dagegen sollte es ja wohl ein Kinderspiel sein, sich auf diesem Schiff unter Deck zu schleichen, um ein wenig von den Vorräten zu naschen. Auf Zehenspitzen tapste er zum Achterdeck, sah sich nach allen Seiten um, lüftete blitzschnell die Bodenluke, stieg hinein und schloss sie von unten wieder. Er schnüffelte. Ah, hier war er richtig!

Unter Deck herrschte vollkommene Dunkelheit, aber seine Nase wies ihm untrüglich den Weg. Erst, als er die Vorratskammer erreichte, zündete er eine Fackel an. In einer Ecke waren ein halbes Dutzend Holzfässer gestapelt. Der Anblick ließ sein Bettlerherz höherschlagen.

Am Boden fand er eine Weinschale, alt und mit abgeschlagenem Rand, steckte sie in sein Hemd, blies die Fackel aus und näherte sich im Dunkeln den Fässern. Er versuchte, am ersten Fass zu rütteln, aber es war so schwer, dass es sich nicht bewegte. Offenbar war es randvoll gefüllt. Mit einer Hand ertastete er den breiten Korken und mit der anderen hielt er die Schale bereit. Gerade, als er den Korken herausziehen wollte, hörte er Geräusche. Zwei Paar Füße näherten sich der Vorratskammer. Es waren sehr leichte Schritte.

Ouyang Feng und Ouyang Ke. Niemand sonst auf dem Schiff verfügte über eine solche Schwebekunst. Was hatten sie zu dieser späten Stunde hier verloren? Das verhieß nichts Gutes. Sie führten bestimmt etwas im Schilde. Gerade noch rechtzeitig konnte er sich in eine Ecke hinter ein Fass ducken, da ging schon die Tür auf. Ein Licht flammte auf und zwei Gestalten betraten die Kammer. Sie gingen auf die Fässer zu.

Ob sie den Wein vergiften wollen?, fragte sich der Bettler.

Dann hörte er Ouyang Fengs Stimme. »Er ist endlich fertig mit dem Handbuch. Sind Petroleum, Schwefel und Feuerholz schon auf alle Kabinen verteilt?«

»Alles ist bereit. Sobald wir das Feuer entfachen, wird das Schiff im Nu in Flammen aufgehen und vom alten Bettler bleibt nur Asche übrig.«

Der Bettler zuckte zusammen. *Sie wollen das Schiff anzünden!*

»Wir warten, bis der Junge eingeschlafen ist. Du begibst dich zum Beiboot, aber sei vorsichtig: Der Bettler darf auf keinen Fall etwas merken. Ich lege hier das Feuer.«

»Und was ist mit meinen Konkubinen und den Schlangenhirten?«

»Der stinkende alte Bettler ist immerhin ein Großmeister der Kampfkunst, da ist es nur recht und billig, wenn wir ihm zu Ehren ein paar Menschenopfer bringen.«

Die beiden Männer machten sich an die Vorbereitungen. Als sie den Korken aus einem der Fässer zogen, stieg dem Bettler wider Erwarten nicht der Geruch von Schnaps, sondern nach einem Gemisch aus Tungöl und Sesamöl in die Nase. Dann nahmen die beiden einen Klumpen Schwefel aus einer Holzkiste und bedeckten ihn mit Feuerholz und Sägespänen. Das Öl lief aus dem Fass und Onkel und Neffe verließen rasch die Kammer, bevor es ihre Füße erreichte.

»Bald wird dieser dämliche Bauerntrampel sein Grab auf dem Meeresboden finden und du wirst der einzige Mensch auf der Welt sein, der den Inhalt des *Wahren Wegs der Neun Yin* kennt, Onkel«, sagte Ouyang Ke beim Hinausgehen.

»Nein, nicht der einzige. Ich werde mein Wissen mit dir teilen. Und der Alte Ketzer Huang besitzt ebenfalls eine Abschrift. Auch den müssen wir uns vom Hals schaffen.«

Ouyang Ke grinste zufrieden. »Wir sollten das Handbuch in Ölpapier wickeln und rundum mit Wachs versiegeln, damit das Meerwasser ihm nichts anhaben kann.«

Sie gingen hinaus und schlossen die Tür hinter sich.

Der Bettler schwankte zwischen Wut und Entsetzen. Ein Glück, dass seine Gier nach gutem Wein ihn hierhergeführt hatte. Ohne diese schicksalhafte Fügung wären er und Guo Jing Opfer des teuflischen Plans der Ouyangs geworden. Ging das Schiff erst einmal in Flammen auf, bliebe ihm und Guo Jing allein der raue Ozean als Fluchtweg. Er lauschte, bis die Schritte verklungen waren, bevor er zurück in die Kajüte schlich, wo er Guo Jing in tiefem Schlaf vorfand. Er wollte ihn gerade wecken, als er vor der Tür ein leises Geräusch vernahm. *Ouyang Feng!* Er wollte sich vergewissern, dass sie beide fest schliefen. »Herrlich schmeckt mir der Wein!«, rief Hong. »Ich nehme noch zehn Krüge!«

Ouyang Feng erstarrte. *Der alte Bettler trinkt Wein?*

»He, Alter Giftmolch, lass uns kämpfen, mal sehen, wer von uns der Bessere ist. Hick …! Sehr gut, mein Junge!«

Ouyang Feng lauschte dem unsinnigen Gerede des alten Bettlers und kam zu dem Schluss, dass sein Widersacher im Schlaf redete. *Noch im Traum denkt er nur ans Saufen und Kämpfen! Gleich wird er sein gräuliches Ende finden, der verlotterte Vielfraß.*

Trotz seines Geschwafels nahm der Bettler jedes noch so kleine Geräusch an Deck wahr. Seine feinen Ohren konnten selbst die Schritte eines Meisters der Schwebekunst wie Ouyang Feng eindeutig erkennen. Wenn er sich nicht täuschte, befand der sich jetzt auf der Backbordseite des Schiffs. Der Bettler legte seine Lippen an Guo Jings Ohren, »Jing, mein Junge«, flüsterte er und rüttelte sachte seine Schulter.

»Hm.«

»Tu jetzt genau, was ich sage und frag nicht, warum. Wir gehen jetzt hinaus an Deck. Gib acht, dass dich niemand sieht.«

Guo Jing wälzte sich aus seiner Koje. Leise öffnete der Bettler die Kabinentür, zog Guo Jing am Ärmel und schlüpfte zur Steuerbordseite hinaus. Statt über Deck ans Schiffsende zu schleichen, ertastete der Bettler die Heckreling, hielt sich mit der einen Hand daran fest, bedeutete Guo Jing, ihm zu folgen, und schwang sich hinüber. Guo Jing folgte gehorsam, ohne ein Wort zu sagen. Die beiden hingen jetzt über den wogenden Wellen an der Außenseite des Schiffs. Langsam kletterte der Bettler den Schiffsrumpf hinab, den Blick fest auf Guo Jing gerichtet. Seine größte Furcht war, dass der Junge an den glitschigen Schiffsplanken abrutschte und ins Meer stürzte und sie durch sein Aufplatschen verriet.

Der Farbanstrich machte den Schiffsrumpf glatt und rutschig, noch dazu waren die Planken feucht und auch die gebogene Form des Rumpfs und die schaukelnde Bewegung des Schiffs stellten eine Herausforderung dar, die nur mit hervorragendem Kung-Fu zu meistern war. Doch Guo Jing hatte nicht umsonst unzählige Male mit Bruder Ma Yu die steile Felswand in der Mongolei erklommen, noch dazu hatte sich sein Kung-Fu seither stetig verbessert. Zoll um Zoll ließ er sich herab, ertastete Nieten und gekittete Spalten im Holz. Nach kurzer Zeit hing der Bettler mit der unteren Körperhälfte im Wasser und hangelte sich am Schiff entlang Richtung Heck. Guo Jing folgte ihm schweigend.

Am Heck war ein kleiner Sampan vertäut.

»Hinein mit dir«, raunte der Bettler Guo Jing zu.

Er löste das Tau, und das kleine Boot schoss erstaunlich schnell aufs Meer hinaus. Hong bekam gerade noch den Rand zu fassen und schwang sich lautlos über Dollbord ins Boot. Er wartete, bis

Guo Jing es ihm nachgetan hatte. »Schneid das Tau durch!«, raunte er ihm zu.

Mit seinem goldenen Dolch trennte Guo Jing das Boot endgültig vom Schiff. Jetzt waren sie ganz der Gnade des Ozeans ausgeliefert. Der Bettler ergriff das Ruder und brachte sie auf Kurs. Langsam verschwand das Schiff in der Dunkelheit, aber nur kurz darauf leuchtete an Deck eine Fackel auf und laute Rufe ertönten. Ouyang Feng hatte entdeckt, dass das Beiboot verschwunden war. Seine Wutschreie tönten weit über das Meer.

Aus der Tiefe seines Bauchs heraus entfuhr dem Bettler ein lautes und herzhaftes Lachen.

Da bemerkten sie auf Steuerbord ein kleines Ruderboot, das ungewöhnlich schnell auf das große Schiff zuhielt. »Was zum Teufel …?«, entfuhr es dem Bettler.

Jetzt sahen sie die beiden weißen Adler über Ouyang Fengs Schiff kreisen. Sie stießen hinab und ließen sich auf dem Mast nieder. Eine Silhouette löste sich aus dem Ruderboot, weiße Kleider flatterten im Wind, und im Nu war die Gestalt auf das Deck des großen Schiffs gesprungen. Ein goldenes Haarband funkelte im Sternenlicht.

»Rong!«, hauchte Guo Jing atemlos.

In der Tat war es Huang Rong. Als sie die Segel gesetzt hatte, um die Pfirsichblüteninsel zu verlassen und Guo Jing zu suchen, war das kleine rote Pferd wild und verzweifelt am Ufer hin und her gerannt. *Auf dem Meer nützt du mir nichts, lieber Ulaan,* hatte sie gedacht, *lieber reise ich in Begleitung der beiden Adler, die mir den Weg zu Guo Jing weisen können.* Mit lauten Pfiffen hatte sie das weiße Adlerpaar angelockt – und Guo Jings Hilferuf gefunden, den er an ihren Krallen befestigt hatte. Die scharfen Adleraugen würden in der Lage sein, das Schiff ihres Herrn auf dem offenen Meer wiederzufinden. Huang Rong trieb ihre Mannschaft an, den

Vögeln so schnell wie möglich nachzufolgen, und schon bald kam Ouyang Fengs Segelschiff in Sicht. In ihrer Furcht, zu spät zu kommen, achtete sie nicht auf das kleine Boot weit draußen, ließ ihren Sampan eilig bis vor den Bug des Schiffs rudern und sprang behände an Deck.

Dort traf sie auf Ouyang Ke, der eben in blinder Wut auf dem Deck herumtobte wie eine Ameise in einer heißen Pfanne.

»Wo ist Guo Jing? Was habt ihr mit ihm gemacht?«

Ouyang Feng hatte erst, nachdem er bereits im Schiffsbauch Feuer gelegt hatte, entdeckt, dass der kleine Sampan am Heck, auf dem er mit seinem Neffen hatte entkommen wollen, spurlos verschwunden war. Im selben Augenblick hatte er das röhrende Gelächter des Bettlers vernommen. Ouyang Feng verfluchte lautstark sein Schicksal: Der vermaledeite Bettler hatte ihn zum Opfer seines eigenen hinterhältigen Plans gemacht. Doch während er und sein Neffe mit ihrer ausweglosen Lage gehadert hatten, war unverhofft Huang Rong aufgetaucht. »Los, auf ihr Boot«, schrie er seinem Neffen zu.

Bei der taubstummen Mannschaft von Huang Rongs Boot handelte es sich durchweg um ehemalige Verbrecher, die ihr Vater auf seine Insel geholt hatte. Solange Huang Rong an Bord gewesen war, hatten sie nicht gewagt, sich ihr zu widersetzen. Doch kaum war sie auf das große Schiff gesprungen, hatten sie gewendet und waren davongerudert.

Hong Qigong und Guo Jing sahen vom Boot aus, wie die Flammen aus dem Schiffsbauch auf das Deck übergriffen. »Feuer!«, schrie Guo Jing, der bislang keine Ahnung von Ouyang Fengs hinterhältigem Plan gehabt hatte.

»So ist es«, sagte der Bettler, »der Alte Giftmolch wollte uns zusammen mit seinem Schiff verbrennen und sich mit seinem Neffen aus dem Staub machen.«

Guo Jing starrte ihn an. »Huang Rong! Wir müssen sie retten!«

»Zurück zum Schiff!«, befahl der Bettler.

Guo Jing ruderte, als ginge es um sein Leben. Da das Segelschiff bereits Kurs auf ihr kleines Boot genommen hatte, hatten sie es schnell wieder erreicht. An Deck herrschte helle Aufregung. Weiß gekleidete Frauen, Schlangenhirten und Matrosen rannten entsetzt durcheinander. Über den Lärm ertönte das laute Rufen des Bettlers: »Huang Rong! Wir sind hier! Schnell, spring ins Wasser und schwimm zu uns!«

Sich in die hohen Wellen des nächtlichen Ozeans zu stürzen war riskant, aber er vertraute darauf, dass Huang Rong eine erfahrene Schwimmerin war. Sie mussten es wagen.

Voller Freude hörte Huang Rong die Stimme ihres Meisters. Sofort ließ sie die beiden Ouyangs stehen und rannte zur Reling. Gerade als sie ins Meer springen wollte, packte sie ein eiserner Griff an der Taille und hielt sie zurück. Sie wandte den Kopf und blickte in Ouyang Fengs grimmiges Gesicht. »Lass mich los!«, rief sie zappelnd und zückte eine ihrer Emei-Nadeln, um sie ihm ins Gesicht zu stoßen. Ein harter Faustschlag Ouyang Fengs gegen ihr Handgelenk, und die Nadel entglitt ihren betäubten Fingern und fiel ins Meer.

Ouyang Feng hatte schnell erkannt, dass Huang Rongs Ruderboot nicht mehr zu erreichen war. Der Hauptmast und die Segel seines Schiffs standen bereits in Flammen, an Bord herrschte Panik. Das Schiff konnte jeden Augenblick untergehen. Der Sampan war die einzige Rettung. »He, stinkender alter Bettler!«, schrie Ouyang Feng. »Ich habe das Mädchen!« Triumphierend hielt er die zappelnde Huang Rong in die Höhe.

Im Schein der Flammen wogten die Wellen leuchtend rot. Guo Jing und der Bettler sahen deutlich, dass Ouyang Feng Huang Rong in seiner Gewalt hatte. Der Bettler tobte. »Der Alte Giftmolch hat sie als Geisel genommen. Wehe ihm. Ich hole sie.«

»Ich komme mit!«, rief Guo Jing.

»Du bleibst hier und bewachst das Boot. Er darf es auf keinen Fall kapern.«

Mit ein paar energischen Ruderschlägen waren sie wieder dicht vor dem Rumpf des Schiffs, das bereits zum Stillstand gekommen war. Der Bettler richtete sich im Boot auf, sprang hoch und stieß sich mit den zehn Fingern der ausgestreckten Hände so am Schiffsrumpf ab, dass er mit einem Rückwärtssalto auf dem Deck landete.

Dort erwartete ihn Ouyang Feng, der Huang Rong fest mit beiden Händen umklammert hielt, mit einem hämischen Grinsen. »Und was jetzt, du stinkender alter Bettler?«

»Wir kämpfen. Tausend Runden, wenn es sein muss.« Schon zischten seine Fäuste Ouyang Feng rechts und links um die Ohren.

Rasch hielt Ouyang Feng Huang Rong, die hilflos wie eine Puppe in seinen Klauen hing, wie einen Schutzschild vor sich. Er hatte sie mit einem Druck auf den Nervenpunkt an ihrem Nacken gelähmt. Der Bettler sprang zurück.

»Schämst du dich nicht, Alter Giftmolch? Lass die Frau los und kämpf wie ein Mann!«

Die Lage war brenzlig, aber Ouyang Feng ließ nichts auf seine Kämpferehre kommen. Er drehte sich zu seinem Neffen um, der wegen der Flammen nicht näher kommen konnte. Kurzentschlossen warf er ihm Huang Rong zu. »Spring auf das Boot, los!«

Ouyang Ke fing Huang Rong auf und sah hinunter zu Guo Jing. Das Boot war klein – zu klein, um mit Huang Rong auf den Armen hinunterzuspringen, ohne dass es kenterte. Er griff nach einem Seil, vertäute es flink mit einer Hand an dem Stumpf, der vom Mast übrig geblieben war, und ließ sich daran mit Huang Rong im Arm auf das Boot hinab.

Erleichtert sah Guo Jing, dass Huang Rong in Sicherheit war. Seine Aufmerksamkeit war jedoch so vom Kampf der beiden Großmeister an Deck gefesselt, dass er ihre Hilflosigkeit zunächst gar nicht bemerkte.

An Deck lieferten der Bettler des Nordens und Gift des Westens sich einen furiosen Schlagabtausch, bei dem sie allerdings immer wieder herabfallenden Holzteilen und brennenden Segeln und Seilen ausweichen mussten. Dabei gereichten Bettler Hong seine nassen Kleider zum Vorteil. Ouyang Fengs Kleider und sein Haar waren bereits angesengt.

Aus diesem Grund gelang es dem Bettler, den Widersacher immer weiter in Richtung der in Flammen stehenden Kajüten zu drängen. Ouyang Fengs Robe fing endgültig Feuer und er wäre am liebsten ins Meer gesprungen, aber er kam einfach nicht an Bettler Hong vorbei. Sobald er die Flucht ergriff, musste er seine Deckung aufgeben und einen gefährlichen Treffer in Kauf nehmen. Was tun?

Aufseiten des Bettlers wuchs hingegen die Zuversicht. Diesmal würde er den elenden Giftmolch endlich schlagen können. Doch dann kam ihm ein anderer Gedanke. *Wenn er jetzt in den Flammen stirbt, war alles vergebens. Dann wird mir nie die Freude vergönnt sein, zu sehen, wie er sich lächerlich macht, weil er mit dem gefälschten* Neun-Yin-Handbuch *geübt hat!* Er lachte laut auf. »Weißt du was, Alter Giftmolch? Für heute verschone ich dein Leben. Auf das Boot mit dir!«

Ouyang Feng traute seinen Ohren nicht, stürzte sich aber sofort am Bettler vorbei über die Reling ins Meer. Der Bettler wollte hinterherspringen, aber da rief Ouyang Feng zu ihm hinauf: »Warte! Jetzt bin ich so nass wie du und wir können in einem gerechten Kampf entscheiden, wer der Bessere ist.«

Gift des Westens griff nach einer Eisenkette, die vom Schiff herunterhing, und zog sich daran mit einem Schwung auf das Deck zurück.

»Hervorragend!« Der Bettler war entzückt. »Genau der richtige Zeitpunkt für einen Kampf!«

Schon flogen die Fäuste wieder und das Meisterduell setzte sich fort.

»Huang Rong, sieh mal, mit welcher Kraft Gift des Westens zuschlägt!«, rief Guo Jing fasziniert. Er hatte noch immer nicht bemerkt, wie schlaff Huang Rong in Ouyang Kes Umklammerung hing. »Aber gleich wird das ganze Schiff in Flammen aufgehen. Besser, ich bitte unseren Meister, schnell zu uns herunterzukommen. Oder ich steige hinauf und helfe ihm. Was meinst du?«

Huang Rong blieb stumm.

Fragend drehte Guo Jing sich nach ihr um und erstarrte. »Lass sie sofort los!«, herrschte er Ouyang Ke an.

Der dachte nicht daran. Wie lange hatte er auf den Augenblick gewartet, die Begehrte in seinen Armen zu halten! »Eine Bewegung«, sagte er zu Guo Jing, »und ich spalte ihr mit einem Hieb den Schädel.«

Ohne nachzudenken schlug Guo Jing mit dem Ruder nach Ouyang Kes Kopf. Der duckte sich weg. Guo Jing ließ das Ruder fallen und holte mit beiden Fäusten zum Schlag aus. Um sich zu verteidigen, musste Ouyang Ke Huang Rong loslassen. Schnell sah er sich aus den Augenwinkeln heraus auf dem Boot um. Für einen Faustkampf war hier kein Platz. Er fuhr hoch und holte zu einer *Wendigen Schlangenfaust* aus. Als Guo Jing mit dem linken Arm abwehren wollte, traf ihn unvermittelt Ouyang Kes Ellbogen hart an der Schläfe.

Guo Jing wurde schwindlig. Unwillkürlich kniff er die Augen zusammen, begriff aber sogleich, in welcher Gefahr er sich befand, riss sie wieder auf und konnte gerade noch rechtzeitig die Hand hochreißen, um Ouyang Kes nächsten Angriff abzuwehren. Wieder verbog Ouyang Ke auf unnatürliche Weise den

Arm. Guo Jing warf den Kopf in den Nacken, um dem Schlag zu entgehen. Seine rechte Faust schnellte vor. Ausweichen und gleichzeitig angreifen war keine leichte Angelegenheit, aber schließlich hatte er Zhou Botongs *Duell der Hände* gelernt und konnte mit der rechten und der linken Hand mühelos konträre Bewegungen ausführen. Auf diese Weise klemmte er Ouyang Fengs rechten Arm mitten in der Bewegung zwischen seinen beiden Armen ein und brach ihn mit einem lauten Knacken.

Ouyang Kes Kampfkunst entsprach im Grunde der eines Jüngers der Quanzhen-Schule oder eines Sha Tongtian. Daher war er Guo Jing immer noch um einiges überlegen, hatte aber dessen ungewöhnliches Kung-Fu unterschätzt. Zum wiederholten Mal unterlag er einer erstaunlichen Kampfkunst, mit der er es noch nie zu tun bekommen hatte.

Von Schmerz überwältigt brach er zusammen. Guo Jing kümmerte sich nicht weiter um ihn, sondern eilte zu Huang Rong und hob die Lähmung ihrer Nervenpunkte auf. Ihr Eiserner Igel und die wütende Attacke des Bettlers hatten Ouyang Feng davon abgehalten, mit seiner ganzen Kraft auf ihre Nerven zu drücken, sonst hätte der unerfahrene Guo Jing sie kaum aus ihrer Hilflosigkeit zu befreien vermocht.

»Schnell! Unser Meister braucht Hilfe!«, schrie sie.

Guo Ging sah nach oben. Der Bettler des Nordens und Gift des Westens lieferten sich inmitten der züngelnden Flammen noch immer einen unerbittlichen Kampf. Zwischen dem Knistern des Feuers und dem Toben der Wellen hörte man die durch die Wucht ihrer Schläge erzeugten Luftstöße bis zum Boot hinunter. Plötzlich übertönte ein ohrenbetäubendes Krachen alle anderen Geräusche. Das Schiff barst in zwei Hälften. Das Heck versank zuerst im Meer und die Wellen schlugen darüber zusammen. Schon begann auch die vordere Hälfte zu sinken. Guo

Jing ruderte so nah er konnte heran. In diesem Augenblick stürzte donnernd der brennende Hauptmast um und landete genau zwischen den beiden Kämpfern. Erschrocken sprangen sie zurück.

Ouyang Feng schwang seinen Schlangenstab über die Flammen hinweg. Hong Qigong zog den Hundestock, um ihn zu kontern. Bislang hatten die beiden mit bloßen Händen gekämpft. Durch die Waffen wurde ihr Kampf noch unerbittlicher.

Beeindruckt verfolgte Guo Jing den erbitterten Wettstreit und vergaß alles andere.

Man braucht hundert Tage, um den Dolch zu meistern, tausend, um den Speer zu beherrschen, und zehntausend, um das Schwert zu führen, pflegte man in der Welt der Kampfkunst zu sagen. Das Schwert mochte somit als Gipfel der Waffenkunst gelten, doch wenn ein Kampfkünstler erst einmal so weit war, kam es auf die nur ihm eigenen Fähigkeiten an, ganz gleich, welche Waffe er einsetzte. Als sich vor vielen Jahren die Großmeister des Jianghu auf dem Gipfel des Hua miteinander bei einem *Duell der Worte und des Schwerts* gemessen hatten, war das »Schwert« nur Oberbegriff für alle Waffen gewesen, derer sich die Kämpfenden in unterschiedlichsten Formen bedienten. Ähnlich wie die Bezeichnung »Klassiker«, die man zunächst nur für die kanonischen Schriften des Konfuzianismus – nämlich die fünf, die sechs und schließlich die *Dreizehn Klassiker* –, aber am Ende für sämtliche alte philosophische Schriften benutzt hatte, wie zum Beispiel *Das Buch Mozi*, *Das Buch vom Weg und der Tugend*, *Das wahre Buch vom südlichen Blütenland* und auch die heiligen Sutren wie die *Lotus-Sutra*.

Hong Qigongs Bettlerstab, der sogenannte Hundestock, war von Generation zu Generation von einem Bettlerfürsten zum nächsten weitergereicht worden. Er war biegsam und fest zugleich und einen Fuß länger als ein Schwert. Als Meister des Äußeren Kung-Fu hatte er den Stab zunächst vor allem mit Kraft geführt, aber mit den Jahren hatte er gelernt, auch seine Biegsamkeit und Nachgiebigkeit zu nutzen, was den Hundestock zu einer umso fürchterlicheren Waffe machte.

Auch Ouyang Fengs Schlangenstab war einzigartig, weil er die Möglichkeiten des Knüppels, des Stocks und des Stabs zugleich bot. Der Großmeister war in der Lage, ihn für eine erstaunliche Fülle von Formen zu verwenden. Seine Spitze war zu einer Grimasse mit zwei Reihen spitzer Zähne geschnitzt, die an die Fänge einer Giftschlange erinnerten. Wie ein gefräßiger Dämon tanzte die Grimasse vor den Augen des Gegners. Dahinter verbargen sich allerdings noch zwei Geheimwaffen. Zum einen konnte Ouyang Feng auf Knopfdruck Giftpfeile aus den Augen der Grimasse schießen lassen. Weitaus gefährlicher aber waren die beiden winzigen Schlangen, die im Stab verborgen nur darauf lauerten, dass ihr Herr sie befreite, damit sie sich im Nu um den Stab winden und ihr tödliches Gift nach allen Seiten verspritzen konnten.

Ouyang Fengs Stab war unberechenbar, aber Bettler waren geübte Schlangenfänger. Hong Qigongs Stock zuckte schnell wie ein Blitz, konterte geschickt jeden Schlag und stieß in jede Lücke, die der Gegner ihm ließ. Auch Gift des Westens ließ seinen Stab immer schneller tanzen. Noch hatte der Bettler des Nordens seine formidable Hundeschlagtechnik noch nicht zum Einsatz gebracht. Einer wie der andere zögerte, seine geheimen Kniffe zu schnell preiszugeben: Ouyang Feng wollte durch den Einsatz seiner Schlangen nicht das Gesicht verlieren und Hong Qigong wollte sich sein Geheimnis bis zum nächsten Wettbewerb der Großmeister auf dem Gipfel des Hua bewahren.

Guo Jing wartete auf eine Gelegenheit, seinem Meister beizuspringen. Aber beim Anblick des immer härter geführten Kampfs musste er einsehen, dass seine eigene Kunst zu schwach war, um etwas auszurichten. Er würde nicht einmal an die Kämpfenden herankommen. Ihm blieb nichts übrig, als den Schlagabtausch bang mit den Augen zu verfolgen.

千鈞巨岩

2
Ein tonnenschwerer Felsbrocken

Ouyang Feng wurde es immer heißer. Die Planken unter seinen Füßen krachten bedenklich und das Schiff drohte jeden Augenblick zu sinken. Der Bettler jedoch setzte ihm weiter zu, so unermüdlich wie unerbittlich. Wenn er sich nicht seiner Geheimwaffen bediente, so fürchtete Ouyang Feng, würde er diesen Tag nicht überleben. Er holte mit dem Schlangenstab aus, griff aber zuerst mit der anderen Hand an. Der Bettler hielt seinen Hundestock bereit, um den Schlangenstab zu parieren, und blockte mit der freien Hand den Schlag ab. In diesem Augenblick jedoch verbog Ouyang Feng so abrupt den Arm, dass seine Faust durch Hong Qigongs Abwehrlücke hindurch direkt auf dessen Schläfe zu sauste.

Die Wendige Schlangenfaust nannte Ouyang Feng diese Form, auf deren Vervollkommnung er viele Jahre des fleißigen Übens verwendet hatte. Eigentlich hatte er sie für den zweiten Wettbewerb der Großmeister auf dem Gipfel des Hua aufsparen wollen. Selbst während des langwierigen Schlagabtauschs mit dem Bettler auf der Pfirsichblüteninsel hatte er keinen einzigen davon preisgegeben. Mit diesen Formen, die die scheinbar knochenlose Biegsamkeit einer Schlange nachahmten, konnte er den Gegner aus nächster Nähe durch dessen Abwehr hindurch überraschend angreifen. Selbstverständlich steckten auch in Ouyang

Fengs Armen Knochen, aber aufgrund dieser außergewöhnlichen Bewegungen wirkten sie auf seinen Kontrahenten tatsächlich wie agile Schlangen.

Einem so exotischen wie überraschenden Schlag wären gewöhnliche Helden der Kampfkunst hilflos ausgeliefert gewesen, aber ein Großmeister wie der Bettler war auch ein aufmerksamer Beobachter. Er hatte gesehen, wie sich Ouyang Ke damals im Kampf gegen Guo Jing im Baoying-Tempel einer ähnlichen Form bedient hatte. Damit war Ouyang Fengs Neffe seinem Gegner zwar kurzfristig überlegen gewesen, hatte aber auch die verborgene Kunst seines Onkels offenbart und Bettler Hong die Möglichkeit gegeben, die wesentlichen Schwächen dieses Schlags auszumachen. Noch in derselben Nacht hatte er, statt an dem von Li Sheng ausgerichteten Bankett der Bettler teilzunehmen, darüber nachgedacht und ausprobiert, wie solchen Angriffen am besten beizukommen wäre.

Zu seiner großen Freude lieferte Ouyang Feng ihm endlich die Gelegenheit, seine Überlegungen in die Tat umzusetzen. Er formte die Hand zur Klaue und begegnete damit Ouyang Fengs Faust. Es war die perfekte, schnelle und präzise Antwort auf Ouyang Fengs raffinierte *Schlangenfaust.* Obwohl die unerwartete Abwehr wie ein zufälliger Glücksgriff wirkte, hatte sie Bettler Hong viele schlaflose Nächte und zahllose Versuche gekostet. Aber dafür genügte jetzt eine einzige Technik, um sämtlichen Varianten der *Wendigen Schlangenfaust* zu widerstehen. Er hatte seine Zweifel gehabt, nun aber, mitten im hitzigen Kampf, erkannte er, wie sehr die schlichte, schnelle und überraschende Form den Feind zu überrumpeln vermochte.

Ouyang Feng war fassungslos. Er hatte fest damit gerechnet, den Gegner mit einem unerwarteten Meisterschlag lahmzulegen und endgültig zu vernichten. Er stolperte rückwärts und mitten hinein in eine Wolke aus Asche und Rauch, die ihn vollkommen einhüllte. Überrascht ging der Bettler auf Abstand. Schnell erkannte er, dass ein brennendes Segel auf Ouyang Feng gefallen war.

Normalerweise wäre ein brennendes Segel Gift des Westens kaum gefährlich geworden. Aber nun, wo der Bettler ihm die in langen Jahren vervollkommnete *Schlangenfaust* mit einem Schlag verdorben hatte, war er vor Entsetzen so erstarrt, dass er dem vom brennenden Mast herabfallenden Segel nicht rechtzeitig entgangen war. Mehrmals sprang er hoch, aber die mehrere Hundert Pfund schwere Last ließ sich nicht abschütteln. Trotz der immanenten Gefahr, in der er sich befand, war Ouyang Fengs Verstand glasklar. Rasch packte er den Schlangenstab, um damit das Segel zu durchstoßen, aber der Stab wurde durch die schwere Rahe niedergedrückt.

Aus und vorbei, seufzte er innerlich. Heute wird Gift des Westens zu seinen Ahnen zurückkehren.

Plötzlich spürte er, wie das Gewicht von ihm genommen wurde … Er öffnete die Augen. Das brennende Segel war weg.

Der Bettler des Nordens war niemand, der zusehen konnte, wie seine Gegner bei lebendigem Leib verbrannten – noch nicht einmal der Alte Giftmolch. Er hatte sich den Anker geschnappt und damit das schwere Tuch und den Teil des Masts, an dem es hing, heruntergerissen.

Ouyang Fengs Kleidung, Haare und Brauen brannten lichterloh. Wie ein Irrer sprang und wälzte er sich über Deck, um die Flammen zu löschen. Aber zu seinem Unglück neigte sich das Schiff ruckartig und die schwere Ankerkette schnellte auf ihn zu.

»Hu!«, schrie der Bettler und packte die Kette. Seine Handfläche knisterte und zischte bei der Berührung mit dem glühend heißen Metall. Instinktiv schleuderte er die Kette ins Meer und schickte sich an hinterherzuspringen. In diesem Augenblick spürte er, wie sein Nacken taub wurde.

Jetzt habe ich dem Alten Giftmolch das Leben gerettet und er greift mich mit seinen Schlangen an. Er drehte sich um und sah vor seinen Augen eine Viper mit aufgerissenem Maul tanzen. Blut tropfte von ihren Fängen. Wütend holte er zum Schlag gegen Ouyang Feng aus, doch dieser sprang rechtzeitig zur Seite, sodass der Bettlers stattdessen einen Nebenmast fällte.

Ouyang Feng freute sich diebisch über seinen gelungenen Überraschungsangriff. Noch attackierte ihn der Bettler mit grimmiger Entschlossenheit. Er verlegte sich darauf, ihm einfach auszuweichen, bis er erlahmte.

»Meister!«, rief Guo Jing. Er hielt es nicht mehr aus und begann, am sinkenden Schiff hinaufzuklettern. Dem Bettler wurde plötzlich ganz schummrig und er torkelte stolpernd über das Deck. Ouyang Feng wagte sich vor und versetzte ihm zwei Handkantenschläge in den Rücken. Hätte er der gefährlichen Schlange nicht wenige Tage zuvor Gift abgezapft, um sämtliche Haie im Meer zu vernichten, wäre ihr Biss sofort tödlich gewesen. Es hatte jedoch immer noch gereicht, um den Bettler aller Sinne zu berauben. Dieser war zu schwach, um sich den Schlägen zu widersetzen, fiel um und spuckte Blut.

Der Bettler des Nordens war nicht irgendein Kampfkünstler. Ouyang Feng wusste, dass er auch diesen Schlag überleben und ihm nach wenigen Tagen Erholung wieder Scherereien machen würde. Er musste es jetzt ein für alle Mal zu Ende bringen.

Guo Jing stand an Deck des Wracks und erkannte auf einen Blick, in welcher Gefahr sein Meister schwebte. Blindlings griff er Ouyang Feng von hinten mit *Zwei Drachen schöpfen Wasser* an. Ouyang wehrte ihn wie beiläufig mit einer Hand ab und setzte zu einem Tritt gegen Hong Qigongs Schulter an. Ohne auf seine Deckung zu achten, packte Guo Jing den Feind mit beiden Händen am Hals. Ouyang Feng nutzte die Gelegenheit, um ihm den Ellbogen in die Rippen zu rammen.

Ohne sein starkes Inneres Kung-Fu wäre Guo Jing verloren gewesen. Er verspürte einen stechenden Schmerz, konnte jedoch verhindern, dass seine untere Körperhälfte taub wurde. Dann richtete er sich unerschrocken wieder auf und zielte auf Ouyang Fengs Kopf.

Gift des Westens war überrascht von Guo Jings draufgängerischer Attacke. Er riskierte, von ihm verletzt zu werden, und musste wohl oder übel reagieren. Statt nach dem Bettler zu treten, beugte er sich vor und stieß erneut mit dem Ellbogen nach Guo Jing. Auf diese kurze Distanz waren die *Explodierende Kröte* oder die *Wendige Schlangenfaust* nicht zu gebrauchen; Großmeister der Kampfkunst rangen üblicherweise nicht im Nahkampf miteinander.

Mit eisernem Griff drückte Guo Jing ihm die Gurgel zu und schaffte es dabei, jedem von Ouyang Fengs Rückwärtsschlägen auszuweichen. Ouyang Feng ging allmählich die Luft aus. Er versuchte einen weiteren harten Ellbogenstoß.

Guo Jing wich nach rechts aus, dabei musste er mit der linken Hand loslassen, die er aber sofort unter Ouyang Fengs Armbeuge hindurchschob, gegen dessen Hals drückte und ruckartig daran zog. Kung-Fu war das nicht – es war eine Form des mongolischen Ringens, die sich *Kamelhaken* nannte, weil man mit dieser Technik, wenn man sie perfekt handhabte, sogar einem Kamel den Hals brechen konnte. Der Schmerz fuhr Ouyang Feng in alle Glieder. Er war zweifelsohne ein erfahrener Kämpfer, aber die Brutalität dieses Angriffs traf ihn völlig unvorbereitet.

Ouyang Feng ruderte nun schon beinahe verzweifelt mit den Armen, um Guo Jing zu treffen. Der nutzte die Gelegenheit, um auch die rechte Hand unter Ouyang Fengs Armbeuge hindurchzustecken. Er hielt dessen Hals jetzt von hinten in enger Umklammerung der verschränkten Hände gepackt. Mit einem wilden Schrei drückte er zu. *Bergbrecherverrenkung* nannte sich das im mongolischen Ringkampf. Es war kaum möglich, sich aus diesem Griff herauszuwinden, ohne sich selbst dabei das Genick zu brechen.

Ouyang Feng war zwar kein mongolischer Ringer, aber er hatte andere Kniffe auf Lager und dazu den unbedingten Willen, diesen Grünschnabel zu bezwingen. Unter Anwendung seiner erstaunlichen Schwebekunst zog er unversehens seinen Kopf nach unten aus Guo Jings Würgegriff und rollte rückwärts zwischen seinen Beinen hindurch. Das war für einen Großmeister zwar unter aller Würde, aber seine ausweglose Situation zwang ihn dazu. Um die Schmach wettzumachen, griff er Guo Jing sofort wieder vehement von hinten an. Aber noch bevor er ihn treffen konnte, hatte Guo Jing seinen Arm gepackt und verdreht.

Natürlich war Guo Jings Kampfkunst dem Großmeister in keiner Weise ebenbürtig. Aber seine unglaubliche Wut und seine beim Ringen erworbene Übung im Nahkampf machten seine Schwächen wett – außerdem durfte der Alte Giftmolch auf keinen Fall seinen Meister töten.

In diesem Augenblick ging ein gewaltiger Ruck durch das Schiff, das Deck neigte sich, die beiden verloren das Gleichgewicht, rollten mitten in die Flammen und fingen sofort Feuer

Nun konnte auch Huang Rong nicht mehr länger tatenlos zusehen. Ihr Meister hing reglos und schlaff über der Reling. Ob er noch am Leben war? Und Guo Jing wälzte sich – immer noch im Kampf mit dem Alten Giftmolch – mit brennenden Kleidern über das Deck des sinkenden Schiffs! Angesichts der heiklen Lage hielt sie es für das Beste, Ouyang Ke durch einen gezielten Schlag mit dem Ruder außer Gefecht zu setzen. Doch selbst mit einem gebrochenen Arm wich er dem Ruder aus und versuchte gleichzeitig, Huang Rongs Handgelenk zu packen. Sie stampfte so heftig mit beiden Füßen auf, dass das kleine Boot schwankte und Ouyang Ke, der nicht schwimmen konnte, sofort seine Hand zurückzog, um sich festzuhalten. Huang Rong sprang ins Wasser.

In wenigen Zügen war sie beim Schiff, das mittlerweile so tief lag, dass das Deck beinahe auf einer Höhe mit dem Meeresspiegel war. Sie kletterte an Bord, zog Guo Jings Dolch aus dem Gürtel und eilte ihm zu Hilfe. Guo Jing und Ouyang Feng rangen auf dem Boden miteinander. Gerade lag Guo Jing unten, hinderte aber den Gegner durch seine eiserne Umklammerung am Zuschlagen.

Huang Rong stürzte mit dem Dolch in der Hand durch das Feuer auf Ouyang Fengs Rücken zu. Es war der Dolch, in den Qiu Chuji damals Guo Jings Namen eingekerbt hatte. Mu Nianci hatte ihn von ihrem Vater geerbt und später mit Huang Rong gegen den Dolch mit Yang Kangs Namen darauf getauscht.

Im letzten Augenblick gewahrte Ouyang Feng den Dolch und wälzte sich abrupt herum, sodass Guo Jing oben lag. Huang Rong zielte auf Ouyang Fengs Kopf, aber er rollte ihn so flink hin und her, dass sie ihn dreimal verfehlte; beim dritten Stoß blieb die Klinge in einer Planke stecken.

Beißender Rauch hüllte sie ein und Huang Rong kniff instinktiv die Augen zusammen. Ein schmerzender Tritt traf ihr Bein. Sie riss das Messer heraus, rollte seitwärts und sprang auf die Füße, wobei ihr Haar Feuer fing. »Rette unseren Meister! Schnell!«, rief Guo Jing ihr zu, als sie gerade zu einem Dolchstoß auf Ouyang Feng ansetzte.

Sie rannte zu Bettler Hong, schloss ihn in die Arme und sprang mit ihm ins Meer, um die Flammen zu löschen, die auf seine Kleider übergegriffen hatten. Im Wasser nahm sie den Bettler auf ihren Rücken und schwamm zurück zum Sampan. Ouyang Ke schwang das Ruder über dem Kopf. »Niemand außer dir kommt auf das Boot. Lass den Bettler zurück!«

»Gut, dann treffen wir uns im Wasser!«, rief Huang Rong und rüttelte am Boot.

»Halt!«, schrie Ouyang Feng und klammerte sich an den Rand. »Gleich wird es kentern!«

Huang Rong lachte. »Dann zieh meinen Meister hinein, aber vorsichtig! Eine falsche Bewegung, und du gehst baden.«

Wohl oder übel musste Ouyang Feng gehorchen. Mit seinem unversehrten Arm packte er den Bettler von hinten am Hemd und zog ihn ins Boot.

»Das ist das erste Mal, seit ich dir begegnet bin, dass du eine gute Tat vollbracht hast.« Sie strahlte ihn an.

Ouyang Kes Herz machte einen Sprung. Gern hätte er etwas entgegnet, aber er fand keine Worte vor Glück.

Sie wollte eben wieder zum Schiff zurückschwimmen, als ein ohrenbetäubendes Donnern alles ringsum erschütterte. Eine Wasserwand raste auf sie zu. Mit geschlossenen Augen und angehaltenem Atem wartete sie, bis sie über sie hinweggerollt war. Als sie danach die Augen öffnete und das nasse Haar aus dem Gesicht strich, sah sie verblüfft, wie vor ihr ein riesiger Strudel das Schiff, Guo Jing und Ouyang Feng in einen schäumenden Schlund hinabriss.

Mit einem Mal war ihr Kopf vollkommen leer, sie spürte nichts mehr; es war, als ob Himmel und Erde, sie selbst und alles ringsum sich in nichts aufgelöst hätten. Plötzlich schwappte eine Salzwasserwelle über sie und sie kam wieder zu sich, strampelte an die Wasseroberfläche und blickte sich um. Es war nichts mehr zu sehen als der Ozean, auf dem ein einsames kleines Boot trieb.

Huang Rong tauchte, so schnell und tief sie konnte. Sie war eine ausgezeichnete Schwimmerin, aber die starke Strömung erschwerte die Suche nach Guo Jing. Sie zog unter Wasser Kreise, aber nirgends war eine Spur von ihm zu sehen. Auch Ouyang Feng schien mit seinem Schiff untergegangen zu sein. Ihre Kräfte schwanden, aber sie kämpfte tapfer dagegen an, bis sie nach einer Stunde erschöpft aufgeben musste. Um sie herum türmten sich hohe Wellen. Sie flehte den Himmel an, Guo Jing zu ihr zurückzubringen.

Sie schwamm zum Sampan zurück, um sich eine Weile auszuruhen. Ouyang Ke streckte ihr die Hand entgegen und half ihr hinein. »Wo ist mein Onkel? Hast du ihn nicht gefunden?«, fragte er bestürzt.

Aber Huang Rong brach wortlos zusammen.

Als sie nach einer Weile wieder zu sich kam, hatte sie das Gefühl, in der Luft zu schweben. Wind und Wellen dröhnten in ihren Ohren. Sie setzte sich auf. Das Boot trieb mit der Strömung davon und sie hatte keine Ahnung, wie weit sie sich schon von der Stelle, an der das Schiff auf Grund gesunken war, entfernt hatten. Wie sollte sie Guo Jing jemals wiederfinden? Der Schmerz schnürte ihr die Brust zu und sie verlor erneut das Bewusstsein.

Krampfhaft klammerte sich Ouyang Feng an den Bootsrand, in ständiger Angst, vom Wellengang über Bord geworfen zu werfen. Er rührte sich nicht von der Stelle, um den kleinen Sampan nicht aus dem Gleichgewicht zu bringen.

Es verging eine ganze Weile, bis Huang Rong erneut die Augen aufschlug. Ihr erster Gedanke galt Guo Jing, den sie auf dem Meeresgrund wähnte. Ihr Leben erschien ihr mit einem Mal vollkommen sinnlos. Der Anblick Ouyang Fengs, der ihr leichenblass und mit angstverzerrter Miene gegenübersaß, widerte sie an. *Sollte ich wirklich dazu verdammt sein, an der Seite dieses Ekels zu sterben?* Sie richtete sich auf. »Spring ins Meer!«, kommandierte sie.

»Was?«

»Du willst nicht freiwillig springen? Dann muss ich wohl das Boot kentern lassen.«

Ruckartig warf sie sich von einer Seite des Boots auf die andere und das Boot begann, heftig zu schaukeln. Ouyang Kes entsetzte Schreie feuerten sie nur noch mehr an. Das Boot stand kurz davor zu kentern. Als Huang Rong sich erneut nach Steuerbord warf, warf Ouyang Ke sich nach Backboard. Zwar neigte sich der Sampan bedenklich zur Seite, kippte jedoch nicht um. Huang Rong versuchte es weiter, aber Ouyang Ke hielt das Boot jedes Mal im Gleichgewicht.

»Dann muss ich wohl Löcher in den Rumpf schlagen«, rief Huang Rong, zückte den Dolch und sprang in die Bootsmitte. Huang Rong hatte einzig und allein Guo Jing im Sinn gehabt – erst jetzt fiel ihr wieder ein, dass ihr Meister dort in der Proviantsenke lag. Er hatte bislang keinen Ton von sich gegeben und auch sonst keine Regung gezeigt. Sie horchte auf seinen Atem. Er ging schwach, aber Hauptsache, er lebte. Erleichtert setzte sie ihn auf. Seine Augen waren fest geschlossen und sein Gesicht weiß wie Papier. Sie versicherte sich noch einmal, dass der Bettler am Leben war, indem sie seinen schwachen Puls fühlte. Ouyang Ke war im Nu vergessen. Stattdessen band sie das Hemd des Bettlers auf, um ihn nach Verletzungen abzusuchen.

Plötzlich ging ein Ruck durch das Boot. »Land in Sicht!«, schrie Ouyang Ke.

Huang Rong hob den Kopf und sah in einiger Distanz üppiges Grün und dichte Baumreihen. Der Sampan war auf ein Korallenriff aufgelaufen.

Sie waren noch ein ganzes Stück vom Ufer entfernt, aber das Wasser war so flach, dass sie bereits bis auf den Grund sehen konnten. Ouyang Ke sprang vom Boot. Das Wasser reichte ihm bis zur

Hüfte. Er ging ein paar Schritte, dann sah er sich nach Huang Rong um und kehrte zum Boot zurück.

Auf Bettler Hongs Nacken prangte ein blauvioletter Bluterguss in Form einer Hand. Vorsichtig tastete sie die Stelle ab. *Unglaublich, mit welcher Kraft der Alte Giftmolch zuschlagen kann!* Da bemerkte sie zwei winzige Bisswunden an der Schulter, so unscheinbar, dass sie ihr beinahe entgangen wären. Vorsichtig tastete sie sie ab, aber ein stechender Schmerz ließ sie zurückfahren. Ihre Fingerspitzen brannten. »Meister, wie geht es Euch?«, flüsterte sie.

Der Bettler antwortete mit einem Stöhnen.

»Her mit dem Gegengift«, fuhr sie Ouyang Ke an.

Abwehrend hob er die Hände. »Das hat nur mein Onkel.«

»Du lügst.«

»Dann durchsuch mich.« Er knüpfte seinen Gürtel auf und förderte alles zutage, was er bei sich trug. Ein Medizinfläschchen war nicht darunter.

»Hilf mir, meinen Meister an Land zu tragen.«

Sie hakten den Bettler in ihrer Mitte unter und nahmen jeder einen seiner Arme über die Schulter. Huang Rong griff unter ihrem Meister hindurch nach Ouyang Kes Hand, sodass sie ihn auf ihren Armen sitzend langsam ans Ufer tragen konnten. Während Rong besorgt das Zittern des Bettlers spürte, genoss Ouyang Ke verzückt das Gefühl ihrer warmen, weichen Hand in seiner. Es war, als ob ein lang gehegter Traum endlich in Erfüllung ging. Der Weg bis ans Ufer erschien ihm allzu kurz.

Huang Rong ging in die Knie, um den Bettler sanft abzusetzen. »Geh und zieh das Boot ans Ufer, damit es nicht abtreibt«, befahl sie Ouyang Ke.

Ouyang Ke starrte sie nur stumm an. Er hatte gar nicht gehört, dass sie mit ihm sprach. Weltentrückt führte er seine Hand, die eben noch ihre berührt hatte, an die Lippen.

Glücklicherweise wusste sie nicht, was gerade ihn ihm vorging. Sie strafte ihn mit einem strengen Blick und wiederholte ihre Worte.

Als er mit dem Boot zurückkam, hatte Huang Rong den Bettler auf den Bauch gerollt. Sie versorgte so gut es ging seine Wunden. *Wo wir wohl gestrandet sind?*, fragte sich Ouyang Feng. Er lief eine kleine Anhöhe hinauf, um sich einen Überblick zu verschaffen. Ringsum war bis zum Horizont nichts als Ozean. Freudig überrascht stellte er fest, dass sie auf einer einsamen Insel mit üppiger Vegetation, aber ohne jede Spur von menschlicher Besiedlung gestrandet waren. *Aber wie sollen wir hier überleben, ohne Nahrung, ohne Unterkunft?*, fuhr es ihm durch den Kopf. Doch schon im nächsten Augenblick überwog wieder das Glücksgefühl. Eine schicksalhafte Fügung schien ihn mit dieser göttlichen Schönheit auf diese Insel verschlagen zu haben. Leider war auch noch der alte Bettler dabei, aber war der nicht schon so gut wie tot? *Welch unverschämtes Glück,* dachte er. *Mit einer solchen Traumgestalt an meiner Seite ist eine einsame Insel das wahre Paradies. Selbst wenn ich heute noch sterben sollte, kann ich mir kein gnädigeres Schicksal vorstellen.* Vor lauter Glück wollte er zu tanzen anfangen, doch die Bewegung ließ ihn zusammenfahren. Erst jetzt spürte er wieder den Schmerz in seinem gebrochenen Arm. Er brach ein paar Zweige von einem Baum, riss einen Stofffetzen von seinen Kleidern und bastelte sich Schiene und Schlinge.

Huang Rong drückte behutsam das Gift aus Bettler Hongs Nacken, dann schleifte sie ihn auf einen glatten Felsen, wo er bequem liegen konnte. Mehr wusste sie augenblicklich nicht für ihn zu tun. Das kleine Porzellanfläschchen mit den Pillen aus dem *Tau der neun Blüten* war zum Glück unversehrt und fest verschlossen geblieben, kein Tropfen Wasser war eingedrungen. Sie fütterte den Bettler mit zwei Pillen. Dann rief sie Ouyang Ke herbei. »Geh los und sieh zu, dass du ein Wirtshaus findest.«

»Wir sind auf einer einsamen Insel, hier gibt es kein Wirtshaus. Es würde mich wundern, wenn außer uns noch andere Menschen hier sind.«

Huang Rong erschrak. »Geh und sieh nach.«

Zu gern erfüllte Ouyang Ke ihr jeden Wunsch und eilte mit seiner vortrefflichen Schwebekunst kreuz und quer von einem Ende der Insel zum anderen, wobei er unterwegs kurzerhand mit einem Stein zwei Hasen erlegte. Er sah weit und breit nur dichten Urwald, nicht den geringsten Hinweis auf die Anwesenheit von Menschen. Gehorsam umrundete er einmal die ganze Insel, bevor er zu Huang Rong zurückkehrte. »Es ist eine einsame Insel, wie gesagt.«

Huang Rong bemerkte sein zufriedenes Gesicht bei diesen Worten. »Eine einsame Insel? Und was ist daran so erheiternd?«

Ouyang Feng verkniff sich die Antwort und machte sich stattdessen daran, den Hasen das Fell abzuziehen. Huang Rong förderte ein in Ölpapier eingeschlagenes Päckchen zutage, in dem sich trocken gebliebener Zunder fand. Damit machte sie Feuer und röstete die Hasen. Einen davon warf sie Ouyang Ke hin, vom anderen riss sie ein Bein ab und fütterte den Bettler damit.

Der Geruch von gebratenem Fleisch belebte unverzüglich die Sinne des vom Schlangengift benommenen und geschwächten Bettlers. Kaum hatte er einen Bissen saftiger Hasenkeule im Mund, begann er genüsslich zu kauen und bedeutete Huang Rong mit der Hand, dass er mehr wünschte. Glücklich fütterte sie ihm auch das andere Bein. Davon bekam er jedoch nur die Hälfte herunter, bevor ihn die Erschöpfung übermannte. Mit vollem Mund schlief er ein.

Auch Hong Rong wollte sich nun etwas zu essen gönnen, doch der Gedanke an Guo Jing schnürte ihr gleich wieder die

Kehle zu und sie bekam keinen zweiten Bissen hinunter. Vor Anbruch der Dunkelheit entdeckte sie eine Höhle, in der sie ihren Meister unterbrachte. Ouyang Ke half ihr dabei, den Bettler vorsichtig auf einen Heuhaufen zu betten. Dann richtete Ouyang Ke mit noch mehr Heu zwei weitere Bettstätten her. Huang Rong sah ihm stumm dabei zu, wie er die Haufen glatt strich und sich dann mit einem zufriedenen Grinsen auf einem davon ausstreckte.

Sie zog den Dolch. »Raus!«

»Was ist denn schon dabei, wenn ich auch hier schlafe?«, fragte er lachend.

Huang Rong zog die Brauen zusammen. »Hast du nicht gehört, was ich gesagt habe? Raus mit dir!«

»Immer mit der Ruhe. Leg dich einfach schlafen, ja? Wieso soll ich hinausgehen?«

Sie schnappte sich eine Fackel und zündete damit das Heu unter Ouyang Ke an. Im Nu war es ein Haufen Asche.

Er lachte bitter. Ihm blieb nichts übrig, als die Höhle zu verlassen. Um sich vor wilden Tieren und giftigen Insekten zu schützen, erklomm er einen Baum und richtete sich dort mehr schlecht als recht für die Nacht ein, fand jedoch keinen Schlaf. Er kletterte unzählige Male den Baum hinunter, um einen Blick in die Höhle zu werfen. Das Feuer am Eingang brannte noch immer, aber Huang Rong schien tief und fest zu schlafen. Dennoch wagte er nicht, einfach dreist in die Höhle einzudringen. *Was bin ich für ein Feigling!,* verfluchte er sich selbst. Als hätte er nicht oft genug wie es ihm beliebte die Nähe einer duftenden Schönheit genossen. Aber diese junge Frau fürchtete er. Natürlich wäre es ihm auch mit einer Hand ein Leichtes gewesen, sie zu überwältigen, und der Bettler war in seinem Zustand kein Gegner. Und dennoch: Jedes Mal, wenn er sich dem Feuer näherte, schreckte er wieder zurück.

Auch Huang Rong wälzte sich aus Sorge um den Bettler und ständig auf der Hut vor Ouyang Ke schlaflos auf ihrem Lager. Erst gegen Morgengrauen schlief sie ein und träumte, dass der Bettler ächzte und stöhnte. Erschrocken wachte sie auf. »Meister, wie geht es Euch?«

Hong Qigong deutete auf seinen Mund und fuhr sich mit der Zunge über die Zähne.

Lachend griff Huang Rong nach den Resten des Abendessens und fütterte den Bettler damit. Sobald er etwas im Magen hatte, erwachten seine Lebensgeister. Langsam richtete er sich auf, sammelte sein Qi und kontrollierte seinen Atem. Huang Rong wollte ihn in seiner Konzentration nicht stören und beobachtete stumm, wie eine lebendige Röte in sein Gesicht zurückkehrte, das aber gleich darauf wieder aschfahl wurde. Mehrmals röteten sich auf diese Weise seine Wangen, bis sein Kopf dampfte. Schweiß perlte von seiner Stirn, sein Körper bebte.

Ein Schatten löste sich aus dem Eingang der Höhle. Ouyang Feng kam herein, um zu sehen, was hier vor sich ging. Huang Rong wusste, dass ihr Meister im Begriff war, sich mithilfe seines Inneren Kung-Fu zu regenerieren. Sein Leben hing an einem seidenen Faden und jede Störung war gefährlich.

»Raus mit dir«, zischte sie Ouyang Feng zu.

Ihre Worte ignorierend, trat er näher heran. »Wir müssen beratschlagen, wie wir auf dieser einsamen Insel überleben wollen. Kann sein, dass wir eine ganze Weile hier verbringen müssen.«

Der Bettler öffnete die Augen. »Einsame Insel?«

»Achtet nicht auf ihn, Meister. Ihr müsst Euch konzentrieren.«

Sie wandte sich Ouyang Feng zu. »Gehen wir hinaus und reden.«

Hocherfreut folgte er ihr vor die Höhle.

Es war ein klarer und sonniger Tag. Huang Rong sah sich um. Ringsum bildeten Himmel und Ozean eine einzige Fläche, hier und dort unterbrochen von ein paar Wattewölkchen, weit und breit war kein Land in Sicht. Als sie bei der Stelle ankamen, wo sie am Vorabend gestrandet waren, erschrak sie. Wo war das Boot? Entsetzt sah sie Ouyang Ke an.

»Ja, wo ist es nur? Die Wellen müssen es davongetragen haben. Oje, zu dumm!«

Ein Blick in sein Gesicht genügte, um ihr zu sagen, dass er das Boot absichtlich aufs Meer hinaus gestoßen hatte. *Dieser widerliche Kerl!* Guo Jing war tot und sie wäre es am liebsten auch gewesen. Der kleine Sampan hätte sie vermutlich ohnehin nicht sicher durch den Ozean bis zum Festland gebracht, aber jetzt war sie vollends den Avancen dieses Ekels ausgesetzt und hatte keine Ahnung, ob sie ihn sich lange genug vom Leib halten konnte, bis ihr Meister wieder bei Kräften war. Ihr kalter Blick traf Ouyang Ke, während sie überlegte, wie sie ihn am besten töten und den Bettler retten konnte.

Beschämt senkte Ouyang Ke den Kopf.

Huang Rong sprang auf einen großen Felsen am Ufer, umschlang die Knie mit den Armen und starrte hinaus aufs Meer.

Das ist die Gelegenheit, um mich ihr zu nähern!, dachte Ouyang Ke und setzte sich neben sie. Als sie weder wütend wurde noch von ihm Abstand nahm, rückte er ein wenig dichter an sie heran. »Du und ich«, flüsterte er ihr ins Ohr, »wir könnten hier zusammen den Rest unseres Lebens verbringen wie die Unsterblichen. Was habe ich in meinem letzten Leben wohl angestellt, um solches Glück zu verdienen?«

Huang Rong lachte. »Ist es nicht ein bisschen einsam hier zu dritt?«

Ihr freundlicher Ton ermutigte ihn. »Wie könnte ich mich einsam fühlen, mit dir an meiner Seite? Und wenn wir erst Kinder haben …«

Sie lachte noch lauter. »Welche Kinder? Ich wüsste nicht, woher die kommen sollen.«

»Ich zeige es dir.« Er streckte seine Hand nach ihr aus und spürte die Wärme ihrer kleinen Hand in seiner. Sein Herz klopfte wie wild. Benommen vor Verzückung vergaß er alles um sich herum. Sachte entzog sie ihm ihre Hand und legte die Finger um sein Handgelenk. »Es heißt, du hättest Mu Nianci ihrer Unschuld beraubt?«, flüsterte sie.

»Haha, von wegen. Dieses Mädchen wusste meine Gunst nicht zu schätzen und hat sich mir widersetzt. Ein Prinz Ouyang nimmt eine Frau nicht mit Gewalt.«

»Dann handelt es sich nur um ein Gerücht? Sie und ihr Liebster haben deswegen gestritten.«

»Wie bedauerlich, dass ihr Ruf ganz ohne Grund leidet!«

Plötzlich deutete Huang Rong auf das Meer und rief erschrocken. »Sieh mal!«

Ouyang Ke wandte den Kopf in die Richtung, in die sie deutete. In diesem Augenblick spürte er den Druck auf sein Handgelenk. Sie hatte ihn an einem empfindlichen Nervenpunkt gelähmt. Sie zog den Dolch und richtete ihn auf seinen Bauch. Was nun?

Aber er war immer noch der Neffe eines Großmeisters. Zwanzig lange Winter hatte er auf dem Weißen Kamelberg mit seinem Onkel Kampfkunst geübt. Die Wut über ihre tückischen Schliche tat ein Übriges, um ihm die Kraft zu verleihen, sich im letzten Moment aufzubäumen und gegen Huang Rongs Rücken zu werfen. Sie wankte und sprang schnell vom Felsen. Ihr Messer hatte nur sein Bein erwischt, in dem eine Wunde klaffte. Er sprang ihr hinterher, sah den Dolch in ihrer Hand und grinste. Doch als er sich aufrichten wollte, spürte er einen stechenden Schmerz auf der Brust. Seine weiße Robe war blutgetränkt. Die Stacheln ihres Eisernen Igels hatten sich in sein Fleisch gebohrt.

»Was soll das?«, fragte sie ärgerlich. »Wir haben uns doch gerade so schön unterhalten. Dann eben nicht.« Mit diesen Worten ging sie davon.

Ratlos stand Ouyang Ke da und starrte ihr stumm nach.

Auf dem Rückweg zur Höhle haderte Huang Rong mit sich. Wie hatte sie bloß diese einmalige Gelegenheit vermasseln können? Sie war schlichtweg nicht gut genug!

In der Höhle fand sie den Bettler schlafend neben einer dunklen Blutlache. »Meister? Wie geht es Euch?«

»Ich brauche Schnaps«, stieß er schwach atmend hervor.

Wie sollte sie auf einer einsamen Insel Schnaps auftreiben? »Ich tue, was ich kann«, versicherte sie ihm dennoch. »Meister, Ihr seid nicht ernsthaft verletzt, oder doch?«

Ihre Augen füllten sich mit Tränen. Huang Rong weinte nicht oft, aber jetzt konnte sie nicht mehr an sich halten. Schluchzend und bebend barg sie ihr Gesicht an der Brust des Bettlers. Sanft strich er ihr über das Haar und tätschelte ihren Rücken. Seit Jahrzehnten streifte er durch die Welt des Jianghu mit ihren wilden Rabauken und tapferen Helden. Aber noch nie hatte er eine weinende junge Frau trösten müssen. Er wusste nicht, was er tun sollte. »Weine nicht, mein Kind«, sagte er. »Dein Meister ist für dich da. Es ist alles gut. Ich brauche keinen Wein, ganz und gar nicht.«

Sofort versiegten ihre Tränen und sie hob den Kopf. Das Hemd des Bettlers war vollkommen durchnässt.

»Ach, warum habe ich diesen Dreckskerl nicht getötet!« Sie erzählte ihm von dem Vorfall auf dem Felsen.

Der Bettler hörte ihr schweigend zu, bis er schließlich sagte: »Dieser Lump ist dir in der Kampfkunst weit überlegen und ich bin gerade zu nichts nütze. Deine einzige Waffe ist dein scharfer Verstand. Gebrauche ihn!«

»Nach ein paar Tagen Ruhe seid Ihr wieder ganz bei Kräften, Meister, und erledigt ihn mit einem Schlag.«

»Der Alte Giftmolch hat mich mit einem tödlichen Schlangenbiss und seiner *Explodierenden Kröte* erwischt. Ich habe mit meiner ganzen inneren Kraft versucht, das Gift aus meinem Körper zu treiben, aber etwas davon wird zurückbleiben. Selbst wenn ich überlebe, werde ich nie wieder der große Kämpfer sein, der ich einmal war, sondern nur ein kranker alter Mann.«

»Ganz bestimmt nicht, Meister, niemals!«

»Noch schlägt mein Herz, aber sogar dieser alte Bettler muss einsehen, dass es Zeit wird, sich auf das Jenseits vorzubereiten.«

Nach einer Pause fügte er hinzu: »Hach, mein Kind, mir bleibt keine Wahl. Ich muss dich um etwas bitten, eine sehr schwierige Aufgabe, die ganz gegen deine Natur ist. Willst du mir diesen Wunsch erfüllen?«

»Natürlich, Meister! Alles, was Ihr verlangt.«

Er seufzte. »Uns war nicht viel Zeit vergönnt als Meister und Schülerin, nur wenig habe ich dir beibringen können. Beim Gedanken, dir eine so schwere Bürde aufzuerlegen, ist deinem Meister ganz und gar nicht wohl zumute.«

Diese zögerlichen Worte entsprachen so gar nicht der unbekümmerten und zupackenden Natur des Bettlers. Huang Rong begriff, dass es um eine sehr wichtige Sache ging.

»Bitte sagt es mir, Meister. Nur meinetwegen habt Ihr den Weg zur Pfirsichblüteninsel zurückgelegt, nur meinetwegen seid Ihr nun schwer verletzt. Es gibt nichts, womit ich Euch Eure große Güte vergelten könnte. Eure Schülerin hofft nur, dass sie nicht zu jung ist, um Euren Auftrag zu erfüllen.«

»Du nimmst also an?« Der Anflug eines Lächelns glitt über sein Gesicht.

»Ja. Bitte sagt mir, was ich tun soll.«

Zittrig kam der Bettler auf die Füße. Er legte die Hände vor der Brust zusammen und verbeugte sich gen Norden. »Ich grüße euch, meine Bettlerahnen!«, deklamierte er. »Die Geschicke des von Euch gegründeten Bettlerklans wurden nach vielen Generationen in meine Hände gelegt. Doch Eurem Nachfahren fehlte es an Tugend und Talent, um die Ehre des Klans zu erhalten. Und nunmehr sehe ich mich gezwungen, die Last der Verantwortung auf andere Schultern zu übertragen. Ihr Ahnengeister im Himmel, verleiht diesem Kind die Kraft, Unheil in Heil zu verwandeln und zum Wohle der Brüder und Schwestern unseres Klans, die auf dieser Welt ihr karges Dasein fristen, alle Gefahren zu meistern.« Noch einmal verbeugte er sich tief Richtung Norden.

Huang Rong traute ihren Ohren nicht.

»Knie nieder, mein Kind.«

Sie tat wie geheißen. Der Bettlerfürst hob seinen Bambusstock noch einmal in die Höhe, dann legte er ihn in Huang Rongs Hände.

»Meister, ich …«, stammelte Huang Rong. »Ihr wünscht, dass ich … dass ich den Bettlerklan anführe?«

»So ist es. Ich bin der achtzehnte Fürst des Bettlerklans und du bist Nummer neunzehn, die erste Fürstin des Klans. Lass uns gemeinsam unseren Vorfahren danken.«

Huang Rong wagte nicht zu widersprechen. Sie ahmte die Geste ihres Meisters nach, indem sie die Hände zusammenlegte und sich gen Norden verbeugte.

Auf einmal begann der Bettler zu husten und zu spucken. Sein zäher Auswurf beschmutzte den Rand von Huang Rongs Kleid. *Mein Meister ist tatsächlich schwer krank,* dachte sie betrübt. Er ist sogar zu schwach, um aufzupassen, wo er hinspuckt. Sie tat, als hätte sie nichts bemerkt.

»Sobald der Klan von deiner Ernennung erfährt, wirst du ein ziemlich übles Ritual ertragen müssen«, seufzte der Bettler. »Das wird nicht leicht für dich sein.«

Huang Rong lächelte. Bei den Bettlern ging es nun einmal ruppig und schmutzig zu. Das war nichts für eine, die sich davor scheute, die Hände dreckig zu machen.

Hong Qigong atmete lang und hörbar aus. Er war blass und erschöpft, aber ihm war ein schwerer Stein vom Herzen gefallen. Er lächelte zufrieden. Huang Rong half ihm, sich wieder hinzulegen.

»Jetzt bist du das Klanoberhaupt«, sagte er. »Und ich bin nichts weiter als ein Klanältester. Du musst mir zwar Respekt zollen, aber die Befehle erteilst du. So haben unsere Vorfahren es verfügt und dem musst du Folge leisten. Und sämtliche Mitglieder unseres Klans müssen dir gehorchen.«

Aber ich sitze auf einer einsamen Insel fest, ohne zu wissen, ob und wann ich je wieder auf das Festland zurückkehren werde. Guo Jing ist tot, ich will nicht mehr leben und nun ernennt mich mein Meister zur Bettlerfürstin … Wie soll das gehen? Sie betrachtete den Bettler. Es war besser, diese Sorgen für sich zu behalten. Also nickte sie stumm.

»Am fünfzehnten Tag des siebten Monats dieses Jahres werden die vier Ältesten unseres Klans sich in Yuezhou am Ufer des Dongting-Sees versammeln, um zu erfahren, wen ich mir zur Nachfolge auserkoren habe. Mein Hundestock genügt als Zeichen meines Willens. In allen Angelegenheiten des Klans fragst du die vier Ältesten um Rat. Es tut mir weh, ein so reines, junges Ding wie dich einer Meute schmutziger Lumpengesellen auszusetzen. Aber glaub mir, trotz ihrer Lumpen und ihrer lausigen Manieren sind die Bettler gutherzige Menschen. Haha …« Sein Lachen erstickte in einem heftigen Hustenanfall. Huang Rong klopfte ihm auf den Rücken, bis der Husten nachließ.

»Dieser alte Bettler ist wahrhaftig zu nichts mehr nütze«, stöhnte er. »Wer weiß, wann ich meinen letzten Atemzug tue. Besser, ich unterweise dich im Umgang mit dem Hundestock, bevor es zu spät ist.«

Was für ein wenig poetischer Name für eine Kampfkunst, dachte Huang Rong, *Hundestockkunst!* Abgesehen davon genügte ihr Kung-Fu vollauf, um jeden Hund mit einem Schlag zu töten. Wozu sollte sie also ihre Zeit damit vertrödeln, die Formen einer Hundestockkunst zu erlernen? Aber angesichts des großen Ernstes ihres kranken Meisters behielt sie auch diese Gedanken für sich und nickte eifrig.

»Als Oberhaupt des Bettlerklans kannst du so bleiben, wie du bist. Wenn du frech und boshaft bist, dann ist das eben so. Ein Grund, wie ein Bettler zu leben, ist schließlich, frei zu sein und seiner eigenen Natur zu folgen. Sonst könnte man schließlich auch Beamter oder Gutsbesitzer werden, nicht wahr? Oder gleich Kaiser! Wenn du es für unter deiner Würde hältst, mit dem Hundestock zu kämpfen, dann sag es freiheraus!«

Huang Rong lachte. »Ich frage mich nur, welcher Hund so bösartig sein könnte, dass es eine besondere Waffe und eine besondere Kunst erforderte, um ihn zu bezwingen.«

»Jetzt, wo du die Bettlerfürstin bist, musst du auch wie ein Bettler denken. Natürlich wird jeder Hund beim Anblick der Tochter eines vornehmen Gelehrten in feinen Kleidern freudig mit dem Schwanz wedeln. Du hast also keinen Grund, nach Hunden zu schlagen. Anders wir Bettler. Wie heißt doch gleich das Sprichwort: Ein armer Mann ohne Stock muss vor jedem Hund kuschen. Da du nie arm gewesen bist, kennst du die Nöte der Armen nicht.«

»Verzeiht mir, Meister, aber da irrt Ihr Euch!«

Er zog erstaunt die Brauen hoch.

»Kurz nach dem Frühlingsfest bin ich von der Pfirsichblüteninsel weggelaufen und als Bettelkind verkleidet durch das Land gezogen. Ich bin einer Menge von bissigen Hunden begegnet, aber ein Tritt genügte, damit sie mit eingezogenem Schwanz das Weite suchten.«

»Soso. Bei besonders bissigen Kötern nutzen dir aber auch zehn Tritte nichts, dann brauchst du den Stock.«

So ein Hund ist mir noch nie begegnet, dachte Huang Rong. Auf einmal begriff sie. »Ah, ich verstehe! Du meinst alle Arten von üblen Schurken.«

»Kluges Kind! Du bist schnell von Begriff«, lachte der Bettler. »Ganz anders als …«

Er hatte »Guo Jing« sagen wollen, aber die schmerzliche Erinnerung an den Jungen verschloss ihm den Mund.

Huang Rong ahnte, was er hatte sagen wollen, und eine Welle von Verzweiflung und Trauer überkam auch sie. Am liebsten hätte sie schon wieder bitterlich geweint, aber ihr Meister brauchte sie. Sie war jetzt erwachsen und trug die Verantwortung für die Geschicke des Bettlerklans. Verschämt wandte sie den Blick ab, damit er die Tränen in ihren Augen nicht sehen konnte.

Hong Qigong verstand. Er war nicht weniger traurig als sie. Es war besser, das Thema zu wechseln. »Die sechsunddreißig Formen des *Hundestockschlags* wurden von den Ahnen unseres Klans erfunden und von Generation zu Generation weitergereicht, aber ausschließlich von Bettlerfürst zu Bettlerfürst. Die Kampfkunst des dritten Bettlerfürsten übertraf sogar noch die der Begründer unseres Klans. Er erweiterte die Kunst des *Hundestockschlags* um etliche gewiefte Varianten. Seit Hunderten von Jahren bedienen sich Bettlerfürsten dieser Techniken, um in der Not unseren schlimmsten Feinden den Garaus zu machen.«

Dieser Hundestock erschien Huang Rong mit einem Mal gar nicht mehr so uninteressant. »Meister«, rief sie begeistert, »warum habt Ihr diese Kunst denn nicht im Kampf gegen Gift des Westens eingesetzt?«

»Bei dieser Kunst handelt es sich um eine wichtige Geheimwaffe unserer Klans. Ich hätte ihn auch ohne sie bezwingen können. Aber wie hätte ich ahnen können, dass der Alte Giftmolch mich hinterrücks mit einer giftigen Schlange angreift – und das, obwohl ich ihm zweimal das Leben gerettet habe. Der elende Lump!«

Seine Miene verdunkelte sich. Huang Rong beeilte sich, ihn etwas aufzuheitern. »Bitte bringt mir diese Kunst bei, damit ich Euch rächen kann, Meister!«

Schon lächelte der Bettler wieder, griff nach einem auf dem Boden liegenden Holzstück, lehnte sich gegen den Felsen, schwang das Holz und betete dabei die Anweisungen für die sechsunddreißig Formen des *Hundestockschlags* herunter. Er wusste, dass seine Schülerin nicht auf den Kopf gefallen war, und da er fürchtete, dass seine Tage gezählt waren, lehrte er sie gleich alle Varianten auf einmal. *Hundestockkunst* war tatsächlich ein irreführend vulgärer Name für diese Reihe von ausgeklügelten Techniken und zauberhaften Formen, die aus gutem Grund als eine der raffiniertesten Formen der Kampfkunst galt, die je erfunden wurden. Warum sonst hätten Generationen von Bettlerfürsten ihr Geheimnis gehütet wie einen Schatz? Nun war Huang Rong zwar nicht auf den Kopf gefallen, aber wie sollte sie im Handumdrehen eine so ausgefeilte Kampfkunst lernen? Die wesentlichen Elemente hatte sie schnell begriffen, nur nutzten diese wenig ohne die subtilen Feinheiten.

Nachdem Hong Qigong die Reihe durchexerziert hatte, war er völlig außer Atem. Sein Hemd war schweißgetränkt. »Das war keine sehr gründliche Lektion«, keuchte er, »aber mehr bekomme ich jetzt nicht hin … ich …« Er stöhnte auf und stürzte ohnmächtig zu Boden.

»Meister!«, schrie Huang Rong und wollte ihm aufhelfen, aber seine Hände und Füße waren eiskalt und sein Gesicht kreidebleich. Er atmete nicht mehr und sein Blick war starr.

Obwohl mehrere Tage voller unvorhergesehener Ereignisse und schwerer Prüfungen hinter ihr lagen, wollten die Tränen jetzt, wo sie auf der Brust ihres Meisters lag, nicht fließen. Leise, ganz leise hörte sie sein Herz schlagen. Sofort setzte sie sich auf und versuchte, ihn mit einer kraftvollen Druckmassage wieder zum Atmen zu bringen.

Erst da hörte sie die Schritte hinter sich. Eine Hand griff nach ihr. Sie war von der Sorge um ihren Meister so abgelenkt gewesen, dass sie den hinterhältigen Schakal nicht sofort bemerkt hatte. »Meinem Meister geht es schlecht«, sagte sie und drehte sich zu Ouyang Ke um. »Wir müssen ihm helfen!«

Ihre tiefe Verzweiflung und der Blick aus ihren tränenfeuchten Augen ließen Ouyang Kes Herz erbeben. Er kniete sich neben den Bettler. Beim Anblick seiner leichenblassen Wangen stieg diebische Freude ihn ihm auf. Er war so nahe bei Huang Rong, dass er ihren Atem spürte und ihren süßen Duft roch. Einige lose Haarsträhnen umspielten ihren Nacken. Sein Herz klopfte heftig. Er legte den Arm um ihre Taille.

Huang Rong stieß ihn angewidert von sich und sprang auf. Bislang hatte sich Ouyang Ke zu sehr vor dem Bettler gefürchtet, um dem Objekt seiner Begierde seinen Willen aufzuzwingen. Aber jetzt lag ihr Beschützer im Sterben. Nichts konnte ihn mehr aufhalten. »Du bist einfach zu schön, meine Holde, ich kann mich nicht länger beherrschen. Komm, küss mich!«

Grinsend kam er näher. Huang Rong versuchte, sich ihre Panik nicht anmerken zu lassen. Ihre Lage war viel brenzliger als damals im Palast des Königs Zhao. *Ich muss ihn töten oder ich werde es mir nie verzeihen.* Sie zog Guo Jings Dolch.

Ouyang Ke legte seinen weißen Umhang ab, um ihn als Waffe einzusetzen. Huang Rong ließ ihn noch einen Schritt näher kommen. Bevor sein Fuß den Boden berührt hatte, warf sie sich zur Seite. Er war sofort hinter ihr. Huang Rong hob abwehrend den freien Arm und Ouyang Feng versuchte, ihr mit der Robe die Waffe aus der anderen Hand zu schlagen. Wie ein Pfeil schoss sie zum Ausgang der Höhle, aber er war schneller. Seine Handkante zielte auf ihren Rücken. Huang Rong vertraute darauf, dass der Eiserne Igel sie schützen würde, und Angst vor dem Tod hatte sie ohnehin nicht mehr. Aber sie musste zum Angriff übergehen, damit dem Bettler nichts geschah. Blitzschnell drehte sie sich um und zielte mit dem Dolch auf Ouyang Kes Brust.

Er hatte nicht beabsichtigt, sie zu verletzen. Sein Schlag war nur angetäuscht gewesen, er wollte mit ihr spielen, bis sie erschöpft den Widerstand aufgab. Als er jedoch das Messer in ihrer Hand aufblitzen sah, packte er sie in Windeseile am Handgelenk, drehte sich um die eigene Achse und blockierte den Höhlenausgang.

Wütend wagte sie einen neuen Angriff, ohne auf ihre Verteidigung zu achten. Natürlich war Ouyang Kes Kung-Fu ihrem weitaus überlegen, doch durch sein Bemühen, sie nicht ernsthaft zu verletzen, fehlte es auch seiner Abwehr an Entschlossenheit.

Nach fünfzig Schlagwechseln wurde es allerdings eng für Huang Rong. Sie hatte ihr Kung-Fu von ihrem Vater gelernt, so wie Ouyang Ke das seine von seinem Onkel. Während aber Huang Yaoshi und Ouyang Feng einander ebenbürtige Großmeister des Jianghu waren, hatte Huang Rong mit ihren zarten fünfzehn Jahren längst nicht so viel Übung wie Ouyang Ke, der schon über dreißig war – von der reinen Körperkraft ganz zu schweigen. Anders als ihr Gegner war Huang Rong zudem keine sonderlich gewissenhafte Schülerin gewesen. Keinen der Schläge, die ihr der Bettler beigebracht hatte, beherrschte sie so gut, dass sie ihn hätte einsetzen können. Aus diesen Gründen behielt Ouyang Ke trotz seiner Verletzung die Oberhand.

Huang Rong schleuderte bei ihrem nächsten Angriff eine Handvoll Nadeln auf ihn. Er lenkte die spitzen Geschosse mithilfe der

Robe von sich ab, aber schon griff sie mit dem Dolch seinen gebrochenen rechten Arm an. Er versuchte, sie mit dem gesunden Arm abzuwehren, aber durch eine geschickte Drehbewegung umging sie seine Blockade und stieß triumphierend die Klinge ihres Dolchs in seinen verletzten Arm.

Ihre Freude währte nicht lange, denn schon im nächsten Augenblick entglitt der Dolch ihren kraftlosen Fingern und fiel klirrend zu Boden. Ouyang Feng hatte ihren Nervenpunkt am Handgelenk gelähmt. Sie wirbelte herum und stürzte zum Ausgang, aber er erwischte sie an den Nervenpunkten *Hängende Glocke*, drei Zoll über dem linken äußeren Fußknöchel, und der *Großen Mitte*, sieben Zoll über dem rechten äußeren Knöchel. Nach zwei Schritten geriet sie ins Straucheln und fiel auf Ouyang Fengs Robe, die er vor ihrem Sturz im Nu auf dem Boden ausgebreitet hatte. »Vorsicht, meine Dame!«

Wieder schleuderte sie Nadeln nach ihm und versuchte, sich aufzurappeln, aber ihre tauben Beine versagten den Dienst.

Er bot seinen Arm an, um ihr aufzuhelfen. Ihre Antwort war ein Faustschlag mit der Hand, die ihr noch gehorchte. Ouyang Ke lachte nur, als er den kraftlosen Schlag abfing und dabei auch ihre zweite Hand am Nervenpunkt lähmte.

Huang Rong kauerte sich zu einem Päckchen zusammen und haderte mit ihrem Schicksal. *Hätte ich mich bloß mit dem Dolch selbst gerichtet!* Ihr wurde vor Entsetzen schwarz vor Augen.

»Keine Angst«, flüsterte Ouyang Ke sanft und streckte seine Hand nach ihr aus.

»Willst du leben oder sterben?«

Ouyang Ke fuhr erschrocken herum. Vor dem Eingang der Höhle stand der Bettler und schwang mit zornesfunkelnden Augen seinen Hundestock.

Die Erinnerung an die Geschichte von Wang Chongyang, der aus dem Sarg gesprungen und seinen Onkel beinahe getötet hatte, durchzuckte Ouyang Ke. *Ich bin verloren!,* dachte er entsetzt. *Der alte Bettler hat seinen Tod nur vorgetäuscht!* Eilig ging er vor dem Bettler des Nordens auf die Knie. »Wir haben doch nur miteinander gespielt, nichts weiter. Ohne jede unlautere Absicht. Seid mir nicht böse, Onkel Hong.«

»Elender Lump! Willst du sie jetzt endlich von ihrer Lähmung befreien, oder muss ich es selbst tun?«

Ouyang Ke nickte eifrig und löste mit gezieltem Druck die Blockade von Huang Rongs Nervenpunkten.

»Noch einmal, und ich werde nicht so gnädig sein. Und jetzt verschwinde!«

Der Bettler gab den Eingang frei und mit einem Wimpernschlag war Ouyang Ke aus der Höhle geflitzt.

Huang Rong erwachte wie aus einem Traum. Der Bettler konnte sich vor Schmerz nicht mehr auf den Beinen halten und brach so schnell zusammen, dass er seinen Sturz nicht mehr mit den Händen abfangen konnte und mit dem Kinn auf dem Steinboden aufschlug, noch bevor Huang Rong bei ihm war. Er spuckte einen Mundvoll Blut und drei Schneidezähne aus.

Er ist so schlimm gestürzt, dass es ihm die Zähne ausgeschlagen hat! Wie schmachvoll für einen Großmeister wie ihn, dachte Huang Rong entsetzt.

»Arme kleine Beißerchen. Niemals wieder werdet ihr mit mir die Köstlichkeiten der irdischen Küchen genießen. Wer hätte gedacht, dass ihr euch vor mir verabschiedet.«

Er war schwer verwundet. Das Gift wütete in seinen Adern und der furchtbare Schlag Ouyang Fengs hatte die Meridiane an seinem Rücken so geschädigt, dass sie sein Qi nicht mehr durch den Körper leiteten. Er hätte nicht einmal die Kraft aufgebracht, Huang Rongs Nervenpunkte selbst von der Lähmung zu befreien. Er hob den Kopf und bemerkte ihre kummervolle Miene.

»Keine Sorge. Mein Ruf eilt mir voraus. Dieses Stinktier wird sich so bald nicht mehr hier hereinwagen.«

»Das vielleicht nicht, aber woher sollen wir Essen und Trinken nehmen, wenn wir nicht hinauskönnen?« Huang Rong war ratlos.

Amüsiert beobachtete der Bettler, wie sie angestrengt die Stirn in Falten legte. »Überlegst du etwa, wie wir an etwas zu essen kommen?«

Sie nickte.

»Komm, hilf mir hoch. Lass uns zum Strand gehen und in der Sonne sitzen.«

Langsam gingen sie zum Meer hinunter, wobei sich der Bettler auf Huang Rongs Schulter stützte.

Es war ein herrlicher Tag. Die Sonne schien und das in der leichten Brise wogende Meer erstreckte sich endlos in die Ferne wie glänzender Satin.

Wenn es nur wirklich blauer Satin wäre, seufzte Huang Rong innerlich, *weich und glatt und wohlig auf der Haut.*

Die Sonne wärmte ihre Körper und ihren Geist.

Ouyang Ke stand in einiger Entfernung an einen Felsen gelehnt. Als er die beiden aus der Höhle kommen sah, wollte er zuerst die Flucht ergreifen, aber da sie ihn ignorierten, blieb er, wo er war, und beobachtete sie.

Hong Qigong und Huang Rong dachten das Gleiche. *Früher oder später wird der durchtriebene Mistkerl unsere Schwäche ausnutzen.* Aber wenigstens für eine kurze Weile wollten sie ihn vergessen und es sich gut gehen lassen. Der Bettler blieb auf einem Felsen sitzen, während Huang Rong einen Zweig abbrach, um ihn als Angelrute zu benutzen. Dann schälte sie die lange, elastische Borke eines jungen Bäumchens ab, machte daraus eine Angelschnur und bog eine der Nadeln aus ihrer Tasche zu einem Angelhaken.

Am Strand sammelte sie kleine Krabben und Sandgarnelen, die ihr als Köder dienten. Im Wasser wimmelte es von Fischen und es dauerte nicht lange, bis sie drei pfundschwere Makrelen aus dem Meer gezogen hatte. Sie wälzte die Makrelen in Lehm, röstete sie langsam über dem Feuer, so wie man es mit einem Huhn auf Bettlerart machte, und der Meister und seine Schülerin schlugen sich damit die Bäuche voll.

Nach kurzer Ruhepause ermunterte der Bettler Huang Rong, die Formen des Hundestockschlags einzustudieren, während er auf dem Felsen saß und ihr Anweisungen gab. Nach und nach begriff sie die Feinheiten der verschiedenen Varianten und der Handhabung des Stocks im Kampf.

Bei Sonnenuntergang war sie vom vielen Üben völlig verschwitzt und verdreckt. Sie warf ihr Überkleid ab und rannte ins Meer, um sich zu waschen. In den grünlichen Wellen der Uferbrandung kam ihr die alte Legende vom Drachengott in den Sinn, der auf dem Grund des Meeres in seinem Drachenpalast haust. *Ob Guo Jing sich dort mit der wunderschönen Tochter des Drachengotts amüsiert?* Ein Anflug von Eifersucht verdüsterte ihre Miene.

Immer wieder tauchte Huang Rong durch das Wasser. Plötzlich umklammerte etwas ihren linken Fuß und sie spürte einen heftigen Schmerz. Sie versuchte, den Fuß zu befreien, aber er steckte fest. Da sie einen Großteil ihrer Kindheit am und im Wasser verbracht hatte, sagte ihr die Erfahrung, dass ihr Fuß in einer Muschel gefangen war. Seelenruhig bückte sie sich, um danach zu tasten. Doch was war das? Diese Muschel war groß wie ein Tisch! Eine solche Riesenmuschel hatte sie vor der Küste der Pfirsichblüteninsel nie gesehen. Sie steckte beide Hände in die Muschelöffnung, um sie aufzustemmen, aber sosehr sie sich auch anstrengte, die Muschel gab nicht nach, sondern schloss sich nur noch enger um ihren Fuß. Die Muschel anzuheben und damit an Land zu humpeln, war völlig unmöglich. Sie wog vermutlich dreihundert Pfund und war in unzähligen Jahren auf dem Meeresboden eins mit dem Riff geworden.

Alle Versuche, sich freizustrampeln, fruchteten nicht und ihr Fuß schmerzte immer stärker. In wachsender Panik schluckte sie versehentlich Meerwasser. *Ich wollte zwar ohnehin nicht weiterleben,* dachte sie, *aber wenn ich jetzt sterbe und meinen Meister mit diesem Widerling allein lasse, werde ich im Jenseits niemals Frieden finden.*

Entschlossen packte sie einen großen Stein und hämmerte damit auf die Muschel ein, aber die Schale war steinhart und das Wasser bremste die Wucht ihrer Schläge. Je länger Huang Rong die Muschel bearbeitete, umso fester klemmte diese ihren Fuß ein. Sie schluckte noch mehr Salzwasser.

Endlich kam ihr die zündende Idee. *Was Muscheln und andere Schalentiere am meisten verabscheuen, sind Sand und Kies!* Sie ließ den Stein fallen, schöpfte stattdessen eine Handvoll Sand vom Boden und warf ihn in die Muschelöffnung. Die Muschel klappte ihre beiden Hälften auf und spuckte den Sand aus. Huang Rong zog blitzschnell ihren Fuß heraus, tauchte auf und rang nach Luft.

Hong Qigong hatte sich bereits Sorgen gemacht, weil sie so lange weggeblieben war. Mit Mühe war er bis ans Ufer gehumpelt, aber zum Schwimmen reichte seine Kraft nicht. Als Huang Rongs Kopf endlich an der Oberfläche erschien, entfuhr ihm ein Schrei der Erleichterung.

Sie winkte ihm aber nur kurz zu und tauchte sogleich wieder ab. Mit den Füßen in sicherem Abstand von der Muschel, packte sie das Meerestier mit beiden Händen und achtete darauf, der Öffnung nicht zu nahe zu kommen. Mit einem Ruck hatte sie die Muschel vom Riff abgebrochen und rollte sie vor sich her bis zum Strand, bis sie im seichten Wasser zum Liegen kam. Da sie die Riesenmuschel nicht tragen konnte, las sie am Ufer einen großen Stein auf und zerschmetterte mit kräftigen Schlägen die Schale. Erst als sie ihrem Ärger auf diese Weise ausreichend Luft gemacht hatte, warf sie einen Blick auf ihren blutigen Fußknöchel. Der Gedanke, welcher Gefahr sie soeben entronnen war, jagte ihr Schauer über den Rücken.

An diesem Abend genossen der Bettler und Huang Rong das köstliche, saftige Muschelfleisch.

Als der Bettler am Morgen darauf erwachte, hatten seine Schmerzen erheblich nachgelassen. Er lenkte sein Qi durch seinen Körper und stellte erleichtert fest, dass die Lebensenergie in seinen Rücken und seine Brust zurückgekehrt war. »Hach«, seufzte er.

Huang Rong drehte sich nach ihm um. »Meister?«

»Einmal richtig ausschlafen hat offenbar Wunder gewirkt.«

»Das war bestimmt das gute Muschelfleisch«, antwortete Huang Rong strahlend.

Der Bettler lachte. »Ich glaube zwar nicht, dass Muschelfleisch eine Heilwirkung besitzt, aber meinen Gaumen erfreut hat es bestimmt – und wenn es meinem Gaumen gut geht, dann verheilen auch meine Wunden besser.«

Freudig rannte Huang Rong zur Höhle hinaus, um am Strand die letzten Reste Muschelfleisch aus der Schale zu pulen. Vor lauter Übermut vergaß sie vollkommen, vor Ouyang Ke auf der Hut zu sein.

Sie schnitt gerade zwei große Stücke Fleisch aus der Schale, als sie den Schatten bemerkte, der sich auf allen vieren von hinten an sie heranschlich. Sie bückte sich, nahm eine große Muschelschalenscherbe, schleuderte sie ohne Vorwarnung hinter sich und sprang mit einem Satz ans Ufer.

Ouyang Ke hatte Hong Qigong den ganzen vorherigen Tag lang aus der Ferne beobachtet. Seine Vermutung, dass der Großmeister schwer verletzt war, hatte sich bestätigt. Der Bettler konnte kaum gehen. Dennoch hatte er es nicht gewagt, die Höhle zu betreten. Mit einem gewinnenden Lächeln näherte er sich Huang Rong.

»Nun bleib doch stehen, liebe Schwester, ich möchte nur mit dir reden.«

»Ich will aber nicht mit dir reden. Wo man nicht willkommen ist, drängt man sich nicht auf.« Sie schnitt eine angewiderte Grimasse.

Ihre trotzige Haltung machte sie in Ouyang Kes Augen noch begehrenswerter. Er kam noch einen Schritt näher. »Das ist deine eigene Schuld. Wer hat dir erlaubt, so schön zu sein? Dir nicht zu verfallen, ist unmöglich.«

»Deine Komplimente kannst du dir sparen. Wenn ich sage, dass ich mich nicht mir dir unterhalten will, dann meine ich das auch so.«

»Das wollen wir doch mal sehen.«

Huang Rongs Miene verdüsterte sich. »Einen Schritt weiter und mein Meister wird dich verprügeln.«

»Haha, von wegen. Kann der alte Bettler überhaupt noch gehen? Soll ich ihn aus seiner Höhle hertragen?«

Huang Rong erschrak und taumelte noch ein paar Schritte rückwärts.

»Wenn dir nach schwimmen zumute ist, dann nur zu. Ich habe alle Zeit der Welt, um am Ufer zu warten, bis du wieder auftauchst. Mal sehen, wer von uns länger durchhält.«

»Einen, der mich so schikaniert wie du, werde ich niemals mögen.«

Huang Rong drehte sich um und wollte ins Meer rennen, stolperte aber über einen Stein und fiel hin.

»Je mehr du dich mir widersetzt, desto besser gefällst du mir«, rief Ouyang Ke. Er vermutete eine Falle und während er auf sie zuging, hielt er seinen Mantel wie einen Schutzschild vor sich, falls sie erneut mit Nadeln nach ihm werfen wollte.

»Keinen Schritt näher!«, rief Huang Rong. Sie kam auf die Füße und rannte weiter, stolperte aber prompt ein weiteres Mal. Diesmal stürzte sie noch übler, landete mit dem Oberkörper im Wasser und lag reglos da. Es sah aus, als wäre sie ohnmächtig geworden.

Ich habe deine Schliche durchschaut, dachte Ouyang Ke. *Du würdest mit deinem Kung-Fu doch niemals so leicht auf die Nase fallen!*

Er blieb stehen und beobachtete sie. Aber auch nach einer ganzen Weile rührte sie sich nicht. Die Wellen brandeten über ihren Oberkörper.

Was, wenn sie tatsächlich ohnmächtig geworden ist?, dachte Ouyang Ke besorgt. *Ich kann diese Schönheit doch nicht einfach ertrinken lassen.*

Er lief zu ihr, zog vorsichtig an ihrem Bein und zuckte zurück. Sie war vollkommen steif. Als er sich bückte, um sie in die Arme zu nehmen und aus dem Wasser zu ziehen, packte sie blitzschnell seine Beine. »Runter mit dir!«, rief sie und brachte Ouyang Ke, der im Wasser keinen festen Stand hatte, zu Fall.

Zusammen stürzten sie in die Wellen. Unter Wasser nützte ihm seine Kampfkunst wenig. *Wieder bin ich auf dieses Luder hereingefallen!,* verfluchte er sich. *Jetzt bin ich verloren!*

Triumphierend stellte Huang Rong fest, dass ihr Plan aufgegangen war. Jetzt musste sie ihn nur noch tiefer ins Meer hineinziehen und seinen Kopf unter Wasser drücken.

Als er immer mehr Salzwasser schluckte, wurde Ouyang Ke schwindlig. Er wusste nicht mehr, wo oben und unten war, schlug wild in alle Richtungen und versuchte dabei, Huang Rong zu fassen zu kriegen. Aber sie schwamm geschickt um ihn herum und hielt sich gerade außerhalb seiner Reichweite.

Ouyang Ke schluckte noch mehr Wasser. Er fühlte, wie sein Körper immer schwerer wurde, bis seine Füße schließlich auf Grund stießen. Die Berührung mit festem Boden brachte ihn wieder zur Besinnung. Rasch hielt er sich an einem Felsen auf dem Meeresgrund fest, um nicht wieder davonzutreiben. Er sammelte sein Inneres Kung-Fu, hielt den Atem an und versuchte sich zu orientieren, wo das Ufer lag. Doch ringsum war dichter Unterwasserdschungel. Mit den Füßen ertastete er schließlich im trüben Wasser einen erhöhten Grat, der in Richtung der Insel zu führen schien. Das zerklüftete Riff erschwerte das Vorwärtskommen, aber mithilfe seines Inneren Kung-Fus gelang es ihm, zügig auf das Ufer zuzustreben.

Huang Rong wartete darauf, dass Ouyang Feng ertrank und sein Leichnam an die Oberfläche trieb. Als dies nicht geschah, tauchte sie in die Tiefe, wo sie ihn zu ihrem Entsetzen am Meeresgrund durch das Wasser schreiten sah. Vorsichtig näherte sie sich ihm und zog dicht hinter seinem Rücken den Dolch.

Doch Ouyang Feng spürte, wie sich das Wasser hinter ihm bewegte, wich seitlich aus und beschleunigte seinen Schritt. Allmählich ging ihm die Luft aus, und er stieß sich vom Gestein ab, ließ sich nach oben treiben, um kurz Atem zu schöpfen, und sank dann wieder auf den Grund. Das rettende Ufer war nicht mehr weit. Huang Rong musste sich eingestehen, dass sie ihn nicht aufhalten konnte, und tauchte wieder ab.

Knapp dem Tode entronnen, stolperte Ouyang Ke schließlich an Land. Durchnässt und benommen lag er keuchend am Strand und spie Meerwasser aus. Sein Magen zog sich zusammen und er übergab sich, bis er den letzten Rest Salzwasser losgeworden war. Inmitten seines Elends packte ihn die Wut. »Ich bringe diesen verdammten Bettler um!«, schrie er. »Dann wird sich zeigen, ob sich das Mädchen meinem Willen beugt!«

Das waren große Worte. Ouyang Ke meinte zwar, was er sagte, aber im Grunde seines Herzens fürchtete er den Bettler nicht weniger als zuvor. Er atmete tief durch und sammelte seine Kräfte. Dann brach er einen Zweig von einem nahe stehenden Baum ab, den er anstelle seines Fächers einsetzen wollte, um den Gegner an seinen Nervenpunkten zu lähmen. Derart bewaffnet ging er zur Höhle.

Um nicht gesehen zu werden, näherte er sich dem Eingang von der Seite. Dort wartete er kurz ab und lauschte. Alles war still. Dann lugte er in die Höhle hinein. Der Bettler des Nordens saß, das Gesicht der Sonne zugewandt, mit gekreuzten Beinen auf dem Boden und meditierte. Er wirkte entspannt und friedlich und überhaupt nicht wie ein Schwerkranker.

Am besten, ich stelle ihn auf die Probe, dachte Ouyang Feng. »Onkel Hong«, rief er, »kommt schnell!«

»Was gibt es?«

»Schwester Huang ist bei der Jagd nach einem Hasen einen Abhang hinuntergestürzt. Sie ist verletzt und kommt nicht allein hinauf!«

»Dann geh und rette sie!«, rief der Bettler, sichtlich erschrocken.

Er kann also nicht gehen, dachte Ouyang Feng zufrieden. *Sonst würde er sofort zu ihr eilen.*

Mit einem süffisanten Lächeln betrat er die Höhle. »Sie wollte mich töten. Wie käme ich dazu, ihr zu helfen? Helft ihr selbst.«

Der Bettler verstand sofort, was gespielt wurde. *Der dreckige Lump hat durchschaut, dass ich zu schwach zum Kämpfen bin. Jetzt geht es mir an den Kragen.*

Wenn er schon sterben musste, dann sollte auch dieser Kerl nicht lebend davonkommen. Er konzentrierte sich auf sein Qi, sammelte alle Energie im rechten Arm und wartete. Allein diese winzige Kraftanstrengung verursachte riesige Schmerzen in seinem verletzten Rücken. Er fühlte sich, als würde sein ganzes Skelett gleich auseinanderbrechen.

Als er sah, wie Ouyang Ke mit höhnischem Grinsen näher kam, schloss er die Augen, atmete tief durch und bereitete sich auf den Tod vor.

Huang Rong war aus Vorsicht unter Wasser geblieben und sah entmutigt zu, wie Ouyang Ke an Land stolperte. *So schnell wird der Mistkerl nicht mehr auf mich hereinfallen,* dachte sie. *Er wird jetzt mehr auf der Hut sein als je zuvor.*

Sie schwamm etwas weiter hinaus, bevor sie zum Luftholen auftauchte. Etwas weiter westlich entdeckte sie einen schmalen Streifen Land, der, anders als der felsige Sandstrand weiter rechts, von üppiger, grüner Vegetation überwuchert war. Der Anblick erinnerte sie an die Pfirsichblüteninsel und stimmte sie wehmütig. *Wenn ich nur mit meinem Meister ein schönes Versteck finden könnte, wo dieser Gauner uns niemals findet!* Das war zwar keine brillante Idee, aber dann könnten sie zumindest für ein Weilchen zur Ruhe kommen. Vielleicht wurde der Bettler sogar wieder gesund, wenn ihm seine Ahnen gewogen waren. Mit diesem Gedanken watete sie an Land, hielt sich aber vorsichtshalber in der Nähe des Ufers. Hätte ich bloß das Kung-Fu meines Vaters studiert, statt zu spielen, dann würde ich jetzt die Kunst der Magischen Tore und der Fünf Elemente beherrschen und könnte diesem Schurken damit eine Lektion erteilen. Doch selbst das hätte nicht funktioniert, denn schließlich hatte Ouyang Ke vom Ketzer des Ostens den Plan der Pfirsichblüteninsel bekommen und war intelligent genug, um das ausgeklügelte System zu entschlüsseln.

Sie war so in Gedanken versunken, dass sie nicht darauf achtete, wo sie hintrat. Unversehens verfing sich ihr Fuß in einer

Schlingpflanze, woraufhin ein Geröllregen auf sie niederging. Schnell sprang sie zur Seite. Ringsum war dichter Urwald, weshalb sie prompt gegen einen Baum stieß. Erneut regnete es große Kiesel auf ihre Schultern. Ohne den eisernen Igel wäre sie ernsthaft verletzt worden. Als sie durch die Zweige hindurch nach oben spähte, wurde sie blass vor Schreck.

Wenige Schritte hinter ihr ragte eine Klippe in die Höhe, auf deren Rand ein riesiger Felsbrocken balancierte. Es sah so aus, als könnte die kleinste Bewegung den Stein aus dem Gleichgewicht bringen und auf sie herabstürzen lassen. Um den Felsbrocken rankten sich Lianen, eine davon hing bis auf die Erde hinab – die, über die sie gerade gestolpert war. Ein kräftigerer Ruck, und der enorme Felsbrocken hätte sie wahrscheinlich soeben zu Hackfleisch gemacht.

Mit klopfendem Herzen tastete sich Huang Rong aus dem Dickicht heraus, bis sie in sicherem Abstand zur Klippe stand. Erleichtert sah sie sich um. Was für ein Wunder der Natur! Ein kleiner Stoß genügte, um den Felsbrocken aus dem Gleichgewicht zu bringen, aber da die Insel unbewohnt war und bislang niemand vorbeigekommen war, der an einer der Lianen gezerrt hatte, hing er vermutlich schon seit Jahrtausenden unverändert über dem Abgrund. Die Stelle war durch die umgebenden Klippen und Anhöhen verhältnismäßig windgeschützt, sonst hätte ein Sturm ihn wohl längst herunterbefördert. Er würde wohl noch weitere tausend Jahre dort oben balancieren, höchstenfalls sachte von Wind und Regen gerüttelt.

Sie zögerte kurz, wagte aber nicht weiterzugehen, sondern machte sich auf den Rückweg zur Höhle. Unterwegs kam ihr ein Gedanke. *Natürlich! Auch der Himmel will den Tod dieses Schurken und hat mir einen Wink geschickt, wie ich ihn loswerden kann. Dass ich das nicht gleich erkannt habe!* Vor lauter Freude machte sie zwei Luftsprünge.

Huang Rong kehrte zur Klippe zurück und nahm die Umgebung genauer in Augenschein. Bis zu einer Reihe alter Bäume, die einen gewissen Schutz vor dem Felsen bot, war es ein Sprung von vielleicht fünf Fuß. Sobald der Felsen ohne Vorwarnung über den Rand der Klippe rollte, würden es selbst Vögel und Eichhörnchen nicht schaffen, seiner Wucht zu entgehen. Mit äußerster Vorsicht tastete sie sich bis direkt unter die Klippe vor. Nur eine Handvoll Lianen war mit dem Felsen verbunden. Sie zog den Dolch und hielt den Atem an. Mit möglichst schnellen und glatten Schnitten durchtrennte sie den Großteil der Lianen. Nach jedem Schnitt sog sie die Luft tief in die Lunge. Zu viel Zug, ein winziger Ruck, und der Fels konnte in die Tiefe stürzen. Als sie endlich alle überschüssigen Ranken abgeschnitten hatte, war sie schweißgebadet. Die Anspannung hatte sie mehr erschöpft als ein harter Zweikampf. Sie legte die abgetrennten Lianen auf einen Haufen, um die Stelle zu markieren, und prägte sich den Weg dorthin genau ein. Fröhlich pfeifend schlenderte sie zurück zu ihrem Meister.

Von Ouyang Ke war weit und breit keine Spur zu sehen. Als sie sich der Höhle näherte, hörte sie jedoch von drinnen sein arrogantes Lachen. »Von wegen unübertroffener Großmeister des Jianghu! Jetzt bist du mir ausgeliefert. Aber da du der Ältere bist, überlasse ich dir großzügigerweise die ersten drei Schläge. Wie findest du das? Komm, zeig mir deine achtzehn *Drachenbezwingenden Hände*!«

Oh nein! Huang Rong verstand sofort, was vor sich ging. Sie musste schnell handeln. »Vater?«, rief sie laut. »Vater, wie kommst du denn hierher? Und da ist ja auch Onkel Ouyang!«

Ouyang Ke hat hatte den Bettler lange genug verhöhnt und wollte endlich zuschlagen, als ihre Rufe ihn verwundert aufhorchen ließen. Sollte sein Onkel tatsächlich auf der Insel gelandet sein? Und der Ketzer des Ostens ebenfalls? *Ach was, die Kleine versucht doch, mich schon wieder hereinzulegen!,* dachte er. *Aber was, wenn es stimmt? Besser, ich sehe einmal nach. Der alte Bettler läuft mir nicht weg.* Mit wehenden Ärmeln rannte er aus der Höhle.

Huang Rong winkte aufgeregt in Richtung Strand. »Vater! Hier bin ich!«

Ouyang Ke spähte aufs Meer hinaus. Von Huang Yaoshi keine Spur.

»Wolltest du mich herauslocken, damit ich dir Gesellschaft leiste, Schwester?«

Ihre Augen blitzten wütend. »Wie käme ich darauf?«

Sie rannte in Richtung Ufer.

»Glaub bloß nicht, dass du mich noch einmal ins Wasser locken kannst!«, rief Ouyang Ke und lief ihr hinterher. »Diesmal bin ich auf der Hut.«

Dank seiner Schwebekunst verringerte sich der Abstand zwischen ihnen schnell.

Hilfe!, dachte Huang Rong. *Dass er mich bloß nicht einholt, bevor wir unter der Klippe sind!*

Sie rannte flugs weiter, bis er ziemlich dicht an sie herangekommen war, und schlug im letzten Augenblick einen Haken nach links, weg vom Strand. Ouyang Ke hielt aus Furcht vor einem von Huang Rongs Tricks etwas Abstand zu ihr. »Spielen wir miteinander Fangen?«, rief er ihr lachend hinterher.

Sie bliebt abrupt stehen und drehte sich zwinkernd zu ihm um. »Dort vorne lauert ein riesiger Tiger. Wenn du mir weiter nachläufst, wird er dich mit Haut und Haaren auffressen.«

»Ich bin auch ein Tiger und will dich fressen!«

Er sprang ihr nach, aber sie entwischte ihm und rannte lachend weiter.

Gleich hatten sie die Klippe erreicht.

»Fang mich doch!«, rief Huang Rong übermütig und lief noch etwas schneller. Kurz vor dem Ziel schien es ihr plötzlich, als sähe sie zwei Gestalten am Ufer. Sie zögerte kurz, aber ihr blieb keine Zeit, um genauer hinzusehen. Jetzt galt es zu handeln. Schon sah sie den Haufen abgetrennter Lianen vor sich. Mit drei Sätzen sprang sie geschickt über ihre Falle hinweg, ohne die noch herabhängenden Lianen zu berühren.

»Na, wo ist er denn, der große Tiger?«, höhnte Ouyang Ke. Wie ein Pfeil schoss er ihr nach und schien nicht zu bemerken, dass der Dschungel hier etwas lichter war. Er trat prompt auf die verbliebenen Lianen und brachte den riesigen Felsbrocken aus dem Gleichgewicht.

Ouyang Ke hörte ein lautes Knirschen, dann spürte er einen heftigen Luftzug über sich. Der Blick nach oben ließ ihm die Haare zu Berge stehen. Ein Felsbrocken, groß wie ein Berg, raste mit solcher Geschwindigkeit auf seinen Kopf zu, dass allein der Luftdruck ihm den Atem raubte. Er wollte nach hinten aus dem Weg springen, prallte aber direkt gegen einen alten Baumstumpf, der bei der Erschütterung zerbrach, wobei sich die Holzsplitter in Ouyang Fengs Rücken bohrten. In seiner Todesangst spürte er den Schmerz nicht. Er musste hier weg, aber die Angst raubte ihm den Verstand. Da packte ihn unversehens eine Hand am Kragen und zog ihn ein Stück zurück.

Aber es war zu spät.

Wumms! Ouyang Fengs Schreie gellten über die Insel. Staub und Geröll raubten ihm die Sicht. Er wurde ohnmächtig.

Huang Rong war begeistert. Ihr Plan war aufgegangen. Nur auf die Heftigkeit des Luftstoßes des herabfallenden Felsbrockens war sie nicht vorbereitet gewesen. Er schleuderte sie rückwärts und sie landete auf ihrem Hintern. Ein Geröllregen prasselte auf sie herab. Sie kauerte sich zusammen und hielt schützend die Hände über den Kopf. Erst als der Lärm verklungen war, sah sie wieder hoch.

Es war, als erwachte sie aus einem Traum. Sie rieb sich die Augen. Nur wenige Schritte vor ihr stand Gift des Westens Ouyang Feng.

Und neben ihm stand … ihr geliebter, ihr schmerzlich vermisster Guo Jing!

Mit einem Freudenschrei war sie auf den Beinen und flog in seine Arme.

Ihr unverhofftes Glück ließ sie ganz vergessen, dass ihr größter Feind unmittelbar neben ihnen stand.

Auch als das Schiff längst in Flammen aufgegangen war, hatten Ouyang Feng und Guo Jing unverdrossen weitergekämpft. Schließlich brach es endgültig auseinander, versank in den Wellen und riss die beiden Männer mit sich in die Tiefe. Salzwasser drang in alle Körperöffnungen. Der gewaltige Druck wurde so unerträglich, dass sie endlich voneinander abließen, um sich Nasen und Ohren zuzuhalten. In der Tiefe des Meeres herrschte eine starke Unterströmung, die sie mit sich riss.

Als Guo Jing sich mit aller Kraft den Weg an die Oberfläche bahnte, herrschte ringsum tiefe Nacht. Der kleine Sampan war nur noch ein winziger schwarzer Punkt in weiter Ferne. Er schrie aus Leibeskräften in die tintenschwarze Dunkelheit hinaus, ohne zu ahnen, dass auch Huang Rong in diesem Augenblick nach ihm rief. Aber wie hätten sie sich, während die Strömung sie immer weiter voneinander entfernte, inmitten des tosenden Ozeans finden können? Guo Jing schrie aus Leibeskräften. Schließlich zog etwas an seinem Bein – Ouyang Feng. Gift des Westens mochte an Land ein überragender Kampfkünstler sein; im Wasser dagegen gab er eine erbärmliche Figur ab. Er hielt sich hartnäckig an Guo Jing fest. Der strampelte, um ihn loszuwerden, aber Ouyang Feng umklammerte kurzerhand auch sein zweites Bein.

Erneut rangen die beiden miteinander und versanken in der Tiefe. »Lass mich los! Ich werde dir helfen, keine Sorge!«, japste Guo Jing, als er sich erfolgreich wieder an die Oberfläche gekämpft hatte. Ouyang Feng sah schließlich ein, dass sie am Ende beide ertrinken würden, wenn er sich weiter an Guo Jings Beinen festhielt. Also ließ er los und griff stattdessen nach Guo Jings Arm. Guo Jing schob seinerseits seinen Arm unter Ouyangs Fengs Achsel hindurch und legte ihn auf seine Schulter. Gemeinsam trieben sie so auf den Wellen, als plötzlich ein großes Stück Treibholz gegen Guo Jings Schulter schwappte.

»Vorsicht!«, rief Ouyang Feng.

Aber Guo Jing hatte blitzschnell reagiert und die große Planke gepackt. Er konnte sein Glück kaum fassen. »Schnell, haltet Euch fest! Nicht loslassen!«, rief er Ouyang Feng zu.

Es war ein Teil des abgebrochenen Masts, der ihnen nun das Leben rettete. Die beiden starrten hinaus auf das offene Meer. Nirgends war ein Segel in Sicht. Ouyang Feng, der seinen Schlangenstab längst irgendwo verloren hatte, war mulmig zumute. *Was, wenn wir auf Haie stoßen? Uns bleibt dann nichts anderes übrig, als sie mit bloßen Händen zu töten wie Zhou Botong. Den habe ich gerettet, aber wer wird mich retten?*

Während sie ziellos auf dem Meer trieben, zogen immer wieder Fischschwärme an ihnen vorüber. Ein paar Handkantenschläge genügten, um den beiden eine Mahlzeit aus rohem Fisch zu bescheren. Mit einem Mal saßen die beiden im selben Boot, wie das Sprichwort sagt, auch wenn sie sich statt eines Boots ein Stück abgebrochenen Schiffsmast teilen mussten. Die beiden, eben noch erbitterte Widersacher, waren in ihrer kläglichen Lage aufeinander angewiesen. Das Schicksal wollte es, dass ihnen keine großen Gefahren begegneten, bis die Strömung sie zwei Tage später schließlich ans Ufer derselben einsamen Insel spülte, an der auch die drei anderen gestrandet waren.

Sie wateten an Land und fielen in den Sand, wo sie sich eine ganze Weile keuchend ausruhten. Doch dann trug der Wind ihnen überraschend den Klang von menschlichem Gelächter an die Ohren.

Mit einem Satz war Ouyang Feng auf den Beinen und lief auf das Geräusch zu. Gerade als er glücklich im Dickicht seinen Neffen erkannte, stürzte der gewaltige Felsbrocken von der Klippe. Im allerletzten Augenblick gelang es ihm, seinen Neffen soweit aus dem Weg zu ziehen, dass der Felsbrocken nur Ouyang Kes Beine zerschmetterte. Glücklicherweise war er da schon nicht mehr bei Bewusstsein.

Misstrauisch sah Ouyang Feng sich um. Als er keine unmittelbaren Gefahren entdecken konnte, widmete er sich ganz seinem Neffen und prüfte seine Atmung. Er war noch am Leben. Mit aller Kraft stemmte er sich gegen den Felsbrocken, doch er gab keinen Deut nach. Er ging in die Hocke; die Arme parallel nach vorn ausgestreckt, die Miene ruhig und entspannt, bündelte er sein Qi für die Kunst der *Explodierenden Kröte*. Drei markerschütternde Grunzlaute folgten, drei Schläge von unvergleichlicher Kraft trafen den Fels, aber der blieb reglos liegen. Selbst ein Ouyang Feng hatte nicht die Kraft, einen tonnenschweren Felsbrocken zu bewegen.

Er beugte sich wieder zu seinem Neffen hinunter. Ouyang Ke schlug die Augen auf. »Onkel!«, hauchte er.

»Halte durch!« Ouyang Feng nahm seinen Oberkörper in die Arme und zog ganz vorsichtig, aber Ouyang Ke schrie wie am Spieß und wurde sofort wieder ohnmächtig. Ihn unter der schweren Last herauszuziehen, würde den Schmerz unerträglich machen und seine Verletzungen nur verschlimmern. Ohne Schaufel und Hacke konnte er ihn auch schlecht ausgraben. Mit ausdrucksloser Miene hockte sich Ouyang Feng neben seinen Neffen.

Guo Jing nahm Huang Rong an der Hand. »Was ist mit unserem Meister?«

»Er ist dort hinten«, sagte sie, in Richtung Höhle deutend.

Glücklich über die Nachricht, dass sein Meister am Leben war, wollte Guo Jing sofort zu ihm eilen. Da hörte er Ouyang Kes Schmerzensschreie und bekam Mitleid. Er ging zu Onkel und Neffe hinüber. »Ich helfe dir«, sagte er zu Ouyang Feng.

Huang Rong zupfte ihn am Ärmel. »Lass uns zu unserem Meister gehen, was kümmern uns diese Schurken!«

Natürlich ahnte Ouyang Feng nichts von der tückischen Falle, die sie seinem Neffen gestellt hatte. Schließlich konnte weder sie noch irgendwer diesen schweren Felsbrocken an den Rand der Klippe befördert haben. Aber nicht nur, dass sie Guo Jing davon abhalten wollte, ihm zu helfen, erzürnte ihn, sondern vor allem die Nachricht, dass der Bettler lebte. Aber schnell beruhigte er sich wieder. *Wenn der alte Bettler nach meinem Schlag auf seinen Rücken und dem Biss meiner Schlange noch am Leben ist, dann wird er furchtbar geschwächt sein. Ich habe nichts zu befürchten.*

Ohne Huang Rongs Hand loszulassen, stemmte Guo Jing sich versuchsweise gegen den Felsen. Dann wandte er sich zum Gehen. »Keine Sorge«, sagte er zu Ouyang Ke, »ich finde einen Weg, um dir zu helfen. So lange halte dein Qi beweglich, um dein Herz zu schützen, und tu so, als gehörten diese Beine nicht dir. Denk nicht an sie.«

Arm in Arm ging er mit Huang Rong davon. Ouyang Feng schlich ihnen nach. Die beiden miteinander so glücklich zu sehen, machte ihn nur noch wütender. *Wartet nur,* dachte er grimmig. *Euch werde ich bald genüsslich zu Tode foltern, so wahr ich Gift des Westens heiße.*

Huang Rong führte Guo Jing zur Höhle. »Meister!«, rief er glücklich und stürmte hinein. Hong Qigong saß an die Felswand gelehnt da, leichenblass, die Augen geschlossen. Ouyang Kes Angriff hatte ihn so außer sich gebracht, dass die Schmerzen wieder erheblich stärker geworden waren. Huang Rong knöpfte ihm rasch das Hemd auf und Guo Jing massierte seine Hände und Füße.

Er schlug die Augen auf. »Mein Junge! Du lebst!«, sagte er schwach. Leben kehrte in seinen Blick zurück und ein Lächeln umspielte seine Lippen.

»Und auch ich lebe, alter Bettler!«, dröhnte von hinten Ouyang Fengs Stimme.

Guo Jing wirbelte herum und stellte sich mit erhobener Hand vor den Höhleneingang. Huang Rong ergriff den Hundestock und schlüpfte neben ihn.

Ouyang Feng lachte. »Komm heraus, alter Bettler. Sonst hole ich dich!«

Guo Jing und Huang Rong tauschten einen Blick. Beide dachten dasselbe. *Er darf unter keinen Umständen Hand an unseren Meister legen, und koste es uns das Leben!*

Ouyang Feng lachte noch einmal und hüpfte hoch wie ein Affe. Guo Jing holte zu einem unbarmherzigen Handkantenschlag aus. Gift des Westens wich aus und wollte rechts an ihm vorbeirauschen, wo ihn jedoch ein Stock erwartete, der so wild vor seinen Augen tanzte, dass er gar nicht erkannte, wohin er zielte. Ouyang Feng fuhr vor Schreck zusammen, dann blockte er kurzerhand mit dem linken Arm und holte gleichzeitig mit dem rechten Fuß aus, um auf alles gefasst zu sein. Doch Huang Rongs Hundestock stieß mitten in die Lücke in seiner Abwehr und traf ihn direkt in seine Rippen.

Verblüfft sprang Ouyang Feng zurück und musterte Huang Rong von oben bis unten.

Es war das erste Mal, dass Huang Rong im Kampf den Hundestock einsetzte, und sie glühte vor Stolz auf ihren Erfolg gegen einen so mächtigen Gegner. Niemals hätte Ouyang Feng gedacht, dass diese Göre mit solchem Geschick einen Stock handhaben könne; und schon gar nicht auf eine Art, wie er sie noch nie zuvor gesehen hatte. Mit einem wütenden Schnauben versuchte er, ihr den Stock zu entreißen. Aber Huang Rong, froh über die Gelegenheit, die neu gelernte Kunst zu üben, ließ den Stock fröhlich nach hierhin rotieren und dorthin vorschnellen. Zwar gelang ihr kein einziger Treffer, aber das jadegrüne Flimmern vor seinen Augen genügte, um den Großmeister so zu verwirren, dass er den Stock nicht zu fassen bekam.

»Wunderbar, Rong!«, rief Guo Jing begeistert und stürzte sich wieder in die Schlacht. Er vollführte einen Handkantenschlag mit der Linken und einen Faustschlag mit der Rechten. Ouyang Feng ging brüllend in die Hocke und schnitt mit beiden Händen so unbarmherzig durch die Luft, dass der Staub vom Höhlenboden aufwirbelte. Entsetzt bemerkte Guo Jing die Gefahr. Niemals würde Huang Rong die *Explodierende Kröte* abwehren können, ohne innere Verletzungen davonzutragen. Schnell sprang er dazwischen und schubste sie aus der Stoßrichtung.

Ouyang Feng setzte sofort zu zwei neuen Handkantenschlägen an. Die Kraft des Kung-Fu der *Explodierenden Kröte* war legendär. Selbst Bettler Hong hatte wenige Tage zuvor auf der Pfirsichblüteninsel nur ein Patt gegen Gift des Westens erreicht. Den beiden blieb auch mit vereinten Kräften nur der Rückzug. Ouyang Feng drang in die Höhle vor. Seine Faust schlug donnernd gegen die Felswand und auf Huang Rong und Guo Jing ging ein Steinhagel nieder. Dann hob er die andere Hand über den Kopf des Bettlers. Er hielt inne und lauerte auf die kleinste Regung.

»Schämt Ihr Euch nicht!«, rief Huang Rong. »Mein Meister hat Euch das Leben gerettet und Ihr wollt ihn ermorden!«

Ouyang Feng tippte Hong Qigong auf die Brust und spürte, wie dessen Muskeln zuckten. Es war offensichtlich, dass seine Verletzungen seine Kampfkunst erheblich geschwächt hatten; ein Meister seiner Klasse hätte sonst auf jede Berührung sofort mit innerer Kraft und äußerer Stärke geantwortet. Erfreut und erleichtert packte Ouyang Feng den Bettler am Arm. »Rette meinen Neffen, und ich schone dein Leben!«

»Der Himmel hat ihn unter diesem Felsbrocken begraben, Ihr habt es mit eigenen Augen gesehen. Warum sollte der Himmel ihn jetzt also retten? Wenn Ihr so weitermacht, dann wird der Himmel auch auf Euch einen Felsen niedergehen lassen!«, schimpfte Huang Rong.

Guo Jing beobachtete stumm, wie der Alte Giftmolch den Bettler am Kragen hochzog, als wollte er ihn in die Luft heben und zerschmettern. Er spürte, dass es nur eine Drohgebärde war. »Lasst ihn los. Wir helfen Euch, Euren Neffen zu befreien«, sagte er schnell, um Schlimmeres zu verhindern.

Ouyang Feng wollte tatsächlich nichts lieber tun, als an die Seite seines Neffen zurückkehren. Ohne eine Miene zu verziehen, ließ er den Bettler los.

»Wir helfen Euch. Aber erst müssen wir die Bedingungen festlegen«, sagte Huang Rong.

»Was willst du nun schon wieder, junge Frau?«

»Sobald wir ihn gerettet haben, lasst Ihr uns drei auf dieser Insel in Ruhe und verzichtet darauf, uns noch einmal anzugreifen.«

Mein Neffe und ich können nicht schwimmen. Um hier wegzukommen, sind wir ohnehin auf die Hilfe dieser beiden jungen Teufel angewiesen, dachte Ouyang Feng. »Einverstanden«, sagte er schließlich. »Solange wir auf dieser Insel sind, werde ich euch in Frieden lassen. Für den Fall, dass ihr sie verlasst, kann ich nichts versprechen.«

»Dann wirst du von uns bekommen, was du verdienst. Meine zweite Bedingung: Mein Vater hat mich Guo Jing zur Frau versprochen, das habt Ihr mit eigenen Ohren gehört und mit eigenen Augen gesehen. Sollte Euer Neffe mir weiter nachstellen, dann gesteht Ihr beide ein, niedrigere Kreaturen als Hunde und Schweine zu sein.«

»Pah!« entfuhr es Ouyang Feng. »Nun gut, auch das soll nur für diese Insel gelten. Was danach geschieht, wird sich weisen.«

Huang Rong lächelte. »Und die dritte Bedingung: Wir tun unser Bestes, aber wir sind keine Unsterblichen. Sollte der Himmel wollen, dass Euer Neffe stirbt, dann werdet Ihr uns nicht dafür bestrafen.«

»Wenn mein Neffe stirbt«, sagte Ouyang Feng mit zusammengebissenen Zähnen, »dann werdet auch ihr drei nicht weiterleben. Und jetzt Schluss mit dem Unfug! Mein Neffe braucht Hilfe.«

Mit diesen Worten rannte er zurück zur Klippe.

Guo Jing wollte ihm nacheilen, aber Huang Rong hielt ihn zurück. »Jing, hör zu. Wenn der Alte Giftmolch versucht, den Felsen zu bewegen, erledigst du ihn mit einem Schlag von hinten.«

»Jemanden hinterrücks anzugreifen, ist unehrenhaft.«

»Er hat unseren Meister vergiftet. Ist das vielleicht ehrenhaft?«

»Wir müssen Wort halten. Zuerst retten wir seinen Neffen. Danach können wir Rache nehmen.«

Huang Rong seufzte. Guo Jing war nicht für List und Tücke geschaffen. Zwei Tage und Nächte lang hatte sie um ihn gebangt und ihn bereits tot auf dem Meeresgrund vermutet; aber nun war er hier bei ihr und sie wollte bersten vor Glück. Auch wenn sie Guo Jings sture und absurde Geradlinigkeit nicht verstehen konnte, würde sie sich ihm nicht widersetzen. Seine Prinzipien waren nicht die ihren, aber sie waren die eines tapferen und großherzigen Mannes. Lächelnd gab sie nach. »Gut, du Heiliger! Ich tue, was du sagst.«

Sie rannten zurück zur Klippe. Schon von Weitem hörten sie Ouyang Kes Schmerzensschreie.

»Beeilt euch!«, rief sein Onkel ungeduldig.

Sie stellten sich Schulter an Schulter neben ihm auf. Sechs Hände fassten den Felsbrocken. »Hoch!«, kommandierte Ouyang Feng.

Mit vereinten Kräften hoben sie den Felsbrocken an, doch er gab nur ein klein wenig nach und fiel sofort zurück. Ouyang Ke stieß einen entsetzlichen Schrei aus. Von seinen Augen war nur noch das Weiße zu sehen und sein Atem ging schwach. Er hatte sich vor Schmerz die Zunge blutig gebissen, frisches Blut rann aus seinem Mund über das Kinn. Sein Onkel kniete sich neben ihn. Selbst ein so gefürchteter Großmeister des Jianghu wie Ouyang Feng verzweifelte an der Last dieses tonnenschweren Brockens. Allein durch die kleine Bewegung des Steins hatte er die Qualen seines Neffen verschlimmert. Rastlos lief Ouyang Feng in der Bucht auf und ab, bis plötzlich sein Fuß in feuchtem Sand versank. Als er ihn herauszog, blieb gleich sein ganzer Schuh darin stecken. Er bückte sich, um den Schuh aus dem Sand zu ziehen, und erschrak. Die Gezeiten hatten gewechselt und die Flut rollte heran. Nicht mehr lange, und die Wellen würden den Felsbrocken erreichen.

»Wenn du willst, dass dein Meister lebt, junge Frau«, drohte er, »dann lass dir besser schnell etwas einfallen, um meinen Neffen zu retten.«

Huang Rong überlegte längst fieberhaft, was zu tun wäre. Aber dieser Felsbrocken war riesig und auf dieser Insel war niemand außer ihnen. Eine Idee nach der anderen ging ihr durch den Kopf, aber keine war zu etwas nütze. Ouyang Fengs drohende Worte beantwortete sie mit einem wütenden Blick. »Hättet Ihr meinen Meister nicht schwer verwundet, dann wären wir jetzt zu viert, ganz zu schweigen von seinem beachtlichen Äußeren Kung-Fu und seinen unübertroffenen *Drachenbezwingenden Händen*. Aber so …« Sie warf die Arme in die Luft.

Ouyang Feng entgegnete nichts. *Es ist meine eigene Schuld,* dachte er im Stillen, *das ist die Strafe des Himmels. Wäre der Bettler bei Kräften, dann würde er dank seiner großherzigen Natur nicht zögern, uns zu helfen. Durch meinen hinterhältigen Anschlag auf ihn habe ich meinen eigenen Neffen getötet.*

Er nannte Ouyang Ke zwar seinen Neffen; in Wahrheit aber war er die Frucht eines illegitimen Verhältnisses, das Ouyang Feng mit seiner Schwägerin gehabt hatte. Er war immer ein hartherziger Mensch gewesen, aber jetzt übermannte ihn der Kummer. Der Junge war sein eigen Fleisch und Blut.

Das Wasser kam immer näher.

»Bitte töte mich, Onkel …«, stöhnte Ouyang Ke. »Ich … halte es nicht mehr aus.«

Zähneknirschend zog Ouyang Feng ein Fleischermesser aus seiner Robe. »Beiss die Zähne zusammen. Du kannst auch ohne Beine weiterleben«, sagte er, beugte sich zu Ouyang Ke hinunter und schickte sich an, ihm die Beine zu amputieren.

»Nein, Onkel, nein! Bitte töte mich einfach.«

»Damit all die Jahre, die ich dich unterrichtet habe, vergeudet waren?«, schrie Ouyang Feng zornig. »Schämst du dich nicht, du Feigling!«

Ouyang Ke verschränkte die Arme, biss die Zähne zusammen und wagte kein Wort mehr zu sagen. Gift des Westens besah sich seinen Neffen. Er war vom Unterbauch abwärts eingeklemmt. Ihm dort die Beine abzutrennen, würde er kaum überleben. Er ließ das Messer sinken.

Als sie Onkel und Neffen so in bedrücktem Schweigen sah, wurde sogar Huang Rong weich. Plötzlich fiel ihr ein, wie ihr Vater auf der Pfirsichblüteninsel schwere Felsen zu bewegen pflegte. »Wartet! Ich habe eine Idee. Aber ob sie funktioniert, kann ich nicht garantieren.«

»Liebes Kind«, Ouyang Feng schöpfte Mut. »Dir fällt immer etwas Kluges ein.«

Soso. Auf einmal bin ich keine Göre mehr, sondern dein »liebes Kind!, dachte Huang Rong grinsend. »Gut, dann folgt meinen Anweisungen. Wir schälen Borke von den Bäumen und machen ein Tau daraus, das wir um den Felsen schlingen.«

»Und wer zieht daran?«

»Wir machen es so, als würden wir auf einem Schiff den Anker einholen …«

»Genau!« Ouyang Feng hatte begriffen. »Eine Ankerwinde!«

Guo Jing verstand zwar nicht genau, was sie vorhatte, fing aber sofort an, mit seinem Dolch die Borke vom nächsten Baum zu schälen. Ouyang Feng und Huang Rong folgten seinem Beispiel. Ziemlich schnell hatten sie einen ganzen Haufen beisammen.

Plötzlich rief Ouyang Feng »Es hat keinen Zweck!«

»Was ist?«, fragte Huang Rong. »Glaubt Ihr, es wird nicht funktionieren?«

Ouyang Feng deutete auf seinen Neffen. Huang Rong und Guo Jing spähten durch die Bäume und sahen, dass das von der Flut herangespülte Meerwasser Ouyang Ke schon bis zur Brust reichte. Bis sie genug Borke zusammenhatten, um daraus ein dickes Tau zu flechten und eine Winde zu bauen, wäre er schon ertrunken. Ouyang Ke lag reglos da, während das Wasser um ihn herumströmte.

»Gib die Hoffnung nicht auf«, rief Huang Rong. »Los, lasst uns weiter Borke abschneiden.«

Ouyang Feng nahm die Arbeit wieder auf. Es war ein bemerkenswerter Anblick, mit welcher Demut der gefürchtete Tyrann ihren Anweisungen folgte. Huang Rong sprang vom Baum herab, sammelte ein paar große Steine und keilte sie unter Ouyang Kes Rücken, bis sein Kopf hoch genug lag, um vor dem Wasser sicher zu sein.

»Danke, liebes Fräulein Huang«, flüsterte er. »Der Gedanke, dass Ihr versucht habt, mich zu retten, lässt mich glücklich sterben.«

Bei diesen Worten überkam Huang Rong doch ein wenig Reue. »Es gibt keinen Grund, mir zu danken. Ich war es, die Euch die Falle gestellt hat, habt ihr das nicht verstanden?«

»Psst!«, flüsterte Ouyang Ke. »Wenn das mein Onkel hört, wird er dir niemals vergeben. Ich bin für immer dein, von deiner Hand zu sterben, ist für mich das höchste Glück.«

Huang Rong seufzte innerlich. *Der Kerl ist einfach unerträglich.*

Sie gesellte sich wieder zu den anderen. Während Guo Jing und Ouyang Feng unermüdlich Borke abschälten, flocht sie aus drei Streifen zuerst ein dünneres Seil, dann drehte sie sechs solcher Seile zu einem dickeren zusammen und schließlich band sie aus mehreren dicken Seilen ein robustes Tau.

Die drei arbeiteten schnell, aber die Flut war schneller. Das Tau war noch nicht halb fertig, als Ouyang Ke das Wasser bereits bis zum Kinn reichte. Kurz darauf ragte nur noch seine Nase aus der Brandung.

Ouyang Feng glitt vom Baum. »Geht«, sagte er zu Guo Jing und Huang Rong. Man hörte die Schwermut in seiner Stimme, aber sonst wirkte er überraschend gefasst. »Ich möchte mit meinem Neffen allein sein. Ihr habt alles gegeben, um ihn zu retten, jetzt brauche ich euch nicht mehr.«

Guo Jing erkannte, dass es aussichtslos war, sprang vom Baum herab und ging an Huang Rongs Seite davon. »Komm, wir verstecken uns hinter dem Felsen und lauschen«, flüsterte Huang Rong ihm ins Ohr, als sie sich ein Stück weit entfernt hatten.

»Was er seinem Neffen zu sagen hat, geht uns nichts an. Außerdem wird er uns bestimmt bemerken.«

»Sobald sein Neffe tot ist, wird er unseren Meister umbringen wollen. Wir sollten in Erfahrung bringen, was er vorhat. Wenn er uns entdeckt, sagen wir einfach, dass wir Ouyang Ke die letzte Ehre erweisen wollen.«

Guo Jing nickte. Vorsichtig pirschten sie sich auf einem Umweg durch das Dickicht von hinten an den großen Felsbrocken heran. Sie hörten Ouyang Feng schluchzen.

»Geh, mein Junge, sei unbesorgt. Du wolltest die Tochter des Alten Ketzers heiraten und du kannst gewiss sein, dass ich dir deinen letzten Wunsch erfülle.«

Guo Jing und Huang Rong horchten überrascht auf. Was sollte das heißen? Ouyang Ke lag im Sterben. Was dann kam, jagte ihnen kalte Schauer über den Rücken.

»Ich werde die Tochter des Alten Ketzers töten und an deiner Seite bestatten. Wart ihr im Leben nicht vereint, so werdet ihr es im Tod sein.«

Ouyang Ke atmete nur noch schwach durch die Nase. Er konnte nicht antworten, da sich seine untere Gesichtshälfte bereits im Wasser befand.

Huang Rong drückte Guo Jings Hand und sie stahlen sich wieder davon. Sie hatten kein Bedürfnis, Zeuge von Ouyang Fengs Trauer zu werden. Als sie in sicherem Abstand waren, konnte Guo Jing nicht länger an sich halten. »Ich bringe ihn um!«

»Gegen den Alten Giftmolch kämpfen wir besser mit dem Verstand als mit den Fäusten.«

Guo Jing kratzte sich am Kopf. »Nur wie?«

»Lass mich nachdenken.«

An der nächsten Biegung sahen sie ein Schilfbüschel, das am Fuß der Klippe wuchs.

Huang Rongs Miene hellte sich auf. »Ich weiß, wie wir seinen Neffen retten können.« Sie zog den kleinen Dolch hervor, schnitt ein langes Stück Schilfrohr ab, setzte es an die Lippen und sog durch das Rohr die Luft ein.

»Wunderbar!« Guo Jing klatschte in die Hände. »Wie bist du nur darauf gekommen? Du willst ihn also retten?«

»Eigentlich nicht. Wenn der Alte Giftmolch mich töten will, dann soll er es versuchen. Vor dem habe ich keine Angst. Ich laufe weit, weit weg, irgendwohin, wo er mich niemals finden wird.« Beim Gedanken an die hinterhältige Boshaftigkeit Ouyang Fengs wurde ihr allerdings mulmig. Er war nicht nur ein überragender Kampfkünstler, sondern auch weit verschlagener und raffinierter als sein Neffe. Ihm zu entkommen würde kein Leichtes sein.

Guo Jing sah sie schweigend an.

Sie nahm seine Hand. »Du willst doch nicht etwa, dass ich diesen Dreckskerl rette?«, fragte sie sanft. »Machst du dir Sorgen um mich? Wenn wir ihn retten, heißt das nicht, dass diese beiden Schurken uns unsere Güte vergelten werden.«

»Das ist richtig. Aber ich habe Angst um dich. Und um unseren Meister. Gift des Westens ist immer noch ein weithin respektierter Großmeister, man sollte seinen Worten ein Stück weit vertrauen können.«

»Gut. Dann sehen wir zu, dass Ouyang Ke überlebt, und harren der Dinge, die da kommen mögen.«

Sie gingen zurück zur Klippe, wo Ouyang Feng mit seinem Neffen in den Armen hüfttief im Wasser stand. Bei ihrem Anblick blitzte Mordlust in seinen Augen auf. »Habe ich nicht gesagt, dass ihr verschwinden sollt?«

Gelassen nahm Huang Rong auf einem Stein Platz. »Ich wollte nur nachsehen, ob er schon gestorben ist.« Sie lächelte.

»Was interessiert es dich, ob er tot ist oder nicht?«, schrie Ouyang Feng sie an.

»Ist er schon tot? Dann komme ich zu spät.«

Ouyang Feng horchte auf. »Mein … mein liebes Kind«, stammelte er. »Er ist nicht tot. Wenn du ihn retten kannst, dann sag mir wie … sag es schnell!«

Huang Rong warf ihm das Schilfrohr zu. »Steck ihm das in den Mund. Dann sollte er fürs Erste überleben.«

Überglücklich fing Ouyang Feng das Schilfrohr auf und beeilte sich, es seinem Neffen sorgfältig zwischen die Lippen zu stecken.

Das Wasser reichte Ouyang Ke jetzt schon über die Nase und er bekam kaum mehr Luft. Noch konnte er hören und sehen, weshalb er, kaum dass er das Schilf an den Lippen spürte, sofort gierig Luft durch das Rohr sog. Die Erleichterung ließ ihn für einen Augenblick sogar den Schmerz vergessen.

»Schnell, zurück an die Arbeit«, kommandierte Ouyang Feng. »Wir müssen die Winde fertigstellen.«

»Aber Onkel Ouyang, wolltest du mich nicht töten und mit deinem Neffen begraben?«

Ouyang Feng wich alle Farbe aus dem Gesicht. *Woher weiß sie das?*

Huang Rong machte keine Anstalten aufzustehen. Sie grinste weiter. »Wenn du mich tötest, wer hilft dir dann beim nächsten Mal aus der Patsche, wenn der Himmel deine Bosheit mit einem Unglück bestraft?«

Ouyang Feng tat so, als habe er ihren Spott nicht gehört. Er war auf sie angewiesen und es galt, keine Zeit zu verlieren.

Sie arbeiteten noch zwei Stunden lang weiter, bis sie schließlich ein stattliches Tau von gut dreißig Fuß Länge hergestellt hatten. Das Wasser umspülte inzwischen das untere Drittel des Felsbrockens und nur noch die Spitze von Ouyang Kes Schilfrohr ragte aus dem Wasser. Ouyang Feng watete immer wieder zu ihm und fühlte besorgt seinen Puls.

Kurz darauf wechselten die Gezeiten. Das Wasser ging zurück und Ouyang Kes Scheitel tauchte wieder auf.

Huang Rong besah sich ihr Werk. »Es reicht!«, rief sie. »Jetzt brauche ich vier starke Baumstämme für die Winde.«

Ouyang Feng verzog skeptisch den Mund. Wie sollten sie ohne Werkzeuge eine Ankerwinde bauen? »Wie soll das gehen?«

»Das soll nicht deine Sorge sein. Kümmere dich um die Baumstämme.« Huang Rong genoss es, ihm Anweisungen zu erteilen.

Da er ihre Launen fürchtete, zähmte Ouyang Feng seine Wut und machte sich auf die Suche nach passenden Bäumen. Als er einen gefunden hatte, ging er in die Hocke, sammelte sein Qi und ging mit seinem Kung-Fu der *Explodierenden Kröte* auf den Baum los, der schon nach wenigen Hieben krachend umfiel. Huang Rong und Guo Jing wechselten beim Anblick dieser furchterregenden Kraft stumme Blicke. Ouyang Feng fand einen flachen, scharfkantigen Stein, mit dem er die Zweige von den Baumstämmen sägte und legte Huang Rong am Ende vier passende Stämme vor die Füße.

Huang Rong und Guo Jing hatten das eine Ende des Taus bereits um den Felsbrocken geschlungen, das andere Ende legten sie um eine mächtige, jahrhundertealte Kiefer, deren Stamm so dick war, dass vier Männer ihn mit ausgestreckten Armen gerade so hätten umfassen können. »Dieser Baum sollte das Gewicht des Felsbrockens aushalten, nicht wahr?«, fragte Huang Rong.

Ouyang Feng nickte.

Huang Rong wies die Männer an, die drei Baumstämme an den Enden zu überkreuzen, mit dem übrig gebliebenen Seil zusammenzubinden und um den Stamm der Kiefer zu legen. Zuletzt vertäuten sie den vierten Baumstamm mit den anderen, sodass die Stämme ein Viereck um den Kiefernstamm bildeten. Daran banden sie das Ende des dicken Taus fest.

»Was für ein kluges Kind du bist«, lobte Ouyang Feng. »Unzweifelhaft die Tochter deines gelehrten Vaters.«

»Was tauge ich schon im Vergleich zu Eurem Neffen?«, sagte Huang Rong großmütig lächelnd. »An die Arbeit!«

Die drei stellten sich um die Kiefer herum auf, packten jeder das Ende eines Baumstamms und begannen, im Gehen das Tau mithilfe des viereckigen Baumstammrads um den Kiefernstamm zu winden. Das Tau spannte sich und der Felsbrocken hob ein klein wenig vom Boden ab.

Der Tag ging zur Neige und das rotgoldene Licht der untergehenden Sonne spiegelte sich im Ozean. Es war ein herrlicher Anblick. Die Ebbe hatte eingesetzt, die Wellen wichen zurück und Ouyang Ke lag bereits im weichen Matsch. Voller Sorge und voller Hoffnung starrte er den zitternden Felsbrocken an. Das straffer und straffer gespannte Tau knarrte.

Die drei hatten eine ganze Umdrehung um den Kiefernstamm geschafft, aber der Felsbrocken hatte kaum einen Fingerbreit abgehoben. Der alte Baum zitterte, immer mehr Kiefernnadeln regneten auf die Erde ringsum und das Tau hatte bereits eine Kerbe in die Rinde geschnitten. Ouyang Feng glaubte weder an das Gesetz des Himmels noch an Götter und Dämonen, aber in diesem Augenblick betete er inständig.

Mit einem Ruck riss das Tau. Der schwere Felsbrocken stürzte wieder auf Ouyang Ke herunter. Der Schmerz erstickte seinen Schrei. Die Baumstammwinde sauste mit Schwung rückwärts und warf dabei Huang Rong zu Boden. Guo Jing half ihr wieder auf die Beine.

Niedergeschlagen starrte Ouyang Feng auf den Felsbrocken. Auch Huang Rong war nicht zum Lachen zumute. »Kommt, wir verstärken das Tau und versuchen es noch einmal«, meinte Guo Jing.

Ouyang Feng schüttelte den Kopf. »Es hat keinen Zweck. Ein dickeres Tau lässt sich noch schwerer um den Baum winden. Zu dritt schaffen wir das nicht.«

»Wenn uns nur jemand helfen könnte«, seufzte Guo Jing.

»Ach, halt den Mund!« Ouyang Feng wusste, dass Guo Jing es gut meinte, aber er hatte keine Geduld für dummes Gerede.

Huang Rong dachte schweigend nach. Dann sprang sie plötzlich auf und klatschte in die Hände. »Ha, ich weiß jemanden!«, lachte sie.

»Wer?«

»Leider wird der junge Herr Ouyang aber noch einen Tag ausharren müssen. Wenn die Flut wiederkehrt, ist er gerettet.«

Ouyang Feng und Guo Jing sahen sie verdutzt an. Würde etwa mit der Flut Hilfe angesegelt kommen?

»Ich glaube, wir alle sind müde und hungrig wie die Wölfe. Lasst uns etwas zu essen auftreiben«, sagte Huang Rong.

»Erklär mir erst, wie es sein kann, dass uns morgen jemand zu Hilfe kommt«, insistierte Ouyang Feng.

»Morgen um diese Zeit wird Euer werter Neffe von diesem Felsbrocken befreit sein. Mehr kann ich dazu jetzt nicht sagen.«

Ouyang Feng hatte seine Zweifel, aber was sollte er machen? Immerhin wirkte ihre Selbstsicherheit beruhigend. Ihm blieb nur, an der Seite seines Neffen zu wachen und abzuwarten.

Guo Jing und Huang Rong fingen ein paar Hasen, die sie über einem Feuer brieten und mit den beiden Ouyangs teilten. Dann kehrten sie zu Bettler Hong in die Höhle zurück, aßen mit ihrem Meister und berichteten sich gegenseitig, was ihnen widerfahren war, seit sie voneinander getrennt wurden.

Als Huang Rong ihm erzählte, dass sie es war, die Ouyang Feng in die Falle gelockt hatte, wusste Guo Jing nicht, ob er sich freuen oder fürchten sollte. Immerhin würde Ouyang Feng sie fürs Erste nicht behelligen, es genügte also, vor dem Höhleneingang ein Feuer brennen zu lassen, das ihnen die wilden Tiere vom Leib hielt. In dieser Nacht schliefen sie tief und fest.

Als Guo Jing bei Sonnenaufgang die Augen aufschlug, bemerkte er eine Gestalt, die vor dem Höhleneingang herumlungerte, und sprang sofort auf. Es war aber nur Ouyang Feng. »Ist Fräulein

Huang schon wach?«, flüsterte er. Guo Jings hastige Bewegungen hatten Huang Rong geweckt, aber als sie die Stimme des Alten Giftmolchs hörte, schloss sie die Augen wieder und stellte sich schlafend.

»Sie schläft noch. Was gibt es?«

»Sobald sie aufwacht, möge sie rasch zu mir kommen.«

»Ich werde es ihr ausrichten.«

Jetzt ließ sich auch Bettler Hong vernehmen. »Ich habe die junge Dame von dem guten Hunderttageschlummerlikör trinken lassen und ihren Nervenpunkt für guten Schlaf massiert. Sie schläft bestimmt drei Monate durch.«

Bei Ouyang Fengs verdattertem Blick brach der Bettler in glucksendes Lachen aus. Wütend machte Gift des Westens kehrt und rauschte davon.

Huang Rong richtete sich auf. »Die Gelegenheit, den Alten Giftmolch zu foppen, kommt so schnell nicht wieder«, sagte sie mit einem verschmitzten Lächeln.

Betont langsam kämmte sie ihr Haar und wusch sich das Gesicht. Dann strich sie ihre Kleider glatt und ging auf die Jagd nach Hasen und Fischen, um sie zum Frühstück zu braten.

Ouyang Feng kam noch achtmal vorbei, zappelig wie eine Ameise in einem heißen Wok.

»Sag mal, Rong«, fragte Guo Jing schließlich, »wird denn mit der Flut wirklich Rettung kommen?«

»Glaubst du denn, dass jemand kommt?«

»Nein.« Guo Jing schüttelte den Kopf.

»Ich auch nicht.« Huang Rong lachte.

»Du hast den Alten Giftmolch also angelogen?«

»Nein, habe ich nicht. Wenn die Flut kommt, werden wir Ouyang Ke retten können.«

Guo Jing vertraute auf die Klugheit seiner Freundin und fragte nicht weiter. Die beiden gingen zum Strand und vertrieben sich die Zeit mit Muschelsuchen.

Ihre ganze Kindheit lang hatte Huang Rong die Gesellschaft anderer Kinder, mit denen sie hätte spielen können, entbehren müssen. Immer hatten die Strände der Pfirsichblüteninsel ihr allein gehört. Wie sehr sie es genoss, die Zeit mit Guo Jing zu verbringen! Sie wetteiferten, wer die schönsten Muscheln fand, und bewahrten besondere Exemplare in ihren Kleidern auf. Ihr Lachen hallte von den umgebenden Felsen wider.

»Dein Haar ist ganz verfilzt, Jing«, sagte Huang Rong auf einmal. »Komm, lass es mich kämmen.«

Sie setzten sich hintereinander auf einen großen Stein. Huang Rong zog ihren kleinen Jadekamm mit den goldenen Intarsien hervor und kämmte Guo Jings Haar.

»Wir werden wir nur den Alten Giftmolch und seinen Neffen los, damit wir drei glücklich und zufrieden auf dieser Insel leben können? Das wäre das Paradies!« Sie seufzte.

»Außer, dass ich meine Mutter vermissen würde. Und meine sechs Meister.«

»Und ich meinen Vater.« Huang Rong verfiel in Schweigen. »Was wohl aus Mu Nianci geworden ist?«, fragte sie dann. »Unser Meister möchte, dass ich Königin des Bettlerklans werde. Ein wenig vermisse ich sogar schon diese kleinen Bettler.«

Guo Jing lachte. »Dann müssen wir uns etwas einfallen lassen, um von hier wegzukommen.«

Huang Rong drehte Guo Jings Haar zu einem Knoten zusammen. »Du erinnerst mich an meine Mutter, wenn du mir das Haar kämmst.«

»Dann nenn mich Mama!«, lachte Huang Rong.

Guo Jing lächelte nur schweigend.

Sie kitzelte ihn unter den Achseln. »Na los, sag es schon!«

Kichernd entwand sich Guo Jing ihren vorwitzigen Händen. Als er sich befreit hatte, war sein Haar wieder völlig zerzaust.

»Na gut, dann eben nicht. Du glaubst wohl, mich wird niemand jemals Mama nennen, richtig? Setz dich.«

Guo Jing nahm brav wieder Platz und sie band sein Haar noch einmal zu einem Knoten, nachdem sie zärtlich jedes feine Sandkorn herausgekämmt hatte. Ihr Herz ging über vor Liebe zu ihm. Sie beugte sich zu ihm hinab und hauchte einen Kuss auf seinen Nacken. Sie dachte daran, dass er tags zuvor im Kampf mit Ouyang Feng ihr Geschick mit dem Hundestock bewundert hatte. Sie würde ihm beibringen, was sie gelernt hatte, denn mehr noch als an ihren eigenen Fortschritten in der Kampfkunst freute sie sich an denen, die Guo Jing machte. Als Tochter des Ketzers des Ostens hatte sie von klein auf einen unerschöpflichen Reichtum an Könnerschaft erlebt. Selbst noch so raffinierte Kampfkunst vermochte sie kaum zu beeindrucken, ähnlich wie in den Augen eines reichen Mannes Gold und Perlen nichts Besonderes sind. Dann fiel ihr ein, dass die Kunst des Hundestockschlags nur von einem Bettlerfürsten an den nächsten weitergegeben werden durfte.

»Guo Jing, möchtest du der König der Bettler werden?«

»Aber unser Meister hat dich dazu ernannt. Warum möchtest du mich ernennen?«

»Ich bin viel zu jung und eine Frau, niemand würde mich als Bettlerfürstin ernst nehmen. Vor deiner Tapferkeit haben große und kleine und mittlere Bettler Respekt. Und wärst du der König der Bettler, dann könnte ich dir die raffinierten Formen des Hundestockschlags beibringen.«

»Nein, nein, das geht nicht. Ich tauge nicht zum Bettlerfürsten. Mir fallen selbst für die einfachsten Probleme keine Lösungen ein, wie sollte ich da wichtige Entscheidungen für den Bettlerklan treffen können?«

Da musste sie ihm zustimmen. Hong hatte sich zwar in größter Gefahr genötigt gesehen, das Amt des Bettlerfürsten an sie abzutreten, aber gewiss hatte ihn auch die Tatsache, dass sie zwar jung, aber ungewöhnlich klug war, zu dieser Entscheidung bewogen. Er traute ihr zu, über die Geschicke des Klans nicht weniger gut zu bestimmen als die vier Klanältesten. Abgesehen davon hatte er ihr nicht erlaubt, die Kunst des Hundestocks und die Bettlerfürstwürde weiterzugeben – schon gar nicht an einen arglosen Sturkopf wie Guo Jing, der nicht mehr als die Beherrschung der achtzehn *Drachenbezwingenden Hände* zu bieten hatte.

»Dann eben nicht«, lachte sie. »Zu schade, dass du niemals die Kunst des Hundestocks lernen wirst.«

»Wenn du sie beherrschst, dann ist es, als würde ich sie selbst beherrschen.«

Seine Worte, die er aus tiefster Überzeugung äußerte, ließen Huang Rong vor Rührung verstummen. »Wenn unser Meister sich wieder erholt, werde ich ihn erneut zum Bettlerfürsten ernennen«, sagte sie, »und dann …«

Dann können wir heiraten, wollte sie sagen, aber sie brachte es nicht über die Lippen. »Weißt du, woher die Kinder kommen?«, fragte sie stattdessen.

»Ja. Wenn eine Frau und ein Mann heiraten, dann bekommen sie Kinder.«

»Das weiß ich auch, aber … warum kommen Kinder, wenn man verheiratet ist?«

»Das weiß ich nicht. Erklär du es mir, Rong.«

»Ich weiß es auch nicht. Einmal habe ich meinen Vater danach gefragt. Er sagte, Kinder kommen aus der Achselhöhle.«

Guo Jing wollte weiterfragen, aber eine donnernde Stimme unterbrach sie. »Woher die Kinder kommen, werdet ihr schon von selbst herausfinden. Die Flut naht. Schnell!«

Huang Rong sprang auf. Sie hatte nicht damit gerechnet, dass Ouyang Feng sie heimlich belauschen könnte. Viel wusste sie nicht über die Dinge, die zwischen Mann und Frau passierten, aber sie wusste, dass man darüber nicht redete. Ihre Wangen glühten rot vor Scham, als sie mit Guo Jing zur Klippe rannte.

Nach einem ganzen Tag und einer Nacht unter dem schweren Felsbrocken schien Ouyang Ke bereits mehr tot als lebendig.

Mit strenger Miene sah Ouyang Feng Huang Rong an. »So, Fräulein Huang, hast du nicht gesagt, dass mit der nächsten Flut Hilfe kommt? Jetzt werden wir ja sehen, ob das die Wahrheit war.«

»Mein Vater kennt sich bestens mit dem Zusammenspiel von Yin und Yang und der Kunst der Fünf Elemente aus. Es versteht sich von selbst, dass er seiner Tochter etwas davon mitgegeben hat. Auch wenn ich bei Weitem nicht an meinen Vater heranreiche, so bin ich doch ein wenig mit der Wahrsagekunst vertraut.«

Die unzähligen Talente des Alten Ketzers Huang Yaoshi waren Ouyang Feng wohlbekannt. »Kommt dein Vater etwa? Das wäre eine wunderbare Nachricht.«

Huang Rong schnaubte. »Warum sollte ich meinen Vater mit einer solchen Kleinigkeit belästigen? Abgesehen davon habt ihr den Bettler des Nordens vergiftet und das würde Euch mein Vater wohl kaum vergeben. Denkt Ihr denn, Ihr würdet gegen meinen Vater und uns beide zusammen bestehen? Haltet Ihr es wirklich für eine so wunderbare Nachricht, wenn mein Vater kommt?«

Ouyang Feng schwieg grimmig.

Huang Rong wandte sich Guo Jing zu. »Wir brauchen Baumstämme, je mehr, desto besser. Möglichst große.«

Guo Jing nickte und machte sich an die Arbeit. Huang Rong verstärkte das gerissene Tau mit zusätzlichen Seilen, die sie aus Borke drehte. Ouyang Feng fragte sie ständig, ob nun ihr Vater oder ein anderer oder überhaupt jemand komme, um ihnen zu helfen, aber sie schenkte ihm keine Beachtung und summte ein fröhliches Lied.

Ouyang Feng fühlte sich hintergangen. Andererseits schien Huang Rong genau zu wissen, was sie tat, so entspannt und selbstgewiss, wie sie wirkte. Er gesellte sich zu Guo Jing und half ihm beim Bäumefällen.

Der Junge verfügt über wahrhaft außergewöhnliches Kung-Fu, dachte er, während er Guo Jing beobachtete. *Außerdem weiß er das ganze* Neun-Yin-Handbuch *auswendig. Ob mein Neffe überlebt oder nicht, diesen Schwachkopf muss ich auf alle Fälle loswerden.* Er hockte sich zwischen zwei drei Fuß auseinanderstehende Zypressen und konzentrierte sich. Ein lauter Schrei, dann fällte er den Baum rechts und links gleichzeitig mit je einem Handkantenschlag.

»Großartig, Onkel Ouyang!«, rief Guo Jing mit ehrlicher Bewunderung. »Ich frage mich, wie lange ich brauchen würde, um Euer Kung-Fu zu beherrschen.«

Ouyang Feng entgegnete nichts. Seine Miene verdüsterte sich. *In diesem Leben schaffst du es bestimmt nicht,* dachte er hämisch.

Die beiden Männer legten schließlich ein Dutzend Baumstämme am Fuß der Klippe ab. Abermals blickte Ouyang Feng aufs Meer hinaus, aber am Horizont war nicht die Spur eines Schiffs zu sehen.

»Wonach haltet Ihr Ausschau?«, fragte Huang Rong. »Selbstverständlich kommt da niemand.«

»Wie, da kommt niemand?«, fauchte Ouyang Feng.

»Das hier ist eine einsame Insel. Warum sollte jemand hierherkommen?«

Der Zorn raubte Ouyang Feng den Atem. Er ballte die Fäuste. Schon konzentrierte sich sein Qi in der rechten Hand, bereit zu einem tödlichen Schlag.

Huang Rong mied seinen Blick und drehte sich zu Guo Jing um. »Wie schwer kannst du heben?«

»Bis zu vierhundert Pfund, denke ich«, sagte Guo Jing.

»Was ist mit einem tonnenschweren Felsbrocken?«

Guo Jing schüttelte den Kopf. »Den schaffe ich nicht.«

»Und was, wenn der tonnenschwere Felsbrocken im Wasser liegt?«

Ouyang Feng hatte begriffen. »Das ist es! Das ist es!«, rief er begeistert. Guo Jing sah ihn fragend an. »Wenn die Flut kommt, wird der verdammte Felsbrocken leichter, weil er im Wasser liegt«, erklärte Ouyang Feng.

»Außerdem vertäuen wir ihn mit diesen Baumstämmen. Sobald die Flut sie anhebt, wird der Felsen noch leichter«, ergänzte Huang Rong.

»Du bist die Klügste!« Begeistert schlug Guo Jing die Hände zusammen.

Zusammen mit Ouyang Feng ordnete er das Dutzend Baumstämme rings um den Felsen an und vertäute sie miteinander und mit dem Felsbrocken.

Um den Auftrieb zu fördern, fällte Ouyang Feng acht weitere mächtige Baumstämme und verband auch sie mit dem Felsbrocken. Dann verlängerte er mit Guo Jings Hilfe das tags zuvor gerissene Tau, das noch um den Stein geschlungen war, und band es wieder an die kräftige Kiefer.

Huang Rong konnte ein Lächeln nicht unterdrücken, als sie beobachtete, wie die beiden so emsig nebeneinander arbeiteten. Es dauerte keine zwei Stunden, bis alles bereit war. Jetzt galt es nur noch, auf die Flut zu warten.

Huang Rong und Guo Jing kehrten solange zu ihrem Meister in die Höhle zurück. Am späten Nachmittag, als die Sonne bereits im Westen zu sinken begann, kam Ouyang Feng angelaufen und verkündete, dass das Wasser jetzt hoch genug stehe. Zu dritt gingen sie zurück ans Ufer und warteten, bis die Wellen bis an

Ouyang Kes Nase reichten. Wieder begannen sie, das Tau mithilfe der Winde um den Baum zu wickeln.

Diesmal aber fühlten sie sich, dank des Auftriebs der Baumstämme im Wasser, stark wie eine Armee. Nach wenigen Umdrehungen schon hielt Ouyang Feng die Luft an, tauchte ins Wasser, zog seinen Neffen unter dem Stein hervor und trug ihn auf den Armen ans Ufer.

»Hurra!«, rief Guo Jing erleichtert. Auch Huang Rong klatschte instinktiv in die Hände und hatte für einen Augenblick vergessen, dass sie selbst die Falle gestellt hatte.

騎黨遨遊

3
Auf dem Rücken eines Hais

Huang Rong sah zu, wie Ouyang Feng seinen völlig verdreckten, durchnässten und schwer verletzten Neffen an Land schleppte. Seine sonst so hämische Miene war einem strahlenden Lächeln gewichen. Dennoch brachte er gegenüber Guo Jing nicht einmal ein kurzes »Danke« über die Lippen. Huang Rong zupfte Guo Jing am Ärmel und machte sich mit ihm wieder auf den Rückweg zur Höhle.

Guo Jing sah ihr an, wie besorgt sie war. »Woran denkst du?«, fragte er, als sie wieder bei ihrem Meister waren.

»An drei Dinge, die jedes für sich ein riesiges Problem bedeuten.«

»Aber du bist doch so klug, dir fällt immer etwas ein.«

Ein Lächeln glitt über ihr Gesicht, wich aber sogleich wieder einem Stirnrunzeln.

»Das erste Problem ist unwichtig«, sagte der Bettler. »Was das zweite und das dritte angeht, stehen wir in der Tat vor einem Dilemma.«

»Aber Meister, woher weißt du denn, was ihr durch den Kopf geht?«, fragte Guo Jing.

»Ich rate. Das erste ist die Frage, wie ich wieder gesund werde. Da es auf dieser Insel weder einen Arzt noch Medizin gibt und schon gar keinen Meister von außerordentlichem Inneren Kung-Fu, wird der Himmel über mein Schicksal entscheiden. Ob ich lebe oder sterbe, spielt keine Rolle.«

»Meister, wir haben doch das *Neun-Yin-Handbuch*«, sagte Guo Jing. »Darin gibt es einen Abschnitt namens *Heilmethoden*. Dort steht genau, wie man welche Verletzungen heilt. Aber die Worte sind so rätselhaft, dass ich sie nicht verstehe. Ich sage Euch die Stellen auf. Ihr könnt Euch sicher einen Reim darauf machen.«

Da er selbst nicht verstand, worauf es ankam, gab Guo Jing den ganzen Abschnitt über Heilmethoden Satz für Satz wieder.

»Halt«, rief der Bettler nach kurzer Zeit. »Das nutzt mir nichts.«

»Warum nicht?«, fragte Huang Rong.

»Im Handbuch ist von inneren Verletzungen die Rede – Krampfadern, kaputtes Zwerchfell, stockende Atmung. Es geht immer um Störungen des Inneren Kung-Fu und wie man es heilen kann. Die beschriebenen Methoden können nach langer Anwendung zur Besserung führen, gewiss. Aber ich leide unter etwas anderem. Ich wurde von einer giftigen Schlange gebissen. Meine Verletzungen rühren von einer äußerlichen Einwirkung her. Das Schlimmste daran ist, dass der Alte Giftmolch mit seinem Kung-Fu der *Explodierenden Kröte* meinen gesamten Blutkreislauf durcheinandergebracht hat.«

»Aber genau dazu steht doch etwas im Handbuch!«, rief Huang Rong.

Der Bettler schüttelte sachte den Kopf. »Die Anweisungen im Handbuch sind sehr genau: *Der Heilende und der Verwundete begeben sich an einen abgeschiedenen Ort, wo kein Gegner die Ruhe stört, kein Spaziergänger, kein wildes Tier. Sodann muss der Heilende, der sich auf die Wege der inneren Atmung versteht, seine Handflächen auf die Handflächen des Verwundeten legen. Dieser beginnt, sein Qi einmal durch den gesamten Körper zu bewegen. Mangelt es dem Verwundeten an innerer Kraft, überträgt der Heilende ihm über die Handflächen etwas von seiner eigenen inneren Kraft. Langsam und stetig kurieren sie so gemeinsam den beschädigten Blutkreislauf, sieben Tage und sieben Nächte lang wird das Qi zuerst in der einen Richtung und dann in der entgegengesetzten Richtung durch den Körper bewegt, insgesamt sechsunddreißig Mal. Es ist von großer Wichtigkeit, dass die beiden während dieses Prozesses niemals den Kontakt ihrer Handflächen unterbrechen, denn sonst wird es keine Heilung geben und es besteht die Gefahr noch größerer Verletzung und sogar des Todes. Sollten sie das Pech haben, von einem Feind oder einem wilden Tier angegriffen zu werden, so dürfen sie keine Gegenwehr leisten und müssen sich in ihr Schicksal ergeben.* Der Heilungsprozess selbst scheint mir nicht zu schwierig, aber mit dem Alten Giftmolch und seinem Neffen auf dieser Insel finden wir nicht einen Tag lang Frieden, geschweige denn eine ganze Woche. Es gibt keinen Ausweg. Ohne Heilung werde ich weiter kraftlos dahinsiechen, aber jeder Heilungsversuch wird von den beiden gestört werden und dann ist es aus mit dem alten Bettler.«

»Und wie verrichten der Heilende und der Verwundete in diesen sieben Tagen und Nächten ihre Notdurft?«, fragte Guo Jing.

Huang Rong zog spöttisch die Brauen hoch. »Das ist ein gelehrter Text, der die Weisheit des Inneren Kung-Fu beschreibt. Wer einen Lehrer nach so profanen Dingen wie Pisse und Kacke fragt, wird vor die Tür geschickt!«

Beide mussten lachen.

»Wir müssen eben so schnell wie möglich zurück aufs Festland und einen abgeschiedenen Ort finden«, sagte Huang Rong. »Die Pfirsichblüteninsel wäre ideal, dorthin gelangt so leicht kein Schurke. Meister, Guo Jing wird mit Euch sieben Tage und Nächte zusammensitzen und ich halte so lange mit dem Hundestock Wache. Kein Feind, kein wildes Tier, kein räudiger Köter und kein giftiger Wurm werden Euch stören. Sagt, Meister, was waren die anderen beiden Probleme, an die ich dachte?«

»Das zweite Problem ist, wie wir uns den Alten Giftmolch vom Leib halten können«, sagte der Bettler. »Sein Kung-Fu ist nun einmal so außergewöhnlich, dass Ihr beide auch mit vereinten Kräften keine ernst zu nehmenden Gegner für ihn seid. Und das bringt mich zum dritten Problem. Wie kommen wir bloß wieder zurück aufs Festland? Habe ich richtig geraten, werte Nachfolgerin?«

»Vollkommen. Unser dringlichstes Problem ist der Alte Giftmolch. Wenn wir ihn schon nicht besiegen können, müssen wir wenigstens zusehen, dass er nicht noch mehr Unheil anrichtet.«

»Kurz gesagt, wir müssen ihm mit dem Kopf statt mit der Faust ein Schnippchen schlagen. Der Alte Giftmolch ist hinterhältig, aber er ist auch furchtbar eingebildet, was bedeutet, dass er gerne mal voreilig handelt. Ihn hereinzulegen ist daher nicht allzu schwer. Aber wehe uns, sollte er bemerken, dass er genarrt wurde.«

Guo Jing und Huang Rong verfielen in nachdenkliches Schweigen. Obwohl Gift des Westens, Ketzer des Ostens und Bettler des Nordens in der Welt der Kampfkunst als gleichwertige Gegner galten, war sich Huang Rong nicht sicher, ob ihr Vater den Alten Giftmolch besiegen könnte. Wie sollte sie es dann mit ihm aufnehmen können? Es würde nicht genügen, ihm eine Falle zu stellen. Sie mussten ihn mit einem Streich töten.

Plötzlich verspürte der Bettler einen stechenden Schmerz in der Brust und begann, heftig zu husten.

Huang Rong half ihm, sich hinzulegen, doch da tauchte ein Schatten am Höhleneingang auf. Es war Ouyang Feng, der seinen Neffen auf den Armen trug. »Raus mit euch!«, zischte er. »Mein Neffe braucht den Schutz der Höhle.«

Empört baute sich Guo Jing vor ihm auf. »Mein Meister wohnt hier.«

»Mir egal, und wenn es der Jadekaiser persönlich wäre. Raus jetzt!«

Guo Jing wollte etwas entgegnen, aber Huang Rong zupfte ihn am Ärmel. Die beiden stützten ihren Meister, als er humpelnd die Höhle verließ. Als sie an Ouyang Feng vorübergingen, hob der Bettler den Blick und sah ihn spöttisch an. »Oho, wie grimmig er ist! Sehr imposant!«

Ouyang Feng lief unwillkürlich rot an. Er hätte den Bettler ohne Weiteres mit einem Schlag töten können, doch – er wusste selbst nicht wie – beschämte ihn die Rechtschaffenheit des Bettlers. Er wich seinem Blick aus. »Bringt uns etwas zu essen«, kommandierte er. »Und ihr zwei – keine Tricks, wenn euch euer Leben lieb ist.«

Die drei entfernten sich von der Höhle. Guo Jing schimpfte empört, während Huang Rong gedankenversunken schwieg.

»Meister«, sagte Guo Jing schließlich. »Ruht Euch hier aus, bis ich einen passenden Unterschlupf für uns gefunden habe.«

Mit Huang Rongs Hilfe richtete der Bettler sich unter einer großen Kiefer ein. Wenige Schritte entfernt liefen zwei Eichhörnchen unermüdlich einen Baum hinauf und hinunter und beobachteten dabei mit runden Äuglein die beiden Menschen. Amüsiert las Huang Rong einen Kiefernzapfen auf und hielt ihn den Eichhörnchen hin. Eines kam vorsichtig näher, schnüffelte daran und schnappte den Zapfen aus ihrer Hand, während das andere ohne jede Scheu an Bettler Hongs Arm hinaufkrabbelte.

»Diese Insel hat wohl noch nie ein Mensch betreten«, flüsterte Huang Rong. »Sie haben gar keine Angst vor uns.«

Von ihrem Flüstern aufgeschreckt, flitzten die Eichhörnchen flink die Kiefer hinauf. Als Huang Rong den Kopf hob und in das dichte Gewirr von Nadeln, Ästen und Ranken über ihnen blickte, kam ihr eine Idee.

»Guo Jing, komm zurück!«, rief sie. »Dieser Baum könnte unser Zuhause sein.«

Guo Jing machte kehrt und besah sich die Kiefer. Sie war wie geschaffen für sie. Mithilfe einiger Zweige, die sie von den benachbarten Bäumen brachen und zwischen die Äste der Kiefer flochten, bauten sie eine Plattform, die ausreichend Platz bot. Dann schoben sie rechts und links einen Arm unter die Schultern des Bettlers, riefen »Hopp!« und trugen ihren Meister mit einem Satz auf den Baum, wo sie ihn sorgfältig auf die Plattform betteten.

»Jetzt leben wir auf einem Baum wie die Vögel«, freute sich Huang Rong, »während diese Raubtiere in einer dunklen Höhle hausen müssen.«

»Rong?« Guo Jing sah sie fragend an. »Sollen wir ihnen etwas zu essen bringen?«

»Falls uns keine glorreiche Idee kommt, wird uns nichts anderes übrig bleiben.«

Missmutig verzog Guo Jing das Gesicht.

Sie machten sich zusammen auf den Weg zur anderen Seite des Hügels, wo sie eine Wildziege fingen, schlachteten und über einem Feuer rösteten. Dann rissen sie den Braten in zwei Teile. Huang Rong warf die eine Hälfte auf die Erde. »Los, pinkel da drauf!«

Guo Jing lachte. »Das merken sie doch!«

»Mach dir keine Gedanken. Komm schon.«

»Ich kann nicht«, sagte Guo Jing und wurde rot.

»Warum nicht?«

»Nicht, wenn du neben mir stehst.«

Huang Rong krümmte sich vor Lachen.

»Werft mir das Fleisch hoch!«, rief der Bettler von oben, »ich würze es mit Pisse.«

Lachend kletterte Guo Jing mit dem Fleisch den Baum hinauf, wo der Bettler es genüsslich marinierte. Er wollte es eben zur Höhle bringen, als Huang Rong ihn zurückhielt. »Halt! Nimm das andere.«

»Aber das ist doch das gute Stück«, meinte Guo Jing verwundert.

»Ich weiß. Und das sollen sie auch haben.«

Guo Jing verstand die Welt nicht mehr, folgte aber wie immer ohne Widerrede ihren Anweisungen. Huang Rong legte das uringetränkte Stück Fleisch noch einmal auf das Feuer und zog los, um Wildfrüchte zu sammeln.

Auch Bettler Hong war verwirrt. Er hatte sich schon auf das saftige Ziegenfleisch gefreut, aber nun hatte er sich selbst das Mahl verdorben.

Der Duft des röstenden Bratens wehte bis in die Höhle. Noch bevor Guo Jing sie betreten konnte, trat Ouyang Feng vor den Eingang und entriss ihm den Braten. »Einen Augenblick«, sagte er plötzlich. »Wo ist der Rest?«

Guo Jing deutete mit dem Daumen hinter sich.

In wenigen Schritten war Ouyang Feng unter der Kiefer, schnappte sich das Fleisch vom Feuer, warf ihnen das saubere Stück hin und rauschte mit einem höhnischen Lachen davon.

Guo Jing, dem es schwerfiel, sich zu beherrschen, drehte sich um, damit Ouyang Feng die Schadenfreude auf seinem Gesicht nicht bemerkte. Er wartete, bis der Alte Giftmolch weit genug weg war, dann lief er los, um Huang Rong zu suchen.

»Warum warst du dir so sicher, dass er aus seiner Höhle kommt und den Braten austauscht?«, fragte er grinsend, als sie Seite an Seite zurück zur Kiefer gingen.

»Mein Vater sagt immer, *in der List liegt Wahrheit, in der Wahrheit liegt List.* Der Alte Giftmolch wusste, dass wir versuchen würden, ihn zu narren, und hat sich selbst genarrt, indem er uns ein Schnippchen schlagen wollte.«

Wieder einmal musste Guo Jing sie bewundern. Säuberlich schnitt er das gute Fleisch in Stücke und kletterte mit ihr zurück auf das Baumhaus, wo sie es sich mit dem Bettler schmecken ließen.

»Rong«, meinte Guo Jing nachdenklich. »Das war ein wunderbarer Einfall. Aber ganz schön gewagt.«

»Warum?«

»Was, wenn er nicht darauf reingefallen wäre? Dann hätten wir das in Pisse getränkte Fleisch essen müssen.«

Huang Rong, die auf einer Astgabel hockte, fiel vor lauter Lachen vom Baum, sprang aber sogleich unversehrt wieder hinauf. »Sehr gewagt!«, sagte sie mit aufgesetzt ernster Miene.

Guo Jing zuckte zusammen. Dann brach auch er in solches Lachen aus, dass er vom Ast fiel.

Ahnungslos mampften Ouyang Feng und Ouyang Ke den Ziegenbraten. Er roch ein wenig seltsam, aber das Fleisch von Wildziegen konnte durchaus etwas eigentümlich schmecken. Zufrieden priesen sie die salzige Note, die Huang Rongs Kochkunst dem Fleisch verliehen hatte.

Bald darauf wurde es dunkel. Ouyang Ke, der noch immer Schmerzen litt, stöhnte ununterbrochen. Sein Onkel trat unter die Kiefer. »He, junge Frau! Mitkommen!«, kommandierte er.

Huang Rong erschrak. Sie hatte nicht damit gerechnet, dass Ouyang Feng so schnell wortbrüchig werden würde. »Was gibt es?«, fragte sie vorsichtig.

»Mein Neffe braucht einen heißen Tee. Geh und kümmere dich um ihn.«

Die drei im Baumhaus wechselten empörte Blicke. Sie konnten ihre Wut kaum beherrschen.

»Worauf wartest du? Los, runter mit dir!«

»Kommt, wir greifen ihn an«, flüsterte Guo Jing den anderen zu.

»Ihr beiden flüchtet hinter den Hügel«, flüsterte Bettler Hong zurück. »Macht euch keine Sorgen um mich.«

Huang Rong war in Gedanken bereits alle Möglichkeiten durchgegangen. Um ihren kranken Meister wäre es geschehen, ganz gleich, ob sie blieben und kämpften oder flohen. Nein, für den Augenblick mussten sie sich fügen, um Schlimmeres zu verhindern. »Na schön«, sagte sie und sprang vom Baum herab. »Ich kümmere mich um seine Verletzungen.«

Ouyang Feng schnaubte verächtlich. »Und du, junger Junker Guo, kommst mit mir. Oder wolltest du gemütlich ausschlafen? Das würde dir so passen.«

Guo Jing schluckte seinen Ärger hinunter und sprang ebenfalls vom Baum.

»Bis morgen früh will ich hundert große Baumstämme. Einer weniger und ich breche dir ein Bein, zwei weniger und ich breche dir beide.«

»Was wollt Ihr mit so viel Holz?«, fragte Huang Rong. »Und wie soll er es in dieser Finsternis finden?«

»Du redest zu viel!«, zischte Ouyang Feng. »Was geht dich das an? Los, kümmere dich um meinen Neffen. Sollte ihm etwas zustoßen, werdet ihr am ganzen Leib bittere Qualen leiden.«

Huang Rong bedeutete Guo Jing, dass er dem Befehl widerspruchslos nachkommen sollte. Jetzt hieß es, bloß nicht unbesonnen zu handeln!

Guo Jing sah ihr nach, bis sie mit Ouyang Feng im Dunkeln verschwunden war. Dann hockte er sich auf die Erde, stützte den Kopf in die Hände und weinte heiße, wütende Tränen.

»Als ich jung war«, sagte Bettler Hong von oben, »wurden mein Großvater, mein Vater und ich von den Jin versklavt. Das war tatsächlich zum Heulen.«

Seine Worte brachten Guo Jing zur Besinnung. *Mein Meister musste seine Kindheit als Sklave verbringen und dennoch ist aus ihm ein unübertroffener Kampfkünstler geworden. Und ich kann nicht einen Tag lang Schmach ertragen?* Er zündete das Ende eines Pinienzweigs an, eilte zur Rückseite des Hügels und machte sich daran, mit Varianten der *Drachenbezwingenden Hände* eimerdicke Bäume zu fällen. *Huang Rong weiß sich stets aus einer misslichen Lage zu befreien,* dachte er. *So wie damals im Palast von König Zhao, als sie von einer Horde Schurken umzingelt gewesen war.* Das Beste war also zu tun, was Ouyang Feng ihm aufgetragen hatte. Stur fällte Guo Jing einen Baum nach dem anderen.

Doch auch *Drachenbezwingende Hände* ermüden. Nach einer Stunde war er von der gewaltigen Anstrengung erschöpft. Alles tat ihm weh, dabei hatte er erst einundzwanzig Kiefern gefällt. Er versuchte es mit *Der Drache auf dem Feld.* Der Baum wankte nur ein wenig. Sein Bauch war schon taub vom Rückstoß der Energie, die er bei jedem Schlag in seine Handfläche schickte. Es war genau das eingetreten, wovor ihn sein Meister immer gewarnt hatte; die achtzehn *Drachenbezwingenden Hände* verlangten große Kraft. Das Wichtigste war, viel Energie in die Hand zu lenken, aber gleichzeitig immer etwas davon zurückzubehalten. Andernfalls verletzte man sich selbst noch schwerer als seinen Gegner.

Erschrocken hockte er sich mit gekreuzten Beinen hin, konzentrierte sich und lenkte sein Qi durch den Körper. Nach etwa einer Stunde hatte er genug Kraft, um aufzustehen und erneut zum Schlag gegen die Kiefer anzusetzen, aber er war immer noch zu Tode erschöpft; seine Arme brannten, die Beine versagten ihm den Dienst. Es hatte keinen Zweck, sich zu zwingen. Am Ende trug er innere Verletzungen davon, ohne einen weiteren Baum gefällt zu haben. Eine Axt war auf dieser einsamen Insel nicht aufzutreiben. Wie sollte er noch mehr als siebzig Baumstämme schaffen, obwohl er sich kaum noch auf den Beinen halten konnte? *Ouyang Feng hasst mich, weil sein Neffe von diesem schweren Felsen verletzt wurde,* dachte er; *wenn er heute hundert Baumstämme von mir will, fordert er morgen tausend. Wie soll das jemals ein Ende nehmen? Ihn im Kampf zu besiegen, wird uns nicht gelingen, und Hilfe ist auf dieser Insel auch nicht in Sicht.*

Er seufzte tief. *Einsame Insel hin oder her, wer auf der Welt könnte mir überhaupt zu Hilfe kommen? Mein guter Meister ist vom Gift geschwächt und wer weiß, wie lange er noch zu leben hat. Huang Rongs Vater hasst mich. Weder die Sieben Meister der Quanzhen-Schule noch die Sechs Sonderlinge des Südens zusammen sind ebenbürtige Gegner für Gift des Westens. Wenn nur … wenn nur mein Schwurbruder Zhou Botong hier wäre! Aber der liegt längst tot auf dem Meeresgrund.*

Der Gedanke an den Tod seines Schwurbruders fachte Guo Jings Wut auf Ouyang Feng an, der den Hüter des *Wahren Handbuchs der Neun Yin*, den Erfinder des *Duells der Hände* in den Tod getrieben hatte. *Ah!*, dachte er plötzlich. *Das Neun-Yin-Handbuch …! Das Duell der Hände …!* Wie funkelnde Sterne den nächtlichen Himmel erhellten diese Worte seine Gedanken. *Mein Kung-Fu mag zwar nicht an das von Gift des Westens heranreichen, aber enthält nicht das* Neun-Yin-Handbuch *den Schlüssel zu den Geheimnissen der größten Kampfkunst? Und mit Bruder Zhou Botongs* Duell der Hände *zu kämpfen, bedeutet eine Verdopplung meiner Fähigkeiten. Ich übe einfach so lange mit Huang Rong, bis wir den Alten Giftmolch nicht mehr fürchten müssen.*

Natürlich wusste Guo Jing, dass der Erfolg sich kaum über Nacht einstellen würde. Jedes Kung-Fu braucht seine Zeit. Versonnen stand er zwischen den Bäumen. *Ich frage Meister Hong!*, fiel ihm endlich ein. *Kämpfen kann er in seinem Zustand nicht, aber er ist unendlich weise und wird mir den richtigen Weg zeigen.*

Rasch lief er zurück, kletterte den Baum hinauf zu Bettlerfürst Hong und erzählte seinem Meister, was ihm gerade eingefallen war. »Sag mir den Text des Handbuchs auf«, antwortete der Bettler, »mal sehen, welche der überragenden Kampfkünste darin sich möglichst schnell erlernen lässt.«

Guo Jing rezitierte den Text, Vers um Vers.

… Viele wissen, dass langes Ausharren in stiller Meditation zu großer Tugend führt, doch wenige wissen, dass dem Tugendhaften ein wendiger Geist innewohnt, der Inneres und Äußeres in Einklang bringt; in Bewegung finden sie Ruhe; im Angriff finden sie Frieden …

»Halt!« Der Bettler setzte sich auf.

»Was …?« Guo Jing hielt überrascht in seinem Vortrag inne.

Statt einer Antwort wiederholte der Bettler leise murmelnd die Verse. »Würdest du mir den letzten Abschnitt noch einmal aufsagen?«, fragte er schließlich.

Mein Meister hat etwas gefunden!, jubilierte Guo Jing insgeheim und rezitierte den Text noch einmal langsam.

Der Bettler nickte bedächtig. »Genau so … Sprich weiter, bis zum Ende!«

Guo Jing betete den gesamten Text Zeile für Zeile herunter, bis zu der Stelle *Mahaparas gatekras mahansighra pindaheya jinahuras ghosana …*

Obwohl er diese Worte nicht verstand, war er sich sicher, dass er sie vollkommen richtig wiedergab. Auch für den Bettler ergab dieses fremdländische Kauderwelsch weder beim ersten noch beim zweiten Hören einen Sinn. Er schüttelte den Kopf. »Jing, mein Junge«, sagte er, »das Handbuch enthält eine Fülle von herrlicher Weisheit und unbezwingbarem Kung-Fu, aber das lernt man einfach nicht über Nacht.«

Guo Jing machte ein langes Gesicht.

»Los, geh und bau ein Floß aus den Baumstämmen, die du bereits gefällt hast. Und dann verschwindest du von der Insel. Huang Rong und ich werden schon mit dem Alten Giftmolch fertig.«

»Niemals«, sagte Guo Jing. »Wie könnte ich Euch hier zurücklassen, Meister?«

Der Bettler stöhnte. »Der Alte Giftmolch fürchtet niemanden so sehr wie den Alten Ketzer Huang, daher wird er seiner Tochter nichts zuleide tun. Was mich betrifft: Ich bin ohnehin nur ein nutzloser alter Bettler. Also, fort mit dir!«

Traurig und wütend sprang Guo Jing von der Kiefer und rannte mit erhobener Hand gegen einen Baum an. Das Echo des gewaltigen Schlags hallte schwach im ganzen Tal wider. Überrascht schnappte Hong Qigong nach Luft. »Junge, was war denn das für eine Form?«

»Was …? Welche Form …?«

»Du hast den Baum mit enormer Kraft getroffen, aber er hat nicht einmal gezittert.«

»Meine ganze Kraft ist aufgezehrt, Meister.« Beschämt ließ Guo Jing den Kopf hängen. »Meine Hände sind wund. Ich bin nicht der Regel gefolgt, immer etwas Energie zurückzubehalten.«

»Nein, keine Sorge, das meine ich nicht. Der Schlag hatte etwas Ungewöhnliches. Mach das noch einmal.«

Guo Jing holte aus und schlug noch einmal gegen den Baum. Diesmal ließ der Widerhall den ganzen Dschungel erbeben, aber der Baum rührte sich nicht. Jetzt fiel es Guo Jing wieder ein. »Ach, das habe ich von Bruder Botong gelernt. Das ist eine der zweiundsiebzig Varianten der *Leeren Strahlenfaust*.«

»*Leere Strahlenfaust?* Davon habe ich noch nie gehört.«

»Bruder Zhou hatte während seiner fünfzehn Jahre währenden Gefangenschaft auf der Pfirsichblüteninsel nichts zu tun und hat aus Langeweile neues Kung-Fu erfunden. Er hat mir die Formel dafür in sechzehn Schriftzeichen beigebracht: *kong meng dong song, feng tong rong meng, chong qiong zhong nong, tong yong gong chong.*«

Der Bettler grinste. So einen Unfug hatte er noch nie gehört. »Was für ein *songmengchongmeng*?«

»Ich kann es erklären. *Song* wie ›locker‹ steht für einen leeren Schlag ohne Stärke, *meng* wie ›obskur‹ bedeutet, dass die Schläge unberechenbar, geradezu unsinnig erscheinen sollen, um den Gegner zu verwirren, *chong* wie ›Wurm‹ steht für einen weichen, biegsamen Körper und *meng* wie ›Traum‹ soll, glaube ich, bedeuten, dass man kämpfen soll wie benommen … Soll ich Euch die ganze Abfolge vorführen?«

»Im Dunkeln sehe ich nichts. Aber es klingt, als hätte die Sache Methode. Fahr einfach fort, ich höre zu. Solcherart philosophisches Kung-Fu muss man nicht vorführen.«

Also zählte Guo Jing die Varianten der *Leeren Strahlenfaust* auf, angefangen von *Der Reis füllt die leere Schale* bis *Der Mensch bewohnt das leere Haus* und erläuterte den Wandel des Gebrauchs der Kräfte in jeder Form. Die seltsamen Namen und die sonderbaren Formen verrieten, wes Geistes Kind sie waren. Als Guo Jing bei der achtzehnten Variante angelangt war, konnte der Bettler nicht umhin, den Alten Kindskopf Zhou zu bewundern. »Das genügt. Jetzt weiß ich, wie wir mit dem Alten Giftmolch fertigwerden.«

»Mithilfe der *Leeren Strahlenfaust*? Aber ich beherrsche sie noch gar nicht richtig.«

»Und ich erst recht nicht. Aber in Gefahr und höchster Not bringt das Zaudern uns den Tod, nicht wahr? Hast du noch den goldenen Dolch, den dir Dschingis Khan gegeben hat?«

Kalt blitzte die metallene Klinge im Dunkel der Nacht, als Guo Jing den Dolch aus seinem Mantel zog.

»Nutze den Dolch zusammen mit der *Leeren Strahlenfaust*, um die Bäume zu fällen.«

Guo Jing besah sich die Klinge, die nicht mehr als einen Fuß lang war. Er zögerte.

»Deine Waffe ist scharf genug, um durch einen Baum zu schneiden. Die Klinge mag ein wenig zu dick sein, aber wenn du dich an die Prinzipien von ›leer‹ und ›locker‹ hältst, sollte es gelingen.«

Guo Jing hatte immer noch nicht verstanden. Erst nachdem sein Meister ihm noch einmal erklärt hatte, wie er vorgehen musste, begriff er. Unverzüglich nahm er sich eine mittelgroße Zeder vor, konzentrierte sich auf die Methode, die er von seinem Schwurbruder gelernt hatte – leicht und flink, die Kraft so gebrauchend, als koste es keine Kraft –, stieß den Dolch in den Baum und zog die Klinge einmal im Kreis durch den Stamm. Die Zeder fiel um. Begeistert setzte Guo Jing seine Arbeit fort. Bis zum Morgengrauen würde er auf diese Weise gewiss hundert Bäume gefällt haben.

»Komm herauf zu mir, mein Junge!«, rief der Bettler plötzlich.

Guo Jing sprang hinauf auf das Baumlager. »Es funktioniert«, rief er strahlend. »Ganz ohne Kraft zu verschwenden.«

»Und unsere Kraft sollten wir auch nicht verschwenden, nicht wahr?«, sagte der Bettler.

»Ganz genau! Das also steckt hinter diesem *kong meng dong song* … Bruder Botong hat sich so viel Mühe gegeben, es mir beizubringen, aber ich habe es nie richtig verstanden.«

»Dieses Kung-Fu ist zu wesentlich mehr gut als nur zum Bäumefällen. Als wirksame Waffe gegen den Alten Giftmolch reicht es allerdings immer noch nicht. Du musst unbedingt noch eine Weile die Kampfkunst aus dem *Wahren Weg der neun Yin* üben, damit wir dem Kerl den Garaus machen können. Lassen wir uns etwas einfallen, um Zeit zu schinden.«

Kluge Pläne waren nicht gerade Guo Jings Stärke, daher wartete er schweigend ab, während sein Meister nachdachte.

Doch dann schüttelte der Bettler den Kopf. »Mir fällt nichts ein. Wir fragen morgen besser deine kluge Freundin Rong. Obwohl … da war etwas im *Neun-Yin-Handbuch*, das mich auf eine Idee gebracht hat. Ich bin mir nicht sicher. Hilf mir vom Baum herunter. Ich muss üben.«

»Aber Ihr seid verletzt, Meister. Wie wollt Ihr üben?«

»Hieß es nicht in der Schrift: *Den Tugendhaften wohnt ein wendiger Geist inne, der Inneres und Äußeres in Einklang bringt; in Be-*

wegung finden sie Ruhe; im Angriff finden sie Frieden? Bei diesen Sätzen ist mir ein Licht aufgegangen. Los jetzt, hilf mir herunter.«

Für Guo Jing waren diese Zeilen ein einziges Rätsel, aber er wagte nicht, seinem Meister zu widersprechen, sondern nahm ihn in die Arme und sprang mit leichtfüßiger Schwebekunst vom Baum.

Bettler Hong atmete tief durch, ging in Angriffsstellung und ließ seine Faust vorschnellen. Im Dunkeln sah es für Guo Jing so aus, als würde sein Meister vornüberkippen. Schnell trat er vor, um ihn aufzufangen, doch der Bettler stand sicher auf beiden Beinen. »Halb so schlimm«, keuchte er.

Gleich darauf wiederholte er die Bewegung mit der linken Faust. Guo Jing beobachtete, wie er taumelte, offensichtlich litt er große Schmerzen. Am liebsten hätte er ihn angefleht aufzuhören; zu seinem großen Erstaunen jedoch erschien sein Meister mit jedem Schlag stärker und gefestigter. Es dauerte nicht lange, und das heftige Keuchen und die schwerfälligen Bewegungen waren geschmeidiger Wendigkeit und stabiler Fußarbeit gewichen. Es grenzte an ein Wunder, wie groß seine Fortschritte waren. Als er alle Formen der achtzehn *Drachenbezwingenden Hände* durchexerziert hatte, machte er unverdrossen mit der *Freifliegenden Faust* weiter.

Begeistert legte Guo Jing die rechte Faust in die linke Handfläche und verneigte sich. »Ihr seid geheilt, Meister!«

»Trag mich zurück auf den Baum.«

Guo Jing schloss ihn wieder in die Arme und sprang auf die Plattform hinauf. Er konnte kaum an sich halten vor Freude. »Wundervoll, Meister, einfach wundervoll!«

Der Bettler seufzte. »Ganz und gar nicht. Das war reine Gaukelei. Mein Kung-Fu taugt nichts.«

Guo Jing begriff nichts.

»Nachdem er mich verletzt hatte, hoffte ich, es würde mir gelingen, durch Ruhe wieder zu Kräften zu kommen. Aber meine Kampfkunst beruht auf äußerer Stärke, ihre Schlagkraft kehrt nur durch beständige Übung zurück. Ich mag zwar außer Lebensgefahr sein, bin aber auch so geschwächt, dass ich nicht so bald wieder zur alten Höhe meiner Kunst finden werde.«

Guo Jing suchte nach tröstenden Worten, aber er wusste nicht, was er sagen sollte. »Ich gehe die restlichen Bäume fällen«, sagte er schließlich.

»Weißt du was, mein Junge«, sagte der Bettler plötzlich, »ich glaube, ich weiß, wie wir dem Alten Giftmolch einen Schreck einjagen können. Hör gut zu.«

Dann erklärte er Guo Jing seinen Plan.

»Großartig«, rief Guo Jing, sprang wieder vom Baum und machte sich an die Vorbereitungen.

Früh am nächsten Morgen stand Ouyang Feng unter ihrer Kiefer und zählte den Haufen gefällter Baumstämme. Neunzig. »He, junger Bastard! Komm sofort herunter. Du schuldest mir noch zehn Stämme.«

Huang Rong hatte die ganze Nacht an der Seite seines Neffen verbringen und sich um die Versorgung seiner Wunden kümmern müssen. Er litt solche Schmerzen, dass sie nicht umhinkonnte, ein schlechtes Gewissen zu haben. Dennoch schlich sie Ouyang Feng nach, als dieser am Morgen die Höhle verließ. Sie fürchtete um ihren geliebten Guo Jing.

Ouyang Feng wartete. Aus dem Baum war nicht das leiseste Geräusch zu vernehmen, wohl aber von der anderen Seite des Hügels: ein Wind, ein Zischen der Luft wie beim Üben von Kampfkunst. Eilends lief er dem Geräusch nach um den Hügel herum – und erschrak. Hong Qigong und Guo Jing steckten mitten in einem Schlagabtausch. Fäuste flogen, Füße traten in der Darbietung eines intensiven Kampfkunstduells.

Auch Huang Rong war erstaunt, ihren kranken Meister mit solchem Elan kämpfen zu sehen.

»Pass auf, Junge!«, rief der Bettler und holte zu einem Handkantenschlag aus. Guo Jing hob den Arm zur Abwehr, aber noch bevor er getroffen wurde, flog er rückwärts und prallte gegen einen Baum. Der Baum war noch nicht alt, sein Stamm aber immerhin schon so breit wie eine Suppenschüssel. Dennoch brach er entzwei und der Baum fiel krachend um.

Die Kraft dieses gewöhnlichen Schlags machte Ouyang Feng sprachlos.

»Meister, was für eine wunderbare *Himmelteilende Hand!*«, entfuhr es Huang Rong begeistert.

»Du musst besser aufpassen, mein Junge«, mahnte der Bettler, »damit meine Schläge dich nicht verletzen.«

»Jawohl, Meister.«

Aber im nächsten Augenblick warf ihn die Macht des Luftstoßes, den Bettler Hongs nächster Schlag verursachte, gegen den nächsten Baum. Auch dieser knickte sofort um. Guo Jing klopfte sich den Staub ab und stellte sich wieder in Position. Sie wiederholten die Form acht weitere Male mit demselben Ergebnis.

»Da haben wir Eure zehn Baumstämme!«, rief Huang Rong.

Guo Jing keuchte. »Meister, gestattet mir eine Pause.«

Lachend legte der Bettler die Hände ineinander. »Das *Neun-Yin-Handbuch* ist wirklich großartig. Unglaublich, wie es mir geholfen hat, an einem einzigen Morgen meine alte Form wiederzuerlangen.«

Ouyang Feng hatte seine Zweifel. Argwöhnisch inspizierte er die umgestürzten Bäume. Was er sah, war beunruhigend. Abgesehen vom Mark im Zentrum der Stämme waren die Bruchstellen so glatt und splitterfrei, wie man es nicht einmal mit einer Säge hinbekommen hätte. *Welches einzigartige Kung-Fu verbirgt sich bloß im* Wahren Weg der Neun Yin*? Der alte Bettler scheint wieder bei Kräften. Wie soll ich denn gleich drei Gegner besiegen?*, fragte er sich. Es galt, unverzüglich mit den Übungen aus dem Handbuch zu beginnen.

Er warf den dreien noch einen hasserfüllten Blick zu, dann rauschte er zurück zur Höhle, wo er nach den in Ölpapier gewickelten Aufzeichnungen des Handbuchs griff. Eifrig begann er, Guo Jings krakelige Schrift zu lesen.

Als Gift des Westens außer Hörweite war, brachen der Bettler, Guo Jing und Huang Rong in schallendes Gelächter aus.

»Das *Neun-Yin-Handbuch* ist ein Zauberbuch!«, rief Huang Rong begeistert.

Der Bettler hielt sich den Bauch vor Lachen. Guo Jing rannte zu Huang Rong und flüsterte ihr ins Ohr. »Wir haben nur so getan als ob, Rong.«

Er erklärte ihr, wie sie vorgegangen waren. Zuerst hatte Guo Jing mit der Dolchklinge die Bäume ringsum bis auf den Kern des Stamms eingeschnitten, damit sie nicht gleich umfielen. Die Schläge des Bettlers waren in Wahrheit beinahe kraftlos gewesen, Guo Jing hatte sich stattdessen mithilfe seines eigenen Inneren Kung-Fu rückwärts gegen die angeschnittenen Bäume geworfen, sodass sie endgültig umgestürzt waren. Auf keinen Fall durfte dem Alten Giftmolch zu Ohren kommen, dass Guo Jing die Bäume mithilfe seines Dolchs und der *Leeren Strahlenfaust* gefällt hatte.

Huang Rongs Lachen verstummte und wich einer besorgten Miene.

»Ich alter Bettler kann wieder gehen«, sagte er. »Das allein ist schon ein Wunder. Was macht es schon, ob mein Kung-Fu echt oder vorgetäuscht ist? Aber du fürchtest, dass der Alte Giftmolch uns auf die Schliche kommt, richtig?«

Huang Rong nickte.

»Wir können nur hoffen, dass er sich möglichst lange von uns narren lässt«, fuhr der Bettler fort. »Aber menschliches Handeln bleibt unberechenbar und darum hat es keinen Zweck, wenn wir uns jetzt deswegen den Kopf zerbrechen. Hört zu. Im Handbuch gibt es einen Passus mit der Überschrift *Muskeln formen und Knochen schmieden*, der mir äußerst interessant scheint. Da wir sonst nichts zu tun haben, üben wir einfach, was dort beschrieben ist.«

Er wollte unbeschwert klingen, aber Huang Rong wusste, wie ausweglos ihre Lage war. Doch ihr Meister hatte diese Stelle sicher nicht ohne Grund herausgepickt. »Bitte lehrt uns dieses Kung-Fu, Meister«, sagte sie darum nur.

Der Bettler ließ Guo Jing die Stelle zweimal laut aufsagen, bevor er den beiden zeigte, wie sie zu üben hatten. Er selbst machte sich auf die Jagd nach etwas Essbarem, entfachte ein Feuer und bereitete eine Mahlzeit zu. Als das junge Paar ihm dabei Hilfe anbot, lehnte er entschieden ab.

Die nächsten sieben Tage vergingen wie im Flug. Guo Jing und Huang Rong machten enorme Fortschritte, verinnerlichten die neuen Formen, bis sie diese sicher und energisch zu handhaben wussten. Unterdessen verwandte auch Ouyang Feng in der Höhle seine ganze Energie auf das konzentrierte Studium des gefälschten *Neun-Yin-Handbuchs*.

»Wie findest du das gebratene Lammfleisch nach Art deines Meisters?«, fragte der Bettler am achten Tag.

Huang Rong lächelte gequält.

»Schon gut, ich bekomme es auch nicht runter«, sagte der Bettler lachend. »Ihr beiden habt das Kung-Fu dieses Abschnitts nun zur Genüge geübt. Jetzt entspannt eure Muskeln, sonst wird euer Qi schwächer und die Verletzungsgefahr steigt. Heute Abend kocht Huang Rong, während ich mit Guo Jing ein Floß baue.«

»Ein Floß?«

»Was sonst? Oder wollt ihr den Rest eures Lebens mit dem Alten Giftmolch auf dieser Insel verbringen?«

Mit freudigem Elan machte das Paar sich an die Arbeit.

Die hundert Baumstämme, die Guo Jing eine Woche zuvor gefällt hatte, lagen noch säuberlich auf einem großen Haufen. Zuerst schabten sie wieder die Borke ab, und Guo Jing flocht aus den einzelnen Strängen Seile, die aber sofort entzweirissen, sobald er fest daran zog. Auch der nächste Versuch mit stärkeren Strängen scheiterte. Verdutzt starrte er auf die Seile und ließ den Kopf hängen.

Erst Huang Rongs Rufe weckten ihn aus seinen Gedanken. Mit einer Ziege unter jedem Arm rannte sie auf ihn zu. Sie hatte vorgehabt, die Tiere mit großen Steinen zu betäuben, aber dann, sie wusste nicht wie, hatte sie die Ziegen mit bloßen Händen überwältigt und unter die Arme geklemmt. Alles war so schnell gegangen, dass sie selbst davon überrascht war.

»Das *Neun-Yin-Handbuch* wirkt in der Tat Wunder«, sagte der Bettler anerkennend. »Ich verstehe jetzt, warum so viele Helden des Jianghu sich deswegen die Köpfe eingeschlagen haben.«

»Meister«, freute sich Huang Rong«, glaubt Ihr, wir könnten den Alten Giftmolch bezwingen?«

Er schüttelte den Kopf. »Noch lange nicht, da müsstet ihr noch acht, vielleicht zehn Jahre lang üben. Seine *Explodierende Kröte* ist keine Kleinigkeit. Niemand außer Wang Chongyang mit dem ihm eigenen Kung-Fu des *Strahlenfingers* konnte ihm je etwas entgegensetzen.«

Huang Rong zog eine Schnute. »Noch zehn Jahre und selbst dann ist uns der Sieg nicht sicher?«

»Schwer zu sagen. Womöglich unterschätze ich die Macht des Kung-Fu des *Wahren Wegs der Neun Yin*.«

»Hab Geduld, Rong«, sagte Guo Jing beschwichtigend. »Etwas Neues zu lernen ist nie verkehrt.«

Wieder vergingen ein paar Tage, in denen Guo Jing und Huang Rong den gesamten zweiten Teil von *Muskeln formen und Knochen schmieden* durchexerzierten. Auch das Floß hatten sie mittlerweile fertig gebaut. Zu dritt webten sie aus weiteren Baumrindenfäden ein Segel und deckten sich mit Proviant und Trinkwasser ein.

Sie waren bereit zum Aufbruch. »Werden wir uns von ihnen verabschieden, bevor wir gehen?«, fragte Huang Rong zu aller Überraschung am Vorabend der geplanten Flucht.

»Es genügt, wenn wir sie in zehn Jahren zum Kampf herausfordern«, meinte Guo Jing. »Nach all ihren Demütigungen können wir diese Angelegenheit nicht auf sich beruhen lassen.«

»Genau! Möge der Himmel dafür sorgen, dass diese beiden Halunken zurück aufs Festland finden und der Alte Giftmolch bis dahin am Leben bleibt. Vielleicht kommt unser Meister auch schneller wieder zu Kräften und wir können schon in wenigen Jahren mit ihnen abrechnen. Das wäre das Beste!«

Am darauffolgenden Morgen wurde der Bettler in aller Frühe von leisen Geräuschen geweckt, die vom Meeresufer heraufdrangen.

»Guo Jing, hörst du das? Das kommt vom Strand.«

Guo Jing sprang vom Baum und rannte so schnell er konnte zum Ufer.

Jetzt war auch Huang Rong erwacht und lief ihm hinterher. »Jing! Was ist passiert?«

»Die gemeinen Räuber haben unser Floß gestohlen!«

Huang Rong erschrak.

Bis sie am Ufer ankamen, hatte Ouyang Feng bereits seinen Neffen auf das Floß gebracht und das Segel gesetzt. Sie waren bereits ein Stück weit aufs Meer hinaus gedriftet. Guo Jing wollte in die Wellen stürmen, um sie zu verfolgen, aber Huang Rong hielt ihn zurück. »Sie sind schon zu weit draußen.«

Ouyang Fengs höhnisches Lachen echote über das Wasser. »Danke für das Floß!«, rief er.

Guo Jing, außer sich vor Wut, versetzte einem in der Nähe stehenden Sandelholzbaum einen gewaltigen Tritt. Der Baum zitterte.

Das brachte Huang Rong auf eine Idee. »Ich weiß etwas!« Sie beförderte einen schweren Stein auf eine dem Meer zugewandte Astgabel des Baums. »Zieh ganz fest, Guo Jing! Wir nutzen den Baum als Katapult!«

Grinsend stemmte Guo Jing seine Füße gegen das untere Ende des Baumstamms und zog, so fest er konnte. Der Baum war stark, aber biegsam und der Zweig ließ sich, ohne zu brechen, fast bis auf den Boden hinunter biegen. Dann ließ er los, der Stein zischte durch die Luft und klatschte knapp neben dem Floß ins hoch aufspritzende Wasser.

»Schade!«, rief Huang Rong und schleppte den nächsten Stein herbei. Diesmal zielten sie ein wenig genauer und der Stein traf tatsächlich das Floß, das aber so solide gebaut war, dass es von der heftigen Erschütterung nicht auseinanderbrach. Die nächsten drei Steinbomben landeten mit einer hoch aufschießenden Fontäne neben dem Floß im Meer.

Aber Huang Rong kam der nächste wilde Einfall. »Los, jetzt nimm mich als Wurfgeschoss!«

Guo Jing sah sie verwirrt an. Was sagte sie da?

»Schieß mich zu ihnen hinüber. Ich werde schon mit ihnen fertig.« Sie hob ihren Dolch hoch.

Er wusste, dass sie eine formidable Schwimmerin war, und auch ihre Schwebekunst war außerordentlich. Allzu gefährlich sah es also nicht aus. »Bitte sei vorsichtig«, sagte er deshalb nur und zog den Ast tief zu sich herab. Huang Rong kauerte sich auf die Astgabel. »Und … Feuer frei!«

Guo Jing ließ los und verfolgte mit den Augen, wie Huang Rong durch die Luft schoss, zwei graziöse Saltos schlug und dann unweit des Floßes gekonnt kopfüber in die Wellen tauchte. Sie bot einen hinreißenden Anblick. Auch die beiden Ouyangs beobachteten sie mit aufgerissenen Mündern. Was hatte sie vor?

Huang Rong tauchte tief ab, suchte nach dem Schatten des Floßes und näherte sich ihm unter Wasser.

Ouyang Feng schlug mit dem Ruder nach allen Seiten ins Meer, aber so würde er sie nie erwischen.

Mit dem Dolch zwischen den Zähnen schwamm Huang Rong dicht an den Boden des Floßes heran. Dann durchtrennte sie die Seile, die die Stämme zusammenhielten – aber nicht ganz. Sie ließ einige davon unversehrt, sodass das Floß noch so lange halten würde, bis die beiden weiter draußen auf rauer See wären. Nach getanem Werk schwamm sie davon und tauchte erst in einiger Entfernung vom Floß japsend wieder auf. Sie zeterte und tat so, als ob sie die Flüchtigen nicht erreicht hätte.

Ouyang Feng lachte übermütig. Der Wind erfasste das Segel und in kürzester Zeit waren sie weit draußen auf See.

Am Ufer warteten Guo Jing und der Bettler auf Huang Rong und verfluchten ihr Pech. Aber nur so lange, bis sie Huang Rongs zufrieden grinsendes Gesicht erblickten, dann jubelten sie. »Bald werden die beiden elenden Diebe auf dem Meeresgrund liegen«, sagte Huang Rong. »Nur müssen wir jetzt wieder von vorn anfangen. Und leider bekommt Ihr keine Gelegenheit, Euch am Alten Giftmolch zu rächen, Meister!«

Dennoch aßen sie äußerst vergnügt ihr Frühstück, bevor sie sich wieder ans Bäumefällen machten. Es dauerte ein paar Tage, bis sie ein neues Floß gezimmert hatten. Ein starker Südostwind kam auf und es galt, keine Zeit zu verlieren. Sie setzten das soeben gewebte Segel und stachen gen Westen ins Meer. Huang Rong blickte zurück und sah zu, wie die einsame Insel sich immer weiter entfernte. »Beinahe wären wir dort zugrunde gegangen«, seufzte sie. »Aber jetzt, wo wir die Insel verlassen, wird mir ganz wehmütig.«

»Eines Tages kehren wir zurück«, sagte Guo Jing.

»Bestens«, rief Huang Rong, »ich nehme dich beim Wort. Aber zuerst müssen wir ihr einen Namen geben. Wie sollen wir sie nennen, Meister?«

»Es ist der Ort, wo du diesen Mistkerl beinahe unter einem Felsen zermalmt hast. Wie wäre es also mit Dämonenzerschmetterungsinsel?«

»Kein sehr poetischer Name.« Huang Rong schüttelte den Kopf.

»Wenn du es poetisch willst, dann bist du beim alten Bettler an der falschen Adresse. Nun … wir haben dort außerdem den Alten Giftmolch Pisse fressen lassen. Was hältst du von Pissefresserinsel?«

Huang Rong winkte schmunzelnd ab. Dann legte sie den Kopf schief und dachte nach. Die rosa Wolken am Horizont boten einen herrlichen Anblick. »Ich hab's! Die Abendwolkeninsel!«

»Viel zu poetisch!« Der Bettler rümpfte theatralisch die Nase.

Guo Jing hörte stumm lächelnd zu, wie sich Meister und Schülerin mit Worten einen Wettstreit lieferten. Ihm persönlich war es egal, ob man der Insel einen poetischen oder einen vulgären Namen verlieh, im Grunde seines Herzens bevorzugte er allerdings die Vorschläge des Bettlers.

Zwei Tage lang reisten sie mit dem Wind, der stetig aus derselben Richtung blies. In der dritten Nacht steuerte Guo Jing das Boot, während Huang Rong und der Bettler schliefen. Plötzlich mischten sich Hilferufe unter das Brausen der Wellen und das Heulen des Windes. Die Stimme, die sie ausstieß, war so laut wie aufeinanderschlagende Zimbeln.

Der Bettler setzte sich auf. »Der Alte Giftmolch!«, flüsterte er.

»Zu Hilfe! Zu Hilfe!«

Zitternd packte Huang Rong den Bettler am Arm. »Ein G… G… Geist!«

Die Nacht war mondlos und nur das schwache Licht vereinzelter Sterne erleuchtete die rabenschwarze Dunkelheit. Aus den Tiefen dieser Dunkelheit Stimmen zu hören war in der Tat beängstigend.

»Bist du das, Alter Giftmolch?«, schrie Bettler Hong über das Meer. Seine Stimme war aber noch immer so schwach, dass sie sogleich vom Wind verschluckt wurde.

Guo Jing sammelte sein Qi in der Lunge. »Onkel Ouyang, bist du es?«

»Ja, ich bin es. Hilfe!« Die Stimme schien aus weiter Ferne zu kommen.

»Ganz gleich, ob es ein Mensch oder ein Geist ist – machen wir, dass wir wegkommen!«, sagte Huang Rong.

»Rette ihn!«, befahl ihr der Bettler überraschend.

»Nein, ich fürchte mich.«

»Das ist kein Geist.«

»Das ist mir egal. Ich rette ihn auf keinen Fall.«

»Anderen in der Not zu helfen, gehört zu den Grundsätzen des Bettlerklans«, sagte Hong Qigong. »Wir beide verkörpern die Bettlerfürsten von zwei Generationen. Es steht uns nicht zu, die Prinzipien unserer Ahnen zu verleugnen.«

»Aber dieses Prinzip ist hier fehl am Platz«, sagte Huang Rong. »Ouyang Feng ist bösartig und im Jenseits wird er zu einem bösartigen Dämon. In keinem Fall hat er unsere Hilfe verdient.«

»Die Regeln des Klans sind unumstößlich.«

Huang Rong schwieg empört.

Wieder drang die Stimme schwach zu ihnen herüber: »Bruder Qigong, du willst mich doch nicht sterben lassen?«

»Doch!«, rief Huang Rong zurück. »Hör zu, Jing. Sobald dir Ouyang Feng unter die Augen kommt, machst du mit dem Ruder kurzen Prozess mit ihm. Du gehörst nicht zum Bettlerklan und musst diese dämlichen Regeln nicht befolgen. Meister«, sagte sie dann zum Bettler, »der Grundsatz des Bettlerklans lautet, Menschen in der Not zu helfen – und nicht Dämonen in der Not!«

»Wir sollen auf einen Hilflosen einschlagen?« Jetzt wurde der Bettler wütend. »Seit wann gehört das zu den Prinzipien von Gerechtigkeit und Ehre des Jianghu?«

»Aber wenn es sich doch um einen Dämon handelt …«

Missmutig sah sie zu, wie Guo Jing das Floß in Richtung der Stimme lenkte. Schließlich waren in der Dunkelheit undeutlich zwei Gestalten zu erkennen, die auf den Wellen auf und ab schaukelten. Offenbar hatten sie sich an ein großes Holzstück geklammert, nachdem ihr Floß auseinandergebrochen war.

»Du musst darauf bestehen, dass wir sie nur retten, wenn er schwört, nie wieder jemandem Unheil zuzufügen«, verlangte Huang Rong.

»Du kennst doch den Alten Giftmolch«, seufzte der Bettler. »So einen Schwur bekommt er niemals über die Lippen. Lieber stirbt er, als sich zu unterwerfen. Rette sie, mein Junge.«

Guo Jing beugte sich vor und packte Ouyang Feng am Kragen. Ohne Nachdenken kam ihm auch der Bettler zu Hilfe. Er streckte Ouyang Feng eine Hand entgegen, die dieser sofort ergriff und sich mit einem Ruck daran auf das Floß zog. Dabei hatte er jedoch so viel Schwung, dass er den Bettler vom Floß herunterriss. Er klatschte unversehens ins Wasser, und im Nu sprangen Guo Jing und Huang Rong hinterher.

»Mein Meister ist so gutmütig, Euch zu retten, und Ihr werft ihn dafür ins Meer? Schämt Euch!«, fluchte Huang Rong, als sie den Bettler mit Guo Jings Hilfe wieder an Bord hievte.

Ouyang Feng war sich natürlich bewusst, dass der Bettler durch seine Verletzungen geschwächt war, aber wie hätte er ahnen können, dass ein Großmeister so mir nichts, dir nichts aus dem Gleichgewicht zu bringen war? Obwohl … auch er fühlte sich nach zwei

Tagen im Wasser nicht gerade unbezwingbar. »Ich …«, begann er mit gesenktem Kopf, »Es war keine böse Absicht. Ich bitte um Verzeihung, Bruder Qigong.«

»Haha, sehr schön«, meinte der Bettler. »Wenigstens weißt du jetzt, wie es um mich steht.«

»Liebes Kind«, wandte sich Ouyang Feng an Huang Rong. »Hättest du etwas zu essen für uns? Wir haben seit Tagen nichts im Magen.«

»Wir haben nur genug Proviant für drei. Warum sollten wir euch etwas abgeben?«

»Gut, dann gib wenigstens meinem Neffen etwas. Mit seiner schweren Verletzung braucht er dringend eine Stärkung, um zu überleben.«

»Wie wäre es mit einem Tausch?«, fragte Huang Rong. »Er bekommt etwas zu essen, dafür gebt Ihr meinem Meister das Gegenmittel für Euer Schlangengift. Er hat sich noch immer nicht davon erholt.«

Ouyang Feng zog zwei kleine Fläschchen aus den nassen Kleidern und reichte sie ihr. »Sieh selbst! Es ist so viel Wasser eingedrungen, dass die Medizin ganz verwässert ist.«

Huang Rong nahm sie in die Hand, schüttelte sie und roch daran. Es war der Geruch von Meerwasser. »Dann will ich das Rezept für das Gegengift, damit wir es, sobald wir an Land sind, selbst herstellen können.«

»Ich könnte dir jetzt alles Mögliche erzählen, um etwas zu essen dafür zu bekommen. Woher willst du wissen, ob ich die Wahrheit sage? Doch dann wäre mein Name nichts mehr wert, deshalb will ich ehrlich mit dir sein. Das Gift meiner Schlangen ist absolut tödlich. Ein Biss genügt, um selbst einen Meister des Jianghu unschädlich zu machen. Sicher könnte ich dir das Rezept für das Gegenmittel geben, aber die Zutaten sind schwer zu bekommen und noch dazu dauert es drei Sommer und Winter, bis die Mixtur gebrauchsfähig ist. Bis dahin ist es ohnehin zu spät. Jetzt kennst du die Wahrheit und es ist an dir zu entscheiden, ob ich überlebe oder nicht.«

Huang Rong und Guo Jing konnten nicht umhin, ihn zu bewundern. *Wie kann man ein so bösartiger Mensch sein, aber im Angesicht des Todes die Würde eines Großmeisters des Jianghu wahren?*

»Er sagt die Wahrheit, Rong«, sagte Guo Jing. »Das Schicksal wird über uns entscheiden. Und über unseren Meister. Gib ihm etwas zu essen.«

Der Gedanke, dass ihr Meister unrettbar verloren sein sollte, brach Huang Rong das Herz. Stumm warf sie Ouyang Feng ein Stück gebratene Ziegenkeule hin. Der teilte das Fleisch und fütterte zuerst seinen Neffen, bevor er selbst etwas aß. Unwillkürlich musste Huang Rong daran denken, wie sie die beiden dazu gebracht hatten, das pissegetränkte Fleisch zu essen.

Sie kicherte.

Ouyang Feng hatte keine Ahnung, warum sie plötzlich so fröhlich war, und starrte sie verdutzt an. Sie riss sich zusammen und setzte wieder eine ernste Miene auf. »Jetzt, wo Ihr meinen Meister so schwer verletzt habt«, sagte sie kühl, »werdet Ihr gewiss den nächsten Wettstreit auf dem Gipfel des Hua gewinnen. Meinen Glückwunsch.«

»Nicht unbedingt«, gab Ouyang Feng zurück. »Mindestens einen Menschen gibt es noch, der den Bettler des Nordens zu heilen vermag.«

Beinahe wäre das Floß gekentert, so abrupt sprangen Guo Jing und Huang Rong auf. »Wirklich?«

»Nur wird sich dieser Mensch nicht leicht dazu überreden lassen«, stieß Ouyang Feng zwischen zwei Bissen hervor. »Euer Meister weiß, von wem ich rede.«

Die beiden drehten sich nach Bettler Hong um.

»Warum überhaupt von ihm anfangen, wenn er doch so schwer zu überreden ist?«, antwortete der Bettler lächelnd.

»Sag es uns.« Huang Rong zupfte ihn beharrlich am Ärmel. »Wir fürchten uns nicht vor schwierigen Aufgaben. Wenn ich meinen Vater bitte, hilft er uns bestimmt.«

Ouyang Feng schnaubte verächtlich.

»Was rümpft Ihr da die Nase?« fragte Huang Rong, aber er antwortete nicht.

»Er macht sich über dich lustig, weil du deinen Vater für so unglaublich einflussreich hältst«, sagte der Bettler. »Aber der Mann, von dem wir reden, ist von einem ganz anderen Schlag. Selbst dein Vater kann ihm schwerlich das Wasser reichen, so ein großartiger Kampfkünstler ist er. Aber selbst wenn er ein harmloser Schwächling wäre, würde dieser alte Bettler ihn niemals ausnutzen wollen.«

»Ein großartiger Kampfkünstler?« Huang Rong runzelte die Stirn. »Augenblick … ich hab's. Es ist der König des Südens, Duan Huangye! Aber Meister, warum willst du ihn nicht bitten, dich zu heilen? Was heißt ›ihn nicht ausnutzen wollen‹?«

»Schlaf jetzt«, sagte der Bettler. »Kein Wort mehr davon, verstanden?«

Sie wagte nicht, ihm zu widersprechen. Aus Angst, dass Ouyang Feng ihr Essen stehlen könnte, lehnte sie sich zum Schlafen gegen den Eimer mit den Vorräten und schloss die Augen.

Als sie früh am nächsten Morgen erwachte und die beiden Ouyangs bei Tageslicht erblickte, erschrak sie richtiggehend, so leichenblass und aufgedunsen sahen die beiden aus.

Was für ein gutherziger Mensch mein Meister ist, dachte sie, *er nimmt die Prinzipien von Menschlichkeit und Rechtschaffenheit selbst bei diesen schlimmen Schurken so sehr beim Wort, dass es schon gar keine Rechtschaffenheit mehr ist! Hoffentlich nimmt sich Guo Jing diesen Charakterzug nicht zum Vorbild. In dieser Hinsicht sollte er sich lieber an seinem Schwiegervater orientieren.* Sein *Schwiegervater!* Das Wort zauberte ihr ein Lächeln aufs Gesicht.

Am späten Nachmittag tauchte am Horizont eine schwarze Linie auf. Endlich Festland? Guo Jing war der Erste, der freudig aufschrie. Als sie näher kamen, bestätigte sich ihre Hoffnung. Auf dem Meer war es jetzt ruhig und beinahe windstill, nur die Sonne brannte unbarmherzig auf sie herab.

Plötzlich sprang Ouyang Feng auf. Kaum hatte er sicheren Stand gefunden, packte er Guo Jing und Huang Rong am Handgelenk und trat gleichzeitig mit den Zehenspitzen gegen einen von Hong Qigongs Nervenpunkten. Guo Jing und Huang Rong wollten ebenfalls aufspringen, aber er hatte ihre Körper durch Druck auf die Nervenpunkte am Handgelenk halbseitig gelähmt.

»Was soll das?«, riefen sie wie aus einem Munde.

Ouyang Feng antwortete mit einem hämischen Grinsen.

»Was für eine Überheblichkeit«, sagte der Bettler. »Der Alte Giftmolch ist sich für Dankbarkeit zu schade. Wir retten ihm das Leben und doch kann er nicht ruhen, bis er seine Retter getötet hat. Nun bedauere ich, dass mich mein weiches Herz dazu gebracht hat, ihn aus dem Wasser zu fischen und damit das Leben dieser beiden jungen Menschen zu gefährden.«

»Lass dir das eine Lehre sein«, sagte Ouyang Feng. »Und vergiss nicht, dass ich eine Kopie des *Neun-Yin-Handbuchs* besitze; wenn ich diesen Jungen, der den Inhalt des Handbuchs kennt, am Leben lasse, wird er mir fortgesetzt Ärger machen.«

Die Erwähnung des Handbuchs brachte den Bettler auf eine Idee. Er fing an, daraus zu rezitieren, *»Mohe boluo jiedi guluo ..«*

Ouyang Feng erschrak. Der Text klang vertraut, ganz nach den seltsamen Passagen, auf die er sich keinen Reim machen konnte. Er ahnte nicht, dass der Bettler reinen Unsinn vor sich hin brabbelte. Kannte der alte Bettler den Text etwa und verstand ihn womöglich sogar besser als er selbst? *Dieses Handbuch ist so voll von rätselhaften Stellen, es muss einen Schlüssel zu ihrem Verständnis geben,* dachte er. *Wenn ich die drei töte, gibt es am Ende niemanden mehr, der sie mir erklären kann, und das Buch bringt mir keinerlei Nutzen mehr.*

»Was bedeutet das?«

»Hunhua chacha, shugen huahua, mier …«, antwortete der Bettler. »Mach du weiter, Jing!« Natürlich hatte der Bettler kein Wort vom Inhalt des Handbuchs behalten, aber der feierliche Ernst, mit dem er deklamierte, wirkte überzeugend.

Guo Jing nahm den Faden auf und gab mit ebenso feierlicher Miene noch mehr Unsinn von sich. Ouyang Feng lauschte gebannt.

»Gib's ihm, Guo Jing!«, rief der Bettler plötzlich laut. Sofort befreite sich Guo Jing aus Ouyang Fengs Griff und schlug und trat gleichzeitig mit dem rechten Arm und Fuß nach ihm.

Der Alte Giftmolch hatte seine ganze Aufmerksamkeit dem seltsamen Sermon gewidmet und dabei seinen Griff um Guo Jings Handgelenk gelockert. Guo Jing hatte schon zwei Abschnitte des Kapitels *Muskeln formen und Knochen schmieden* verinnerlicht, was ihn zwar keine neuen Formen gelehrt hatte, ihm aber erlaubte, seine Kräfte ein ganzes Stück effektiver einzusetzen. Ein Schlag, ein Tritt, ein Wurf – in jeder seiner Bewegungen lag eine unglaubliche Wucht, die Ouyang Feng überrumpelte. Da das Floß keine Rückzugsmöglichkeit bot, konnte er nur mit einer Hand abwehren, während er mit der anderen Huang Rong fest umklammerte.

Wie ein Wirbelsturm prasselten Guo Jings Fäuste und Handkantenschläge auf ihn nieder. Er durfte Ouyang Feng keinen Raum für die *Explodierende Kröte* lassen, sonst wären sie alle drei verloren. Seine hefige Attacke zwang den Großmeister noch einen halben Schritt zurück.

Huang Rong neigte sich zur Seite, um ihn durch einen Schulterstoß aus dem Gleichgewicht zu bringen. *Was glaubt die kleine Göre, wer sie ist?*, dachte Ouyang Feng amüsiert. *Du willst doch nicht etwa dein armseliges Kung-Fu mit meinem messen? Gib acht, dass der Rückstoß dich nicht selbst ins Meer befördert!*

Schon stieß sie ihn mit der Schulter an, aber er wich weder aus, noch wehrte er sie ab. Er beachtete sie gar nicht. Da spürte er die scharfen Nadelstiche in der Brust. Der Eiserne Igel! Das hatte er ganz vergessen. Er stand so nah am Rand des Floßes, dass er ihr nicht ausweichen konnte. Bevor sich noch mehr Nadeln in seinen Körper bohren konnten, ließ er ihr Handgelenk los und stieß sie von sich.

Durch die heftige Bewegung wäre sie sofort ins Meer gestürzt, wenn Guo Jing sie nicht kurzerhand mit der Rechten aufgefangen hätte, während seine Linke weiter angriff. Huang Rong zog ihren Dolch und kämpfte an seiner Seite.

Ouyang Feng balancierte am Rande des Floßes. Aufspritzendes Salzwasser durchnässte seine Beinkleider. Obwohl sie ihn jetzt zu zweit angriffen, brachten sie ihn nicht aus dem Gleichgewicht. Auch gegen ihre vereinten Kräfte war er immer noch der stärkere, überlegenere Kämpfer. Doch die zwei Tage im Wasser hatten ihn geschwächt. Huang Rong, bewehrt mit Dolch und Eisernem Igel, war gar nicht so leicht zu überwältigen, und Guo Jing verstand sich auf die achtzehn *Drachenbezwingenden Hände*, die zweiundsiebzig Varianten der *Leeren Strahlenfaust*, Zhou Botongs *Duell der Hände* und seit Kurzem auch *Muskeln formen und Knochen schmieden* aus dem *Neun-Yin-Handbuch*.

Doch allmählich spürte Gift des Westens seine Kräfte wieder erwachen. Guo Jing und Huang Rong nahmen die Veränderung in ihm wahr. Besorgt beobachtete der Bettler das Geschehen. Plötzlich schoss Ouyang Fengs Bein wie eine Sturmbö zwischen den tanzenden Fäusten hervor. Der Luftstoß genügte, um Huang Rong rücklings ins Meer zu befördern.

Allein gegen den mächtigen Gegner geriet Guo Jing immer mehr in Bedrängnis. Huang Rong, die links vom Floß ins Wasser gefallen war, tauchte darunter durch und auf der anderen Seite, hinter Ouyang Fengs Rücken, mit dem Dolch in der Hand wieder auf. Als er von vorn und hinten gleichzeitig attackiert wurde, schwand Ouyang Fengs soeben errungene Überlegenheit wieder. Huang Rong hielt sich tapfer, insgeheim ersann sie jedoch eine neue Strategie. *Wenn wir so weiterkämpfen, werden wir verlieren; unsere einzige Chance ist, den Kampf unter die Wasseroberfläche zu verlegen.*

Entschlossen durchschnitt sie die Leine des Segels, das sofort in sich zusammenfiel. Seines Antriebs beraubt, schaukelte das Floß auf den Wellen. Rasch umwickelte sie den Bettler mit der Takelage, band ihn damit an einen der Baumstämme, aus denen das Floß bestand, und sicherte ihn mit fachmännischen Knoten.

Guo Jings Kräfte schwanden. Drei Angriffe in Folge hatte er abgewehrt, der vierte zwang ihn zurückzuweichen. Ouyang Feng verdoppelte seine Anstrengungen und Guo Jing geriet immer mehr in die Defensive. Er versuchte es mit *Sprung über den Abgrund*, doch der Schlag verfehlte den Feind und stattdessen verlor er selbst den Boden unter den Füßen. Trotz der Gefahr behielt er die Nerven, riss im letzten Augenblick die Beine hoch und versetzte dem Gegner noch einen Tritt, bevor er ins Wasser klatschte.

Huang Rong sprang ebenfalls ins Wasser. Gemeinsam mühte sich das junge Paar, das bereits bedenklich schaukelnde Floß endgültig zum Kentern zu bringen. Dann würde Ouyang Ke ertrinken und Ouyang Feng hätte seine liebe Not, um im Wasser die Oberhand zu behalten. Allerdings mussten sie ihn erledigen, bevor er ihrem Meister etwas antat.

Natürlich durchschaute Ouyang Feng ihre Absicht. Er hielt drohend einen Fuß über Hong Qigongs Kopf. »Hört auf zu schaukeln oder ich trete zu!«, schrie er.

Das hatte Huang Rong vorausgesehen. Sie holte tief Luft, tauchte ab und schnitt mit dem Dolch die Seile durch, die das Floß zusammenhielten. Das rettende Ufer schien nah genug, um es zu dritt an die Stämme geklammert zu erreichen, sobald die Ouyangs ertrunken wären.

Krachend brach das Floß auseinander, Ouyang Ke war auf einer, Ouyang Feng und der Bettler auf der anderen Seite. Schnell packte Ouyang Feng seinen Neffen und zog ihn zu sich herüber. Dann hielt er im Wasser nach Huang Rong Ausschau.

Von unten konnte sie gut erkennen, wo er sich befand. Sie musste die Aufmerksamkeit des unberechenbaren Ouyang Feng erregen, da es unmöglich vorherzusehen war, wohin sein nächster wütender Schlag zielte. Sie entfernte sich ein Stück weit vom Floß, holte schnell Luft, tauchte wieder unter und wartete mit Guo Jing unter Wasser auf den richtigen Zeitpunkt zum Handeln.

Mit einem Mal wurde die See ruhig, die Oberfläche glitzerte in der Sonne. Alles ringsum schien still und friedlich, während oberhalb und unterhalb des Floßes die Mordlust in den Herzen tobte.

Wenn die Floßhälfte noch einmal auseinanderbricht, werden sie kentern …, dachte Huang Rong.

Sobald sie auftaucht, um Luft zu holen, schlage ich so unbarmherzig zu, dass ihr allein der Wasserdruck den Garaus macht, dachte Ouyang Feng. *Ist sie aus dem Weg, werde ich auch im Wasser mit diesem kleinen Guo fertig.*

Beide warteten angespannt, ohne sich zu rühren.

Plötzlich deutete Ouyang Ke nach Backbord. »Ein Schiff!«

Guo Jing und der Bettler drehten die Köpfe. Eine große Dschunke mit einem Drachenkopf am Vordersteven hielt mit vollen Segeln auf sie zu. Kurz darauf erschien auch eine Gestalt am Bug, ein hochgewachsener Mann in einer violetten Kasaya. Ouyang Ke war verwirrt. Lama Erhabene Weisheit? Als das Schiff näher kam, bestätigte sich seine Vermutung, und er machte seinen Onkel darauf aufmerksam.

»Hierher!«, schrie Ouyang Feng, nachdem er sein ganzes Qi in der Lunge gesammelt hatte. »Wir sind Freunde!«

Oh nein. Guo Jing wusste sofort, dass sie in Schwierigkeiten waren, während Huang Rong unter Wasser noch nichts von der überraschenden Wendung mitbekommen hatte. Er tauchte unter und wollte ihr mit Gesten mitteilen, dass Ouyang Feng Verstärkung bekommen hatte. Huang Rong verstand jedoch nur, dass etwas nicht stimmte, bedeutete Guo Jing, den Gegner dennoch weiter abzulenken, und beeilte sich, die Seile zu durchtrennen.

Was tun? Auch unter gewöhnlichen Umständen war er kein ebenbürtiger Gegner für einen Großmeister, und jetzt, wo er im Wasser war und Ouyang Feng auf dem Floß, war er es umso weniger. Er bündelte alle Kraft in seinen Armen und schoss abrupt nach oben.

»Ha!« Mit einem martialischen Schrei schlug Ouyang Feng im selben Augenblick mit beiden Handkanten nach unten, als Guo Jing aus dem Wasser schnellte. Die Wucht des Zusammenpralls katapultierte das halbierte Floß aus dem Wasser, dann brach es krachend und knarrend auseinander. Gerade rechtzeitig hatte Huang Rong die restlichen Seile durchtrennt. Das Schiff war inzwischen auf dreißig Schritt herangekommen.

Sie wollte gerade auftauchen, um mit dem Dolch auf Ouyang Feng einzustechen, als sie sah, wie Guo Jing reglos auf den Grund sank. Schnell tauchte sie nach ihm, schlang den Arm um seine Brust und brachte ihn in sichere Entfernung, bevor sie mit ihm auftauchte. Seine Augen waren fest geschlossen, er war leichenblass und bewusstlos.

Die Dschunke war nun direkt neben dem zerstörten Floß. Ein kleines Beiboot wurde herabgelassen und die Mannschaft ruderte los, um Ouyang Feng, Ouyang Ke und Hong Qigong aus dem Wasser zu fischen.

»Jing!«, rief Huang Rong verzweifelt, »Guo Jing!«, aber er antwortete nicht. Ihr blieb keine Wahl. Auch wenn es ein feindliches Schiff war, sie musste ihn an Bord bringen. Sie legte den Arm um Guo Jing und schwamm zu dem kleinen Sampan hinüber.

Die Mannschaft zog ihn herauf und wollte auch Huang Rong ins Boot helfen, aber sie ignorierte die helfenden Hände, packte das Dollbord und schwang sich zur großen Überraschung der Matrosen elegant wie ein fliegender Fisch in den Sampan.

Guo Jing hatte die gewaltige Kraft von Ouyang Fengs Schlag so erschüttert, dass er sofort in Ohnmacht gefallen war. Zum Glück war er im Wasser gewesen, sodass sein Körper nachgegeben hatte und nicht die volle Kraft des Schlages hatte abfedern müssen. Jetzt fand er sich plötzlich in einem Boot an Huang Rongs Seite wieder. Er atmete tief durch. Erleichtert stellte er fest, dass er keine inneren Verletzungen davongetragen hatte, und sah lächelnd zu ihr auf. Sie lächelte zurück und alle Angst und Anspannung wich von ihr. Dann sah sie sich auf dem Schiff um.

Acht Männer umringten sie. Fünf davon war sie bereits im Palast des Königs Zhao in Yanjing begegnet: Peng Lianhu, ein kleiner, grobschlächtiger Kerl mit blitzenden Augen, der der Metzger der tausend Hände genannt wurde; der mit dem glänzenden Glatzkopf war Sha Tongtian, der Drachenkönig vom Dämonentor; neben ihm stand Hou Tonghai, der Dreigehörnte Drache, dessen Stirn drei riesige, hässliche Warzen zierten; der Grauhaarige mit dem jugendlichen Gesicht dahinter war Liang Ziweng, der Ginseng-Unsterbliche; und schließlich noch der hochgewachsene Mönch in der violetten Kasaya: Lama Erhabene Weisheit, Lobsang Choden Rinpoche.

Sie überlegte fieberhaft. *Guo Jing und ich haben in unserer Kampfkunst große Fortschritte gemacht. Ich allein könnte wahrscheinlich nicht gegen Peng Lianhu oder einen der anderen bestehen, aber Guo Jing ganz bestimmt. Aber leider sind sie zu fünft, und der Alte Giftmolch ist auch noch da.*

Wie sollten sie hier bloß lebend herauskommen?

Die Passagiere des großen Schiffs waren schon von Ouyang Fengs Hilferufen überrascht gewesen, doch ihre Verblüffung steigerte sich noch, als sie feststellten, in welcher Gesellschaft er sich befand.

Die fünf Schiffbrüchigen sprangen von dem kleinen Sampan aus an Bord der Dschunke. Erst Ouyang Feng mit seinem Neffen im Arm, dann Guo Jing und Huang Rong, die ihren Meister stützten.

Gleich darauf erschien ein Mann in einer prächtigen Brokatrobe, um die Neuankömmlinge zu begrüßen. Als sein Blick auf Guo Jings Augen fiel, zuckten beide innerlich zusammen. Es war der Sechste Prinz von Jin, Wanyan Honglie.

Nachdem ihm die Flucht aus dem Ahnentempel der Familie Liu in Baoying gelungen war, hatte es Wanyan Honglie aus Angst vor Guo Jing nicht gewagt, in den Norden zurückzukehren, sondern nach der Begegnung mit Peng Lianhu und seiner Bande seinen Geheimauftrag im Süden fortgesetzt, der darin bestand, den Nachlass des Generals Yue Fei aus seinem Grab zu rauben.

Unterdessen hatten die Mongolen im Norden einen groß angelegten Angriff gegen die Jin unternommen. Zhongdu, die Hauptstadt der Jin, wurde seit Monaten belagert und die sechzehn umliegenden Provinzen waren bereits an die Mongolen gefallen. Die Lage wurde von Tag zu Tag kritischer und Wanyan Honglie fürchtete das Schlimmste für sein Reich. Er hatte mit eigenen Augen gesehen, wie tapfer und entschlossen das mongolische Heer kämpfte. Obwohl die Jin ihnen eine zehnfache Übermacht entgegenstellten, verloren sie jede Schlacht. Seine ganze Hoffnung ruhte auf den legendären militärischen Schriften von General Yue Fei. Mithilfe der darin niedergelegten Geheimstrategien musste es ihm gelingen, die Mongolen zum Rückzug zu zwingen.

Um nicht entdeckt zu werden, hatten sich Wanyan Honglie und sein buntes Gefolge von Kampfkünstlern mit großer Vorsicht durch das Gebiet des Song-Reichs bewegt. Schließlich war ihnen der Seeweg als der sicherste erschienen. Sie hatten vor, an der Küste der Provinz Zhejiang zu landen, von dort auf verstohlenen Pfaden in die Song-Hauptstadt Lin'an zu gelangen und Yue Feis Grab im Kaiserpalast zu plündern.

Bevor sie in See stachen, hatte Wanyan Honglie nach Ouyang Ke gesucht, den er bereits zuvor als nützlichen Verbündeten gewonnen hatte. Da er unauffindbar war, hatte er sich entschlossen, seine Mission ohne ihn fortzusetzen. Ihn nun ausgerechnet hier draußen auf dem Meer zu finden, noch dazu in Gesellschaft seines Widersachers Guo Jing, verwirrte ihn. Hatte er womöglich sein Geheimnis verraten?

In Guo Jing brodelte es. Da war er wieder, der Mann, der seinen Vater auf dem Gewissen hatte. In seinen Augen loderten die Flammen des Zorns, er war so aufgebracht, dass er die anderen Feinde ringsum gar nicht wahrnahm.

In diesem Augenblick öffnete noch jemand die Kabinentür, spähte aber nur kurz hinaus und zog sich eilig wieder zurück. Huang Rong hatte ihn trotzdem erkannt: Es war Yang Kang.

Schließlich unterbrach Ouyang Ke das Schweigen, »Onkel, darf ich dir den Sechsten Prinzen von Jin vorstellen, einen Mann von großer Tugend.«

Ouyang Feng legte die rechte Faust in die linke Handfläche und verbeugte sich.

Wanyan Honglie hatte keine Ahnung, dass er einem Großmeister des Jianghu von hervorragendem Ruf gegenüberstand. Die arrogante Haltung des Mannes missfiel ihm, aber da er ein Verwandter von Ouyang Ke war, erwiderte er den Gruß.

Sobald der Name von Gift des Westens fiel, machten Peng Lianhu, Sha Tongtian und die anderen sofort eine tiefe Verbeugung. »Es ist uns eine große Freude, Ouyang Feng, einem der Großmeister des Jianghu, die sich auf dem Gipfel des Hua miteinander messen, unseren Respekt zollen zu dürfen.«

Ouyang Feng gewährte ihnen nicht mehr als ein kurzes Kopfnicken.

Nur Lama Erhabene Weisheit, der aus der Abgeschiedenheit der westlichen Provinz Qinghai stammte, hatte noch nie von einem Großmeister namens Ouyang Feng gehört und legte nur wortlos die Hände zusammen.

Die aufrichtige Bewunderung auf den Gesichtern von Sha Tongtian und den anderen erstaunte Wanyan Honglie, vor allem, wenn er das sonst so deutlich zur Schau gestellte Selbstvertrauen der Bande bedachte. Noch nie hatte er aus ihrem Mund eine so unterwürfige Begrüßung gehört. Dieser vom Wasser aufgedunsene Schiffbrüchige, barfuß und mit zerzaustem Haar, war kein gewöhnlicher alter Mann. Da die Bande ihn geradezu zu fürchten schien, tat er besser daran, ihm ebenfalls Respekt zu bezeugen.

Liang Ziwengs Aufmerksamkeit galt dagegen einem anderen. Da war er wieder, dieser Guo Jing, der das wirkmächtige Blut seiner kostbaren Schlange restlos ausgesaugt hatte. Welch unverhoffte Wiederbegegnung! Leider war dieser junge Kerl immer noch in Begleitung des Menschen, den er fürchtete wie niemanden sonst: den Bettler des Nordens. Obwohl er innerlich kochte vor Wut, zwang er sich daher zu einem Lächeln, trat vor und bedachte den Bettler mit einer tiefen Verbeugung. »Euer ergebener

Diener Liang Ziweng entbietet dem Bettler des Nordens seinen Gruß.«

Die anderen tauschten erstaunte Blicke. Der Bettler des Nordens war auch an Bord? Welcher Zufall hatte ihnen die Begegnung mit zwei der größten Helden des Jianghu beschert? Was taten sie hier draußen auf See, auf einem Floß? Eilig wollten auch sie dem Bettler ihren Respekt zollen, doch der brach in schallendes Gelächter aus. »Der alte Bettler ist vom Unglück gezeichnet. Elendes Natterngezücht hat ihn halb zu Tode gebissen. Erspart euch die Förmlichkeit und passt lieber auf die heimtückische Kreatur auf, die ihr euch an Bord geholt habt.«

Die Bande erschrak. Der Bettler des Nordens, so schwer verletzt, dass er keinen Finger rühren konnte? Von ihm hatten sie demnach nichts zu fürchten. Aller Augen richteten sich auf Gift des Westens.

Ouyang Fengs Plan lautete nach wie vor, den Bettler so schnell wie möglich loszuwerden, damit sein unehrenhafter Anschlag auf dessen Leben niemanden im Jianghu zu Ohren käme. Danach wollte er Guo Jing töten, aber nicht, ohne ihm zuvor die Erklärung der unverständlichen Abschnitte des *Neun-Yin-Handbuchs* abzupressen. Auch Huang Rong durfte nicht mehr weiterleben, ganz gleich, was sein Neffe für sie empfand. Für ihren Tod musste jedoch ein anderer verantwortlich gemacht werden, sonst drohte ihm die fürchterliche Rache ihres Vaters. Nun, es würde sich schon ein Sündenbock finden. Hier auf dem Schiff konnten die drei ihm fürs Erste nicht entkommen.

Er wandte sich an Wanyan Honglie. »Diese drei sind verschlagene Halunken, aber von passablem Kung-Fu. Ich bitte Eure Majestät, sie gut bewachen zu lassen.«

Das hörte Liang Ziweng gern. Sofort zwängte er sich an Sha Tongtian vorbei, um Guo Jings Handgelenk zu packen. Guo Jing verdrehte dem Angreifer im Nu die Hand und reagierte mit einem

Drachen auf dem Feld, einem so flinken und kraftvollen Schlag, dass er sogar einen Meister wie Liang Ziweng rückwärtstaumeln ließ.

Peng Lianhu konkurrierte schon lange mit Liang Ziweng um die Gunst des Sechsten Prinzen von Jin und freute sich über jede Gelegenheit, bei der er seine Überlegenheit beweisen konnte. In heimlicher Freude über Liang Ziwengs Gesichtsverlust trat er vor und stellte sich dem Bettler und seinen Schülern entgegen.

Liang Ziweng versuchte nun, hinter Sha Tongtian vorbeizuschlüpfen, um Guo Jing von der Seite anzugreifen, damit er nicht riskierte, frontal von dem Meisterschlag *Die Reue des stolzen Drachen* getroffen zu werden. Wie hätte er wissen können, dass Guo Jing seit ihrer letzten Begegnung viel mehr als nur diese eine Form zu beherrschen gelernt hatte. Da Guo Jing weder angriff noch zurückwich, sprang Liang Ziweng auf ihn zu, um dem Jungen mit *Der wilden Fuchsfaust aus Liaodong*, seinem Vorzeige-Kung-Fu, das er schon sein ganzes Leben lang übte und bis zur Perfektion gebracht hatte, eine Lektion zu erteilen. Guo Jing musste sterben, aus Rache für die erlittene Demütigung – aber vor allem als Vergeltung für den Tod seiner kostbaren Schlange.

Auf der Suche nach Ginseng auf dem Ewigen Schneeberg war Liang Ziweng dereinst Zeuge eines Kampfs zwischen einem Jagdhund und einem wilden Fuchs geworden. Der Fuchs erwies sich als ausgesprochen gerissen, geschickt entging er den scharfen Klauen und Fängen des Hundes, schlüpfte hierhin und wuselte dorthin. Während er staunend die Sprünge des Fuchses beobachtete, kam ihm eine Eingebung. Der Ginseng war vergessen, stattdessen errichtete er in den Bergen eine Hütte, in der er monatelang die Bewegungen des Tiers studierte. Und so war die *Wilde Fuchsfaust* entstanden.

Sie folgte vier elementaren Prinzipien: Wachsam sein. Behände ausweichen. Gezielt herabstoßen. Geschickt fallen lassen. Bislang hatte er mit dieser Form noch den ärgsten Gegner in die Knie gezwungen. Der Kniff lag darin, den Gegner im Unklaren darüber zu lassen, ob er angriff oder auswich, den Körper nach links oder rechts verlagerte. Auf diese Weise verwirrte er den Gegner und überraschte ihn durch unvorhersehbare Angriffe.

Diesmal machte er nicht den Fehler, seinen Gegner zu unterschätzen, sondern griff sofort mit der *Wilden Fuchsfaust* an. Er täuschte einen Schlag an, sprang hoch und stürzte sich im Fall auf Guo Jing. *Seltsam,* dachte Guo Jing, *bei Huang Rongs* Pfirsichblütenregen *werden auch Schläge angetäuscht, aber nur fünf bis acht zwischen den echten Schlägen. Dieser Alte dagegen täuscht nur an und schlägt nie richtig zu. Was soll das bringen?*

Er hielt sich an die Unterweisung seines Meisters: Ganz gleich, auf welche Weise der Gegner angreift, du antwortest mit einer der achtzehn *Drachenbezwingenden Hände.*

Die Umstehenden schüttelten insgeheim die Köpfe. War der Ginseng-Unsterbliche nicht ein Meister der Kampfkunst, Oberhaupt einer eigenen Schule? Warum tat er dann im Kampf mit diesem Grünschnabel nichts, als anzutäuschen und auszuweichen?

Nach kurzem Schlagabtausch schon hatte die Wucht von Guo Jings Schlägen Liang Ziweng an den Rand des Schiffs gedrängt. Seine *Wilde Fuchsfaust* führte zu nichts, aber es war zu spät, um sich auf eine andere Form zu verlegen. Von rechts und links pfiffen ihm Guo Jings Angriffe um die Ohren und er fand keine Gelegenheit zum Gegenschlag.

»Ziel tiefer!« Die Stimme des Bettlers drang durch das Zischen der Schläge. Guo Jing holte weit mit dem linken Arm aus. *Der Drache kämpft in der Wildnis.*

»Ah!« Schreiend stürzte der Ginseng-Unsterbliche rücklings ins Meer.

Verblüfft beugten sich alle über die Reling.

Hihi! Vom Wasser her erklang mit einem Mal lautes Gekicher. Im nächsten Augenblick flog Liang Ziweng wieder von unten herauf und klatschte rücklings auf das Deck, wo er reglos liegen blieb.

Was war das denn nun? Hatten etwa die Wellen ihn wieder an Deck geschleudert? Dicht an der Reling gedrängt starrten die Kampfkünstler zum Meer hinunter, wo ein alter Mann mit langer Mähne und langem Bart mit erstaunlicher Geschwindigkeit kreuz und quer durch die Wellen pflügte. Bei genauerem Hinsehen stellten sie fest, dass der Mann auf dem Rücken eines Hais ritt! Der Hai und sein Reiter rasten in der Tat so schnell über das Wasser wie ein galoppierendes Pferd durch die Prärie.

Guo Jing war außer sich vor Freude. »Bruder Botong! Hier bin ich!«

Der Mann auf dem Hai war kein anderer als der Alte Kindskopf Zhou Botong.

Mit einem Jubelschrei erwiderte er Guo Jings Ruf, gab dem Hai unterhalb des rechten Auges einen Klaps, woraufhin der Hai nach links umschwenkte und bis dicht vor den Bug des Schiffs schwamm.

»Guo Jing, mein Bruder! Bist du es wirklich? Wie geht es dir? Dort draußen ist ein großer Walfisch, dem ich schon den ganzen Tag hinterherjage. Ich darf ihn nicht verlieren. Bis später!«

»Warte, Bruder Botong!«, rief Guo Jing eilig. »Komm und hilf mir. Ein Haufen Schurken trachtet mir nach dem Leben.«

»Was fällt denen denn ein?«, schimpfte Zhou Botong. Während er sich mit der einen Hand am Schiffsbug festhielt, griff er mit der anderen in den Rachen des Hais und packte etwas, das in seinem Maul steckte. Plötzlich flogen Mann und Hai im hohen Bogen über die Zusammenstehenden hinweg und landeten an Deck. »Wer wagt es, meinen kleinen Bruder zu bedrängen?«

Alle an Bord des Schiffs hatten in ihrem Leben schon viel gesehen, aber der exzentrische Auftritt dieses langbärtigen Alten machte sie sprachlos. Selbst Hong Qigong und Ouyang Feng trauten ihren Augen nicht.

Zhou Botongs Blick fiel auf Huang Rong. »Was, du auch hier?«

»Aber gewiss doch.« Huang Rong grinste. »Ich hatte so eine Ahnung, dass Ihr heute hier aufkreuzt, und habe Euch schon erwartet. Bringt mir bei, einen Hai zu reiten!«

»Mit Vergnügen«, lachte Zhou Botong.

»Aber zuerst jagt bitte diese Schurkenbande zum Teufel!«

Zhou Botong ließ seine Augen über die Anwesenden schweifen. Sein Blick blieb an Ouyang Feng hängen. »Ich habe mich schon gefragt, wer sich eine solche Dreistigkeit erlaubt. Das hätte ich mir gleich denken können, dass du es bist, du Bastard.«

»Einer, der sein Wort nicht hält und die schändlichste Existenz auf Erden führt, macht sich zum Gespött unter den Helden der Welt«, entgegnete Ouyang Feng kühl.

»Da ist Wahres dran. Man kann so einigen Unfug anstellen, aber wessen Worte nicht mehr als ein Furz wert sind, der kann noch so geschwollen reden, die Leute werden trotzdem nicht wissen, ob er das mit dem Mund oder mit dem Allerwertesten tut«, sagte Zhou Botong. »Welch glückliche Fügung, dich hier zu treffen, wir haben nämlich noch eine Rechnung offen. Alter Bettler, du bist Zeuge. Darf ich dich bitten, aufzustehen und es offiziell zu machen.«

Hong Qigong lächelte, blieb jedoch liegen, wo er war.

»Der Alte Giftmolch war mehrfach in Lebensgefahr, bestimmt neunmal hat mein Meister ihn gerettet«, warf Huang Rong ein. »Und wie hat dieser skrupellose Hund es ihm vergolten? Erst hat er meinen Meister schwer verwundet, dann hat er ihn an den Nervenpunkten gelähmt.«

Der Bettler hatte ihm zwar nur dreimal das Leben gerettet, aber sie für ihre Übertreibung zu rügen, wäre eine erbärmliche Verteidigung gewesen, weshalb Ouyang Feng sie nur hasserfüllt anstarrte.

Zhou Botong beugte sich zu Hong Qigong hinab und versuchte, ihn von der Lähmung zu erlösen, indem er die Nervenpunkte *See in der Biegung* in dessen Armbeuge und *Pulsierende Quelle* auf dessen Fußsohlen massierte. »Es hat keinen Zweck, Alter Kindskopf«, stöhnte der Bettler.

Ouyang Feng hatte ihn mit einer einzigartigen Methode gelähmt, die niemand außer ihm selbst und dem Ketzer des Ostens beherrschte.

»Na, Alter Kindskopf, reicht deine große Kunstfertigkeit nicht, um ihn zu erlösen?«, fragte Ouyang Feng verächtlich.

Huang Rong kannte die Methode, verfügte aber nicht über das Kung-Fu, um sie anzuwenden. Sie verzog spöttisch das Gesicht. »Was ist schon so Besonderes daran? Mein Vater versteht sich auf die *Knochendurchdringende Nervenblockade* wie kein anderer.«

Man merkt, dass diese Göre aus gelehrtem Hause stammt, dachte Ouyang Feng beeindruckt, ließ sich aber nichts vormachen. Stattdessen wandte er sich wieder Zhou Botong zu. »Wir hatten eine Wette und du hast verloren. Du bist derjenige, dessen Worte nach Zhou Kuhdung stinken.«

»Igitt!« Zhou Botong hielt sich theatralisch die Nase zu. »Wer hat gefurzt? Es stinkt! Und wie! Lass mich dich fragen: Wie lautete noch gleich unsere Wette?«

»Außer diesem Jungen namens Guo und der jungen Dame sind alle, die hier versammelt sind, namhafte Helden der Welt des Jianghu. Ich will Euch erzählen, was sich zugetragen hat, und Ihr alle sollt Richter sein.«

»Ausgezeichnet.« Peng Lianhu rieb sich die Hände. »Erzählt, Meister Ouyang.«

»Dieser Mann hier heißt Zhou Botong. Er ist einer der Ältesten der Quanzhen-Schule, in der Welt des Jianghu bekannt als der Alte Kindskopf. Er erfreut sich großen Ruhms. Qiu Chuji, Wang

Chuyi und die anderen Unsterblichen der Quanzhen-Schule nennen ihn ihren Onkel der Kampfkunst.«

Nun hatte Zhou Botong mehr als ein Jahrzehnt als Gefangener auf der Pfirsichblüteninsel verbracht und sich zuvor eher durch seine spitzbübischen Albernheiten als durch heroische Großtaten in der Welt der Kampfkunst hervorgetan. Demgemäß hatte sein Name im Jianghu zwar keinen großen Klang, aber allein die Tatsache, dass er auf einem Hai reitend an Deck gesprungen war und als Kampfkunstonkel der sieben Jünger der Quanzhen-Schule galt, genügte, um die Anwesenden zu beeindrucken. Ein Raunen ging durch die Reihen.

Peng Lianhu dachte an den bevorstehenden Wettstreit an der Pagode von Wolken und Regen zum Mondfest in Jiaxing. Sollte dieser exzentrische Krieger den Quanzhen-Jüngern beistehen, würden sie nicht so leicht mit ihnen fertigwerden wie gedacht. Musste er sich Sorgen machen?

»Bruder Zhou fand sich im Kampf gegen einen Schwarm Haie wieder und ich habe ihn gerettet«, fuhr Ouyang Feng fort. »Dann sagte ich ihm, dass es für mich ein Klacks sei, mit einem Haischwarm fertigzuwerden, aber Bruder Zhou wollte mir nicht glauben. Also haben wir gewettet. Nicht wahr, Bruder Zhou?«

»So ist es. Vollkommen richtig.« Zhou Botong nickte. »Und jetzt sag ihnen, worum wir gewettet haben.«

»Dazu wollte ich gerade kommen. Ich habe gesagt, falls ich verliere, würde ich tun, was du von mir verlangst, und wenn ich mich weigerte, dann müsse ich ins Meer springen und Futter für die Haie werden. Und für den Fall, dass du verlierst, galt für dich dasselbe. So war es doch, Bruder Zhou, nicht wahr?«

»Ganz genau.« Wieder nickte Zhou Botong eifrig. »Und dann?«

»Was dann? Du hast verloren!«

Diesmal schüttelte Zhou Botong energisch den Kopf. »Falsch, ganz falsch! Du bist derjenige, der verloren hat, nicht ich.«

Jetzt wurde Ouyang Feng wütend. »Ein wahrer Ehrenmann weiß die Wahrheit von der Lüge zu unterscheiden! Das ist eine Verleumdung! Wenn ich verloren habe, warum bist du dann ins Meer gesprungen?«

»Ja, das ist richtig«, seufzte Zhou Botong. »Zuerst habe ich meine Niederlage eingestanden. Aber wer hätte gedacht, dass im Wasser ein Geschenk des Himmels auf mich gewartet hat? Ich durfte feststellen, dass in Wahrheit der Alte Giftmolch verloren hat und ich, der Alte Kindskopf, gewonnen.«

»Was für ein Geschenk des Himmels?«, fragten Ouyang Feng, Hong Qigong und Huang Rong wie aus einem Mund.

Zhou Botong bückte sich und packte den Stock, der als Maulsperre im Rachen des Hais verkeilt war, und zog den Hai daran hoch. »Dieses wunderbare Reittier hier! Alter Giftmolch, du erinnerst dich sicher, dass es dein geliebter Neffe war, der dem Tier diesen Stock zwischen die Zähne gerammt hat?«

Er sprach die Wahrheit. Ouyang Ke hatte die grausame Idee gehabt, das gefährliche Tier verhungern zu lassen, indem er ihm einen Stock ins Maul rammte, sodass der Hai es nicht mehr schließen konnte. Das hatte Ouyang Feng mit eigenen Augen gesehen. Auch die Wunde am Kiefer, die sein Neffe dem Hai mit dem Angelhaken zugefügt hatte, war unverkennbar. Es war eben jener Hai, den er zurück ins Meer geworfen hatte.

»Ja, und?«, fragte er.

Zhou Botong klatschte in die Hände. »Das heißt, dass du verloren hast! Unsere Wette lautete, dass du jeden einzelnen Hai töten würdest, aber dieser gute Kerl ist dank deinem Neffen davongekommen. Er konnte die vergifteten Haie nicht fressen und hat überlebt. Du musst also zugeben, dass der Alte Kindskopf gewonnen hat.« Er brach in heiteres Gelächter aus.

Ouyang Fengs Miene verdüsterte sich. Er sagte kein Wort.

»Großer Bruder«, unterbrach Guo Jing. »Wo bist du bloß gewesen in den vergangenen Tagen? Ich habe dich so vermisst.«

»Ich habe mich prächtig amüsiert.« Zhou Botong grinste. »Schon kurz, nachdem ich ins Meer gesprungen war, habe ich diesen verzweifelten Burschen in den Wellen entdeckt. ›Na, alter Hai‹, habe ich gesagt, ›geteiltes Leid ist halbes Leid!‹ Mit diesen Worten sprang ich auf seinen Rücken. Das Biest tauchte tief in den Ozean hinab. Mir blieb nichts übrig, als die Luft anzuhalten, mich an seinem Hals festzukrallen und ihn wie verrückt in den Bauch zu treten, bis er wieder auftauchte. Er ließ mir aber kaum Zeit zum Luftholen und tauchte sofort wieder unter. So ging es fast einen ganzen Tag lang, bis er irgendwann aufgab und zahm wurde. Wollte ich nach Osten, schwamm er nach Osten, wollte ich aus dem Wasser heraus, blieb er an der Oberfläche.«

Er tätschelte dem Tier freundlich den Kopf, sichtlich zufrieden mit sich.

Von allen Umstehenden war Huang Rong gewiss diejenige, die ihn am meisten bewunderte. »Seit so vielen Jahren tummle ich mich im Meer und nie bin ich auf so ein großartiges Spielzeug gekommen«, sagte sie mit leuchtenden Augen. »Wie dumm von mir!«

»Haizähne sind messerscharf«, sagte Zhou Botong. »Ohne den Stock in seinem Maul wäre es mir unmöglich gewesen, ihn zu zähmen.«

»Und du bist nun tagelang auf dem Hai geritten?«

»Was sonst? Wir beide waren das ideale Gespann beim Fischfang. Kaum war ein Fischschwarm in Sicht, schon haben wir ihn verfolgt und ich habe die Tierchen mit Faustschlägen erledigt. Von zehn Fischen habe ich jeweils einen verputzt und den Rest hat der gute Kerl hier bekommen.«

Zärtlich streichelte Huang Rong den Bauch des Hais. »Du hast ihm den Fisch einfach in den Rachen geworfen?«, fragte sie. »Muss er den denn nicht erst kauen?«

»Ach was, er verschluckt sie einfach im Ganzen. Das war unsere stille Übereinkunft: Ich füttere ihn und er trägt mich. Einmal haben wir eine Gruppe riesiger Tintenfische gejagt …«

Während Huang Rong und Zhou Botong so ins Gespräch vertieft waren, dass sie alles um sich herum vergaßen, sann Ouyang Feng im Stillen darüber nach, wie er aus dieser misslichen Lage wieder herauskäme.

Plötzlich fiel dem Alten Kindskopf wieder ein, wo er stehengeblieben war. »Nun, Alter Giftmolch, gestehst du deine Niederlage ein?«

Da er zuvor vor versammelter Runde so große Töne gespuckt hatte, konnte Ouyang Feng seine Worte schlecht zurücknehmen. »Und wenn ich verloren habe, was dann?«

»Hm, dann überlege ich mir eine Strafe für dich … Du hast behauptet, aus meinem Mund kämen nur Fürze. Dann lass du jetzt einen saftigen Furz! Alle sollen ihn riechen.«

Huang Rong traute ihren Ohren nicht. Was für eine sinnlose Strafe! Noch dazu eine, die für einen Meister der Kampfkunst wie Ouyang Feng, der sein Qi beherrschte wie kein Zweiter und es mühelos durch seinen Körper zu leiten vermochte, ein Kinderspiel war! Der Gedanke, dass diese hinterhältige Giftschlange so billig davonkommen sollte, war unerträglich. »Nein!«, schrie sie. »Zuerst muss er meinen Meister von seiner Lähmung erlösen!«

»Siehst du, Alter Giftmolch?«, rief Zhou Botong fröhlich. »Die junge Dame fürchtet den Gestank deiner Fürze. Na gut, für diesmal will ich es dabei bewenden lassen. Kümmere dich stattdessen um den alten Bettler. Seine Kunst ist deiner ebenbürtig und ohne Hinterlist hättest du ihn niemals verletzen können. Sobald ihr beide gesundheitlich wieder auf der Höhe seid, wird der Alte Kindskopf bei eurem nächsten Kampf Schiedsrichter sein.«

Anders als Zhou Botong wusste Ouyang Feng, dass es für den Bettler keine Rettung gab, und fürchtete sich deshalb nicht vor dessen Rache. Seine einzige Sorge war die bizarre Fantasie des Alten Kindskopfs, dem möglicherweise im nächsten Augenblick eine schwierigere Aufgabe in den Sinn kam. Aller Augen ruhten auf ihm, also zögerte er nicht länger, kniete sich hin, sammelte sein Qi in den Händen und erlöste den Bettler mit gezieltem Fingerdruck von seiner Lähmung. Eilig halfen Huang Rong und Guo Jing ihrem Meister auf die Beine.

Zhou Botong ließ seinen Blick über die an Deck versammelte Runde schweifen. »Was dem Alten Kindskopf immer noch am meisten stinkt«, sagte er dann, »sind die Hammelfleischfürze der Jin-Tataren. Lasst das Beiboot hinunter, damit wir vier diesem Gestank entkommen können.«

Der Alte Kindskopf verfügte über die außergewöhnlichsten Kampfkünste, davon hatte sich Ouyang Feng bei Zhou Botongs Kampf mit Huang Yaoshi überzeugen können. Es schien geraten, ihm seinen Willen zu lassen, denn Ouyang Feng war sich keineswegs sicher, im Falle eines Kampfes den Sieg davonzutragen. Da war es besser, er übte sich so lange in Geduld, bis er das im *Wahren Weg der Neun Yin* enthaltene Kung-Fu gemeistert hatte, und rechnete danach mit ihm ab. Da er die Wette verloren hatte, konnte er den Plagegeist ziehen lassen, ohne das Gesicht zu verlieren. Hauptsache, er war ihn los.

»Gut, du hast wirklich Glück«, sagte er. »Da du unsere Wette gewonnen hast, werden wir tun, was du verlangst.« Er wandte sich an Wanyan Honglie. »Darf ich Eure Hoheit bitten, den Herrschaften ein Boot zu überlassen, auf dass die vier damit an Land rudern können.«

Wanyan Honglie zögerte. *Was, wenn die vier meine geheime Mission verraten?*

Die ganze Zeit über hatte Lama Erhabene Weisheit das Geschehen mit Skepsis verfolgt. Das verwahrloste Aussehen Ouyang Fengs in Kombination mit seinem wichtigtuerischen Auftreten hatte ihm von Anfang an missfallen. *Wie kommt dieses zerrupfte Huhn dazu, diesem Zhou mit dem lächerlichen Beinamen so mir nichts, dir nichts und ohne jedes Widerwort zu Willen zu sein? Ein Aufschneider ist das, der die auf diesem Schiff versammelten Kampfkünstler gewiss um keinen Deut überragt.* Als er Wanyan Honglies Zögern bemerkte, trat er zwei Schritte vor. »Wären wir auf seinem Floß, würden wir sicherlich alles tun, was Herr Ouyang von uns verlangt. Aber wir befinden uns an Bord eines Schiffs des Jin-Reichs und hier erteilt der Sechste Prinz von Jin die Befehle.«

Alle spitzten die Ohren und sahen Ouyang Feng gespannt an.

Gift des Westens musterte den Lama mit geringschätzigem Blick. Er zog die Brauen hoch. »Hegt der werte Mönch die Absicht, einem alten Mann das Leben schwer zu machen?«

»Keineswegs. Einfache Mönch wie ich finden nur selten den Weg in die Zentralebene und sind daher ignorant und unbedarft. Den großen Namen des Herrn Ouyang höre ich heute zum ersten Mal, wie könnte ich es wagen …«

Er hatte noch nicht zu Ende gesprochen, als Ouyang Feng mit der Linken einen Schlag antäuschte und ihn mit der Rechten am Genick packte und durch die Luft wirbelte. Im nächsten Augenblick hing der fette Leib des Mönchs kopfüber in Ouyang Fengs Hand. Alles ging so schnell, dass die anderen nur die dunkelrote Mönchskutte flattern sahen.

Lama Erhabene Weisheit war einen Kopf größer als die meisten an Bord, seine Füße hätten also den Boden berührt, wenn Ouyang Feng ihn am ausgestreckten Arm hochgehalten hätte. Nein, er hielt ihn wie Schlachtvieh kopfüber am Genick gepackt, sodass er drei Fuß über dem Deck hing.

Der Mönch fluchte und strampelte. Seine Kumpane waren Zeugen gewesen, wie er es in der Residenz von König Zhao mit Wang Chuyi aufgenommen hatte, und schätzten ihn daher als gestandenen Kampfkunstmeister. Ihn mit zappelnden Beinen und schlaff herunterbaumelnden Armen in der Luft hängen zu sehen, entsetzte sie.

»Soso, Ihr habt meinen Namen heute zum ersten Mal gehört und geglaubt, dass ich nur ein nutzloser Alter bin, auf den man mit Verachtung herabsehen kann, nicht wahr?«, sagte Ouyang Feng wie beiläufig, den Blick zum Himmel gerichtet.

Wütend und angsterfüllt zugleich versuchte der Mönch, sein Qi zu sammeln und sich aus Ouyang Fengs eisernem Griff zu befreien, aber ohne Erfolg. Peng Lianhu und den anderen wich vor Furcht alle Farbe aus dem Gesicht.

»Du magst auf mich herabsehen, wenn du willst«, fuhr Ouyang Feng fort, »aber ich weigere mich, vor den Augen dieses ehrenwerten Jin-Prinzen auf dein Niveau herabzusinken. Du wünschst also, in Gesellschaft von Meister Zhou, dem Alten Kindskopf, und Meister Hong, dem Neunfingrigen Bettler, auf dem Schiff zu bleiben. Haha! Glaubst du etwa, du könntest denen mit deinem mittelmäßigen Kung-Fu das Wasser reichen? Ignorant bist du allerdings, ganz besonders, was deine eigenen Grenzen betrifft. Eine Lektion gefällig? He, Alter Kindskopf, für dich!«

Ehe sichs die anderen versahen, segelte der Lama wie eine rote Abendwolke durch die Luft in Richtung Steuerbord. Er war froh, endlich dem Griff Ouyang Fengs entkommen zu sein, und versuchte, sich mit einem *Springenden Karpfen* wieder aufzurichten, aber da spürte er erneut einen stechenden Schmerz in seinem fetten Nacken. Flink formte er die Hand zu einer Dolchstoß-Mudra, um abzuwehren, doch im nächsten Augenblick wurden seine Arme taub, er flog weiter und landete hilflos in Zhou Botongs Händen.

Man konnte nicht behaupten, dass Ouyang Feng den Lama nicht gewarnt hatte. Der Mönch befand sich in großer Gefahr, aber Wanyan Honglie brauchte jeden Krieger unversehrt an seiner Seite. Es war höchste Zeit einzuschreiten. »Halt, Meister Zhou!«, rief er. »Keine Spielchen mehr. Ich werde sofort ein Boot bereitstellen, dass Euch und Eure drei Freunde an Land bringt.«

»Bestens!«, rief Zhou Botong. »Hier, Ihr könnt ihn haben!« Er ahmte Ouyang Fengs lässigen Stoß mit der Handfläche nach, und auch er katapultierte den schweren Mönch mühelos in die Luft. Er ließ ihn auf den Sechsten Prinzen von Jin zufliegen.

Nun hatte Wanyan Honglie eine gewisse Übung in der Kampfkunst, aber seine Fähigkeiten beschränkten sich auf den Einsatz eines Speers und von Pfeil und Bogen auf dem Rücken eines Pferdes. Wie sollte er die Wucht des auf ihn zufliegenden Mönchs abfangen? Er lief Gefahr, wenn nicht gleich erschlagen, so doch schwer verletzt zu werden. Schnell wich er zur Seite aus.

Sha Tongtian hatte die Gefahr erkannt und war mit seiner *Formverwandlungskunst* rasch vor Wanyan Honglie geschlüpft. Den Lama mit der offenen Hand abzufangen, konnte zu einer schweren Verletzung führen, daher wollte er ihn am Genick packen, so wie Ouyang Feng und Zhou Botong es getan hatten, und wieder auf die Füße stellen. Nur hatte er eine entscheidende Kleinigkeit außer Acht gelassen: Sein Kung-Fu war läppisch im Vergleich zu dem der beiden Großmeister, bei denen alles ganz leicht ausgesehen hatte.

Er sprang hoch, um den Lama aus der Luft zu greifen. Da durchfuhr ein so brennender Schmerz sein Handgelenk, als wollte es gleich brechen. Schnell zog er die Hand zurück und holte instinktiv mit der anderen zu einem *Knochenbrecherdorn* aus.

Während ihn Gift des Westens und Alter Kindskopf nacheinander hatten kopfüber baumeln lassen, war Lama Erhabene Weisheit das Blut verkehrt herum durch die Adern geflossen. Ihm war schwindlig, doch er kochte vor Wut. Als er nun erneut durch die Luft gesegelt war, hatte er damit gerechnet, zum nächsten Feind geworfen zu werden, daher hatte er sein Qi in der Hand gesammelt, mit Daumen und Zeigefinger eine Mudra gebildet und bei der ersten Berührung mit Sha Tongtians Berührung sofort zugeschlagen.

Die beiden waren mehr oder weniger ebenbürtige Kämpfer, aber der Lama erwischte Sha Tongtian völlig unvorbereitet. Dieser stolperte ein paar Schritte rückwärts und fiel auf den Hintern, während der Lama bäuchlings auf den Boden aufschlug. Sofort sprang er wieder auf und erkannte erst jetzt, dass es sich bei seinem letzten Gegner um Sha Tongtian handelte. *Elender Verräter,* dachte er, *sogar du willst mir an den Kragen?* Mit Gebrüll stürzte er sich auf ihn.

Peng Lianhu begriff seinen Irrtum und warf sich rasch dazwischen. »Beruhigt Euch, Ehrwürden! Sha Tongtian hat nicht in böser Absicht gehandelt.«

Zwischenzeitlich hatte die Mannschaft bereits das kleine Boot hinuntergelassen. Zhou Botong zog dem Hai den Stock aus dem Maul, warf das Tier mit einer Hand zurück ins Meer und brach den Stock mit der anderen entzwei. Endlich war der Hai frei und tauchte glücklich auf der Suche nach Beute in die Tiefen des Ozeans.

»Beim nächsten Mal bringt uns Bruder Botong bei, wie man auf einem Hai reitet, Guo Jing!«, rief Huang Rong vergnügt. »Wir könnten ein Wettrennen veranstalten!«

»Und der alte Bettler wird unser Schiedsrichter!« Zhou Botong klatschte in die Hände.

Wanyan Honglie sah zu, wie die vier den Sampan bestiegen und davonruderten, doch seine Gedanken waren bei Ouyang Feng. Dieser herausragende Kung-Fu-Meister konnte ihm beim Diebstahl von Yue Feis Nachlass von großem Nutzen sein. Er ergriff die Hand von Lama Erhabene Weisheit und stellte ihn vor Ouyang Feng. »Meine Herren, lasst uns alle Freunde sein. Der werte Mönch hat sich doch nur einen Scherz erlaubt, weiter nichts. Kein Grund, sich beleidigt zu fühlen.«

Ouyang Feng streckte dem Lama lächelnd eine Hand entgegen. Aber der Mönch war noch immer aufgebracht. *Warte nur,* dachte er, *eben hast du mich unvorbereitet erwischt. Mal sehen, wie dir meine jahrzehntelang erprobte Fünffingerklinge bekommt.* Er streckte Ouyang Feng seine Hand entgegen, wobei er insgeheim seine ganze Kraft darin sammelte. Kurz bevor er zudrücken konnte, sprang er mit schmerzverzerrter Miene zurück. Seine Hand brannte, als hätte er glühend heißes Eisen berührt. Ouyang Fengs Lippen umspielte ein feines Lächeln. Der Lama inspizierte seine Hand, aber es war keinerlei Verletzung zu sehen. *Verfluchter Hexer!,* dachte er.

Ouyang Feng ließ ihn einfach stehen. Liang Ziweng, der Ginseng-Unsterbliche, lag noch immer bäuchlings auf dem Deck, unfähig, sich zu rühren. Offenbar war er im Kampf mit Guo Jing so unglücklich aufgeschlagen, dass seine Nervenpunkte in Mitleidenschaft gezogen worden waren. Mit kurzem Fingerdruck löste Ouyang Feng die Blockade. Unversehens war er zum Anführer dieses Kampfkünstlergesindels geworden.

Wanyan Honglie befahl, zu Ehren von Gift des Westens und seinem Neffen ein Bankett auszurichten.

Im Laufe des festlichen Gelages erklärte der Sechste Prinz Ouyang Feng seinen Plan, die militärischen Schriften des Generals Yue Fei aus seinem Grab in Lin'an zu rauben. Ob Meister Ouyang die Güte hätte, ihn dabei zu unterstützen?

Ouyang Feng hatte längst von seinem Neffen von diesem Plan erfahren, aber er sah die Angelegenheit anders als dieser. *Wer bin ich denn, dass ich mich von einem Jin-Prinzen herumkommandieren ließe?* Andererseits war das Kung-Fu Yue Feis so legendär wie sein militärisches Geschick. Möglicherweise enthielten diese Schriften den Schlüssel zur besonderen Kampfkunst der Familie Yue. *Ich sollte einwilligen,* dachte Gift des Westens. *Und dann auf meine Weise den größten Nutzen aus der Sache ziehen.*

So war das nun mal: Jeder in dieser Bande war sich selbst der Nächste, alle betrogen sich gegenseitig. Wanyan Honglie war wie die Gottesanbeterin, die die Grille jagt und nicht weiß, dass hinter ihr schon der Zeisig lauert. Doch vorerst wurden höfliche Lobhudeleien ausgetauscht und man schmierte sich tüchtig Honig um den Bart. Beflügelt vom vorzüglichen Wein, ließen Gastgeber und Gäste es sich gut gehen; auch Liang Ziweng, der sein Bestes tat, um seine angekratzte Reputation wieder aufzupolieren.

Nur Ouyang Ke, der noch immer unter seinen Verletzungen litt, griff nicht zur Weinschale. Er aß nur wenig und bat früh darum, zu Bett getragen zu werden.

Doch während das Gelage voranschritt, verdüsterte sich unvermittelt Ouyang Fengs Miene. Er hielt die Schale an den Mund, ohne daraus zu trinken. Die anderen erschraken. Hatte einer von ihnen ihn beleidigt? Schon wollte Wanyan Honglie sich erkundigen, doch Ouyang Feng hob gebieterisch die Hand. »Hört!«

Alle erstarrten. Doch so angestrengt sie lauschten, sie hörten nichts als das Rauschen des Meeres.

»Hört Ihr es denn nicht? Flötentöne!«

Schweigend konzentrierten sich die Versammelten allein auf ihr Gehör. Tatsächlich. Die schwachen, immer wieder unterbrochenen Klänge einer Xiao mischten sich unter den Klang der Wellen. Ohne Ouyang Fengs Hinweis hätte es niemand bemerkt.

Ouyang Feng trat an die Reling und schickte einen lauten, langen Pfiff in die Nacht. Die anderen scharten sich um ihn.

Es war längst dunkel und eben erst ging der Mond am Horizont auf. Allmählich schälten sich in der Ferne die dunklen Umrisse dreier Segel aus dem nächtlichen Blau. Ein Schiff hielt mit hoher Geschwindigkeit auf sie zu. Kamen die Flötentöne von dort? Aber wie konnten die Klänge eine so große Entfernung überbrücken?

Ouyang Feng befahl den Matrosen, zu wenden und dem Schiff entgegenzufahren. Nach und nach näherten die beiden Schiffe sich einander an. Am Vordersteven des anderen Schiffes stand eine Gestalt in einer schwarzen Robe, die eine Bambusflöte in der Hand hielt. »Bruder Feng! Hast du meine Tochter gesehen?«, rief der Mann.

»Von jungen Damen ihres Temperaments halte ich mich fern!«, gab Ouyang Feng zurück.

Die Schiffe waren nur noch ein kurzes Stück voneinander entfernt, aber keiner der Anwesenden sah den Sprung des Mannes in der schwarzen Robe. Plötzlich stand er vor ihnen an Deck.

Noch ein großer Krieger zu meiner Unterstützung!, freute sich Wanyan Honglie und trat auf ihn zu. »Es ist mir eine Ehre, Euch an Bord meines Schiffes begrüßen zu dürfen. Darf ich nach Eurem werten Namen fragen, mein Herr?«

Für einen Prinzen des großen Jin-Reichs schlug er einen wahrhaft bescheidenen Ton an, aber der Mann bedachte den Prinzen in seinem Jin-Ornat nur mit einem verächtlichen Blick und ignorierte seine Worte.

»Bruder Yaoshi, darf ich vorstellen: Seine Hoheit Prinz Wanyan Honglie, der Sechste Sohn des Königs Zhao von Jin.« Ouyang Feng wandte sich an Wanyan Honglie. »Der uns hier beehrt, ist Meister Huang, der Herr der Pfirsichblüteninsel. Der größte Kampfkünstler unter dem Himmel. Seine Fähigkeiten suchen ihresgleichen.«

Peng Lianhu und seine Bande wichen unwillkürlich einen Schritt zurück. Sie hatten erst später erfahren, dass die vorwitzige junge Frau, der sie im Palast des Königs Zhao zugesetzt hatten, die Tochter des Herrn der Pfirsichblüteninsel war – des weithin geachteten und gefürchteten Huang Yaoshi, dem Meister der Zwillingsmörder der Dunklen Winde, die lange Zeit die Welt des Jianghu in Angst und Schrecken versetzt hatten. Beim Gedanken, dass sie seine Tochter drangsaliert hatten, wurde ihnen mulmig. Niemand sagte ein Wort.

Als Huang Yaoshi bemerkt hatte, dass seine geliebte Tochter sich schon wieder davongemacht hatte –zweifellos, um nach diesem Guo Jing zu suchen –, war er zunächst furchtbar wütend gewesen. Doch dann hatte die Sorge um sein Kind die Oberhand gewonnen. Was, wenn sie Guo Jing auf das fatale Schiff, auf dem er ihn und die anderen in den Tod geschickt hatte, gefolgt und mit ihm untergegangen war? Er hatte es nicht länger ausgehalten und selbst die Segel setzen lassen, um nach ihr zu suchen.

Das dem Untergang geweihte Schiff hatte Kurs auf das Festland genommen, also segelte auch er gen Westen. Aber die See war weit und all sein Wissen und sein Talent nutzten ihm hier draußen nichts. Daher begann er, mit aller Kraft Flöte zu spielen – in der Hoffnung, dass Huang Rong ihn hörte. Stattdessen auf Ouyang Feng zu treffen, hatte er nicht erwartet.

Huang Yaoshi kannte niemanden der Anwesenden und gab sich für gewöhnlich nicht mit derlei Gesindel ab. Ausgerechnet einem Jin-Prinzen vorgestellt zu werden, war Grund genug, sich unverzüglich wieder zu verabschieden. Er strafte Wanyan Honglie weiterhin mit Ignoranz und richtete seine Worte ausschließlich an Ouyang Feng. »Verzeih, dass ich nicht länger bleiben kann, ich muss die Suche nach meiner Tochter fortsetzen.« Er wandte sich zum Gehen.

Noch so ein eingebildeter Wichtigtuer, dachte Lama Erhabene Weisheit. Sicher, er hatte gehört, wie Ouyang Feng ihn vorgestellt hatte, aber sollte es auf der Welt wirklich gleich mehrere solch unvergleichlicher Großmeister geben? Das waren doch alles Scharlatane, die die Leute mit ein bisschen Hexerei und Alchemie ins Bockshorn jagen wollten. *Dem werde ich einen schönen Streich spielen.* »Ist Eure Tochter eine junge Dame von etwa sechzehn Jahren?«, fragte er laut.

Huang Yaoshi blieb stehen. Lächelnd drehte er sich um. »So ist es. Seid Ihr ihr begegnet?«

»Gesehen hab ich sie, begegnet bin ich ihr nicht«, sagte der Lama kühl, »denn sie war tot.«

»Was?«

»Es muss vor drei Tagen gewesen sein. Sie trieb auf dem Meer, in einem weißen Kleid mit einem goldenen Diadem im Haar. Wie schön muss sie gewesen sein, als sie noch lebte. Eine Tragödie. Ihr Leichnam war aufgedunsen vom Wasser.«

Konnte das wahr sein? Huang Yaoshi war, als griffe eine kalte Hand nach seinem Herzen. Sein Kopf schwirrte, seine Glieder zitterten und seine Wangen wurden aschfahl. »Ist es wahr, was Ihr sagt?«

Natürlich hatten alle Huang Rong noch kurz zuvor quicklebendig das kleine Boot besteigen sehen. Aber trotz der furchtbaren Trauer, von der sie Huang Yaoshi übermannt sahen, gönnten sie dem Lama voller Schadenfreude seinen üblen Scherz und sagten kein Wort.

»Da waren noch drei weitere Leichen«, fuhr der Lama fort. »Ein junger Mann mit buschigen Augenbrauen und großen Augen, ein alter Bettler mit einer roten Kalabasse auf dem Rücken und ein Kerl mit langem Bart und langem, wirrem Haar.«

Jetzt hatte Huang Yaoshi endgültig keine Zweifel mehr. Er betrachtete Ouyang Feng mit zusammengekniffenen Augen. *Wenn du davon wusstest, warum hast du nichts gesagt?*

Ouyang Feng bemerkte seinen Blick, den Blick eines Trauernden, der auf Rache sann. Doch er konnte der Versuchung nicht widerstehen. »Ich bin eben erst an Bord gekommen«, entschuldigte er sich. »Wer weiß, ob es sich bei der jungen Frau wirklich um deine Tochter gehandelt hat.« Er stieß einen langen Seufzer aus. »Was war sie doch für ein liebenswertes Mädchen. Was für eine Tragödie, sollte sie tatsächlich in so jungen Jahren schon von uns gegangen sein. Wenn mein Neffe das wüsste, wäre er untröstlich.« Geschickt wies er die Schuld von sich, ohne sie einem anderen zuzuschieben.

Es musste wahr sein. Huang Yaoshi kam fast um vor Schmerz. Er war ein Mensch, der seine Wut gern an anderen ausließ – so wie damals, als die Zwillingsmörder der Dunklen Winde ihm das Handbuch geraubt hatten: Da hatte er dem unschuldigen Lu Chengfeng und seinen anderen Schülern die Beine gebrochen und von der Insel gejagt. Ihm wurde kalt, seine Wangen wurden blass, während sein Blut kochte – so wie damals, als seine geliebte Frau gestorben war. Seine Hände zitterten.

Schweigend und voller Furcht beobachteten die Umstehenden die Veränderung, die sich in ihm vollzog. Selbst Ouyang Feng sammelte vorsorglich sein Qi im Unterbauch und machte sich bereit zur Abwehr. An Deck war es mucksmäuschenstill.

Dann warf Huang Yaoshi den Kopf in den Nacken und brach in irres Lachen aus. Ein lautes, donnerndes Lachen, das die Nacht erschütterte. Je länger es anhielt, desto mehr jagte es den Umstehenden Schauer über den Rücken. Dann wurde das Lachen zu einem wilden Trauergeheul, das bald einem heftigen Schluchzen wich. Huang Yaoshis Trauer war so überwältigend, dass sie selbst die schadenfrohe Bande zu Tränen rührte.

Ouyang Feng war der Einzige, der mit Huang Yaoshis heftigen Launen vertraut war, daher beeindruckte ihn der abrupte Wechsel von Lachen und Weinen wenig. Insgeheim hoffte er sogar, dass die furchtbare Trauer seinem Rivalen bleibenden Schaden zufügen möge. Hatte nicht in alten Zeiten der berühmte Dichter Ruan Ji so lange um seine tote Mutter geweint, bis er Blut gespien hatte? Keiner stand so sehr in der Tradition dieser wilden Dichter jener vergangenen Zeit wie der Alte Ketzer. *Zu schade, dass ich beim Untergang meines Schiffs meine eiserne Zheng verloren habe, dachte er. Sonst würde ich sie jetzt so lange spielen, bis er vor Trauer umkommt, und damit wäre vor dem nächsten Wettstreit auf dem Gipfel des Hua ein weiterer meiner ärgsten Rivalen ausgeschaltet. Bedauerlich, dass ich diese Gelegenheit ungenutzt verstreichen lassen muss!*

Schließlich versiegten Huang Yaoshis Tränen. Er nahm seine Flöte, schlug sie im Takt gegen die Schiffswand und begann zu singen.

Das Leben ist von einem Gott geschenkt,
der nie verrät, wie lange es währt.
Ob bis das Haar schneeweiß geworden,
ob schon im Mutterleib verloren?
Die alte Trauer ist noch nicht vorüber,
schon kommt das nächste Unglück über mich.
Die Blume, am Morgen blühend und am Abend duftend,
vorzeitig verdorrt, wie flücht'ger Morgentau.
Die Toten kann man nicht verfolgen,
doch maß- und rastlos bleibt der Schmerz.
Wo keine Leiter hinaufführt in den hohen Himmel,
wer teilt mit mir die Bitterkeit in meiner Brust?

An dieser Stelle brach er die Flöte splitternd entzwei. Ohne sich noch einmal umzusehen, ging Huang Yaoshi zum Bug.

Lama Erhabene Weisheit schnitt ihm den Weg ab. »Was soll dieses übertriebene Gelächter und Geheule? Seid Ihr nicht bei Trost?«

»Erhabener«, sagte Wanyan Honglie schnell, »ich bitte Euch …«

Huang Yaoshis rechte Hand packte den Mönch am Nacken, wirbelte ihn einmal herum und rammte ihn mit dem glänzenden Glatzkopf voraus in die Schiffsplanken.

Die größte Schwachstelle des Mönchs war sein feister Nacken, das war für Meister wie Ouyang Feng, Zhou Botong und Huang Yaoshi auf den ersten Blick zu erkennen.

Er sang weiter.

Der Himmel ist ewig, die Erde beständig.
Wie lange währt ein Mensch?
Irgendwo zwischen Vergangenem und Kommendem
hat ein jedes seine Zeit.

Einer schwarzen Wolke gleich wehte er hinüber auf sein Schiff, ließ wenden und segelte davon.

Gerade als sich die verbliebene Bande um Lama Erhabene Weisheit scharte, um nachzusehen, ob er noch lebte, ließ sie ein Knarren aus dem Schiffsbauch die Köpfe wenden. Eine Luke öffnete sich und heraus kletterte ein hübscher junger Mann mit rosigen Lippen und weißen Zähnen. Es war Wanyan Honglies Thronfolger Wanyan Kang. Yang Kang.

Nachdem er und Mu Nianci im Streit auseinandergegangen waren, hatte er noch einmal über die Worte seines Ziehvaters nachgedacht, der ihm unendlichen Reichtum und Macht versprochen hatte. Mithilfe von Hofbeamten der Jin im besetzten Norden war es ihm gelungen, seinen Ziehvater aufzuspüren, und er hatte ihn auf seiner geheimen Mission in den Süden begleitet. Als überraschend Guo Jing und Huang Rong an Bord des Schiffs gekommen waren, hatte er sich rasch unter Deck versteckt und die weiteren Ereignisse durch einen Spalt in den Planken verfolgt. Noch während des Banketts hatte er sich vorsorglich versteckt gehalten für den Fall, dass Ouyang Feng sich als ein Verbündeter Guo Jings erweisen könnte. Erst jetzt, als Huang Yaoshi das Schiff verlassen hatte, wagte er aufzutauchen.

Obwohl sein harter Schädel die Planken durchbohrt hatte, war der Lama trotz des gewaltigen Stoßes weitgehend unverletzt geblieben, ihm war nur furchtbar schwindlig. Er riss sich zusammen, stemmte die Handflächen gegen die Planken, zog den Kopf heraus und kam aus eigener Kraft wieder auf die Füße.

Erstaunt und amüsiert betrachteten die anderen das runde Loch im Schiffsdeck. Sie tauschten vielsagende Blicke, verkniffen sich aber das Lachen. Es herrschte betretene Stille.

Wanyan Honglie brach das Schweigen. »Mein Sohn, komm her und begrüße Meister Ouyang.« Yang Kang fiel vor Ouyang Feng auf die Knie und schlug viermal den Kopf zum Kotau auf. Die überraschend große Respektsbezeugung erstaunte Peng Lianhu und seine Bande. Damals im Königspalast war Yang Kang voll Bewunderung für die Kunst des Lamas und der anderen gewesen, doch als er Zeuge wurde, wie der Lama von drei Meistern durch die Luft geworfen wurde wie ein hilfloses Kind, dachte er an die Demütigungen, die er im Wolkenwanderpalast am Tai-See erlitten und danach im Ahnentempel der Familie Liu in Baoying hatte. Wie sehr er gefürchtet hatte, Guo Jing und Huang Rong könnten entdecken, dass er Wanyan Honglie zur Flucht verholfen hatte! Seine Kampfkunstausbildung taugte wenig. Endlich bot sich die Gelegenheit, das zu ändern. Der Mann vor ihm war ein wahrer Großmeister. »Vater, ich wünsche mir nichts sehnlicher, als diesen Mann meinen Meister nennen zu dürfen.«

Das gefiel Wanyan Honglie. Er verbeugte sich vor Ouyang Feng. »Mein Sohn hat die Natur eines Kriegers, er liebt die Kampfkunst. Nur mangelte es ihm bisher an einem passenden Meister. Wenn Ihr uns die Güte erweisen und den Jungen als Schüler annehmen würdet, wäre Euch der große Dank von Sohn und Vater gewiss.«

Wer würde diesen stattlichen junge Prinzen nicht gern zum Schüler haben?, dachten die anderen. Aber Ouyang Feng antwortete nur mit einer knappen Verbeugung. »In meiner Schule herrscht die Regel, nur einen einzigen Schüler anzunehmen, der unsere Kunst in die nächste Generation trägt, und ich habe bereits einen, meinen Neffen. Die Tradition verbietet mir, einen weiteren zu unterrichten. Ich bitte Euch um Verständnis.«

Wanyan Honglie verzichtete darauf, ihn weiter zu bedrängen, und befahl seiner Mannschaft, noch mehr Schnaps und Speisen aufzutragen. Yang Kang dagegen war bitter enttäuscht.

»Es wäre eine zu große Ehre für mich, mich Euren Meister zu nennen«, tröstete Ouyang Feng ihn mit einem Lächeln. »Aber wenn Ihr erlaubt, will ich Euch gerne ein paar Kniffe beibringen. Wir unterhalten uns später.«

Damals im Königspalast hatte Yang Kang die weiß gekleideten Konkubinen Ouyang Kes beobachtet. Er wusste, dass Ouyang Ke sie persönlich unterrichtet hatte, aber da sie keine wirklichen Schülerinnen waren, war ihr Kung-Fu bestenfalls mittelmäßig. Daher stellte Ouyang Fengs Angebot in seinen Augen keinen wirklichen Trost dar, auch wenn er sich höflich bei ihm dafür bedankte. Dass die Fähigkeiten seines Neffen bei Weitem nicht an die des Onkels heranreichten und schon wenige Fingerzeige des Großmeisters genügten, um Yang Kangs Kunst und sein Ansehen in der Welt des Jianghu zu heben, wusste er nicht.

Als Ouyang Feng am Gesichtsausdruck des jungen Prinzen ablas, dass sein Angebot wenig Begeisterung bei ihm fand, beschloss er, die Sache auf sich beruhen zu lassen.

Im Laufe des Banketts kam das Gespräch auf Huang Yaoshis Arroganz, und Lama Erhabene Weisheit erhielt viel Lob dafür, dass er ihn erfolgreich hinters Licht geführt hatte.

»Wer hätte gedacht, dass ein Großmeister des Jianghu eine so missratene Göre zur Tochter haben könnte. Da haben die Dämonen ihre Hand im Spiel!«, grölte Hou Tonghai. Sein Blick wanderte vom rasierten Schädel des Lamas hinunter zu den Speckrollen in seinem Genick. Plötzlich fasste er sich lachend an seinen eigenen Nacken. »Was war das für ein sonderliches Kung-Fu, mit dem die drei dich da durch die Gegend geworfen haben, Bruder?«, fragte er.

»Halt die Klappe«, wies ihn Sha Tongtian zurecht.

Lama Erhabene Weisheit verlor die Beherrschung und packte Hou Tonghai grob an seinen drei Geschwülsten. Hou Tonghai schrie vor Schmerz auf, zog schnell den Kopf ein und duckte sich unter den Tisch. Alle johlten und applaudierten.

»Euer Kung-Fu kann sich wirklich sehen lassen, Gevatter Ouyang!«, sagte er zu Ouyang Feng, nachdem er sich wieder hervorgewagt hatte. »Ob Ihr mir beibringen würdet, wie man jemanden so geschickt an seinem fetten Nacken packt?«

Ouyang Feng verzog das Gesicht und schwieg, während der Lama Hou Tonghai einen vernichtenden Blick zuwarf.

Unbekümmert plapperte Hou Tonghai weiter. »Sag mal, Bruder«, fragte er Sha Tongtian, »was waren das für Verse, die Huang Yaoshi unter seinem Geheul gesungen hat?«

Sha Tongtian hob die Brauen. »Woher soll ich das wissen? Das wilde Gefasel eines Verrückten eben.«

»Das waren Gedichte von Cao Zijian aus der Zeit der Drei streitenden Reiche«, erklärte Yang Kang. »Als Cao Zijians Tochter starb, verfasste er diese Trauergesänge. Es geht darum, dass manchem ein langes Leben beschieden ist, während andere sterben müssen, bevor sie das Licht der Welt erblicken. Warum ist der Himmel so ungerecht? Doch der Himmel ist fern und keine Leiter führt hinauf, die man erklimmen könnte, um seine Trauer vor den Himmelsschöpfern auszubreiten. Sein Schmerz ist so groß, dass er ihr bald in den Tod nachfolgen wird, das bedeutet die letzte Zeile.«

»Der junge Prinz ist ein wahrer Gelehrter!«, lobten die Versammelten. »Raue Kerle wie wir verstehen sich nicht auf die Dichtkunst, hahaha.«

Huang Yaoshi, von tiefer Trauer überwältigt, verfluchte den Himmel, die Erde, die Götter und die Geister für ihre Grausamkeit. Wie konnte das Schicksal so ungerecht sein? Er wies die Mannschaft an, Land anzusteuern.

Als er wieder festen Boden unter den Füßen hatte, war seine Trauer blindem Zorn gewichen. Grimmig starrte er zum Himmel. »Wer hat meine Tochter getötet? Wer?«

Wer wohl? Dieser Kerl namens Guo! Natürlich, der trug die ganze Schuld. Nur seinetwegen war sie hinausgesegelt. Aber auch er war tot. An wem konnte er seine grenzenlose Wut auslassen?

Da fielen ihm Guo Jings Meister ein, die Sieben Sonderlinge des Südens. *Die tragen die Schuld! Diese sechs Teufel haben meine Tochter auf dem Gewissen! Hätten die ihn nicht in der Kampfkunst unterrichtet, wäre sie ihm nie begegnet. Denen hacke ich die Hände ab und breche ihnen beide Beine, einem nach dem anderen!*

Je mehr er seiner Wut freien Lauf ließ, desto mehr ließ seine Trauer nach. Er erreichte ein Städtchen unweit der Küste und aß eine Kleinigkeit, während er fieberhaft überlegte, wo die verbliebenen sechs Sonderlinge des Südens stecken könnten.

Ihre Kampfkunst ist nicht der Rede wert, aber sie erfreuen sich eines gewissen Ruhms. Irgendetwas Besonderes müssen sie haben. Vielleicht aber auch nur ein paar läppische Tricks. Wenn ich ihnen am Tag einen formellen Besuch abstatte, treffe ich sie womöglich nicht an. Ich muss sie nachts überfallen, mich einfach auf sie stürzen und sie mitsamt ihrer Brut auslöschen, Junge, Alte, keiner soll meiner Rache entgehen.

Mit Riesenschritten machte er sich auf den Weg nach Jiaxing.

大鬧禁宮

4
Großer Aufruhr im Palast

Hong Qigong, Zhou Botong, Guo Jing und Huang Rong segelten westwärts in Richtung Festland. Guo Jing saß am Bug und ruderte, während Huang Rong von Zhou Botong alle Einzelheiten über seinen Ritt auf einem Hai wissen wollte. Zhou Botong gefiel das. Am liebsten hätte er gleich den nächsten Hai gefangen, um mit Huang Rong seinen Spaß zu haben.

Guo Jing betrachtete derweil mit Sorge den Bettler, der immer blasser im Gesicht wurde. »Wie geht es Euch, Meister?«

Statt einer Antwort kam nur ein schweres Keuchen. Der Bettler schien um Luft zu ringen. Seine Nervenpunkte waren zwar nicht mehr gelähmt, aber noch immer litt er unter schweren inneren Verletzungen. Huang Rong hatte ihm ein paar der kostbaren *Tau von neun Blüten*-Pillen verabreicht, was seine Schmerzen linderte, aber nicht seine Kurzatmigkeit. Es waren immer noch die Pillen, die ihr Lu Chengfeng zum Geschenk gemacht hatte und die sie in einem dicht verkorkten, sorgfältig mit Ölpapier umwickelten Fläschchen aufbewahrte, sodass auch die lange Zeit im Meerwasser sie nicht verdorben hatten.

Ungeachtet der Todesgefahr, in der der Bettler schwebte, schwadronierte der Alte Kindskopf fröhlich weiter und schlug vor, ins Wasser zu springen und zusammen einen Hai zu fangen. Huang Rong hatte bemerkt, wie sehr der Bettler zu kämpfen hatte. Sie warf Zhou Botong einen strengen Blick zu und legte einen Finger an die Lippen. Aber der Alte Kindskopf lärmte davon unbeeindruckt fröhlich weiter.

»Du hast doch gar keine Köder«, sagte Huang Rong schließlich mit gerunzelter Stirn, »warum also in einem fort vom Haifangen schnattern?«

Natürlich gehörte es sich nicht, dass eine Jüngere einen Älteren so zurechtwies, aber Zhou Botong wäre nicht der Alte Kindskopf gewesen, hätte er sich an derlei Förmlichkeiten gestört. Er dachte kurz nach. »Ich hab's!«, rief er dann. »Bruder Guo, gib mir deine Hand und lass dich auf dem Wasser treiben.«

Guo Jing, der wiederum seinem älteren Schwurbruder niemals widersprochen hätte, erklärte sich sofort bereit, ohne zu wissen, worum es ging.

»Nein!«, rief Huang Rong entsetzt. »Hör nicht auf ihn. Er will dich als Köder benutzen, um einen Hai zu fangen.«

»Ganz genau!« Zhou Botong klatschte freudig in die Hände. »Sobald er sich nähert, versetze ich ihm einen ordentlichen Schlag auf den Kopf und ziehe ihn ins Boot. Dir geschieht schon nichts. Du kannst aber auch mich festhalten, dann lasse ich mich treiben und locke ihn an.«

»Nun hört mit diesem Unfug auf!«, sagte Huang Rong. »Unser Boot ist viel zu klein, ihr bringt es noch zum Kentern.«

»Das wäre was!«, rief Zhou Botong. »Dann können wir uns im Wasser vergnügen.«

»Und was ist mit unserem Meister? Willst du ihn umbringen?«

Das ließ Zhou Botong vorübergehend verstummen. Er kratzte sich am Ohr. »So überragend ist das Kung-Fu des Alten Giftmolchs auch wieder nicht«, sagte er dann zu Hong Qigong. »Ich verstehe nicht, wie du so unvorsichtig sein konntest, dich von ihm verletzen zu lassen. Du bist doch kein Anfänger mehr.«

»Noch eine dumme Bemerkung und wir drei reden drei Tage und Nächte kein Wort mehr mit dir!«, schimpfte Huang Rong.

Zhou Botong streckte ihr die Zunge heraus, hielt aber endlich den Mund, übernahm die Ruder von Guo Jing und beschleunigte ihre Fahrt.

Bis zum Ufer schien es gar nicht mehr so weit, aber dennoch erreichten sie es erst, als es schon dämmerte. Die Nacht verbrachten sie erschöpft am Strand. Am darauffolgenden Morgen ging es dem Bettler noch schlechter. Bei seinem Anblick stiegen Guo Jing Tränen in die Augen.

Der Bettler lächelte. »Selbst wenn ich noch hundert Jahre zu leben hätte, müsste ich doch eines Tages sterben, mein Junge«, sagte er. »Ich habe noch einen Wunsch und will meine letzten Atemzüge nutzen, um euch drei um einen Gefallen zu bitten.«

»Sagt es uns, Meister«, sagte Huang Rong unter Tränen.

»Ich konnte den Alten Giftmolch noch nie leiden«, plapperte Zhou Botong drauflos. »Ich schwöre an deinem Totenbett, dass der Kerl mit seinem Leben büßen wird. Sieh zu, dass du wieder auferstehst wie Wang Chongyang. Und falls du das nicht schaffst, musst du wenigstens nur einmal sterben. Den Alten Giftmolch töte ich erst einmal, und falls er wiederkommt, gleich noch einmal. Dann ist er doppelt tot. Das nenn ich Rache, hehe.«

Der Bettler lächelte schwach. »Der Wunsch nach Rache wäre ein vergeudeter letzter Wunsch. Mein einziger Wunsch ist noch einmal *Fünf Köstlichkeiten nach Art der Liebenden* zu essen. Aus der Küche des Kaiserpalasts.«

Der Bettler blieb seiner Fresssucht treu bis in den Tod.

»Das wird ein Leichtes sein, Meister«, sagte Huang Rong. »Lin'an ist nicht mehr weit. Ich schleiche mich in den Kaiserpalast und stehle ein paar große Töpfe voll, damit Ihr nach Herzenslust essen könnt.«

»Ich würde auch davon kosten!«, fügte Zhou Botong hinzu.

»Also ob du den Unterschied zwischen gutem und schlechtem Essen kennen würdest!«, sagte Huang Rong empört.

»So leicht wirst du nicht drankommen«, meinte der Bettler. »Die *Fünf Köstlichkeiten nach Art der Liebenden* werden selbst dem Kaiser nicht jeden Tag aufgetischt. Als ich mich damals drei Monate lang im Dachsparren über der kaiserlichen Küche eingenistet hatte, gab es das Gericht nur ganze zwei Mal. Aber, ach … beim Gedanken daran läuft mir das Wasser im Munde zusammen.«

»Ich weiß etwas!«, rief Zhou Botong. »Wir fangen uns den Chefkoch des Kaiserpalasts und zwingen ihn, für dich zu kochen.«

»Endlich hat der Alte Kindskopf einmal eine gute Idee«, sagte Huang Rong.

»Das geht nicht.« Der Bettler schüttelte den Kopf. »Für dieses Gericht braucht man ganz besondere Küchenutensilien, das passende Kohlenfeuer und eine bestimmte Sorte Porzellan aus der Palastküche. Wenn auch nur eins davon fehlt, schmeckt es nicht, wie es soll. Wir müssen in den Palast.«

Die drei sahen sich an. Der Gedanke behagte ihnen nicht allzu sehr.

»Das wird wunderbar, glaubt mir.«

Entschlossen hievte Guo Jing seinen Meister auf den Rücken. Zu Fuß begaben sich die vier auf den Weg nach Norden.

In der ersten Kleinstadt, die sie erreichten, tauschte Huang Rong ihren wertvollen Kopfschmuck gegen einen Eselskarren, damit der Bettler darauf ruhen und ein wenig zu Kräften kommen konnte.

Tuschelnd überlegten Guo Jing und Huang Rong daraufhin, ob es nicht das Beste wäre, ihren Meister auf der Pfirsichblüteninsel unterzubringen, wo er, mithilfe des Wissens von Huang Yaoshi und gut versteckt in einer durch die Prinzipien der Magischen Tore und der Fünf Wandlungen verborgenen Kammer, geheilt werden könnte. Aber dann kam Huang Rong die Befürchtung, ihr

Vater könnte Guo Jing wegen des *Neun-Yin-Handbuchs* zur Rechenschaft ziehen und ihn zum Kampf fordern, und der Bettler fände wieder keine Ruhe. Nein, sicherer schien, einen abgeschiedenen Ort in der Nähe von Lin'an zu finden.

Guo Jing trieben noch andere Sorgen um. Ob seine sechs Meister auf der Pfirsichblüteninsel nach ihm suchten? Je schneller er sie wiederfand, desto besser. Und danach würde er mit Huang Rong zu ihrem Vater zurückkehren, am besten zusammen mit Zhou Botong, der dem Ketzer des Ostens die ganze seltsame Geschichte mit dem Handbuch darlegen und das Missverständnis aufklären konnte. Und dann würde auch Bettler Hong in Ruhe auf der Insel genesen können. Andererseits waren die Possen seines Schwurbruders unvorhersehbar. Am Ende erzürnte er Huang Rongs Vater noch mehr. Nein, auf ihn konnte man sich nicht verlassen.

Noch bevor der Tag sich zu Ende neigte, hatten sie den Qiantang-Fluss überquert und erreichten den Bezirk Lin'an. Der dichte Abenddunst, der mit den Nebelkrähenschwärmen über den Reisfeldern waberte, trübte die Sicht so sehr, dass die unweit vor ihnen liegende Stadt kaum zu erkennen war. Sie entschieden, die Nacht in einem kleinen Wirtshaus in der Umgebung zu verbringen. Vor ihnen an der großen Flussbiegung ließen sich die Umrisse einiger weniger Häuser erkennen.

Huang Rong deutete mit dem Finger in die Richtung. »Seht mal, das hübsche Dorf. Dort können wir uns ausruhen.«

»Was ist daran so hübsch?«, fragte Zhou Botong skeptisch.

»Sieht die ganze Szenerie nicht sehr malerisch aus?«

»Ja, und?«

Huang Rong starrte ihn verwirrt an. Was sollte sie dazu sagen?

»Was ist an einem Bild schon schön?«, fuhr er fort. »Selbst wenn der Alte Kindskopf ein Bild davon gemalt hätte, machte es dieses Dorf nicht schöner.«

»Wahrscheinlich wäre nicht einmal der Himmel in der Lage, eine Landschaft zu erschaffen, die deinem armseligen Geklecksе ähnelt«, spottete Huang Rong.

»Da wäre ich mir nicht so sicher. Wie wäre es, wenn ich etwas male und du den Himmel bittest, es nachzumachen?«

»Wenn es dir hier nicht gefällt, dann such dir was anderes. Wir drei bleiben hier.«

»Warum sollte ich ohne euch weitergehen?«

Während sie einander munter foppten, erreichten sie das Dorf.

Vielleicht war dieses Dorf einmal hübsch gewesen, jetzt aber war es nur eine trostlose Ansammlung halb verfallener Hütten. Am östlichen Ende wehte die zerfledderte Fahne einer Schenke. Dort fanden sie unter dem Vordach zwei von einer dicken Staubschicht bedeckte Tische.

»Hallo!«, rief Zhou Botong.

Eine junge Frau von vielleicht zwanzig Jahren trat mit fleckigem Kleid und wirrem Haar, das von einer Spange aus Dornenzweigen gehalten wurde, aus der Tür. Sie starrte die Besucher mit großen Augen an.

Huang Rong bestellte Essen und Wein, aber die junge Frau schüttelte den Kopf.

»Habt Ihr weder Essen noch Wein? Was ist das denn für ein Laden?«, fragte Zhou Botong.

Wieder schüttelte sie den Kopf. »Ich weiß es nicht.«

»Dummes Ding«, sagte Zhou Botong.

Die junge Frau lächelte. »Richtig. Das ist mein Name, Dummes Ding.«

Alle lachten.

Huang Rong betrat die Stube und warf einen Blick in die Küche. Alles war von Staub und Spinnweben überzogen. Nur in einem der Töpfe fand sich ein Rest gekochter Reis. Auf der Bettstatt lag eine löchrige Strohmatte. Der Anblick ließ sie erschauern. »Lebst du allein hier?«, fragte sie die junge Frau, als sie wieder draußen war.

Dummes Ding nickte lächelnd.

»Was ist mit deiner Mutter?«

»Tot!« Sie rieb sich die Augen, als würde sie weinen.

»Und dein Vater?«

Sie zuckte mit den Schultern. Ihr Gesicht war schmutzig und unter ihren langen Fingernägeln klebte Dreck. Wer weiß, wie lange sie sich nicht mehr gewaschen hat, dachte Huang Rong. Von ihr möchte ich lieber kein Essen gekocht bekommen.

»Hast du Reis im Haus?«

Die junge Frau nickte und schleppte mit beiden Händen einen großen Krug heraus, der zur Hälfte mit ungeschältem braunen Reis gefüllt war.

Huang Rong machte sich daran, den Reis zu waschen. Guo Jing fand im Westen des Dorfs ein Haus, wo man ihm zwei Fische und ein Huhn verkaufte.

Als sie endlich zu Tisch saßen, war es schon dunkel. Huang Rong brachte das Essen aus der Küche und stellte es auf die Tische. Sie wollte eine Öllampe suchen gehen, aber die junge Hausherrin schüttelte wieder den Kopf. Es gab keine.

Also las Huang Rong etwas Feuerholz auf, machte ein Feuer im Herd und suchte im Schrank nach Schüsseln. Als sie die Klappe öffnete, kam ihr eine Staubwolke entgegen. Sie hielt einen brennenden Holzscheit hoch und sah inmitten toter Grillen sieben oder acht angeschlagene Porzellanschüsseln. »Wasch sie gründlich aus und brich ein paar dünne Zweige als Stäbchen ab«, sagte sie zu Guo Jing, als er kam, um die Schüsseln zu holen. Huang Rong griff nach der hintersten Schale, die sich aber eiskalt und ganz anders anfühlte als eine Porzellanschale. Als sie sie anheben wollte, rührte sie sich nicht von der Stelle, als wäre sie angenagelt. Huang Rong versuchte es noch einmal, wagte aber nicht, zu fest daran zu rütteln, um sie nicht zu zerbrechen. Die Schale ließ sich nicht anheben. *Vielleicht steht sie schon so lange da, dass der Dreck sie ans Brett geklebt hat?* Sie kniff die Augen zusammen und besah sich die Schüssel genauer. Sie war ganz verrostet. War das eine Eisenschüssel?

Huang Rong kicherte. Sie hatte schon viele Reisschüsseln gesehen, aus Gold, Silber und Jade, aber eine aus Eisen? Sie zog noch einmal, bekam sie aber weiterhin nicht von der Stelle. Jetzt war ihre Neugier geweckt. Eigentlich hätte ich bei so viel Druck zumindest das Regalbrett anknacksen müssen, dachte sie. Ob es auch aus Eisen war? Sie klopfte mit dem Mittelfinger dagegen, und tatsächlich hörte sie ein metallisches Scheppern. Jetzt zog sie mit aller Macht, versuchte die Schale nach links und nach rechts zu drehen. Endlich gab sie ein wenig nach. Ein lautes Knirschen, die Rückwand des Schranks öffnete sich und gab den Zugang zu einem stockfinsteren, höhlenartigen Raum frei, aus dem ein so fürchterlicher Gestank drang, dass sie sich beinahe übergeben hätte. »Ah!« Huang Rong wandte sich entsetzt ab. Ihr Schrei rief Guo Jing und Zhou Botong herbei. Alle drei spähten in den Hohlraum. *Ist dieses Haus etwa eine Räuberhöhle?*, fragte sich Huang Rong. *Vielleicht tut das dumme Ding nur so, als wäre sie ein dummes Ding.* Sie reichte Guo Jing das Holzscheit mit dem glühenden Ende, ging auf die junge Frau zu und packte sie an der Hand. Dummes Ding entwand sich ihrem Griff und holte zu einem Handkantenschlag auf ihre Schulter aus. Huang Rong hatte mit dieser Gegenwehr gerechnet, aber der Schlag verblüffte sie dennoch. Er gehörte zur Kampfkunst ihrer eigenen Schule. Sie täuschte mit der Linken an und packte mit der Rechten zu. Seit sie *Muskeln formen und Knochen schmieden* gelernt hatte, war sie um ein Vielfaches schneller und stärker geworden.

»Autsch!«, schrie die junge Frau, setzte aber sofort mit zwei schnellen Schlägen in Folge nach. So ging es mehrfach zwischen den beiden Frauen hin und her. Huang Rong traute ihren Augen nicht, als ihre Gegnerin die *Jadewellenfaust* anwendete, eine Form, die zu den Grundlagen des Kung-Fu der Pfirsichblüteninsel gehörte. Sie hielt sich bewusst zurück, damit die andere noch weitere Schläge vollführte, die Huang Rong verrieten, aus welcher Schule sie stammte, doch sie kannte offenbar nicht mehr als sechs oder sieben Grundformen und ihr Spielraum war so begrenzt, wie es der von Guo Jing gewesen war, als er damals gegen Liang Ziweng auf jede Form mit *Die Reue des Stolzen Drachen* reagiert hatte. Dabei war sie lange nicht so stark wie Guo Jing.

Dennoch hielt sie Huang Rong über ein Dutzend Schlagabfolgen hinweg stand. Wer war diese schmutzige und zerlumpte junge Kämpferin, die sich selbst Dummes Ding nannte, und was tat sie in der heruntergekommenen Schenke eines beinahe menschenleeren Dorfs? Zhou Botong liebte derlei Überraschungen und wollte auch bei dem Spaß mitmachen. »Rong, mein Kind!«, rief er, als Huang Rongs geschickte Attacken der jungen Frau immer schneller Schmerzensschreie entlockten, »hab Erbarmen! Lass mich mit ihr kämpfen.«

Im Grunde gehörte es sich nicht, sie einfach mit »Rong« anzureden statt mit Fräulein Huang, aber da Guo Jing und der Bettler sie immerzu beim Vornamen riefen, befand der Alte Kindskopf, dass er ebenso gut auf die übliche Courtoisie verzichten durfte.

Guo Jing dagegen sorgte sich, ob die Frau irgendwelche Kumpane versteckt hielt, die jeden Augenblick aus dem Hinterhalt angreifen konnten. Vorsichtshalber blieb er dicht an der Seite des wehrlosen Bettlers.

Huang Rongs nächster Schlag traf Dummes Ding empfindlich an der Schulter. Sofort wurde ihr linker Arm schlaff. »Knie nieder und ich verschone dein Leben!«, rief Huang Rong.

»Nur, wenn du auch niederkniest!« Schon holte die junge Frau zur nächsten Variante der Jadewellenfaust aus. Huang Rong erkannte deutlich die nur auf der Pfirsichblüteninsel gelehrte wellenförmige Handbewegung, auch wenn ihrer Ausführung jede Raffinesse fehlte. Jetzt gab es keinen Zweifel mehr. »Woher kennst du die *Jadewellenfaust*? Wer ist dein Meister? Sag es!«

Die junge Frau lachte nur. »Du kannst mich nicht schlagen, du kannst mich nicht schlagen!«

Huang Rong holte mit der linken Hand aus, schlug mit der rechten Handkante zu, stieß den linken Ellbogen nach unten und schob die rechte Schulter vor. Jede Bewegung war eine Finte. Dann täuschte sie noch einen Klammergriff an, mit dem sie von einem flinken und sehr echten Tritt ablenkte, der die junge Frau zu Boden schickte. »So ein gemeiner Trick! Das zählt nicht!«, rief sie und versuchte, auf die Füße zu kommen.

Huang Rong drückte sie nieder, riss ein Stück Stoff von ihrem Kleid und band ihr die Hände auf dem Rücken zusammen. »Ich habe dich geschlagen«, sagte sie. »Mein Kung-Fu ist viel besser als deins.«

»Betrügerin!«, rief die junge Frau.

Nachdem Dummes Ding gebändigt war, lief Guo Jing schnell hinaus, sprang auf das Dach und hielt in alle Richtungen nach möglichen Feinden Ausschau. Dann lief er einmal um das Haus herum. Erst als er feststellte, dass es in der Umgebung der Schenke, die ein gutes Stück abseits der anderen Häuser stand, keine Versteckmöglichkeiten gab, ging er erleichtert wieder hinein.

Dort hielt Huang Rong ihrer Gegnerin gerade den Dolch vors Gesicht. »Wer ist dein Meister? Heraus mit der Sprache oder du bist tot!«

Im fahlen Licht der Glut sah man, dass die junge Frau lächelte. Doch es war weder ein triumphierendes noch ein verzagtes, sondern ein einfältiges Lächeln. Sie schien sich keinerlei Gefahr bewusst. Vielleicht dachte sie, dass Huang Rong nur scherzte? Huang

Rong wiederholte ihre Frage, aber die junge Frau lachte nur. »Wenn du mich tötest, töte ich dich auch!«

Huang Rong runzelte die Stirn und sah die anderen an. »Die spinnt doch. Werfen wir doch mal einen Blick in diese Höhle. Bruder Zhou, du bewachst sie und passt auf unseren Meister auf, Guo Jing und ich gehen hinein.«

»Ich will mit!«

»Nein, ich gehe mit Guo Jing.«

Zhou Botong ließ sich ihre Respektlosigkeit gefallen. »Ich bitte dich, gutes Kind«, sagte er unterwürfig. »Ich werde auch alles tun, was du von mir verlangst.«

Huang Rong nickte. Ein feines Lächeln glitt über ihr Gesicht.

Freudig suchte Zhou Botong nach zwei passenden Pinienästen und zündete ihre Enden an. Mit diesen Fackeln leuchtete er in den dunklen Raum. Der Gestank war überwältigend. Huang Rong nahm ihm eine Fackel ab und schleuderte sie in die Dunkelheit, wo sie ziemlich schnell gegen eine gegenüberliegende Wand prallte.

In der Höhle herrschte vollkommene Stille. Huang Rong hob die zweite Fackel in die Höhe. In ihrem spärlichen Licht war auf den ersten Blick niemand zu erkennen. Zhou Botong konnte nicht länger an sich halten und zwängte sich an Huang Rong vorbei hinein. Vorsichtig folgte sie ihm nach und stellte fest, dass die Höhle nicht mehr als eine kleine Kammer war.

»Wie langweilig!«, rief Zhou Botong aus. »So ein Betrug!«

»Huch!«, schrie Huang Rong. Vor ihren Füßen lag ein menschliches Skelett! Der Schädel blickte zur Decke und an den Knochen hingen noch die Fetzen zerschlissener Kleidungsstücke. Der frei liegende Brustkorb ließ unschwer erkennen, dass diesem Menschen zwei Rippen gebrochen wurden. In der hinteren Ecke der Kammer entdeckte sie noch ein zweites Skelett, das über einer riesigen, eisernen Truhe lag. Die Rippen waren von einem langen Schwert durchbohrt, dessen Spitze im Deckel der Truhe steckte.

Zhou Botong war enttäuscht. Eine winzige, schmutzige Kammer mit einem Haufen Knochen versprach nicht viel Unterhaltung. Um Huang Rong nicht zu verärgern, wartete er zunächst noch ab, während sie die beiden Skelette inspizierte, aber dann hielt er es vor Ungeduld nicht mehr aus. »Ob ich vielleicht wieder hinausgehen dürfte, liebes Fräulein Rong?«, fragte er vorsichtig.

»Gut. Geh und schicke Guo Jing herein.«

Erleichtert schlüpfte der Alte Kindskopf hinaus. »Ah, Bruder Jing«, sagte er draußen, »geh schnell hinein, da ist es furchtbar interessant.« Sollte er sich doch mit ein paar alten Knochen langweilen!

Als Guo Jing den dunklen Raum betrat, hielt Huang Rong die Fackel hoch und wies auf die Skelette. »Was glaubst du, wie sind sie gestorben?«

»Es sieht so aus, als ob der eine dabei überrascht und getötet wurde, als er die Truhe öffnen wollte«, antwortete er und zeigte in die Ecke. »Und der hier vorne hat zwei gebrochene Rippen, wurde also vermutlich von jemandem mit großem Inneren Kung-Fu mit bloßen Händen angegriffen.«

»Das denke ich auch. Aber einige Dinge ergeben keinen Sinn.«

»Was zum Beispiel?«

»Dummes Ding hat mich mit der *Jadewellenfaust* angegriffen, eine Form, die nur innerhalb der Schule der Pfirsichblüteninsel weitergegeben wird. Sie kennt nicht alle Varianten, nur sechs oder sieben, und sehr geschickt war sie auch nicht, aber sie versteht die Grundlagen der Kampfkunst. In welchem Verhältnis steht das dumme Ding zu diesen beiden Toten?«

»Am besten wir fragen die junge Frau selbst«, sagte Guo Jing. Der Name »Dummes Ding« missfiel ihm, war er doch selbst allzu oft von seiner Umgebung als dumm und einfältig bezeichnet worden.

»Das hat keinen Zweck, sie ist wirklich nicht sehr helle. Wir sollten uns hier etwas genauer umsehen, vielleicht kommen wir auch selbst auf die Lösung des Rätsels.«

Sie trat mit der Fackel in der Hand etwas näher an die Truhe heran. Dort, auf dem Boden, lag etwas Glänzendes. Ein kleines goldenes Medaillon, in dem ein daumennagelgroßer Achat eingefasst war. Auf der Rückseite stand in feiner Gravurschrift: *Dem großen und loyalen Helden der Kampfkunst Shi Yanming auf kaiserliches Dekret hin verliehen für die Verteidigung unseres Großen Reichs.*

»Sollte diese Medaille dem armen Teufel hier gehört haben, dann muss er von ziemlich hohem Rang gewesen sein.«

»Wie seltsam«, meinte Guo Jing. »Warum sollte ein hochrangiger Beamter ausgerechnet hier sterben?«

Huang Rong ging wieder zum ersten Skelett hinüber. Etwas steckte zwischen seinen Rippen. Sie stocherte so lange mit dem Ende des Pinienasts darin herum, bis der Gegenstand in den Staub fiel: Es war eine eiserne Scheibe. Huang Rong hob sie hoch, stieß einen erstaunten Schrei aus und hielt sie Guo Jing hin. »Sieh mal. Kennst du das?«

»Oh!« Guo Jing erkannte den Gegenstand sofort wieder. »Das ist ein Eisernes Trigramm von Gutsherr Lu aus dem Wanderwolkenpalast.«

»Es ist ein Eisernes Trigramm. Ob es Gutsherrn Lu gehört, wissen wir nicht«, sagte Huang Rong.

»Stimmt, wahrscheinlich nicht. Die Kleider der Toten sind schon völlig vermodert. Sie liegen bestimmt schon über zehn Jahre hier.«

Huang Rong schwieg nachdenklich. Dann fiel ihr etwas ein. Sie ging zu dem Skelett über der Truhe und zog das Schwert heraus. In der Klinge war ein Name eingraviert. Qu. »Mein Bruder, Bruder Qu!«, entfuhr es ihr unwillkürlich.

»Was?« Guo Jing wusste nicht, was er sagen sollte.

»Bruder Lu hat uns erzählt, dass Bruder Qu noch am Leben wäre, dabei lag er längst tot hier … Jing, sieh seine Beine!«

Guo Jing beugte sich über das Skelett. »Sie waren beide irgendwann einmal gebrochen … von deinem Vater?«

Huang Rong nickte. »Qu Lingfeng. Mein Vater hat immer gesagt, dass Lingfeng der Beste seiner sechs Schüler war und ein literarisches Talent obendrein. Er hat fast alle Künste meines Vaters zu meistern gelernt …«

Sie drehte sich plötzlich um und rannte hinaus. Guo Jing rannte hinterher.

»Dein Familienname ist Qu, nicht wahr?«, fragte Huang Rong die junge Frau.

Dummes Ding kicherte nur.

Guo Jing versuchte es freundlicher. »Liebe Frau, wie ist Euer werter Name?«

»Werter Name?« Sie kicherte. »Werter Name!«

»He, ich sterbe vor Hunger!«, rief Zhou Botong dazwischen.

»Gut, lasst uns erst etwas essen«, sagte Huang Rong.

Sie band die junge Frau los und forderte sie auf, mit ihnen zu essen.

Die junge Frau ließ sich nicht zweimal bitten und nahm grinsend eine Schüssel.

Huang Rong erzählte dem Bettler von ihren Entdeckungen in der Kammer. »Es sieht so aus, als hätte ein hochrangiger Beamter namens Shi deinen Kampfbruder Qu Lingfeng ermordet. Kurz bevor er seinen Atem ausgehaucht hat, ist es ihm womöglich noch gelungen, seinen Widersacher mit seiner Geheimwaffe zu töten«, schlussfolgerte der Bettler.

»Das denke ich auch«, sagte Huang Rong.

Sie holte das Schwert und das Eiserne Trigramm aus der Kammer und zeigte sie der jungen Frau. »Wem gehören die?«

Schlagartig veränderte sich ihr Gesichtsausdruck und sie legte den Kopf schief, als ob sie versuchte, sich an etwas zu erinnern. Doch dann wurde ihre Miene wieder ausdruckslos. Sie schüttelte den Kopf, ergriff aber schnell das Schwert und weigerte sich, es wieder herzugeben.

»Sie kennt dieses Schwert von früher«, sagte Huang Rong. »Aber wahrscheinlich ist es so lange her, dass sie sich nicht mehr genau erinnert.«

Nach dem Essen bettete Huang Rong den Bettler in eine Ecke des Zimmers und ging mit Guo Jing zurück in die Kammer, um sie noch einmal genauer in Augenschein zu nehmen. Wahrscheinlich lag des Rätsels Lösung in der Truhe. Behutsam nahmen sie das Skelett vom Deckel und öffneten ihn. Er war nicht durch ein Schloss gesichert und ließ sich leicht anheben.

Der leuchtende Glanz kostbarer Perlen und edler Schmuckstücke blendete ihre Augen. Guo Jing hatte dergleichen nie gesehen, aber Huang Rong erkannte mit einem Blick, dass es sich um Schätze von riesigem Wert handelte. Auch ihr Vater besaß wunderschönen Schmuck, aber nichts im Vergleich zu dieser Fülle. Fasziniert ließ sie eine Handvoll Perlen durch ihre Finger rinnen und lauschte dem feinen Klimpern, mit dem sie auf die anderen Kostbarkeiten rieselten.

»Dieser Schmuck hat bestimmt eine Geschichte. Wäre mein Vater hier, könnte er uns genau sagen, woher er stammt.« Sie nahm einen Gegenstand nach dem anderen heraus und hielt ihn Guo Jing unter die Nase. »Das hier ist die Jadeschnalle eines Gürtels, das hier ein Kästchen aus Elfenbeinschnitzerei, sieh mal, eine Trinkschale aus Achat, ein Teller aus Turmalin …«

Guo Jing war ein Kind der Steppe. Noch nie in seinem Leben waren ihm solche Schätze begegnet, und ihm sagten auch ihre

Erläuterungen nichts, daher hörte er nur mit halbem Ohr zu. Wozu schufen die Leute bloß so nutzlose Dinge und strebten nach ihrem Besitz?, dachte er im Stillen.

Huang Rong griff tiefer in die Truhe hinein, stieß aber schneller als gedacht auf einen hölzernen Boden, von denen die Truhe offenbar mehrere zu besitzen schien. Sie legte die Schmuckstücke zur Seite, unter denen noch zahlreiche Ringe zum Vorschein kamen, die sie entzückt auf ihre Finger gleiten ließ, und hob die Holzplatte an. Darunter kamen altertümliche Gegenstände aus Bronze hervor, die die Zeit mit einer grünlichen Patina überzogen hatte. Von ihrem Vater hatte sie viel über die Geschichte antiker Bronzegefäße gelernt und erkannte einen mit Drachen verzierten, dreifüßigen Bronzekessel und Weinkelche aus der Shang-Zeit und weitere Schalen, Kessel und Kelche aus der Zhou-Zeit. Diese Gegenstände waren mindestens zweitausend Jahre alt. Hatte die obere Schicht der Truhe bereits Dinge von großer Kostbarkeit enthalten, so waren diese hier von unschätzbarem Wert.

Beim Durchsehen entdeckte sie eine weitere Trennplatte. Vorsichtig hob sie das Holzbrett an und staunte. Es waren Bildrollen. Zusammen mit Guo Jing entrollte sie behutsam die oberste. Vor ihr breitete sich das Werk *Der Himmel schenkt einen Sohn* des berühmten buddhistischen Malers Wu Daozi aus. Fassungslos rollte sie eine nach der anderen auf. Han Gans *Grasende Pferde und Spaziergänger an einem abgeschiedenen Ort*, gemalt von keinem Geringerem als Li Yu, dem letzten Kaiser der Tang-Dynastie. Die Truhe fasste mehr als zwanzig solcher Bildrollen, jede davon das Meisterwerk eines bedeutenden Künstlers des chinesischen Reiches und von unermesslichem Wert, daneben auch mehrere Kalligrafien und Malereien des Song-Kaisers Huizong und zeitgenössischer Künstler wie dem Hofmaler Liang Kai, in dessen lebendigen Darstellungen sie sogar Zhou Botong zu erkennen glaubte.

Nachdem sie etwa die Hälfte entrollt hatte, wollte Huang Rong nichts mehr sehen. Sie legte sämtliche Gegenstände säuberlich zurück in die Truhe, schloss den Deckel, setzte sich darauf und umschlang nachdenklich ihre Knie. *Mein Vater hat sein Leben lang Kunstschätze gesammelt, aber nichts in seinem Besitz reicht an diese Kleinodien heran. Wie ist Bruder Qu nur an all diese Kostbarkeiten gekommen? Und warum bewahrte er sie gerade hier auf?* Die Entdeckung gab ihr unzählige Rätsel auf.

Guo Jing betrachtete sie schweigend und wagte nicht, ihre Gedanken zu stören.

»He, ihr da drinnen!«, ließ sich plötzlich Zhou Botong vernehmen. »Heraus mit euch! Zeit, der kaiserlichen Küche einen Besuch abzustatten und die *Fünf Köstlichkeiten der Liebenden* zu kosten.«

»Heute noch? Es ist schon spät«, antwortete Guo Jing.

»Je früher, desto besser«, rief jetzt Hong Qigong. »Ich fürchte, ich mache es nicht mehr lange.«

»Lass dich nicht von dem Unfug beeinflussen, den der Alte Kindskopf redet, Meister.« Huang Rong war aus ihrer Versonnenheit aufgeschreckt. »Heute Nacht schaffen wir es nicht mehr zum Palast, es genügt, wenn wir die Stadt bei Tagesanbruch betreten. Wenn der Alte Kindskopf nicht mit seinen albernen Vorschlägen aufhört, gehen wir morgen ohne ihn.«

»Pah.« Zhou Botong verschränkte beleidigt die Arme. »Immer soll ich an allem schuld sein.«

In dieser Nacht schliefen die vier auf hastig errichteten Strohlagern. Am darauffolgenden Morgen standen Guo Jing und Huang Rong zeitig auf und machten Frühstück, das sie mit Dummes Ding teilten. Huang Rong drehte an der eisernen Schale, um die Geheimtür der Kammer wieder zu schließen und platzierte die angeschlagenen Porzellanschüsseln davor. Gleichgültig sah die junge Frau ihr dabei zu, während sie zärtlich über das Schwert strich.

Huang Rong gab ihr ein Silberstück, das sie in die Hand nahm, aber gleich wieder auf den Tisch warf. »Kauf dir davon etwas zu essen, wenn du hungrig bist«, sagte Huang Rong.

Dummes Ding kicherte nur.

Ihr Anblick stimmte Huang Rong tieftraurig. Etwas verband die junge Frau mit ihrem Bruder Qu Lingfeng, wenn sie nicht seine Tochter war, dann musste sie seine Schülerin gewesen sein. Von wem sonst hätte sie die Formen der *Jadewellenfaust* lernen können? Sie nahm an, dass sie die Form nur oberflächlich beherrschte, weil Qu Lingfeng ohne die Erlaubnis ihres Vaters nicht das wahre Kung-Fu der Schule der Pfirsichblüteninsel hatte weitergeben wollen. Das arme Ding. Ob sie von klein auf so einfältig war? Oder war es ein schwerer Schock, ein schreckliches Erlebnis aus der Kindheit, das ihr den Verstand vernebelt hatte? Huang Rong war versucht, im Dorf Erkundungen anzustellen, aber Zhou Botong trieb sie so hartnäckig zur Eile an, dass sie den Gedanken aufgab.

Zu viert machten sie sich mit dem Eselskarren auf in die Hauptstadt.

Lin'an war eine imposante Stadt. Als der kaiserliche Hof nach der Eroberung der nördlichen Hälfte des Reiches durch die Jin in den Süden hatte fliehen müssen, wurde Lin'an zur neuen Hauptstadt des Song-Reichs. Menschen und Güter aus allen Himmelsrichtungen strömten hier zusammen und die Stadt, inmitten herrlicher Landschaft gelegen, stieg zu einem blühenden und lebendigen Zentrum der Kunst und des Handels auf.

Sie betraten die Hauptstadt durch das Osttor und fuhren geradewegs weiter bis vor das Prunktor, das den Eingang zum Kaiserpalast bildete.

Während der Bettler auf dem Karren wartete, sahen sich die anderen drei ein wenig um. Große karmesinrote, mit goldenen

Nägeln beschlagene Tore, mit Kupferziegeln gedeckte Dächer, reich bemalte Stützpfeiler, geschnitzte Dachbalken und in fliegenden Drachen- und Phönixfiguren endende Dachvorsprünge – es war eine Pracht, von der den Betrachtern die Augen übergingen.

»Schön ist es hier!«, sagte Zhou Botong erfreut und schritt auf das Tor zu. Die kaiserlichen Wachen hatten den älteren Mann und das junge Paar schon länger misstrauisch beäugt. Jetzt schritten sie mit herrischen Mienen und erhobenen Waffen auf die Unruhestifter zu.

Unruhe stiften gehörte allerdings zu Zhou Botongs liebstem Zeitvertreib. Der Anblick der hochgewachsenen Leibgarde in ihren leuchtenden Uniformen stachelte ihn erst so richtig an. Er wollte sich sogleich in den Kampf stürzen.

»Gehen wir lieber«, rief Huang Rong.

»Warum?« Zhou Botong starrte sie an. »Hast du Angst, diese Säuglinge könnten den Alten Kindskopf auffressen?«

»Komm, Jing, gehen wir«, sagt Huang Rong. »Der Alte Kindskopf soll machen, was er will. Kümmere dich nicht um ihn.«

Sie bestieg mit Guo Jing den Karren, schwang die Peitsche und der Esel trabte los gen Westen. Zhou Botong, der nichts verpassen wollte, ließ die Wachen stehen und rannte dem Karren hinterher. Die Wachen befanden, dass es sich um unbedarfte Bauerntrampel auf ihrem ersten Besuch in der Stadt handeln musste, und gaben lachend die Verfolgung auf.

Huang Rong steuerte den Wagen in eine ruhigere Gegend der Stadt und hielt erst an, als sie sicher war, dass niemand ihnen gefolgt war.

»Warum sind wir nicht in den Palast gestürmt?«, wollte Zhou Botong wissen. »Diese trägen Reissäcke hätten uns bestimmt nicht aufhalten können.«

»Sind wir hergekommen, um zu kämpfen, oder um dem Bettler etwas Gutes zu essen zu organisieren?«, entgegnete Huang Rong.

»Glaubst du, dass der kaiserliche Küchenmeister große Lust hat, *Fünf Köstlichkeiten nach Art der Liebenden* zu kochen, wenn wir einen Tumult anzetteln?«

»Eindringlinge aufzuhalten, gehört nicht zu den Aufgaben des kaiserlichen Küchenmeisters.«

Damit hatte Zhou Botong durchaus recht, aber Huang Rong wollte ihn nicht das letzte Wort haben lassen. »Auch ein Küchenmeister kann kämpfen und Eindringlinge in Gewahrsam nehmen«, sagte sie patzig.

Zhou Botong schwieg. Logisch war das nicht, aber der Klügere gab schließlich nach. »Na gut«, sagte er schließlich, »sagen wir, ich habe unrecht.«

»Was soll das heißen, ›sagen wir‹? Du hattest von Anfang an unrecht.«

»Schon gut, wenn du meinst.« Zhou Botong drehte sich zu Guo Jing um. »Lass dir eines gesagt sein, lieber Schwurbruder: Sämtliche Weibsbilder sind grausame kleine Teufel. Der Alte Kindskopf hat gut daran getan, nie zu heiraten!«

Huang Rong lachte. »Guo Jing ist ein guter Mensch, niemals wäre ich grausam zu ihm.«

»Soll das heißen, dass ich kein guter Mensch bin?«

»Was glaubst du? Meiner Meinung nach ist der wahre Grund, weshalb du nicht verheiratet bist, dass keine Frau deine Faxen auf Dauer aushält. So ist es doch, nicht wahr?«

Zhou Botong legte den Kopf schief und dachte über eine passende Antwort nach, ihm wollte aber keine einfallen. Widerstreitende Gefühle spiegelten sich auf seinem Gesicht wider. Mit einem Mal wirkte er ernst, sogar bekümmert. So hatte Huang Rong ihn noch nie gesehen. Sie drang nicht weiter in ihn.

»Lasst uns eine Herberge suchen«, sagte Guo Jing. »Besser, wir schleichen uns erst nach der Dämmerung in den Palast.«

»Einverstanden«, sagte Huang Rong. »Und wenn wir in der Herberge sind, koche ich Euch ein paar gute Gerichte als Vorspeise, Meister. Heute Abend folgt dann das Festmahl.«

Der Bettler tätschelte zufrieden lächelnd seinen Bauch.

Sie fanden ein stattliches Gasthaus namens Zum Brokatgewand, wo sie sich etwas ausruhten. Huang Rong kaufte ein und bereitete wie versprochen drei Gerichte und eine Suppe für ihren Meister zu. Der Duft ihrer Kochkunst durchwehte das ganze Gebäude und die anderen Gäste fragten den Wirt, welcher berühmte Koch in seiner Küche waltete.

Zhou Botong teilte die gute Laune der anderen nicht und blieb dem Essen fern. Huang Rongs Spott nagte immer noch an ihm. Da sie seine kindischen Launen kannten, kümmerten die anderen sich nicht weiter um ihn.

Nach dem Essen schlief Hong Qigong satt und zufrieden ein. Es war noch hell und Guo Jing fragte seinen Schwurbruder, ob er ihn auf einen Spaziergang begleiten wolle, aber der war noch immer beleidigt und schwieg.

»Dann passt du eben auf unseren Meister auf und wir beide gehen uns ein wenig umsehen«, sagte Huang Rong. »Wir bringen dir ein Geschenk mit.«

Zhou Botongs Miene hellte sich auf. »Versprochen?«

»Versprochen ist versprochen.«

Als Huang Rong im Frühling dieses Jahres von zu Hause weggelaufen war, hatte ihr Weg nach Norden sie durch Lin'an geführt. Damals wagte sie nicht, länger als eine Nacht zu bleiben, denn die Stadt war nicht allzu weit von der Pfirsichblüteninsel entfernt und sie hatte befürchtet, dass ihr Vater sie dort suchen könnte. Jetzt hingegen fühlte sie sich frei und unbeschwert. Der Tag war noch lang und Hand in Hand mit Guo Jing spazierte sie am Ufer des Westsees entlang.

Sie bemerkte den Schatten von Melancholie auf Guo Jings Gesicht und wusste, dass er sich Sorgen um ihren Meister machte. »Hat unser Meister nicht gesagt, dass es jemanden gibt, der ihn heilen kann? Seinen Andeutungen nach dürfte es sich um Duan Huangye handeln, den König des Südens. Er lebt im Königreich Dali im Südwesten, weit weg von hier, aber wir müssen ihn finden und dafür sorgen, dass er unseren Meister rettet.«

»Das wäre wunderbar, Rong. Doch woher sollen wir wissen, wo er ist?«

»Heute beim Essen habe ich versucht, es aus unserem Meister herauszubekommen, aber als er gemerkt hat, worauf ich hinauswollte, hat er keinen Ton mehr gesagt. Mir fällt schon etwas ein.«

Es war sehr tröstlich für Guo Jing, dass seine Freundin in solchen Dingen so gewitzt war.

»Andernfalls bringen wir ihn eben auf die Pfirsichblüteninsel und studieren das Kapitel Heilmethoden des Handbuchs. Unser Meister wird dadurch lernen, seinen Atem so zu regulieren, dass er sich selbst heilt.«

Während sie so miteinander plauderten, hatten sie die sogenannte Halbe Brücke erreicht. Diese Brücke, auch Abgebrochene Brücke, Verbliebener Schnee genannt, war gewiss eine der berühmtesten Sehenswürdigkeiten des Westsees; jetzt im Spätsommer blühte auf dem Wasser unterhalb der Brücke noch dazu ein Meer herrlicher Seerosen. Am Ufer stand eine reizende kleine Schenke. »Lass uns eine Schale Wein trinken und die Blüten bewundern«, schlug Huang Rong vor.

»Gerne«, sagte Guo Jing. In der Schenke servierte man ihnen feinen Wein und erlesene Speisen. Beim Genuss der Köstlichkeiten und dem Anblick der Blütenpracht fühlten sie sich frei und unbeschwert. Huang Rong warf einen Blick durch die Fenster an der Ostseite und bemerkte einen wunderschönen Wandschirm, gehüllt in einen jadegrünen Gazeschleier, mit dem der Besitzer das offenbar wertvolle Kleinod schützen wollte. Neugierig ging sie hin, um ihn aus der Nähe zu betrachten, und entdeckte unter dem jadegrünen Schleier ein eingraviertes Gedicht.

Einen Frühling lang Geld verprasst für blühende Mädchen
und trunkene Nächte am Ufer des Sees.
Auf dem Ritt entlang des Westsees hielt
mein Schimmel wiehernd vor der Taverne.
Gesang und Tanz im Aprikosenduft,
schaukelnd im Schatten grüner Pappeln
überall Schönheiten im warmen Wind,
Blütenblätter nistend in ihrem Haar.
Bunte Boote tragen den Duft hin und her,
Gefühle verlieren sich im Abenddunst.
So kehren wir trunken zurück am nächsten Tag,
auf der Suche nach einer neuen Blüte im Haar.

»Ein schönes Gedicht«, sagte Huang Rong. Guo Jing ließ es sich Zeile für Zeile erklären, aber je mehr er hörte, desto ungehaltener wurde er. »Haben die gelehrten Beamten in der Hauptstadt des Song-Reiches denn nichts Besseres zu tun, als zu trinken und schönen Frauen nachzustellen? Interessiert es sie gar nicht, das verlorene Land im Norden zurückzuerobern?«

»Du hast recht«, sagte Huang Rong, »sie sind schamlos.«

»Pah, was für ein Unfug!«, ertönte unvermittelt eine Stimme hinter ihnen. »Was bildet ihr beiden Unwissenden euch ein?«

Sie drehten sich um. Hinter ihnen stand, höhnisch lächelnd, ein Mann von etwa vierzig Jahren in einer Gelehrtenrobe.

Guo Jing legte die Handflächen zusammen und verbeugte sich. »Wir verstehen wenig. Ob der Herr uns aufklären möchte?«

»Das ist ein Gedicht von Yu Guobao, einem hochrangigen Absolventen der kaiserlichen Examina, es stammt aus der Regierungsperiode Chunxi. Damals kam Kaiser Gaozong eines Tages hierher, las das Gedicht und war voll des Lobes. Noch am selben Tag verlieh er Yu einen hohen Beamtenposten, die größte Ehre für jeden Gelehrten. Und Ihr beide habt nur Spott dafür übrig!«

»Hat der Besitzer es mit diesem Schleier bedeckt, weil der Kaiser persönlich es betrachtet hat?«, fragte Huang Rong.

Der Mann grinste. »Selbstverständlich, was glaubt Ihr denn? Seht her und betrachtet diese Zeile genauer. Könnt Ihr erkennen, dass zwei Schriftzeichen verändert wurden?«

Die beiden sahen sich die Inschrift aus der Nähe an. Tatsächlich hatte die Zeile *So kehren wir trunken zurück am nächsten Tag* ursprünglich *So kehren wir am nächsten Tag zurück, mit Wein beladen* gelautet.

»Der Kaiser befand, dass diese Zeile nicht in das gelungene Gedicht passte. Sie sei mangelhaft, geradezu armselig. Also nahm er einen Pinsel und änderte sie. Der Kaiser war ein Mensch von wahrer Weisheit und Begabung, der es vermochte, ein mittelmäßiges Gedicht in ein Meisterwerk zu verwandeln!«

Der Mann unterstrich jedes seiner Worte mit einem wohlwollenden Nicken.

Guo Jing erzürnten seine Ausführungen nur noch mehr. »Das war derselbe maßlose Kaiser Gaozong, der Kanzler Qin Hui zum Mord an General Yue Fei anstiftete!« Schon ließ er die Füße fliegen und zerbrach den Wandschirm mit einem kräftigen Tritt. Im nächsten Augenblick packte er den selbstgefälligen Gelehrten und steckte ihn kopfüber in ein großes Weinfass.

Huang Rong feuerte ihn fröhlich an. »Haha, ich weiß noch eine viel bessere Variante für die Gedichtzeile«, rief sie. *»Angelockt vom Duft des Weins, endet der Edle mit dem Kopf im Fass!«*

Der Mann zog seinen weintriefenden Schädel aus dem Fass. »Das passt aber nicht in den Rhythmus«, konstatierte er.

»So?«, meinte Huang Rong. »Ich habe auch einen besseren Vorschlag für den Titel. Statt *Wind in den Kiefern* sollte es *Mann im Weinfass* heißen!«

Mit diesen Worten stieß sie kurzerhand seinen Kopf zurück ins Fass, um gleich darauf krachend den ganzen Tisch umzuwerfen, an dem sie gesessen hatten. Der Besitzer und die anderen Gäste rannten in Panik zur Tür. Guo Jing und Huang Rong kamen so richtig in Fahrt und randalierten nach Herzenslust, zerdepperten Weinkrüge, Töpfe und Pfannen. Zuletzt setzte Guo Jing zu einem Schlag aus der Reihe der *Drachenbezwingenden Hände* an und zielte mit voller Wucht auf den zentralen Stützpfeiler. Der Pfeiler brach, das Dach stürzte ein und im Handumdrehen war die Taverne nur noch ein Haufen Schutt.

Lachend fassten sich die beiden an der Hand und spazierten von dannen. Niemand wusste, woher diese beiden Rabauken stammten und wer sie waren, und niemand wagte, sie zu verfolgen.

»Das hat gutgetan, meinem Ärger Luft zu machen!«, rief Guo Jing.

Huang Rong lachte. »Von jetzt an werden wir alles, was uns nicht passt, einfach entzweihauen.«

»Genau!«

Seit sie die Pfirsichblüteninsel verlassen hatten, waren die beiden unzähligen Widrigkeiten ausgesetzt gewesen. Zwar hatten sie sich glücklich wiedergefunden, aber ihr Meister war schwer verletzt und der Gedanke, dass er sich nie mehr erholen könnte, lag Guo Jing schwer auf der Seele. Es tat gut, sich einmal übermütig auszutoben und alle Trübsal zu vergessen.

Sie spazierten weiter am Ufer entlang, wo sich überall poetische Inschriften fanden – in Stein gemeißelt, auf Pagoden gepinselt, in die Rinde der Bäume und den Putz der Wände geritzt. Zeilen, die vom Abschiednehmen von der herrlichen Landschaft handelten oder von jungen Männern, die ihre Angebetete priesen. Guo Jing verstand sich nicht auf das Lesen von Versen, aber beim Anblick all des sentimentalen Geschwurbels von Blüten im Wind und Mond auf dem Wasser wurde ihm ganz anders. »Selbst wenn wir tausend Fäuste hätten, könnten wir all diese oberflächlichen Verse nicht zerstören. Was hat man davon, wenn man sich auf Literatur versteht, Rong?«

Huang Rong lachte. »Es gibt auch viele gute Gedichte!«

Guo Jing schüttelte den Kopf. »Mir scheint es sinnvoller, Tritte und Schläge zu lernen.«

Fröhlich plaudernd erreichten sie den sogenannten Windumspielten Hügel. Vor der Anhöhe stand ein Pavillon, den ein hölzernes Schild mit einer Kalligrafie von Han Shizhong als Pavillon der smaragdfarbenen Hügel auswies. Von General Han Shizong, einem tapferen Widerstandskämpfer gegen die Jin, hatte selbst Guo Jing schon gehört. Erfreut betrat er den Pavillon, in dem eine hohe steinerne Stele stand, in die ein Gedicht eingraviert war.

Den Staub vieler Jahre auf der Uniform,
vor mir die herrliche Landschaft smaragdgrüner Hügel.
Längst nicht sattgesehen an dieser Schönheit,
tragen mich die Hufe meines Pferds schon wieder fort.

Der Handschrift nach stammte auch das Gedicht aus der Feder von General Han Shizhong.

»Das ist ein schönes Gedicht«, lobte Guo Jing, obwohl er nichts von Dichtung verstand. Ihm genügte es, dass der General das Gedicht geschrieben hatte und es Worte wie »Uniform« und »Pferdehufe« enthielt.

»Das ist eigentlich ein Gedicht von General Yue Fei«, sagte Huang Rong.

»Woher weißt du das?«, fragte Guo Jing erstaunt.

»Mein Vater hat mir seine Geschichte erzählt. Im elften Winter der Regierungsdevise Shaoxing wurde General Yue Fei von Kanzler Qin Hui getötet. Im darauffolgenden Frühling hat Han Shizhong diesen Pavillon errichten lassen und zu seinem Andenken dieses Gedicht in die Stele eingraviert. Allerdings war Qin Hui zu dieser Zeit noch immer ein mächtiger Mann. Daher wird in der Inschrift nicht erwähnt, dass es sich um ein Werk Yue Feis handelt.«

Nachdenklich strich Guo Jing mit der Hand über die in den Stein gravierten Verse des viel bewunderten Generals, bis Huang Rong ihn aus seinen Gedanken riss, indem sie ihn plötzlich am Ärmel zupfte, in die Büsche hinter dem Pavillon zog und seine Schultern nach unten drückte. Von ihrem Versteck aus lauschten sie den näher kommenden Schritten. Jemand betrat den Pavillon.

»Natürlich war Han Shizhong ein Held. Seine Frau Liang Hongyu mag eine Kurtisane gewesen sein, aber sie schlug für ihn die Kriegstrommel und verhalf ihm zum Sieg. Also war auch sie eine tapfere Heldin.«

Die Stimme kam Guo Jing bekannt vor, aber er kam nicht darauf, wem sie gehörte. Dann sprach ein anderer. »Yue Fei und Han Shizhong waren beide Helden, aber der Kaiser wollte ihren Tod und entzog ihnen ihre militärischen Ränge. Am Ende mussten die beiden sich in ihr Schicksal fügen, denn der kaiserlichen Macht vermag auch der größte Held nicht zu trotzen.«

Die Stimme gehörte Yang Kang! *Was hat er hier zu suchen?*, dachte Guo Jing erschrocken. Noch mehr erschrak er, als eine weitere Stimme ertönte, mächtig wie aufeinanderschlagende Zimbeln. »Das ist wohl wahr. Aber nun, wo verblendete und maßlose Herrscher die Song regieren, nutzen uns auch die größten Helden nichts mehr.«

Ouyang Feng.

»Wäre ein weiserer Herrscher an der Macht, würde ein großer Held wie Meister Ouyang ihm bei seinen Vorhaben von größtem Nutzen sein.«

Das war wieder die Stimme des ersten Sprechers. Jetzt wusste Guo Jing auch, wem sie gehörte. Dem Mann, der seinen Vater auf dem Gewissen hatte. Wanyan Honglie, der Sechste Prinz von Jin.

Die drei Männer unterhielten sich noch ein wenig länger, bevor sie lachend weiterzogen. Guo Jing wartete ab, bis sie sich ein ganzes Stück entfernt hatten, bevor er den Mund aufmachte. »Was haben die beiden in Lin'an zu suchen? Und was macht mein Bruder Yang Kang bei ihnen?«

Huang Rong schnaubte verächtlich. »Mir war von Anfang an klar, was dein feiner Bruder für einer ist. Nur weil du gesagt hast, er wäre der Sohn eines großen Helden, habe ich mich kurz irreführen lassen. Doch dann hatte ich keinen Zweifel mehr. Wenn er ein guter Mensch wäre, warum treibt er sich dann mit dem übelsten Gesindel herum?«

»Ich verstehe das nicht.«

Huang Rong erzählte ihm, was sie damals in der Halle des duftenden Schnees in der Residenz des Königs Zhao belauscht hatte. »Wanyan Honglie hat Peng Lianhu und das übrige Gesindel angeheuert, um die Schriften von General Yue Fei zu stehlen. Er nimmt offenbar an, dass sie hier in Lin'an sind. Wenn sie diese Schriften finden, dann wehe dem armen Volk des Großen Song-Reichs.«

Guo Jing erschauerte. »Das dürfen wir nicht zulassen.«

»Und nun haben sie auch noch den Alten Giftmolch an ihrer Seite.«

»Hast du Angst?«

»Du etwa nicht?«

»Natürlich fürchte ich den Alten Giftmolch. Aber angesichts der ernsten Lage müssen wir … müssen wir handeln. Ob wir nun Angst haben oder nicht.«

»Wenn du es wagst, bin ich dabei.«

»Dann nichts wie hinterher!«, sagte Guo Jing.

Als sie aus ihrem Versteck kamen, war von den dreien aber bereits keine Spur mehr zu sehen. Sie mussten wohl oder übel in der Stadt nach ihnen suchen. Lin'an war jedoch nicht gerade klein und die Straßen voller Menschen. Den ganzen Nachmittag zogen sie kreuz und quer durch die Gassen, bis sie in der Dämmerung den Wulin-Park im Vergnügungsviertel der Stadt erreichten. Huang Rong entdeckte einen Laden, in dessen Auslage die bunt und lebendig bemalten Masken aller möglichen bösen Geister hingen. Sie erinnerte sich daran, dass sie Zhou Botong versprochen hatte, ihm ein Geschenk mitzubringen, und kaufte ihm kurzentschlossen für fünf Silberstücke zehn Masken, darunter Zhong Kui, der Dämonenbezwinger, Pan Guan, der Richter der Unterwelt, Zao Jun, der Küchengott sowie ein Erdgott und noch andere Dämonenkrieger und Höllenwesen.

Während der Ladenbesitzer die Masken einpackte, roch sie den köstlichen Duft frisch zubereiteter Speisen, der vom Gasthaus nebenan herüberwaberte. »Was ist das für ein Gasthaus?«, fragte Huang Rong.

»Seid Ihr zum ersten Mal in der Stadt?«, fragte der Ladenbesitzer lächelnd. »Sonst würdet Ihr es gewiss kennen. Es handelt sich um das Haus der Höchsten Gelehrten, eins der ersten Häuser der Stadt. Im ganzen Reich findet man kein erleseneres Essen und Tafelgeschirr. Wer dort nicht gespeist hat, war nicht in Lin'an.«

Als ihre Einkäufe verstaut waren, drängte Huang Rong Guo Jing in das in leuchtendem Rot und Grün gestrichene Gasthaus mit den reich verzierten Türen. Von den hohen Dachsparren hingen Jasminblütenlaternen und die Speisesäle und Terrassen waren üppig mit frischen Blumen dekoriert und boten ein Bild harmonischer Frische. Ein Kellner führte sie einen Gang entlang in ein Separee. Der Tisch dort war gedeckt mit feinstem Tafelgeschirr. Huang Rong bestellte ein paar Gerichte und der Kellner überbrachte ihre Wünsche unverzüglich der Küche.

Guo Jing spähte hinaus in den Flur, wo im Kerzenlicht etwa ein Dutzend fein gekleideter Frauen in einer Reihe saßen. Gerade als er Huang Rong fragen wollte, was die Damen dort machten, erklang hinter der Trennwand zum nächsten Raum die Stimme Wanyan Honglies: »Herrlich! Bitten wir sie herein, um uns beim Trinken mit Musik und Gesang zu erfreuen!«

Guo Jing und Huang Rong tauschten Blicke. Kaum haben wir die mühselige Suche aufgegeben, laufen sie uns in die Arme.

Ein Ruf des Kellners genügte, und aus der Reihe der Frauen erhob sich eine Schönheit und betrat mit anmutigen Trippelschrittchen und einer Elfenbeinklapper in den Händen das Separee. Sie begann zu singen. Huang Rong lauschte auf den Text, das Ohr dicht an der Trennwand.

Durch die malerische Landschaft des Südostens,
vorbei an den drei Wus,
dorthin, wo der Qiantang seit alter Zeit
die Schönheit nährt.
Trauerweiden und bemalte Brücken,
smaragdgrüne Wandschirme und Papierfenster,
dazwischen zehntausend Häuschen in den Tälern.
Wolkenverhangene Baumwipfel an den Ufern,
auf wogenden Wellen treiben schon Eisschollen.
Endlos erstreckt sich der Himmel.
Perlen und Juwelen auf den Märkten,
im Wettstreit mit feinster Seide und Brokat.

Gipfel und Seen entzücken einander,
wo die herbstliche Zimtblüte
meilenweit auf duftenden Lotus trifft.
Hell tönen die Flöten der Qiang
zum nächtlichen Lied der Wassernusspflücker,
wo die Seerosensammlerinnen mit den Fischern scherzen.

Tausend Reiter, wehende Flaggen,
von Trommelklang begleitet, ziehst du trunken
in die Stadt,
in singender Bewunderung der Abendwolken.
Herrlich wie ein Gemälde aus vergang'ner Zeit,
von dem du bei der Rückkehr am Hofe schwärmen wirst.

Guo Jing konnte aus dem zirpenden Singsang kein Wort heraushören, aber er genoss den steten Rhythmus der Elfenbeinklapper und das melodische Auf und Ab der Flötentöne.

»Wunderbar!«

In höchsten Tönen priesen Wanyan Honglie und Yang Kang die Musik. Die Sängerin bedankte sich überschwänglich und verließ glücklich, weil offenbar reich entlohnt, das Separee.

»Mein Sohn, wusstest du, dass das Lied, das wir eben gehört haben, eine große Bedeutung für unser Jin-Reich hat? Es stammt von dem Dichter Liu Yong und heißt *In Betrachtung der Fluten*«, sagte Wanyan Honglie.

»Nein, Vater. Bitte erklärt es mir.«

Guo Jing sah Huang Rong an. Vater? Am liebsten wäre er hinübergegangen, hätte Yang Kang am Kragen gepackt und geschüttelt.

»Zu Beginn des Aufstiegs unseres Reichs las Seine Majestät Kaiser Wanyan Liang dieses Gedicht von Liu Yong, welches die Schönheit der Gegend rund um den Westsee preist. Aus diesem Grund entsandte er eine Delegation mit einem großen Maler nach Süden, der die Landschaft um Lin'an in einem Bild festhalten sollte. Diesem Bild fügte der Maler eine Darstellung von Kaiser Liang hoch zu Ross auf dem Wushan-Berg in Lin'an hinzu. Seine Majestät versah das Bild mit folgenden Versen:

Tausend Meilen Weges mit dem Pinsel vereint,
wie sollte ein anderer Hof im Süden herrschen?
Hunderttausend Soldaten will ich an den Westsee führen
und den Gipfel des Wu mein Eigen nennen.«

»Wirklich ein heldenhafter Geist!«, sagte Yang Kang.

Zornig ballte Guo Jing die Fäuste, bis seine Finger knackten.

Wanyan Honglie seufzte nur und fuhr fort. »Seine Majestät Wanyan Liang hat sich den Wunsch, mit seinem Heer den Süden einzunehmen, nie selbst erfüllt, sondern diese Aufgabe uns, seinen Söhnen und Enkeln, auferlegt. Wir sind die Erben seiner heroischen Idee. Einst beschrieb er einen Fächer mit den Zeilen: Den Griff meines Schwerts in der Hand, sende ich einen kühlen Wind über das ganze Land. Wahrhaft hohe Ambitionen!«

»Den Griff meines Schwertes in der Hand, sende ich einen kühlen Wind über das ganze Land«, wiederholte Yang Kang fasziniert.

Ouyang Feng lachte trocken. »Eines Tages werdet Ihr
auf dem Gipfel des Wu stehen, das Schwert in der Hand.«

»Wenn es nur so wäre«, sagte Wanyan Honglie leise. »Doch hier sind zu viele Augen und Ohren ringsum, lasst uns lieber dem Essen und dem Wein zusprechen.«

Mit diesen Worten wechselte die Gruppe das Thema und plauderte über die Sehenswürdigkeiten und Gepflogenheiten der Gegend.

»Ich finde, die lassen es sich viel zu gut gehen«, flüsterte Huang Rong Guo Jing ins Ohr. »Das missfällt mir.«

Die beiden schlüpften leise aus ihrem Separee in den Hof hinter dem Gasthaus. Huang Rong steckte mit einer Fackel die Holzbauten ringsherum in Brand. Im Nu züngelten überall Flammen auf, panische Rufe hallten durch die Gassen, während die Menschen aus den Häusern liefen.

»Feuer!«

»Bringt Wasser!«

Laut ertönten an allen Ecken und Enden Kupfergongs.

»Schnell zum Eingang, sonst verlieren wir sie wieder«, sagte Huang Rong.

»Heute Nacht bringe ich den gemeinen Usurpator um!«, fluchte Guo Jing.

»Aber zuerst müssen wir dafür sorgen, dass unser Meister sich in der Palastküche den Bauch vollfressen kann. Danach lassen wir den Alten Kindskopf auf den Alten Giftmolch los, und wir knöpfen uns die anderen beiden vor.«

»So machen wir es.«

Sie bahnten sich den Weg durch die Menge und erreichten den Vordereingang gerade in dem Augenblick, als Ouyang Feng, Wanyan Honglie und Yang Kang herauseilten. In sicherem Abstand folgten sie ihnen durch ein Gewirr von Straßen und Gassen bis zum Westmarkt, wo sie in einem Gasthaus mit dem Namen Zu den gekrönten Häuptern verschwanden.

Sie warteten eine ganze Weile. Da die drei nicht wieder herauskamen, schlossen Huang Rong und Guo Jing daraus, dass sie in diesem Gasthaus logierten.

»Holen wir den Alten Kindskopf, damit er ihnen den Garaus macht«, schlug Huang Rong vor und sie gingen zurück zum Haus des Brokatgewands.

Noch bevor sie ihr Gasthaus erreichten, hörten sie schon Zhou Botongs lautes Zetern und erschraken. Ob sich der Zustand des

Bettlers verschlimmert hatte? Schnell rannten sie zum Gasthaus, wo Zhou Botong vor der Tür auf der Straße hockte und sich mit einem halben Dutzend kleiner Jungen zankte. Sie spielten Münzenwerfen, und da Zhou Botong ständig am weitesten warf und gewann, hatten sich die anderen sich irgendwann geweigert, mit ihm zu spielen. Als er Huang Rong stirnrunzelnd näher kommen sah, stand er sofort auf und ging wieder hinein.

Im Gasthaus überreichte ihm Huang Rong die bunten Masken. Begeistert probierte er eine nach der anderen aus, spielte erst den Richter der Unterwelt und dann die anderen bösen Geister durch.

Huang Rong schilderte ihm ihr Vorhaben und Zhou Botong stimmte eifrig zu. »Keine Sorge, meine zwei Fäuste genügen, um den Alten Giftmolch zu erledigen.«

Sie dachte daran, wie er auf der Pfirsichblüteninsel mit ihrem Vater gekämpft hatte. Um nicht die Formen aus dem *Neun-Yin-Handbuch* anzuwenden, hatte er sich eigens die Hände zusammengebunden, weshalb er vom Alten Ketzer verletzt worden war. »Der Alte Giftmolch ist ein übler Kerl. Selbst dein Kampfbruder Wang Chongyang hat gegen ihn gekämpft, daher würdest du seinen Willen nicht verletzen, wenn du zu den Formen aus dem *Wahren Weg der Neun Yin* greifst, um diesen Mistkerl zu besiegen.«

»Doch, das würde ich«, sagte Zhou Botong und sah ihr in die Augen. »Ich habe viele Jahre lang ausreichend an meiner eigenen Kampfkunst gefeilt, ich brauche das *Neun-Yin-Handbuch* nicht.«

Dem alten Bettler war beim Gedanken an das köstliche Essen im Kaiserpalast schon den ganzen Tag über der Mund wässrig geworden. Bis zum Einbruch der Dunkelheit warten zu müssen, war eine Qual. Als endlich der Gong die zweite Nachtwache ankündigte, nahm Guo Jing seinen Meister auf den Rücken und die vier huschten über die Dächer der Stadt zum Palast.

Die glasierten Ziegel der hohen Palastdächer waren nicht zu übersehen. Lautlos und unbemerkt kletterten sie über die Mauern ins Innere des Palasthofs, wo überall bewaffnete Wachen patrouillierten. Aber wer waren Guo Jing, Huang Rong und Zhou Botong denn, wenn ihre Schwebekunst nicht ausreichte, um ein paar Wachen zu entgehen? Der Bettler wies den Weg zur Palastküche hinter den Sechs Ministerien und östlich der Halle der Großen Klarheit, wo die kaiserliche Familie ihre Malzeiten einnahm. Gleich daneben lagen die Privatgemächer der kaiserlichen Familie und die Audienzhallen, ringsum bewacht von der Dienerschaft, den Eunuchen und der Leibgarde. Der Kaiser war bereits zu Bett gegangen und auch die Köche hatten ihren Arbeitsplatz schon verlassen. Dennoch brannten Fackeln in der Küche und die Küchenjungen schliefen auf dem Boden.

Guo Jing half dem Bettler dabei, es sich in den Dachsparren über der Küche gemütlich zu machen, während Huang Rong und Zhou Botong sich nach bereits fertigen Gerichten umsahen. Gemeinsam ließen die vier es sich schmecken.

»Weißt du was, alter Bettler«, sagte Zhou Botong kopfschüttelnd, »dieser Fraß ist lange nicht so gut wie die Küche Huang Rongs. Ich verstehe nicht, warum du unbedingt hierherwolltest.«

»Ich bin einzig und allein wegen der *Fünf Köstlichkeiten nach Art der Liebenden* hier. Morgen setzen wir den Küchenchef gefangen und bringen ihn dazu, es für mich zu kochen. Warte, bis du das gekostet hast!«

»Ich kann nicht glauben, dass es besser ist als Rongs Kochkunst«, sagte Zhou Botong.

Huang Rong lächelte. Das war seine Art, ihr für die Geschenke zu danken.

»Ich bleibe hier und warte, bis der Chefkoch kommt«, sagte der Bettler trotzig. »Wenn dir langweilig ist, kannst du dich mit

Guo Jing davonmachen und Huang Rong bleibt hier bei mir. Morgen holt ihr uns wieder ab.«

Zhou Botong lächelte verschmitzt und setzte die Bodhisattwa-Maske auf. »Nein, ich bleibe hier bei dir und mache mir einen Spaß daraus, den alten Kaiser zu erschrecken. Bruder Jing und seine Freundin sollten sich unterdessen besser um den Alten Giftmolch kümmern und achtgeben, dass er den Nachlass von General Yue Fei nicht in die Finger bekommt.«

»Da muss ich dir zustimmen, Alter Kindskopf. Geht schon, ihr beiden. Aber seid vorsichtig.«

Sie nickten. »Fangt bloß nicht heute Nacht noch einen Kampf mit dem Alten Giftmolch an«, sagte Zhou Botong. »Den knöpfe ich mir morgen vor.«

»Wieso sollten wir? Den können wir ohnehin nicht besiegen«, sagte Huang Rong.

Die beiden schlüpften hinaus und schlichen um mehrere Hallen herum. Eine erfrischende Brise streifte plötzlich ihre Wangen, das liebliche Geräusch plätschernden Wassers drang an ihre Ohren und ein süßlicher Duft lag in der Nachtluft, als wären sie inmitten herrlicher, abgelegener Natur.

Unweit von hier muss der kaiserliche Palastgarten mit seltenen und exotischen Pflanzen und Blüten sein, dachte Huang Rong. *Den muss ich mir ansehen.* Sie zog Guo Jing mit sich in die Richtung, aus der der Duft kam. Das Plätschern des Wassers wurde lauter und bald schon führte ihr Weg durch Bambushaine und vorbei an alten Kiefern. Eine farbenfrohe Blütenpracht säumte den Pfad, der durch bezaubernde Miniaturlandschaften führte. Über allem lag eine heilige Ruhe.

Huang Rong genoss den Anblick. Obwohl die Anlage des Gartens nicht mit der komplexen Gestaltung der Pfirsichblüteninsel mithalten konnte, war die Schönheit der Pflanzen in der Tat unvergleichlich. Sie gingen weiter, bis sie zu einem Wasserfall kamen, der wie wallende Seide in einen Teich fiel, aus dem ein Bächlein das Wasser mit sich forttrug.

Auf dem Teich schwammen zahllose dunkelrote Seerosen. Am Rand stand ein Pavillon aus reich verziertem Holz, über dessen Eingang ein Schild mit der Inschrift Halle der Winterjade hing. Um einen Blick hineinzuwerfen, stieg Huang Rong die kleine Treppe hinauf, die von Jasmin, Moschusranken, Hibiskus, Herbstduftblüte und roter Banane umgeben waren – den wunderbarsten Düften des Spätsommers. An der Rückwand rankten Orchideen, außerdem Amber- und Sandelholzperlenketten. Der Duft betörte alle Sinne. Auf einem Tisch in der Mitte stand eine Schale mit frischen Lotuswurzeln, Litschis, Loquats und Zuckermelonen und auf einem Stuhl lag ein großer Fächer. An diesem Ort schien sich der Kaiser vor dem Zubettgehen von der Hitze des Tages zu erholen.

»Der Kaiser lässt es sich gut gehen«, sagte Guo Jing leise.

»Heute darfst du einmal Kaiser spielen«, kicherte Huang Rong. Sie setzte Guo Jing auf den großen Bambussessel in der Mitte, brachte ihm Obst und den Fächer und kniete sich vor ihm hin. »Auf Euer langes Leben, Eure Majestät.«

Guo Jing pickte sich eine Loquat heraus. »Bitte erhebt Euch.«

»So redet der Kaiser nicht. Das ist viel zu höflich.«

»Wer da?«, tönte plötzlich eine Stimme aus dem Garten.

Die beiden schreckten auf, schlüpften aus dem Pavillon und versteckten sich hinter einem der Miniaturhügel. Die schnellen Schritte zweier Gestalten näherten sich. Man hörte ihnen an, dass es sich nicht um Kampfkünstler handelte.

Mit gezogenen Schwertern stürmten die Wachen die Treppe zum Pavillon hinauf, fanden ihn aber verlassen.

»Ein Geist«, lachte der eine.

»Ich sehe schon seit Tagen Gespenster«, sagte der andere kopfschüttelnd, während sie wieder davongingen.

Lächelnd wollte Huang Rong Guo Jing an der Hand hinter dem Hügel hervorziehen, als sie die Wachen plötzlich »Heda!« rufen hörten. Doch ihre Schreie verstummten gleich darauf und wichen dem unterdrückten Stöhnen, das für gewöhnlich einer Lähmung der Nervenpunkte folgte. Ob der Alte Kindskopf schon wieder aus Langeweile Unruhe stiftete?

»Der Karte nach handelt es sich bei dem Pavillon neben dem Teich um die Halle der Winterjade. Dort sind wir richtig«, flüsterte eine Stimme. Sie gehörte Wanyan Honglie.

Huang Rong und Guo Jing duckten sich wieder hinter den Hügel, bemüht, nicht das kleinste Geräusch von sich zu geben. Vorsichtig lugten sie aus ihrem Versteck hervor. Im schwachen Sternenlicht erkannten sie neben Wanyan Honglie noch weitere Gestalten: Ouyang Feng, Peng Lianhu, Sha Tongtian, Lama Erhabene Weisheit, Liang Ziweng und Hou Tonghai.

Was hat die Bande im Kaiserpalast zu suchen?, fragten sich die beiden. Sie werden wohl kaum wegen der kaiserlichen Küche hier sein.

»Ich habe die Schriften Yue Feis genauestens studiert, auch die alten Dokumente aus der Regierungszeit der Kaiser Gaozong und Xiaozong«, fuhr Wanyan Honglie fort. »Wenn ich es richtig verstanden habe, liegen die Geheimschriften fünfzehn Schritte östlich vom Pavillon der Winterjade verborgen.«

Aller Augen folgten der Richtung, in die er deutete. Fünfzehn Schritte östlich des Pavillons war … der Wasserfall. Sonst nichts.

»Ich verstehe zwar nicht, wie man ein Buch in einem Wasserfall verstecken kann, aber das ist der Ort, den die Schriften beschreiben.«

Im Wasser war Sha Tongtian, der Drachenkönig vom Dämonentor, ganz in seinem Element. »Lasst mich nachsehen«, sagte er und watete, ohne Einwände abzuwarten, durch den Wasserfall. Als er kurz darauf wieder herauskam, umringten ihn die anderen neugierig.

»Eure Majestät, hinter dem Wasserfall liegt eine Höhle. Die Eingangstür ist abgeschlossen.«

»Dort muss es sein!«, rief Wanyan Honglie freudig. »Wenn ich die Herren bitten dürfte, mir zu helfen, diese Tür zu öffnen.«

Sofort stürzte sich die ganze Bande mit gezückten Waffen in den Wasserfall. Nur Ouyang Feng blieb mit Wanyan Honglie zurück. Ein solches Wetteifern um die Gunst des Prinzen war unter seiner Würde.

Sha Tongtian bildete die Vorhut, aber kaum war er durch den Wasserfall gewatet, zischte ein heftiger Luftstoß an seiner Nase vorbei. Er sah sich um. Lauerte hier etwa ein Feind? Schon hatte ihn jemand am Handgelenk gepackt und in den Wasserfall zurückgeschleudert, wo er gegen Liang Ziweng prallte.

Die übrigen Kämpfer sahen sich erstaunt an. So leicht ließ sich Sha Tongtian nicht den Wind aus den Segeln nehmen. Schützend hielt er die Hände über den Kopf, als er den Wasserfall erneut durchquerte. Prompt kam ihm eine Faust entgegen, die er mit der Linken abwehrte, dann schlug er mit der Rechten zurück. Liang Ziweng war jetzt an seiner Seite. Er sah sich nach dem Angreifer um, als ihn ein Stockhieb mit solcher Wucht am Schienbein traf, dass er rücklings in den Wasserfall fiel. Doch das Wasser prasselte nur kurz auf seine Brust, weil schon der nächste Stockhieb auf seinen Fußsohlen landete, sodass er horizontal hindurchschoss und klatschend im Teich landete. Nur Augenblicke später lag Sha Tongtian, den dasselbe Schicksal ereilt hatte, neben ihm.

Obwohl ihn der Instinkt hätte warnen müssen, dass ihm dort, wo sein Kampfbruder versagt hatte, wenig Aussicht auf Erfolg beschieden war, wagte sich nun Hou Tonghai, der Dreigehörnte Drache, vor. Vor Wasser fürchtete er sich nicht – er stürmte mit Gebrüll in den Wasserfall.

Peng Lianhu schwante nichts Gutes. Er wollte hinterhereilen, um ihm beizustehen, aber da flog Hou Tonghai schon als schwarzer Schatten über seinen Kopf hinweg, landete krachend auf der Erde und stieß laute Schmerzensschreie aus. Peng Lianhu half ihm auf. »Psst! Was ist passiert?«

»Verflucht! Mein Hinterteil ist in vier Stücke zersprungen!«

Peng Lianhu musste sich beherrschen, um nicht zu lachen. »Wo gibt es denn so was?« Er klopfte ihm den Hintern ab. Zwar hatte er kein Interesse an einer genaueren Inspektion, doch nach seinem Dafürhalten schien er immer noch aus zwei Hälften zu bestehen. »Wer steckt dort hinter dem Wasserfall?«

»Woher soll ich das wissen? Kaum war ich drin, hat mich der verdammte Bastard auch schon wieder hinausgeprügelt!«

Die rote Kasaya von Lama Erhabene Weisheit flatterte im Wind, als er entschlossenen Schrittes auf den Wasserfall zueilte. Kaum war er hineingesprungen, mischten sich unter das Plätschern des Wassers laute Rufe, die nach einem wilden Kampf klangen. Sha Tongtian und Liang Ziweng hatten zuvor vage die Silhouette eines Mannes und einer Frau wahrgenommen; der Mann kämpfte mit den Fäusten und die Frau benutzte einen Stock.

Plötzlich heulte der Lama laut auf. Wanyan Honglie runzelte die Stirn. »Wenn er so weiterschreit, hetzt er uns noch sämtliche Palastwachsen auf den Hals. Wie sollen wir dann die Schrift stehlen?«

Er hatte kaum ausgeredet, als etwas Rotes aus dem Wasserfall geschossen kam und in den Teich klatschte. Die beiden Kupferzimbeln, die der Mönch als Waffen benutzte, flogen mit einem metallischen Klirren hinterher. Schnell stürzte Peng Lianhu vor, um die Zimbeln aufzufangen, bevor sie scheppernd zu Boden fallen und die Wachen alarmieren konnten. Hinter dem Wasserfall ertönte nun lautstarkes Fluchen, dann folgte die plumpe Gestalt des Lamas seiner Kasaya nach. Immerhin gelang es ihm, vor dem Teich fest auf beiden Beinen und nicht unsanft auf dem Hintern zu landen wie Hou Tonghai.

»Es sind der verdammte Junge und das Mädchen, die bei uns auf dem Schiff waren.«

Als Guo Jing und Huang Rong in ihrem Versteck gehört hatten, wie Wanyan Honglie befahl, das Buch mit Yue Feis geheimer Militärstrategie zu stehlen, waren sie erschrocken. Wenn die Jin in Besitz dieser Geheimnisse gelangten und sie für eine Invasion in den Süden nutzten, wäre das eine Katastrophe für das einfache Volk. Es galt, sofort zu handeln, auch wenn die Gegenwart von Ouyang Feng ein unwägbares Risiko bedeutete. Zuerst überlegte Huang Rong, wie man die Bande so erschrecken könnte, dass sie die Flucht ergriff. Dann zog Guo Jing angesichts der brenzligen Lage Huang Rong kurzentschlossen mit sich hinter den Wasserfall, dessen lautes Plätschern das Geräusch ihrer Schritte verschluckte. Aus diesem Hinterhalt heraus sollte es ihnen möglich sein, selbst Ouyang Feng abzuwehren.

Es war erstaunlich einfach gewesen, Sha Tongtian und die anderen wieder auf die andere Seite des Wasserfalls zu befördern. Die Kunst *Muskeln formen und Knochen schmieden* des *Neun-Yin-Handbuchs* übertraf alle Erwartungen. Huang Rong hatte Sha Tongtian und Lama Erhabene Weisheit mit den trickreichen Varianten des Hundestocks so geschickt verwirrt, dass Guo Jing sie mühelos mit einem Meisterschlag rückwärts durch die Luft sausen lassen konnte.

Aber noch war Ouyang Feng nicht zur Tat geschritten.

»Komm, wir schlüpfen hinaus und machen Radau, damit die Palastwache aufgeschreckt wird. Dann müssen sie aufgeben«, schlug Huang Rong vor.

»Gute Idee. Aber geh du allein, ich halte hier Wache.«

»Du darfst dich aber auf keinen Fall mit Ouyang Feng anlegen!«

»Das werde ich nicht. Geh, schnell!«

Sie wollte sich gerade davonstehlen, als ein lautes Schnauben ertönte. Im selben Augenblick stieß ein Schlag von unaufhaltsamer Kraft durch den Wasserfall, vor dem sie sich nur mit einem Sprung zur Seite retten konnte.

Ouyang Feng hatte gleich beim ersten Angriff seine *Explodierende Kröte* zum Einsatz gebracht, um die Eisentür hinter dem Wasserfall zu zerschmettern. Obwohl Huang Rong nicht direkt getroffen worden war, hatte allein die Druckwelle dafür gesorgt, dass ihr die Luft wegblieb. Sie atmete schwer, alles verschwamm vor ihren Augen. Als sie wieder klar sehen konnte, sprang sie seitlich hinter den Kaskaden hervor und schrie, so laut sie konnte. »Hilfe, Attentäter! Attentäter im Palast!«

Sofort schreckten die Wachen auf und Alarmrufe tönten durch das ganze Palastgelände. Huang Rong sprang auf ein Dach, um das Geschehen besser überblicken zu können. Sie riss einen Dachziegel nach dem anderen herunter und schmetterte sie mit großem Krach auf den Boden.

»Los, wir schnappen uns das Mädchen!«, knurrte Peng Lianhu und setzte ihr mit seiner Schwebekunst nach, während Liang Ziweng auf eines der nächsten Dächer sprang, um ihr den Weg abzuschneiden.

Wanyan Honglie blieb bei alldem erstaunlich gelassen. »Mein Sohn, du folgst Meister Ouyang und holst das Buch«, befahl er Yang Kang.

Ouyang Feng hockte hinter dem Wasserfall und bündelte seine Energie. Begleitet von einem martialischen Schrei traf seine Faust die verschlossene Tür, sodass die beiden Flügel nach innen schwangen. Gerade als er die Höhle betreten wollte, schoss von der Seite ein Schatten mit gereckter Faust auf ihn zu. *Der Drache fliegt durch die Luft.* Im Dunkeln konnte er zwar kein Gesicht erkennen, aber die Form sagte ihm sofort, dass es sich um Guo Jing handeln musste.

Das ist die Gelegenheit, den Kerl zu schnappen und ihn zu zwingen, mir das Handbuch zu erklären, sagte sich Ouyang Feng, wich dem Schlag aus und griff nach Guo Jings Genick.

Guo Jing war entschlossen, den Feind vom Betreten der Höhle abzuhalten – wenigstens so lange, bis die Wachen eintrafen, vor deren geballter militärischer Präsenz selbst Ouyang Feng fliehen musste. Seltsamerweise schien sein Gegner ihn gar nicht töten, sondern nur festhalten zu wollen. Instinktiv wehrte er Ouyang Fengs Hand mit der Linken ab und griff ihn rechts mit der *Leeren Strahlenfaust* an. Hinter dieser Form steckte zwar weniger Kraft als hinter den *Drachenbezwingenden Händen*, aber sie war flexibler und bot die Möglichkeit, anzutäuschen und abrupt die Schlagrichtung zu wechseln.

»Nicht schlecht!«, rief Ouyang Feng, duckte sich und zielte von unten auf Guo Jings Schulter. Jede seiner Bewegungen hatte die Energie eines Donnerschlags.

Ouyang Feng hatte die Zeit auf der einsamen Insel damit verbracht, Guo Jings Aufzeichnung des *Wahren Wegs der Neun Yin* zu studieren, aber je länger er das dort beschriebene Kung-Fu übte, desto mehr hatte er das Gefühl, dass etwas nicht stimmte. Dass er den Text bewusst gefälscht hatte, traute er dem tumben Guo Jing nicht zu. Stattdessen nahm er an, dass es sich um besonders tiefe, undurchdringliche Weisheiten handelte, zu deren Kern man erst nach sehr langem und gründlichem Studium vordrang. Überdies hatte der alte Bettler auf dem Floß etwas in einer ihm unverständlichen Sprache rezitiert, die vermutlich den Schlüssel zur verborgenen Macht des Handbuchs war. Guo Jings gewaltige Fortschritte waren nur durch das Handbuch zu erklären, obwohl Ouyang Feng sich fragte, warum der einfältige Junge die Geheimnisse des Buchs offenbar besser entschlüsseln konnte als er selbst. Sosehr ihn das auch ärgerte, er tröstete sich mit der Aussicht auf endgültige Unbesiegbarkeit, sobald er selbst das Buch richtig zu deuten wusste.

Auf dem Floß hatte er im Kampf gegen Huang Rong und Guo Jing beinahe sein Leben und seinen Ruf eingebüßt. Jetzt aber hatte er wieder die Oberhand. Er würde sich in Ruhe die Formen ansehen, die Guo Jing einsetzte, und mit ihrer Hilfe das Handbuch entschlüsseln. In den Besitz der militärischen Schriften Yue Feis zu kommen, schien dagegen zweitrangig. Alles, was er wollte, war das Kung-Fu des *Wahren Wegs der Neun Yin.*

Mittlerweile war es durch die Fackeln und Laternen der Wachen rings um den Pavillon der Winterjade taghell. Yang Kang stand auf der anderen Seite des Wasserfalls hinter Wanyan Honglie. Die Gegenwart der Wachen war beunruhigend, obwohl sie im Augenblick noch vollauf mit Peng Lianghu und Liang Ziweng beschäftigt waren, die Huang Rong über die Dächer hinweg verfolgten. Nicht mehr lange, und sie würden auch den Kampf hinter dem Wasserfall bemerken. »Schnell! Beeilt Euch!«, rief Yang Kang unwillkürlich.

»Seid unbesorgt, Eure Hoheit, ich mache den Weg frei.« Ohne abzuwarten, sprang Lama Erhabene Weisheit mit ausgestreckter Faust an ihm vorbei durch den Wasserfall.

Das Licht der Laternen erhellte auch den Raum hinter dem Wasserfall, wo Guo Jing und Ouyang Feng sich vor dem Höhleneingang einen schnellen Schlagabtausch lieferten. Yang Kang war hinter dem Lama durch den Wasserfall gesprungen, sah aber keine Möglichkeit, an dem wütenden Sturm ihrer tanzenden Fäuste vorbeizukommen.

Der Lama wollte nicht länger untätig zusehen. Draußen wurde die Lage immer brenzliger, und der Alte Giftmolch hielt sich damit auf, mit einem kleinen Jungen Ringeltanz zu üben!

»Lasst mich Euch helfen, Meister Ouyang!«, rief er.

»Bleib, wo du bist!«, schrie Ouyang Feng.

Oha, der Herr Großmeister!, dachte der Lama beleidigt. *Selbst jetzt muss er noch den Helden spielen?*

Der Lama ging in die Hocke und zielte mit seiner Geheimwaffe auf Guo Jings zentralen Nervenpunkt im Abdomen, aber da packte ihn Ouyang Feng auch schon wieder an seinem fetten Genick und schleuderte ihn durch den Wasserfall hinaus.

Die zornigen Flüche des Lamas wurden vom Wasserfall erstickt, dann segelte er durch die Kaskaden hindurch mitten in einen der prächtigen Blumenkübel vor dem Pavillon, der in tausend Scherben zersprang.

Aus Furcht, von den herbeieilenden Schergen geschnappt zu werden, raffte jetzt auch Wanyan Honglie seine Robe und rannte in den Wasserfall. Doch dabei rutschte er auf dem glitschigen Steinboden aus und stürzte. Erst als Yang Kang ihm auf die Füße geholfen hatte, sah er, was vor sich ging. »Meister Ouyang!«, rief er. »Schafft Ihr es, diesen Kerl loszuwerden?«

Er wusste nur zu gut, dass es nichts nutzte, Ouyang Feng Befehle zu erteilen. Ihn an der Ehre zu packen war die bessere Taktik.

»Selbstverständlich!« Ouyang Feng ging in die Hocke, hielt die Handflächen waagerecht vor die Brust und schloss die Augen.

Gleich nach ihrer Geburt überwintern Kröten tief vergraben im Schlamm, speichern Nährstoffe und sammeln ihre Kräfte. Einmal außerhalb des Schlamms, ist ihr Nahrungsbedarf gering. Nach diesem Prinzip funktionierte Ouyang Fengs Kung-Fu der *Explodierenden Kröte*. Das Wichtigste daran war die vor dem Schlag gesammelte Energie, durch die er selbst für Gegner mit immensem Inneren Kung-Fu nicht aufzuhalten war. Diese Form war das Ergebnis der lebenslangen Kultivierung seines Qi. Nicht einmal der Bettler des Nordens oder der Ketzer des Ostens konnten einen solchen Schlag abwehren. Wie sollte es dann Guo Jing gelingen?

Während des vorangegangenen Schlagabtauschs hatte Ouyang Feng die durchdachten und wunderbar flexiblen Formen von Guo

Jings *Leerer Strahlenfaust* genau beobachtet und konnte nicht umhin, ihn dafür zu bewundern. Allerdings hielt er sie für Kung-Fu aus dem *Neun-Yin-Handbuch* und wartete ungeduldig darauf, dass Guo Jing die ganze Reihe durchexerzierte, um sich die Formen zu merken. Nun hatte Wanyan Honglie sie unterbrochen und zwang ihn mit seiner Frage, ihm eine Kostprobe seines fürchterlichsten Kung-Fus zu geben. Ouyang Feng würde zeigen, wozu er fähig war, aber die Macht des Schlags im letzten Moment bremsen. Er brauchte Guo Jing noch.

Guo Jing dagegen war entschlossen, unter Einsatz seines Lebens zu verhindern, dass Yue Feis Geheime Schriften den Räubern in die Hände fielen. Die Wachen waren gegen jemanden vom Format eines Ouyang Feng keine Hilfe. Was tun? Abwehren konnte er einen solchen Schlag nicht und zum Ausweichen war nicht genug Platz. Kurzerhand sprang er hoch in die Luft, und zwar so, dass er beim Landen den Höhleneingang blockierte.

Ein gewaltiger Donnerschlag erschütterte die Höhle, Geröll rieselte herab. Ouyang Fengs *Explodierende Kröte* hatte die Höhlenwand getroffen.

»Hervorragend!«, rief Ouyang Feng und setzte gleich nach, indem er mit dem Restschwung aus dem ersten Schlag einen zweiten Schlag vollführte. Guo Jing spürte die gewaltige Kraft, die auf ihn zuschoss, und wusste, dass sein Leben in Gefahr war. Er holte zu *Das alles erschütternde Donnerbeben* aus, einem der mächtigsten Schläge aus der Reihe der *Drachenbezwingenden Hände.* Diesmal wollte er Kraft mit Kraft begegnen. Nur einen kurzen Augenblick standen sich die Kontrahenten vor dem Schlag reglos gegenüber, doch dieser Augenblick genügte Guo Jing, um zu begreifen, dass er einen schweren Fehler gemacht hatte. Ouyang Feng würde ihn besiegen. Aber es gab kein Zurück mehr.

Wanyan Honglie hatte zugesehen, wie die beiden Männer einander bekämpften. Mal drängte dieser vor, mal wich jener aus, es war ein rasanter Schlagabtausch mit ständigem Wechsel der Formen. Und dann standen sie plötzlich starr und reglos da wie Leichen. Sie hatten den Atem angehalten und nicht einmal ihre Hände zitterten. Er staunte.

Guo Jing tropfte der Schweiß von der Stirn. Ouyang Feng war bewusst, dass er ihn mit dem nächsten Schlag schwer verletzen konnte, und überlegte, ihm ein wenig Raum zu geben. Prompt spürte Guo Jing die Energie des Gegners leicht abflauen und warf seine letzten Kraftreserven in einen Frontalangriff, der Ouyang Feng ernsthaft verletzt hätte, wenn dieser nicht über unübertreffliche innere Stärke verfügt hätte. Der Schlag verblüffte Ouyang Feng, aber er holte tief Luft und setzte zum Gegenschlag an. Ein wenig mehr Krafteinsatz würde den Jungen außer Gefecht setzen. Wenn aber zwei so starke Kräfte aufeinanderprallten, war der Sieg des einen unweigerlich mit fatalen Folgen für den anderen verbunden. Er hätte Guo Jing töten können, aber dieser Bursche war der Schlüssel zum tieferen Sinn des unbezwingbaren Kung-Fu der Neun Yin. Nein, er sollte sich müde kämpfen, dann würde er ihn überwältigen und gefangen nehmen.

Wanyan Honglie und Yang Kang sahen zu, wie die beiden mal mehr Kraft einsetzten, mal weniger, und fragten sich, wie lange das noch so weitergehen sollte. Der Kampf währte zwar noch nicht lange, aber vor dem Wasserfall liefen immer mehr Wachen zusammen. Allmählich gerieten sie in Panik.

Plötzlich stürzten mit Gebrüll zwei Wachen durch den Wasserfall. Yang Kang reagierte sofort, stellte sich ihnen mit zu Klauen geformten Händen entgegen und rammte beiden Wachen je fünf Finger in den Schädel: Die *Neun Yin Todeskralle*. Es roch nach Blut. Von Mordlust gepackt, zog Yang Kang seinen Dolch aus dem Stiefel und rammte ihn kurzentschlossen in Guo Jings Seite. Dieser war vollauf mit Ouyang Fengs Angriffen beschäftigt und fand keine Möglichkeit auszuweichen. Schon durchfuhr ein heftiger

Schmerz seine Flanke und ihm blieb die Luft weg. Instinktiv hieb er nach Yang Kangs Hand.

Der Schlag brach Yang Kang beinahe das Handgelenk und er ließ den Dolch los, aber die Klinge war bereits tief in Guo Jings Fleisch gedrungen. Im selben Augenblick traf die kaum gebremste Wucht der *Explodierenden Kröte* seine Brust. Mit einem stummen Schrei ging Guo Jing zu Boden.

Was für eine Schande. Ouyang Ke schüttelte bedauernd den Kopf. Er ist unrettbar verloren. Es lohnte sich nicht, ihm weiter Aufmerksamkeit zu schenken. Jetzt galt es, sich wenigstens die Geheimschrift zu sichern. Sein wütender Blick traf Yang Kang. Du Idiot hast mir alles vermasselt. Mit großen Schritten ging er in die Höhle, gefolgt von Wanyan Honglie und Yang Kang.

Mehrere Palastwachen stürmten ihnen hinterher, aber ohne sich auch nur umzudrehen, packte Ouyang Feng sie jeweils mit einer Hand am Kragen und schleuderte sie gegen die Wand.

Yang Kang leuchtete mit der Fackel die Höhle ab. Der Boden war von einer dicken Staubschicht bedeckt. Offenbar war seit sehr langer Zeit niemand hier gewesen. In der Mitte des Raums stand ein kleiner steinerner Tisch, auf dem eine mit einem Papierstreifen versiegelte, quadratische, ebenfalls steinerne Schatulle stand. Abgesehen davon war die Höhle leer.

Yang Kang besah sich die Schatulle genauer, aber die Schriftzeichen auf dem Papierstreifen waren schon zu sehr verblasst, um sie entziffern zu können.

»In dieser Schatulle liegen die Geheimschriften«, verkündete Wanyan Honglie.

Glücklich griff Yang Kang nach der Schatulle. Im selben Augenblick stieß Ouyang Feng den Jungen mit der Schulter so fest zur Seite, dass er beinahe hinfiel, und riss die Schatulle an sich.

»Gut gemacht, Mission erfüllt!«, rief Wanyan Honglie. »Und jetzt nichts wie weg hier.«

Die beiden Jin-Prinzen folgten Ouyang Feng aus der Höhle.

Vor dem Eingang lag Guo Jing, reglos und blutüberströmt. Yang Kang überkam ein Anflug von Reue. »Warum musst du dich auch einmischen?«, murmelte er leise. »Du bist selbst schuld, Schwurbrüder hin oder her.«

Da fiel ihm sein Dolch wieder ein. Als er sich bückte, um ihn aus Guo Jing herauszuziehen, tauchte eine Gestalt jenseits des Wasserfalls auf. »Guo Jing! Wo bist du?«

Huang Rong. Panisch sprang Yang Kang über Guo Jing hinweg und schlüpfte an der anderen Seite des Wasserfalls hinaus, Ouyang Feng nach. Der Dolch war vergessen.

Huang Rong war kreuz und quer über die Palastdächer gesprungen und hatte mit Peng Lianhu und Liang Ziweng Fangen gespielt, aber als die Wachen herbeiliefen, wollten sich die Banditen nicht zu weit von Wanyan Honglie entfernen. Sie kehrten zum Wasserfall zurück und töteten mehrere Wachmänner, die versuchten, in die dahinterliegende Höhle vorzudringen.

Besorgt kam auch Huang Rong zurück, um nach Guo Jing zu sehen. Nachdem Ouyang Feng und die anderen sich davongemacht hatten, waren auch die Wachen und ihre Lichter verschwunden. Im Dunkeln rief sie Guo Jings Namen. Als keine Antwort kam, zündete sie eine Fackel an. Beinahe wäre sie über ihn gestolpert. Er lag direkt vor ihr in einer riesigen Blutlache auf dem Boden. Vor Schreck ließ sie die Fackel fallen.

Draußen liefen immer noch Wachen herum und befahlen sich gegenseitig, die Eindringlinge zu fassen. Doch ihr lautes Rufen diente nur noch dazu, ihren Diensteifer zu beweisen, denn angesichts der von Ouyang Feng und den anderen hinterlassenen Leichen wagte sich keiner von ihnen mehr bis zum Wasserfall vor.

Huang Rong kniete nieder und nahm Guo Jing in die Arme. Als sie spürte, dass seine Hände noch warm waren, fiel ihr ein Stein vom Herzen. Leise rief sie seinen Namen, aber er gab keine Antwort. Kurzentschlossen hievte sie ihn auf die Schultern, schlich hinter dem Wasserfall hervor und auf die Rückseite des Miniaturhügels. Rings um den Pavillon machten inzwischen unzählige Lichter die Nacht zum Tag. Offenbar hatten sich sämtliche Palastwachen hier versammelt. Huang Rong war sehr flink, aber es gelang ihr dennoch nicht, unbemerkt an so vielen Augen vorbeizukommen. Sofort wurden Rufe laut und mehrere Wachen nahmen die Verfolgung auf. *Unnützes Pack!,* schimpfte Huang Rong im Stillen, *die Schurken lasst ihr ziehen und die Guten jagt ihr.*

Sie biss die Zähne zusammen und rannte mit der schweren Last auf ihren Schultern los. Diejenigen unter den Wachen, die Kampferfahrung hatten, rannten ihr nach. »Ah!« Plötzlich schrien sie laut auf. Huang Rong hatte eine Handvoll Nadeln auf sie geschleudert. Jetzt wagte ihr niemand mehr zu folgen. Mit vor Staunen großen Augen sahen sie der Frau hinterher, die trotz ihrer Last wie ein Eichhörnchen über die Dächer sprang und dann einfach verschwand.

Im Palast herrschte Aufruhr. Niemand konnte sich einen Reim auf das machen, was hier mitten in der Nacht geschehen war. Hatte ein Mitglied der Kaiserfamilie versucht, den Thron zu usurpieren? Oder war es ein Attentatsversuch der Rebellen aus dem Volk? Die kaiserliche Leibgarde, die Palastwachen, die kaiserliche Armee und die ganze Dienerschaft waren auf den Beinen. Bei Tagesanbruch wurden berittene Soldaten losgeschickt, um die Stadt nach Verdächtigen zu durchkämmen. Sie kehrten zwar nicht mit leeren Händen zurück, es stellte sich aber schnell heraus, dass die vermeintlichen Rebellen und Attentäter nur gewöhnliches Diebsgesindel waren. Doch um dem Kaiser Loyalität zu beweisen und die eigene Haut zu retten, mussten Schuldige her. Also pressten die Soldaten den armen Sündenböcken kurzerhand Geständnisse ab und exekutierten sie an Ort und Stelle.

Als sie endlich aus dem Palast entkommen war, rannte Huang Rong zuerst scheinbar orientierungslos durch die Stadt, um mögliche Verfolger zu verwirren und abzuschütteln. Erst, als sie sich in Sicherheit wähnte, machte sie in einer engen, dunklen Gasse halt, legte Guo Jing auf den Boden und befühlte seinen Puls. Er atmete noch, aber ohne die Fackel, die sie im Palast verloren hatte, konnte sie sich kein Bild vom Ausmaß seiner Verletzungen machen. Die Stadttore waren nachts verschlossen, aber sie musste ihn so schnell wie möglich an einen sicheren Ort bringen. Sie lief die ganze Stadtmauer ab, fand einen Durchschlupf und brachte Guo Jing auf schnellstem Weg zu der Schenke des verlassenen Dorfs.

Atemlos stieß sie die Tür auf. Ihr Kung-Fu war beachtlich, aber nachdem sie, panisch und verzweifelt, die halbe Nacht mit Guo Jing auf dem Rücken herumgerannt war, musste sie sich erst einmal setzen und nach Luft ringen. Dennoch wartete sie nicht, bis ihr Atem sich beruhigt hatte, sondern sprang sofort wieder auf und entfachte das Herdfeuer. Dann nahm sie ein brennendes Scheit und hielt es über Guo Jing. Was sie sah, erschreckte sie noch mehr als sein Anblick im Palast. Seine Augen waren fest geschlossen, sein Gesicht war leichenblass und sein Atem rasselte. Noch nie hatte sie ihn so schwer verwundet gesehen. Ihr Herz klopfte so wild, als wollte es ihr aus dem Hals springen. Wie erstarrt stand sie da, das Holzscheit in der Hand, unfähig, klar zu denken.

Unversehens riss ihr jemand die Fackel aus der Hand. Langsam drehte sich Huang Rong um. Es war die junge Frau, die sich Dummes Ding genannt hatte.

Huang Rong atmete tief durch. Jemanden bei sich zu wissen, spendete ihr Trost. Sie kniete neben Guo Jing, um sich seine Verletzungen genauer anzusehen, und das Licht der Fackel fiel schließlich auf etwas Schwarzes, das aus seiner Flanke ragte: der Ebenholzgriff eines Dolchs. Sie war jetzt ganz ruhig. Sachte zog sie sein Hemd hoch und entblößte die Haut und die Muskeln um den Einstich. Das Blut um den Schaft herum war bereits geronnen, aber die Klinge steckte eine Fingerlänge breit tief in seinem Fleisch. Huang Rong wollte sie herauszuziehen, zögerte dann aber. Was, wenn ich ihn dadurch töte? Mehrmals biss sie die Zähne zusammen, griff nach dem Dolch und zog die Hand wieder zurück. Sie konnte sich kein Herz fassen.

Dummes Ding wurde langsam ungeduldig. Als Huang Rong zum vierten Mal die Hand zurückzog, packte sie kurzentschlossen den Griff und riss die Klinge mit einem Ruck heraus. Guo Jing stöhnte auf und Huang Rong stieß einen Schrei aus, aber die junge Frau lachte nur. Aus der Wunde spritzte eine Fontäne frischen, roten Blutes. Das wilde Lachen der jungen Frau machte Huang Rong so wütend, dass sie ihr einen Handkantenschlag versetzte, der sie rückwärtstaumeln ließ. Dann nahm sie ihr Taschentuch und presste es auf die Wunde, so fest sie konnte, um die Blutung zu stoppen.

Bei der kurzen Auseinandersetzung war die Fackel ausgegangen und sie saßen im Dunkeln. Dummes Ding trat zornig nach Huang Rong, die es geschehen ließ. Aus Angst, dass Huang Rong zurückschlagen könnte, rannte die junge Frau zur Tür hinaus, wo sie stehen blieb und lauschte. Nur Huang Rongs leises Schluchzen war zu hören. Sie ging wieder hinein, zündete eine neue Fackel an und trat vorsichtig näher. »Hat mein Tritt dich verletzt?«

Durch den Schmerz, den das Herausziehen des Dolchs verursacht hatte, war Guo Jing zu sich gekommen. Er sah auf und blickte in Huang Rongs besorgtes Gesicht. »Die Schriften des Generals … haben sie … sie gestohlen?«, stammelte er.

Huang Rong fiel ein Stein vom Herzen, als sie ihn sprechen hörte. Um ihn nicht aufzuregen, wagte sie nicht, ihm die Wahrheit zu sagen. »Keine Sorge, sie haben sie nicht …« Beim Blick auf ihre blutbesudelten Hände verstummte sie.

»Warum weinst du?«, fragte er.

»Ich weine doch gar nicht.« Huang Rong zwang sich zu einem Lächeln.

»Doch, sie weint«, sagte Dummes Ding. »Sieh doch, ihr Gesicht ist ganz feucht von den Tränen.«

»Sei unbesorgt, Rong … im *Wahren Weg der Neun Yin* … dort steht, wie man Wunden heilt. Ich werde nicht sterben.«

Seine Worte waren für Huang Rong wie ein Lichtstrahl in der Dunkelheit, ihre feuchten Augen leuchteten. In ihrer unbeschreiblichen Erleichterung ergriff sie die Hand der jungen Frau. »Habe ich dir eben wehgetan, Schwester?«

Aber die junge Frau war noch ganz irritiert von Huang Rongs Notlüge. »Ich habe genau gesehen, dass du geweint hast. Gib es zu.«

Huang Rong nickte lächelnd. »Ich gebe zu, dass ich geweint habe. Du nicht, du bist sehr tapfer.«

Ihr Lob machte die junge Frau überglücklich.

Guo Jing versuchte, sein Qi durch seinen Körper zu lenken, aber die Schmerzen waren unerträglich. Huang Rong, die nun wieder etwas geistesgegenwärtiger war, zog Nadeln hervor und platzierte sie fachmännisch an verschiedenen Akupunkturpunkten rund um die Wunde, um den Blutfluss zu stoppen und seine Schmerzen zu lindern. Dann säuberte sie die Wunde, streute blutstillendes Puder darauf und legte einen festen Verband an. Zuletzt verabreichte sie ihm zur Stärkung eine von Lu Chengfengs *Tau der Neun Blüten*-Pillen.

»Das Messer … es ist ziemlich tief eingedrungen, aber … aber nicht in lebenswichtige Organe. Mach dir deswegen keine Sorgen«, sagte Guo Jing. »Die *Explodierende Kröte* des Alten Giftmolchs hat wahrscheinlich Schlimmeres angerichtet … ein Glück, dass er nicht seine ganze Kraft hineingelegt hat. Ich werde … bestimmt gesund. Wenn ich dich sieben Tage und Nächte lang um deinen Beistand bitten darf.«

»Mit Freuden stehe ich dir auch siebzig Jahre lang bei«, seufzte Huang Rong.

Ein zartes, süßes Gefühl wallte in Guo Jing auf und berauschte seine Sinne. Er musste sich zusammenreißen, um weitersprechen zu können. »Zu schade, dass der Alte Giftmolch und sein Neffe uns auf der Insel keine Ruhe gelassen haben, nachdem unser Meister verwundet war … Ich hätte ihm helfen können, seine … Verletzungen zu heilen.«

»Du meinst also, dass wir dieselbe Methode anwenden, die du auf der Insel beschrieben hast?«

»Ja … Wir brauchen einen Ort, an dem wir ungestört sind. Dort müssen wir den Anweisungen des Handbuchs gemäß unser Qi zirkulieren lassen. Dazu legen wir unsere Handflächen aufeinander und deine innere Energie hilft mir …« Er machte eine Pause, schloss die Augen und holte tief Luft, bevor er weitersprechen konnte, »hilft mir, meine inneren Verletzungen zu heilen. Das Schwierigste daran ist, dass sich unsere Handflächen sieben Tage und Nächte lang – solange wir mit unserer inneren Atmung den kleinen und den großen Tageskreislauf vollenden – stets berühren müssen. Unser Atem wird eins. Wir können uns unterhalten, aber niemand darf uns unterbrechen … auf keinen Fall dürfen wir aufstehen und weggehen. Sollte uns jemand stören …«

Huang Rong war das nicht fremd. Die Methode ähnelte der Meditation zur Kultivierung innerer Energie. Die kleinste Unterbrechung während des Kreislaufs – ein Aufruhr in Herz und Sinnen oder ein Mangel an Entschlossenheit – konnten zum Verlust des Inneren Kung-Fu führen, zu unheilbaren inneren Verletzungen oder gar zum Tod. Aus diesem Grund suchten sich Kampfkünstler abgeschiedene Orte auf Berggipfeln oder in der Wildnis oder weilten lange Zeit allein hinter verschlossenen Türen. Manche suchten sich für alle Fälle den Beistand eines Freundes oder Lehrers.

Aber wie sollen wir so schnell einen abgeschiedenen Ort für uns finden?, fragte sich Huang Rong. *Niemand außer mir kann ihm helfen und darauf, dass dieses dumme Ding uns Störenfriede vom Leib hält, können wir uns nicht verlassen. Sie macht uns höchstens selbst Ärger. Wenn nur Bruder Zhou hier wäre … Ach was, der würde durch seine kindischen Launen alles verderben. Was tun?*

Gedankenverloren schweiften ihre Augen durch den Raum und blieben am Küchenregal hängen. Natürlich! Wir verstecken uns in der geheimen Kammer. Hat nicht meine Schwester Mei Chaofeng ungestört in einem finsteren Kellerloch ihr bösartiges Kung-Fu geschult?

Der Tag brach an und die junge Frau kochte für die beiden Reissuppe.

»Jing«, flüsterte Huang Rong. »Warte hier auf mich. Ich kaufe Vorräte für uns ein. Sobald ich zurück bin, fangen wir an.«

In der brütenden Sommerhitze würden die meisten Gemüse- und Reisgerichte schnell verderben. Daher besorgte sie im Dorf so viele Wassermelonen, wie man mit einer Schulterstange tragen konnte. Der Bauer half ihr, die Melonen zurück zur Schenke zu bringen, wo er den ganzen Haufen vor der Tür ablegte. »Unsere süßen und saftigen Wassermelonen sind der ganze Stolz von Niu«, sagte der Bauer, als sie ihn entlohnte. »Beim ersten Bissen werdet Ihr wissen, wovon ich rede, wertes Fräulein.«

Niu? Huang Rongs Herz machte einen Sprung. Das war doch das Dorf, aus dem Guo Jings Familie stammte. Auf keinen Fall durfte er das erfahren, es würde ihn zu sehr aufregen. Rasch verabschiedete sie den Bauern, damit Guo Jing nichts davon zu Ohren kam.

Sie fand ihn tief und fest schlafend vor. Der Verband um seine Hüfte war noch sauber. Ein Glück, die Wunde blutet nicht mehr, dachte sie.

Sie ging zum Wandschrank und drehte die eiserne Schale, um die Tür zur Geheimkammer zu öffnen. Dann trug sie eine Melone nach der anderen in die Kammer. Jetzt galt es nur noch sicherzustellen, dass das dumme Ding mitspielte. Wiederholt schärfte sie der jungen Frau ein, dass sie um keinen Preis jemandem verraten dürfe, wo sie waren, niemand dürfe sie stören, was auch geschehe. Und sie dürfe nicht nach ihnen rufen, unter keinen Umständen.

Die junge Frau begriff nicht, worum es ging, aber Huang Rongs Stimme und ihre strenge Miene verrieten ihr, wie ernst die Lage war. Sie nickte eifrig und wiederholte: »Ihr zwei wollt in Ruhe dort drinnen Wassermelonen essen und niemand darf es wissen. Und erst wenn ihr aufgegessen habt, kommt ihr wieder heraus. Dummes Ding sagt es niemandem.«

»Dummes Ding sagt es niemandem. Dummes Ding ist ein braves Mädchen«, sagte Huang Rong lächelnd. »Wenn Dummes Ding etwas sagt, dann ist sie ein böses Mädchen.«

»Ich sage nichts. Dummes Ding sagt nichts!«

Huang Rong fütterte erst Guo Jing mit einer Schale Reissuppe und aß anschließend selbst ein wenig, dann humpelte er auf sie gestützt in die dunkle Kammer. Als sie die Tür schloss, traf ihr Blick das einfältig lächelnde Gesicht der jungen Frau. »Dummes Ding sagt nichts.«

Oh nein, dachte Huang Rong. Was, wenn sie zu dem ersten Menschen, der ihr begegnet, »Dummes Ding sagt nichts« sagt? Ich muss sie töten, damit sie uns keine Scherereien macht.

Huang Rong war immer noch die Tochter des Alten Ketzers, der ihr von klein auf beigebracht hatte, dass konfuzianische Werte wie Menschlichkeit, Gerechtigkeit, Güte und Mitleid leeres Geschwätz seien und man sich um tradierte Moralvorstellungen nicht scheren müsse. Sicher, diese junge Frau stand in einer engen Beziehung zu ihrem Bruder Qu Lingfeng, trotzdem musste sie das dumme Ding töten.

Sie zog Guo Jings Dolch aus seinem Gürtel und ging zurück in die Küche.

密室療傷

5
Meditation in der Geheimkammer

Huang Rong drehte sich noch einmal nach Guo Jing um, der sie mit fragenden Augen ansah. Ob er ihr die Mordlust vom Gesicht ablas?

Nein, ich kann sie nicht töten. Guo Jing würde es mir nie verzeihen. Er wäre nicht nur böse auf sie, er würde sie wahrscheinlich für immer hassen. Selbst wenn er sie nicht verließ, würde er Groll in seinem Herzen tragen. War es das wert? Ach was, riskieren wir es, dachte Huang Rong und stieg wieder in die Kammer.

Sie schloss die Tür und sah sich um. In der westlichen Ecke des Raums war ein fußbreites quadratisches Deckenfenster, durch das etwas Tageslicht hereinfiel. Eine dicke Staubschicht lag auf dem Papierfenster, aber es genügte, damit sie nicht in völliger Dunkelheit saßen. Mit dem Dolch säuberte Huang Rong die verstopften Luftlöcher im Gestein. Der faulige, muffige Gestank würde so schnell nicht verschwinden, aber in ihrer Not war dieses stinkende Loch ein Paradies.

Guo Jing saß an die Wand gelehnt da und lächelte. »Einen besseren Ort als diesen könnte es nicht geben … aber was ist mit den beiden Skeletten? Machen sie dir keine Angst?«

Im Grunde ihres Herzens fürchtete Huang Rong sich tatsächlich, dennoch schüttelte sie lachend den Kopf. »Der eine ist ein

Bruder meiner Kampfkunstschule, der tut mir bestimmt nichts. Und der andere war irgendein fetter Militärbeamter, die fürchte ich weder lebend noch als Totengeister.« Sie hob die Skelette hoch und legte sie vorsichtig nebeneinander in die nördliche Ecke der Kammer. Dann verteilte sie das Stroh, auf dem die Melonen geliefert worden waren, auf dem Boden und ordnete einen Teil der Früchte zu einem Kreis an. »Wie findest du das?«

»Vortrefflich. Fangen wir an.«

Huang Rong führte Guo Jing in den Kreis und setzte sich ihm im Schneidersitz gegenüber. Dabei entdeckte sie an der gegenüberliegenden Wand ein winziges Loch, nicht größer als eine Münze. Sie erhob sich wieder, spähte hindurch und stellte zu ihrer großen Freude fest, dass in der Öffnung ein kleiner Spiegel verborgen war, in dem man beobachten konnte, was außerhalb der Kammer vor sich ging. Wer auch immer der Schöpfer dieser Geheimkammer war – er hatte alles perfekt durchdacht. Leider war auch der Spiegel mit einer dicken Staubschicht bedeckt. Sie wickelte ein Taschentuch um ihren Zeigefinger und rieb ihn damit sauber.

Draußen hockte die junge Frau auf dem Boden, warf Steine und bewegte dabei die Lippen. Huang Rong verstand zunächst kein Wort, aber dann legte sie ihr Ohr an die Öffnung und hörte, dass die junge Frau ein Wiegenlied sang. *Wiege hier und wiege da, wiege mit der Großmama, Großmama ist für mich da …* Zuerst fand sie es amüsant, doch je länger sie lauschte, desto mehr berührte sie der Gesang, und sie fühlte eine liebevolle Verbundenheit mit der jungen Frau. Ob ihre Mutter dieses Wiegenlied für sie gesungen hat? Wäre meine Mutter nicht … hätte vielleicht sie auch so ein Lied für mich gesungen. Ihr war zum Weinen zumute.

»Rong? Was ist mit dir?«, fragte Guo Jing leise. »Sei nicht traurig, ich werde bestimmt wieder gesund.«

Huang Rong wischte sich über die Augen. »Erklär mir, wie diese Methode funktioniert«, sagte sie.

Guo Jing begann, den Abschnitt *Wie man innere Verletzungen heilt* aus dem *Wahren Weg der Neun Yin* zu rezitieren.

»In der Kampfkunst sagt man: Bevor du lernst zu schlagen, lerne geschlagen zu werden. Noch bevor man die simpelsten Formen lernt, muss man wissen, wie man sich vor Verletzung schützt, wie man Blockaden der Nervenpunkte löst, wie man Knochen einrenkt und Gift aus dem Körper zieht. Das Kapitel *Wie man innere Verletzungen heilt* aber richtet sich an Meister der Kampfkunst und konzentriert sich ganz auf die heilende Kraft des Qigong und wie man durch die Beherrschung seines inneren Atems Selbstheilungskräfte aktiviert. Dass der Leser die Heilmethoden für Knochenbrüche und Stichwunden kennt, setzen wir als gegeben voraus …«

Schon nach einmaligem Hören hatte Huang Rong den Abschnitt verinnerlicht. Trotzdem gab es mehrere Absätze, die nicht unmittelbar begreiflich waren und über deren Bedeutung sie sich erst verständigen mussten. Was Huang Rong ihm an Klugheit voraus hatte, machte Guo Jing mit seiner jahrelangen Praxis des Inneren Kung-Fu der Quanzhen-Schule wett. Zusammen erschlossen sie sich mühelos den tieferen Sinn des Texts.

Dann streckte Huang Rong ihm ihre rechte Handfläche entgegen und Guo Jing begegnete ihr mit seiner linken Handfläche. Zusammen aktivierten sie ihre innere Energie und ließen ihr Qi gemäß der Anleitung durch den Körper fließen. Der Verletzte nutzte seine innere Atmung, um Blockaden in den Adern zu lösen, während die Helfende ihren inneren Atem an den anderen abgab, wenn sein eigener nicht ausreichte.

Vier Stunden und mehrere vollständige Atmungszyklen später lösten die beiden ihre Handflächen voneinander, um ein wenig auszuruhen. Huang Rong teilte mit dem Dolch eine Wassermelone in Stücke, die sie zusammen mit Guo Jing verspeiste, und danach setzten sie ihre Meditation bis zum Nachmittag fort. Guo Jing spürte, wie der schwere Druck auf seiner Brust bereits ein wenig nachließ und das warme Qi, das sich über Huang Rongs Hand in seine Nervenpunkte ergoss, auch die Schmerzen in seinem Unterbauch milderte. Die Weisheiten des *Wahren Wegs der Neun Yin* hatten in der Tat etwas Magisches; sie durften nur nicht nachlassen und keinen Deut von den Anweisungen abweichen.

Als sie zum dritten Mal eine Pause einlegten, war das Licht, das durch das kleine Oberfenster drang, schon fahl geworden. Der Tag ging zur Neige, Guo Jing atmete freier und auch Huang Rong fühlte sich wie neugeboren.

Sie plauderten ein wenig und wollten gerade wieder ihre Hände miteinander verbinden, als sich von draußen ein Geräusch näherte; schnelle, stapfende Schritte, die vor der Schenke abrupt anhielten. Gleich darauf polterte eine Gruppe von Männern in die Stube.

»Bring uns etwas zu essen, aber schnell! Wir sterben vor Hunger«, kommandierte jemand in ruppigem Ton.

Entsetzt sahen Guo Jing und Huang Rong einander an. Dieser Rüpel war kein anderer als Hou Tonghai.

Huang Rong sprang auf, spähte durch die kleine Öffnung und stellte fest, dass in der Stube nicht nur Hou Tonghai stand, sondern auch Wanyan Honglie, Yang Kang, Ouyang Feng mit seinem Neffen, Peng Lianhu … die ganze Bande.

Hou Tonghai schlug mit der Handfläche so fest auf den Tisch, dass das Häuschen bebte, aber niemand kam. Wo war Dummes Ding?

Liang Ziweng drehte eine Runde durch die Schenke. »Hier ist niemand«, sagte er stirnrunzelnd.

Hou Tonghai bot an, im Dorf etwas zu essen einzukaufen. Ouyang Feng hatte wortlos in einer Ecke hinter dem Feuerholz etwas Stroh angehäuft, auf das er seinen Neffen bettete.

Peng Lianhu lachte. »So nutzlos diese Pest, die sich Elitetruppe des Kaiserhofs nennt, auch sein mag, reicht ihr ruchloser Eifer immerhin so weit, dass wir bis hierhin nirgends vor ihnen sicher waren. Den ganzen Tag haben wir noch nichts in den Magen bekommen. Ein Glück, dass Eure Majestät, obwohl Ihr aus dem Norden stammt, dieses abgeschiedene Dorf am Ufer des Qiantang gekannt habt. Euer Wissen ist beeindruckend.«

Wanyan Honglie hörte seine Schmeicheleien, zeigte aber keinerlei Regung. Seine Gedanken waren woanders. »Ich war vor neunzehn Jahren schon einmal hier«, sagt er schließlich seufzend.

Verwundert bemerkten die Umstehenden den Anflug von Wehmut auf seinem Gesicht. Wie hätten sie wissen können, dass dies das Dorf war, in dem ihm einst Bao Xiruo das Leben gerettet hatte. Das Dorf war immer noch so abgeschieden wie damals, aber die wunderschöne Frau im schlichten schwarzen Kleid und der Spange im Haar, die ihn im Stall mit Hühnersuppe gefüttert hatte, würde er niemals wiedersehen.

Hou Tonghai kehrte zurück, beladen mit Essen und Wein. Um die Stimmung etwas aufzuheitern, schenkte Peng Lianhu eine Runde ein und hob seine Schale. »Heute, Euer Majestät, ist es Euch gelungen, die nachgelassene Geheimschrift General Yue Feis in Euren Besitz zu bringen. Darf ich mir erlauben, Euch unsere ergebensten Glückwünsche auszusprechen.« Mit diesen Worten hob er seine Schale und trank sie in einem Zug leer.

Seine Stimme war so laut, dass selbst Guo Jing ihn hinter der Wand verstehen konnte. General Yue Feis Aufzeichnungen sind ihnen in die Hände gefallen? Der Schock brachte sein Qi durcheinander und sein Atem stockte. Huang Rong, die seine Hand nicht losgelassen hatte, spürte das Beben in ihrer Handfläche und wusste sofort, dass die schlechte Nachricht drohte, die Arbeit eines ganzen Tages zunichtezumachen. Sie spürte, wie der Fluss des Qi in seinem Abdomen unterbrochen wurde, und legte die Lippen an sein Ohr. »Keine Sorge, wir stehlen es uns von ihnen zurück«, flüsterte sie. »Wird dein Zweiter Meister Zhu Cong nicht Flinke Hand genannt? Er kann zehn Bücher auf einmal stehlen.«

Das stimmt, dachte Guo Jing, schloss die Augen und lenkte seine ganze Aufmerksamkeit nach innen, um das Gerede jenseits der Wand nicht mehr an sich heranzulassen.

Huang Rong spähte weiter durch die Öffnung. Auch Wanyan Honglie hob höflich seine Weinschale und trank. »Ihr alle habt hart um diesen Sieg gekämpft, aber der größte Dank gebührt Meister Ouyang für seinen tapferen Einsatz. Hätte er nicht diesen Guo überwältigt, wären wir in große Schwierigkeiten geraten.«

Ouyang Feng lachte trocken – ein Geräusch, so durchdringend wie aufeinanderschlagende Zimbeln. Guo Jing erbebte.

Himmel, hilf!, dachte Huang Rong. *Lass den Alten Giftmolch nicht zu allem Übel auch noch anfangen, seine dämonische Eiserne Zheng zu spielen!*

»Hier finden uns die Soldaten der Song bestimmt nicht«, sagte Ouyang Feng. »Ich muss gestehen, dass ich sehr neugierig auf die Schriften des Generals bin. Lasst uns einen Blick hineinwerfen.«

Er zog die steinerne Schatulle aus seiner Robe und stellte sie auf den Tisch. Für den Fall, dass die Schriften wirklich nützliche Weisheiten der Kampfkunst enthielten, durfte sie niemand anders außer ihm in die Finger bekommen. Ginge es darin aber allein um die strategische Kunst der Kriegsführung, konnte Wanyan Honglie sie gerne haben.

Die Bande umrundete den Tisch. Huang Rong bemühte sich, so viel wie möglich zu sehen. *Was soll ich nur tun? Lieber will ich die Schriften vernichten, als dass sie diesen Verrätern in die Hände fallen!*, dachte sie.

»Ich habe die rätselhaften Gedichte des Generals sorgfältig studiert und entschlüsselt und in den Aufzeichnungen vergangener Dynastien ausgiebig nach Angaben zur Konstruktion der Kaiserpaläste geforscht«, hob Wanyan Honglie an, »um den Ort zu finden, an dem die Schriften verborgen lagen, nämlich fünfzehn Schritte östlich des Pavillons der Winterjade. Und ich habe recht behalten. Ich glaube nicht, dass man sich am Kaiserhof dieses unermesslichen Schatzes in den eigenen Mauern bewusst war. Aus diesem Grund werden sie die Ursache des nächtlichen Aufruhrs niemals erraten.«

Man hörte ihm an, wie stolz er auf sich war. Wie zu erwarten, überboten die Umstehenden sich dabei, ihn mit Lobhudeleien zu überhäufen.

Wanyan Honglie zwirbelte zufrieden seinen Bart. »Kang, mein Junge, öffne die Schatulle.«

Yang Kang zerriss das Papiersiegel und lüftete den Deckel. Alle drängten dichter heran. Mit einem Mal wich ihnen alle Farbe aus dem Gesicht. Niemand sagte ein Wort.

Die Schatulle war leer.

Huang Rong grinste. Sie konnte die Schatulle zwar nicht sehen, aber ein Blick in die Gesichter der Bande genügte.

Wanyan Honglie musste sich am Tisch festhalten. Er setzte sich und stützte den Kopf in die Hände. Wie viel Zeit ich darauf verwendet habe, Texte zu entschlüsseln, nachzurechnen, Pläne zu schmieden. Wofür? Alles, alles deutete darauf hin, dass die Schriften sich an jenem Ort befinden. Wohin sind sie verschwunden?

Plötzlich hellte sich seine Miene auf. Er griff nach der Schatulle, ging damit vor die Tür und schleuderte sie auf die Steinplatten, wo sie in tausend Stücke zerschellte.

Huang Rong hörte, wie die Schatulle zersprang. Ah, er denkt, dass es ein Geheimfach gibt! Zu gerne hätte sie selbst nachgesehen, aber hinauszugehen kam nicht infrage. Doch gleich darauf gab ihr das traurige Gesicht, mit dem Wanyan Honglie zurück in die Stube kam, die Antwort.

»Ich dachte, die Schatulle hätte ein Geheimfach.«

Die ganze Bande mutmaßte über den Verbleib der Schriften. Huang Rong lauschte amüsiert ihren absurden und abwegigen Einfällen. Fröhlich berichtete sie Guo Jing den Stand der Dinge. Sofort fühlte er sich besser. So leicht werden diese Verschwörer nicht aufgeben, dachte Huang Rong. Wahrscheinlich kehren sie noch heute Nacht in den Palast zurück. Was, wenn unser Meister in die Sache hineingezogen wird? Zwar hat er Zhou Botong an seiner Seite, aber der Alte Kindskopf ist unberechenbar, wer weiß, wie ernst er seine Pflichten nimmt! Diese Gedanken behielt sie jedoch für sich.

»Gehen wir noch heute Nacht in den Palast zurück und sehen uns um.« Es war Ouyang Fengs Stimme.

»Nein, nicht heute Nacht«, sagte Wanyan Honglie. »Nach diesem Aufruhr wird der ganze Palast in Alarmbereitschaft sein.«

»Wir werden es zweifellos mit den Wachen zu tun bekommen«, sagte Ouyang Feng. »Aber was macht das schon? Euer Majestät und der junge Prinz können sich zusammen mit meinem Neffen hier ausruhen.«

Wanyan Honglie legte seine Hände zusammen. »Wenn Meister Ouyang die Mühe auf sich nehmen möchte, warte ich gerne hier, bis Ihr mit guten Nachrichten zurück seid.«

Aber fürs Erste häuften die Männer Reisstroh auf den Boden und legten sich schlafen.

Nur zwei Stunden später weckte Ouyang Feng die Kämpfer wieder auf und führte sie zurück in die Stadt.

Wanyan Honglie wälzte sich unruhig auf seinem Lager herum und fand keinen Schlaf. Gegen Mitternacht nahm das Rauschen der Wellen auf dem Qiantang zu. Am anderen Ende des Dorfs jaulte wieder und wieder ein Hund. Es klang wie ein Weinen, ein fortgesetztes Wehklagen in der Stille der Nacht, was den Sechsten Prinzen von Jin nur noch unruhiger machte.

Wenig später hörte er Schritte von draußen. Jemand näherte sich dem Haus. Er setzte sich auf und zog sein Schwert. Yang Kang war sofort auf den Beinen und verbarg sich hinter der Tür. Doch im Mondlicht erschien nur eine zerzauste junge Frau, die ein Wiegenlied summend in die Schenke spazierte.

Sie war die ganze Zeit über draußen im Wald gewesen. Dass überall in ihrem Haus Männer auf dem Boden schliefen, schien sie nicht weiter zu stören. Sie ging einfach hinüber zu ihrer üblichen Bettstatt neben dem Feuerholz, legte sich hin und fing bald an zu schnarchen.

Nur ein schlichtes Bauernmädchen, dachte Yang Kang erleichtert und legte sich wieder schlafen. Wanyan Honglie dagegen wurde weiter von seinen Grübeleien wach gehalten. Irgendwann stand er auf, zündete eine Kerze aus seinem Beutel an, nahm ein Buch zur Hand und blätterte darin. Huang Rong bemerkte das Licht, das durch die Öffnung drang. Sie drängte sich näher an das Loch heran, um besser sehen zu können, aber sie sah nur eine große Motte, die erst um das Kerzenlicht tanzte und plötzlich geradewegs in die Flamme flog und sich die Flügel versengte. Die Motte stürzte auf den Tisch und Wanyan Honglie nahm sie auf seine Handfläche. *Wäre die wunderbare Bao Xiruo hier, sie würde dich wieder gesund pflegen,* dachte er und zog dabei ein kleines Silbermesser und ein Fläschchen mit Heilkräutern aus der Tasche. Zärtlich strich er mit den Fingern darüber.

Huang Rong stupste Guo Jing an der Schulter an und machte Platz, damit er selbst sehen konnte. Guo Jing legte sein Auge an die Öffnung. Er erinnerte sich an das Messer und das Fläschchen, die er damals in der Residenz des Königs Zhao gesehen hatte, als

Bao Xiruo in ihrer bescheidenen Hütte ein verletztes Kaninchen versorgte.

»Neunzehn Jahre ist es her …«, murmelte Wanyan Honglie leise. »Hier, in diesem Dorf ist es gewesen.« Seufzend stand er vom Tisch auf, nahm die Kerze und ging vor die Tür.

Guo Jing trafen seine Worte wie ein Schlag. Hier? War dies etwa das Dorf Niu, die Heimat seiner Eltern? Er legte seine Lippen an Huang Rongs Ohr und fragte sie leise. Sie nickte. Guo Jing begann, am ganzen Körper zu zittern. Huang Rong, deren Handfläche noch immer auf seiner lag, spürte, wie sein Qi erneut bedrohlich in Aufruhr geriet. Das durfte nicht sein. Rasch presste sie auch die andere Handfläche auf seine und atmete tief und gleichmäßig. Gemeinsam beruhigten sie seinen wilden Herzschlag.

Eine ganze Weile verging, bis wieder ein Lichtstrahl durch die kleine Öffnung fiel, als Wanyan Honglie mit einem Seufzer erneut die Stube betrat. Guo Jing war jetzt so ruhig, dass er noch einen Blick wagte.

Dort saß Wanyan Honglie im Kerzenschein. Völlig selbstvergessen betrachtete er ein paar zerbrochene Scherben und Ziegel, die er wie wertvolle Kleinode durch seine Finger gleiten ließ.

Der Verräter ist nur zehn Schritte von mir entfernt, dachte Guo Jing. *Ein Wurf mit meinem Dolch und es ist vollbracht.*

Er griff nach dem goldenen Dolch, dem Geschenk Dschingis Khans. »Öffne die Tür«, flüsterte er Huang Rong zu.

»Nein!«, zischte sie leise. »Wenn du ihn tötest, verrätst du unser Versteck.«

»Aber in sechs Tagen ist er längst über alle Berge.« Guo Jings Stimme bebte.

Wie sollte sie ihn von seinen Rachegedanken abbringen? Sie trat noch dichter an ihn heran. »Deine Mutter und ich möchten, dass du lebst«, wisperte sie in sein Ohr.

Er nickte langsam und steckte den Dolch zurück in das Heft. Noch einmal spähte er durch die Öffnung. Wanyan Honglie lag schlafend über dem Tisch. Doch da erhob sich eine andere Gestalt von einem Strohlager in der Ecke. Die Kerze erhellte ihn von der Seite, dennoch konnten sie im Spiegel nicht erkennen, wer es war. Die Gestalt ging zum Tisch, nahm das kleine Messer und das Fläschchen in die Hand, besah sie sich nachdenklich und stellte sie vorsichtig zurück. Dann drehte die Gestalt sich um und Guo Jing sah das Gesicht. Yang Kang.

Jetzt ist die Gelegenheit, den Tod deiner Eltern zu rächen, Yang Kang, dachte Guo Jing in der Hoffnung, dass der andere seine Gedanken hörte. Nie mehr mussten sie dieselbe Luft atmen wie er. Stich zu! Die Gelegenheit kommt nicht wieder. Ouyang Feng und die anderen können jeden Augenblick zurück sein.

Bang beobachtete er jede Bewegung seines Schwurbruders. Aber Yang Kang blies lediglich die Kerze aus. Es dauerte einen Augenblick, bis Guo Jings Augen sich an die plötzliche Dunkelheit gewöhnt hatten. Was er dann sah, ließ ihn die Fäuste ballen. Yang Kang streifte sein Überkleid ab und legte es fürsorglich über Wanyan Honglies Schultern. Guo Jing ertrug es nicht, länger zuzusehen. Wie konnte Yang Kang dem Mörder seiner leiblichen Eltern mit solcher Zärtlichkeit begegnen?

»Ruhig«, wisperte Huang Rong, »ganz ruhig. Sobald es dir besser geht, jagen wir diese Verräter bis ans Ende der Welt. Ihn zu töten wird ein Leichtes sein, er ist schließlich kein Ouyang Feng.«

Guo Jing nickte stumm. Sie hockten sich wieder auf den Boden und setzten ihre Meditation fort.

Bald schon verkündeten die ersten Hahnenschreie den Morgen. Sieben weitere Male hatten sie ihr Qi durch den Körper kreisen lassen. Ihr Geist war wieder friedlich und still.

»Tag eins ist geschafft«, freute sich Huang Rong und hob den Zeigefinger.

»Und ein schwieriger Tag dazu. Ohne dich wäre ich nie in der Lage gewesen, mich zu beherrschen und nicht alles noch zu verschlimmern.«

»Wir haben noch sechs Tage und Nächte vor uns. Versprich mir, dass du alles tust, was ich sage.«

»Ich tue immer, was du sagst.« Guo Jing lächelte.

Sie legte ihren Kopf schief. »Ach ja?«

In diesem Augenblick fiel das erste Tageslicht durch das Oberfenster und verlieh ihren Wangen einen rotgoldenen Schimmer. Ihre Handflächen fühlten sich wunderbar warm und weich an. In Guo Jing regte sich etwas, doch er verscheuchte den Gedanken. Dennoch lief er feuerrot an.

Noch nie hatte Guo Jing eine derartige Regung verspürt. Sie erschreckte und verwirrte ihn. Stumm tadelte er sich dafür.

Huang Rong bemerkte, wie er rot wurde. »Was ist mit dir?«, fragte sie.

»Ich bin ein schlechter Mensch … ich … ich dachte daran …« Er ließ den Kopf hängen.

»Was dachtest du?«, drängte Huang Rong.

»Nichts, jetzt ist es schon wieder vorbei.«

»Was ist es gewesen?«

»Ich dachte … ich wollte dich in den Arm nehmen und küssen.«

Eine süße, wohlige Wärme durchflutete Huang Rong. Jetzt wurde auch sie rot. Und sah dadurch noch entzückender aus als sonst.

Sie senkte den Blick und schwieg.

»Bist du böse auf mich, Rong? Ich weiß – so etwas zu denken macht mich zu einem schlechten Kerl. So einem wie Ouyang Ke.«

Huang Rong sah ihn an. »Ich bin dir nicht böse«, sagte sie sanft und lächelte. »Ich dachte daran, dass du eines Tages genau das tun wirst. Du wirst mich in die Arme nehmen und küssen. Weil ich dann deine Frau sein werde.«

Ihre Antwort verschlug ihm die Sprache.

»Ist die Vorstellung, mich zu küssen, wirklich so schlimm?«, fragte sie zärtlich.

In diesem Augenblick hörten sie stapfende Schritte und schon polterte ein Teil der Bande wieder zur Schenke herein.

»Verflucht! Hatte ich es dir nicht gesagt? Das waren Geister, aber du …« Hou Tonghai war so aufgewühlt, dass es ihm die Stimme verschlug.

»Geister?«, fragte Sha Tongtian. »So ein Unfug. Das waren Krieger des Jianghu!«

Huang Rong sah durch die Öffnung Hou Tonghais blutüberströmten Kopf und Sha Tongtians zerrissene Kleider. Sie schienen einen harten Kampf hinter sich zu haben.

Wanyan Honglie und Yang Kang starrten entsetzt die beiden übel zugerichteten Männer an, die sie so brutal aus dem Schlaf gerissen hatten, und fragten, was passiert sei.

»Ein Geist!«, antwortete Hou Tonghai. »Er hat mir die Ohren abgeschnitten!«

Ein prüfender Blick auf seine blutigen Wangen bestätigte Wanyan Honglie das Unglaubliche. Dem dreigehörnten Drachen fehlten die Ohren.

»Mach dich nicht lächerlich!«, schimpfte Sha Tongtian. »Das war kein Geist.«

Sosehr Hou Tonghai seinen Kampfbruder auch respektierte, so wenig ließ er sich von seiner Überzeugung abbringen. »Wenn ich ihn doch mit eigenen Augen gesehen habe! Er sah genauso aus wie die Tempelfigur des Richters der Unterwelt, blaue Augen hatte er und einen roten Bart und eine fürchterliche Stimme. Er rief ›Huah!‹, und als ich mich umgedreht habe, hat er mich am Genick gepackt und mir die Ohren abgeschnitten.«

Sha Tongtian waren immerhin drei Schlagwechsel mit dem unheimlichen Fremden gelungen, bevor dieser ihm die Kleider in Fetzen gerissen hatte. Das war eindeutig ein Krieger des Jianghu gewesen, kein Geist. Obwohl er gewiss noch nie einen Krieger von so unheimlicher Gestalt gesehen hatte.

Die vier stellten Mutmaßungen über die Herkunft des Fremden an. Irgendwann fragten sie sogar Ouyang Ke, der still und kraftlos in einer Ecke lag. Aber auch ihm war nichts von einem solchen Kämpfer bekannt.

Unterdessen trudelten nacheinander auch Lama Erhabene Weisheit, Peng Lianhu und Liang Ziweng ein. Die Hände des Lamas waren mit einer schweren Eisenkette auf dem Rücken gefesselt und Peng Lianghus Gesicht glich einer blauschwarz geschwollenen Fratze. Das jämmerlichste Bild aber bot Liang Ziweng, dem man jedes einzelne Haar, sowohl des Barts als auch des Hauptes, ausgerissen hatte. Sein kahler Schädel glänzte beinahe so schön wie der Sha Tongtians.

Nachdem sie erfolgreich in den Kaiserpalast eingedrungen waren, hatten sie sich aufgeteilt, um das Gelände nach den Schriften Yue Feis abzusuchen. Doch dann hatte jeder von ihnen eine unverhoffte Begegnung mit bizarren Dämonen – der eine mit dem Boten des Todes, der andere mit dem Richter der Unterwelt, der nächste mit dem Erdgott.

Liang Ziweng strich immer wieder fassungslos über seinen Glatzkopf und verfluchte samt und sonders jeden Geist und Dämon der Mythologie, während Peng Lianhu sich abmühte, die Eisenketten zu lösen, die dem Lama tief ins Fleisch seiner Handgelenke schnitten. Dabei scheuerte er seine eigenen Hände und Handgelenke blutig.

Ratlos sahen sie einander an. Keiner sagte mehr ein Wort. Sie hatten es mit meisterlicher Kampfkunst zu tun bekommen, so viel war sicher, der Schock über die erlittenen Demütigungen saß tief. Hou Tonghai wollte nicht aufhören, seine Kumpane davon zu überzeugen, dass sie es mit echten Dämonen zu tun hatten. Die anderen ließen ihn reden.

Schließlich ergriff Wanyan Honglie das Wort. »Wo ist Meister Ouyang geblieben? Ist er vielleicht auch einer dieser Kreaturen begegnet?«

»Niemand im ganzen Jianghu besitzt größere Fähigkeiten als Gift des Westens«, sagte Yang Kang. »Ich glaube nicht, dass sich ein Großmeister seines Formats von einem Geist besiegen lässt.«

Seine Bemerkung kränkte die versammelte Runde nur noch mehr.

Schadenfreudig betrachtete Huang Rong ihre zerknirschten Mienen. Die Masken, die ich Bruder Botong geschenkt habe, haben sich als ausgesprochen nützlich erwiesen, dachte sie grinsend. Ob er auch Ouyang Feng begegnet ist?

Guo Jings innere Energie pulsierte in ihrer Handfläche und riss sie aus ihren Betrachtungen. Sofort hatte er wieder ihre ganze Aufmerksamkeit.

Nach dieser erschöpfenden Nacht waren Peng Lianhu und seine Bande wie ausgehungert. Sie hackten Feuerholz und gingen einkaufen. Als das Frühstück bereit war, ging Hou Tonghai zum Küchenschrank, um Schüsseln zu holen. Als er nach der eisernen Schale griff, bewegte sie sich natürlich nicht. »Noch ein Geist!«, rief er und sammelte seine ganze innere Kraft, um die Schale loszureißen.

Huang Rong geriet in Panik. Auf keinen Fall durften sie entdeckt werden, davon hing Guo Jings Leben ab. Was tun?

Während sie fieberhaft nachdachte, stritten sich auf der anderen Seite der Geheimtür Sha Tongtian und Hou Tonghai erneut darüber, ob Geister ihre Finger im Spiel hatten. »Dann versuch doch selbst, die Schale zu bewegen!«, zeterte Hou Tonghai.

Nun griff Sha Tongtian nach der Schale, aber auch er konnte sie nicht bewegen. Peng Lianghu kam hinzu, um sich die Sache einmal anzusehen. »Das scheint mir ein geheimer Mechanismus zu sein«, sagte er. »Versuch mal, sie nach rechts oder links zu drehen.«

Es blieb keine Zeit zum Nachdenken. Huang Rong ergriff den Hundestock, reichte Guo Jing den Dolch und mahnte ihn flüsternd, sein Qi nicht mehr zu bewegen, damit sie ihre Handflächen voneinander lösen konnten. Natürlich war er viel zu schwach zum Kämpfen, sogar schwächer als jemand ohne jede Kampfausbildung. Sie waren dem Tod geweiht. Der Gedanke schnürte Huang Rong die Kehle ab.

Hilflos sah sie sich um. *Die Skelette!* Sie rannte in die Ecke, wo die Knochen übereinanderlagen, nahm die beiden Totenköpfe und steckte sie fest auf eine große Wassermelone.

Nur Augenblicke später quietschte der Mechanismus und die Metalltür öffnete sich. Huang Rong balancierte ihre Kreation auf dem Kopf und bedeckte das Gesicht mit ihrem Haar.

Als Sha Tongtian die Kammer betrat, stellte sich ihm der fürchterlichste zweiköpfige Dämon entgegen, den man sich vorstellen konnte.

Von hinten spähten die anderen an ihm vorbei. Mit einem markerschütternden Schrei ergriff Hou Tonghai die Flucht und lief hinaus in den Wald. Die anderen rannten ihm entsetzt hinterher. In der Stube blieb nur der verletzte Ouyang Ke zurück.

Erleichtert schloss Huang Rong die Tür. Sie lächelte, auch wenn sie wusste, dass ihre Ruhe nicht mehr lange währen würde. Diese vierschrötigen Kerle waren hervorragende Kämpfer, die bald merken würden, dass man sie hinters Licht geführt hatte. Sie würden wiederkommen, keine Frage. Zum Glück hatte der Alte Kindskopf beste Vorarbeit geleistet. Ohne seine Possen im Palast hätte sie die Männer nicht so leicht ins Bockshorn jagen können.

Während Huang Rong noch über mögliche Wege nachsann, um ihrer misslichen Lage zu entkommen, ging erneut die Tür zur Schenke auf. Sie legte den Hundestock neben sich bereit und griff nach dem Dolch. Wer auch immer es wagte, in die Geheimkammer einzudringen, dem würde sie die Klinge zwischen die Augen rammen.

Sie lauschte, atemlos.

»Hallo? Ist jemand da?« Eine freundliche, helle Stimme.

Überrascht presste Huang Rong wieder ihr Auge an die Öffnung. Es war eine Frau, gekleidet in einen Brokatmantel und mit feinstem Schmuck im Haar, ganz offensichtlich eine Tochter aus gutem Hause. Aber ihr Gesicht konnte sie nicht sehen.

»Schankwirt! Schankwirtin!«, rief die Frau noch einmal.

Diese Stimme kenne ich, dachte Huang Rong. Bevor ihr einfiel, woher, drehte die Frau sich um. Es war Fräulein Cheng aus Baoying! Was hatte sie in Niu zu suchen?

Während des vorangegangenen Tumults hatte Dummes Ding keinerlei Regung gezeigt. Jetzt öffnete sie die Augen und kroch aus ihrem Strohlager hervor.

»Ah, da seid Ihr ja«, sagte Fräulein Cheng. »Ob ich wohl etwas zu essen bekommen könnte? Meinen ergebensten Dank.«

Dummes Ding schüttelte erst den Kopf, doch dann roch sie den Duft von frisch gekochtem Reis. Sie stand auf und warf einen Blick in den Topf, der auf dem Herd stand. Entzückt nahm sie zwei Schüsseln und füllte sie. Eine davon reichte sie Fräulein Cheng, die den Inhalt skeptisch musterte. Nichts außer billigem, ungeschältem Reis ohne Beilage. Vorsichtig probierte sie ein paar Stäbchen voll, verzog das Gesicht und stellte die Schüssel ab. Dummes Ding hatte ihre Schüssel im Nu verputzt und füllte sie noch zweimal nach. Satt und zufrieden tätschelte sie ihren Bauch.

»Verzeihung, Frau Wirtin«, sagte Fräulein Cheng schließlich. »Dürfte ich fragen, wo wir hier sind? Ist es noch weit bis Niu?«

»Niu?«, wiederholte Dummes Ding. »Niu ist hier. Aber ich weiß nicht, wie weit es weg ist.«

Fräulein Cheng errötete und nestelte mit gesenktem Blick an ihrem Gürtel herum. Eine kurze Weile verging, bis sie wieder zu sprechen begann. »Aha, also sind wir in Niu. Ob ich dann fragen dürfte … kennt Ihr vielleicht jemanden mit Namen …?«

Dummes Ding wartete jedoch nicht, bis sie ausgesprochen hatte, sondern schüttelte energisch den Kopf und rannte auf und davon.

Huang Rong fragte sich, nach wem Fräulein Cheng suchen mochte. Dann fiel es ihr schlagartig ein. Fräulein Cheng war eine Schülerin von Sun Bu'er, die genau wie ihr Ehemann Zinnoberrote Sonne Ma Yu zu den Sieben Unsterblichen Jüngern der Quanzhen-Schule gehörte. Wahrscheinlich hatten die sieben Jünger sie beauftragt, nach Qiu Chujis Schüler Yang Kang zu suchen.

Huang Rong beobachtete sie, wie sie in tadelloser Haltung ihre Kleider zurechtstrich und ihren Haarschmuck richtete. Sie hatte rosige Wangen und ein winziges Lächeln umspielte ihre Lippen. Sie war bezaubernd. Huang Rong erriet ihre Gedanken.

Schon wieder näherte sich jemand der Tür. Energischen Schrittes trat ein junger Mann ein. »Schankwirt!«, rief er laut.

Noch ein vertrautes Gesicht! Alle Wege der Welt schienen nach Niu zu führen. Die Heimat Guo Jings besaß ein geradezu magisches Feng-Shui.

Der junge Mann, der soeben eingetreten war, war niemand anders als der junge Lu Guanying, Sohn ihres Kampfkunstbruders Lu Chengfeng, dem Herrn des Wanderwolkenpalasts.

Überrascht bemerkte er die schöne junge Frau am Tisch. »Schankwirt!«, rief er noch einmal.

Beim Anblick des jungen Mannes wandte sich Cheng Yaojia errötend ab.

Was macht eine so bezaubernde junge Dame allein in dieser heruntergekommenen Schenke?, fragte sich Lu Guanying. Er ging in die Küche. Als niemand zu sehen war, schöpfte er sich kurzerhand selbst eine Schüssel aus dem Topf und füllte seinen knurrenden Magen. Dann wandte er sich an die junge Dame. »Bitte verzeiht. Ich war furchtbar hungrig.«

Sie lächelte, ohne aufzusehen. »Dies ist nicht mein Haus«, sagte sie leise. »Bitte bedient Euch, mein Herr.«

Er verschlang noch zwei weitere Schüsseln, dann verbeugte er sich vor ihr. »Verzeiht noch einmal, aber ob die gnädige Dame mir zu sagen wüsste, wie weit es noch bis Niu ist?«

Huang Rong war von der Frage so überrascht wie Cheng Yaojia, überrascht und entzückt zugleich. Noch jemand auf der Suche nach Niu!

»Nun, wir sind in Niu«, antwortete Fräulein Cheng und nestelte nervös an ihren Kleidern.

»Wunderbar! Wenn ich Euch noch einmal belästigen dürfte, gnädige Dame … ich suche jemanden, einen jungen Mann.«

Cheng Yaojia wollte eben antworten, dass auch sie hier fremd sei, besann sich aber eines Besseren. »Nach wem sucht Ihr, wenn ich fragen darf?«

»Ein Sohn der Familie Guo, Guo Jing heißt er. Wisst Ihr, welches sein Haus ist und ob er womöglich dort anzutreffen wäre?«

Wieder waren Huang Rong und Cheng Yaojia gleichermaßen erstaunt. Warum suchte er nach Guo Jing? Cheng Yaojia antwortete nicht, sondern wandte sich nur verlegen von ihm ab. Ihr Gesicht war inzwischen feuerrot.

Aus dieser Reaktion schloss Huang Rong, dass Fräulein Cheng ebenfalls auf der Suche nach Guo Jing war. Sie ist in ihn verliebt! Hatte er nicht in Baoying ihr Leben gerettet? Zu ihrem eigenen Erstaunen fühlte Huang Rong keine Eifersucht. Sie war jung und hatte ein großmütiges Herz – aber vor allem wusste sie, dass Guo Jings Liebe zu ihr niemals wanken würde. Dass eine andere ebenfalls in ihn verliebt war, störte sie nicht, im Gegenteil; sie freute sich darüber.

Ihr Gefühl trog nicht. Als Ouyang Ke sie in Baoying entführt hatte, waren Li Sheng und die Kumpane des Bettlerklans ihr zwar zu Hilfe gekommen, aber ohne das beherzte Eingreifen Guo Jings und Huang Rongs wäre sie von diesem Schurken entehrt worden. Doch Guo Jing war nicht nur ein ausgezeichneter Kämpfer, er war auch aufrecht und gutherzig. Als Tochter einer wohlhabenden Adelsfamilie hatte Cheng Yaojia die Frauengemächer des Familiensitzes nie zuvor verlassen. Ihr Interesse am anderen Geschlecht keimte eben erst auf, und in ihrem Leben war ihr vordem kaum ein junger Mann begegnet.

Nach ihrer Rettung waren ihre Gedanken Tag und Nacht unaufhörlich um Guo Jing gekreist. Eines Tages hatte sie sich ein Herz gefasst und sich auf die Suche nach ihm begeben. Ihr Kung-Fu war bescheiden und sie wusste wenig von den vielen Schulen und Kampfkunststilen des Jianghu. Auch von Guo Jing wusste sie nur so viel, dass er aus Niu am Qiantang unweit der Hauptstadt Lin'an stammte.

Obwohl sie die Reise allein auf sich genommen hatte, war sie unbeschadet bis hierher gelangt. Die stolze Unnahbarkeit, die sich in ihrer ganzen Haltung ausdrückte, hielt ihr jedes Gesindel mit unehrenhaften Absichten vom Leib. Tapfer hatte sie sich durchgefragt, bis man sie bei ihrer letzten Station in diese Richtung gewiesen hatte. Als sie aber von der jungen Frau erfuhr, dass sie in Niu war, wusste sie nicht mehr weiter. Meilenweit war sie gereist und jetzt, wo sie am Ziel war, hoffte sie inständig, Guo Jing nicht zu Hause anzutreffen. *Heute Nacht, wenn alles dunkel ist, werde ich mich seinem Haus nähern, von außen hineinspähen und dann nach Baoying zurückkehren, dachte sie. Er darf nie erfahren, dass ich nach ihm gesucht habe; ich würde mich zu Tode schämen.* Ausgerechnet da war dieser junge Mann in die Schenke geplatzt. Als er obendrein noch nach Guo Jing fragte, fühlte sie sich ertappt. Was sollte sie sagen? Das Beste war wohl, unverzüglich zu gehen.

Sie wollte gerade aufstehen, als eine scheußliche Fratze im Türrahmen auftauchte, die sofort wieder verschwand. Cheng Yaojia stolperte vor Schreck rückwärts. Schon tauchte die Fratze wieder auf.

»Komm heraus, doppelköpfiger Dämon! Der dreigehörnte Drache fordert dich zum Kampf! Heraus ans Licht mit dir, wenn du dich traust!«

Lu Guanying und Cheng Yaojia fragten sich, was hier vor sich ging.

Huang Rong schnaubte verächtlich. »Sie sind zurück«, flüsterte sie. Weder Lu Guanying noch Cheng Yaojia waren versiert genug, um es mit Peng Lianhus Bande aufzunehmen. Selbst zu viert wäre es kein aussichtsreiches Unterfangen und zu schade um das Leben ihrer beiden Freunde. Ein Kampf würde ihr und Guo Jing immerhin etwas Luft verschaffen. Sie überlegte hin und her, aber ausnahmsweise kam ihr keine zündende Idee.

Peng Lianhu und die anderen nahmen an, dass der doppelköpfige Dämon in der Kammer zu den in höchster Kampfkunst geschulten Kreaturen gehörte, die sie in der vergangenen Nacht im Kaiserpalast heimgesucht hatten, und beschlossen, sich von der Schenke fernzuhalten. Hou Tonghai, der einfältig genug war, um tatsächlich an Geister zu glauben, wusste es besser. »Böse Geister verlieren am Tage alle Kräfte«, rief er den anderen empört nach. »Was seid ihr für Helden des Jianghu, wenn ihr nicht einmal das wisst! Ein Hou Tonghai hat am helllichten Tag keine Angst vor Geistern.« Denen werde ich es zeigen, dachte er. *Mit diesem Dämon mache ich kurzen Prozess und dann wollen wir einmal sehen, ob die anderen mir endlich den verdienten Respekt zollen.*

Also war er, wenn auch nicht ohne gewisse Beklemmung, zurückgekehrt. Doch als er seinen Kopf durch die Tür steckte, fand er zu seiner Überraschung einen jungen Mann und eine junge Frau in der Schenke vor. *Hat der doppelköpfige Dämon sich zweigeteilt und Menschengestalt angenommen? Das sieht nicht gut aus, alter Hou, sieh dich vor!,* sagte er sich.

Lu Guanying und Cheng Yaojia waren vollkommen verwirrt. Ein Verrückter! Das Beste war, ihn einfach zu ignorieren.

Hou Tonghai schlich weiter fluchend und zeternd um das Haus herum, doch der Dämon ließ sich nicht herauslocken. Keine Frage, er fürchtete sich vor der sengenden Sonne, die Hou Tonghai selbst gehörig zusetzte. Aber tollkühn in die Schenke zu stürmen und den Dämon ans Licht zu zerren, wagte er dennoch nicht. Er wartete, bis ihm irgendwann einfiel, dass böse Geister auch Schmutz und Unrat fürchteten.

Über das Dorf verteilt gab es etliche Misthaufen, einer davon war gleich unweit der Schenke. Er zog sein Überkleid aus, schaufelte ordentlich Mist hinein und kehrte damit sowie mit der Mistgabel bewaffnet, zurück vor die Schenke. Ein verstohlener Blick durch das Fenster verriet ihm, dass der Dämon in Gestalt der beiden jungen Leute noch immer unbekümmert am Tisch saß. Seine Geheimwaffe verlieh ihm neuen Mut. »Komm heraus, garstiger Dämon, wenn du es wagst!«, rief er und stürmte, die Mistgabel in der einen und einen großen Haufen Dung in der anderen Hand, auf die Tür zu.

Lu Guanying und Cheng Yaojia schraken zusammen, als der Verrückte wieder auftauchte, jetzt auch noch von einem widerlichen Gestank begleitet. Hou Tonghais Blick wanderte zwischen ihnen hin und her. *In Menschengestalt sind sie als Mann gefährlicher,* dachte er, *aber in Geistform musste man sich eher vor den weiblichen hüten!*

Kurzentschlossen warf er mit dem Dung nach Cheng Yaojia, die sich mit einem schrillen Schrei wegduckte. Blitzschnell riss Lu Guanying eine Holzbank in die Höhe und hielt sie schützend vor. Der Dung klatschte gegen die Bank und spritzte in alle Richtungen, auch auf Lu Guanyings Gesicht. Nur mit Mühe unterdrückte er den Brechreiz.

»Hier bin ich! Zeig deine wahre Gestalt, du doppelköpfiger Dämon!« Der dreigehörnte Drache hob die Mistgabel und ging zum Angriff auf Cheng Yaojia über. Seine ebenso flinke wie gekonnte Handhabung der Mistgabel verriet den Kampfkünstler. Die beiden jungen Leute erkannten, dass dieser Kerl nicht irgendein harmloser Dorftrottel, sondern ein Kämpfer des Jianghu war.

In Lu Guanyings Augen wirkte die junge Dame, zweifellos die wohlbehütete Tochter eines Edelmanns, zart und zerbrechlich wie eine Blume, die beim kleinsten Windhauch knickt. Entschlossen stellte er sich mit der Bank vor sie.

»Wer seid Ihr?«, rief er.

Hou Tonghai ignorierte die Frage und stieß stattdessen mit der Mistgabel zu. Lu Guanying wehrte sie mit der stabilen Sitzbank ab und wiederholte seine Frage.

Dieser Dämon versteht sich unzweifelhaft auf Kampfkunst, aber heute bedient er sich ganz anderer Stile als gestern Nacht, dachte Hou Tonghai verwundert. Wahrscheinlich hat ihn mein Angriff mit dem Mist aus dem Konzept gebracht, räsonierte er. »Du willst meinen Namen nur wissen, damit du ihn mit einem Fluch belegen kannst – gestehe, Dämon! So leicht lasse ich mich nicht einschüchtern.«

»So leicht lässt sich ein Hou Tonghai nicht beeindrucken«, hätte er beinahe gesagt, sich aber in einem seltenen Anfall von Geistesgegenwart eines Besseren besonnen. Stolz, dem Dämon ein Schnippchen geschlagen zu haben, stieß er scheppernd die Mistgabel gegen die Wand und griff erneut an.

Lu Guanying, dessen Kampfkunst nicht die höchste war, hatte einzig die Bank als Waffe. Zwar hing auch ein Schwert an seiner Hüfte, aber er fand keine Gelegenheit, es zu ziehen. Er wich immer weiter nach hinten aus, bis er schließlich mit dem Rücken zur Wand stand und Huang Rongs Guckloch versperrte.

Hou Tonghai stieß zu, Lu Guanying sprang zur Seite und die Zacken der Mistgabel blieben nur einen Schritt von Huang Rong entfernt in der Wand stecken. Während der dreigehörnte Drache noch an der Mistgabel zerrte, um sie aus der Wand zu befreien, wollte Lu Guanying ihm die Bank auf den Schädel schmettern. Der selbst ernannte Dämonenbezwinger trat gerade noch rechtzeitig nach seiner Hand und setzte mit einem Faustschlag nach. Die Bank fiel klappernd auf den Boden. Hou Tonghai riss die Mistgabel aus der Wand. Lu Guanying sah sich vergeblich nach Deckung um.

In diesem kritischen Augenblick griff Cheng Yaojia ein. Sie zog blitzschnell Lu Guanyings Schwert aus der Scheide und reichte es ihm.

»Danke!« war das Einzige, was der junge Mann überrascht herausbrachte, denn da kamen auch schon die Zacken der Mistgabel auf ihn zu. Bevor sie seine Brust durchbohren konnten, parierte er sie mit dem Schwert. Funken sprühten, als Metall auf Metall traf. Der Verrückte kämpfte hervorragend, aber mit dem Schwert in der Hand wuchs auch Lu Guanyings Selbstvertrauen.

Die beiden lieferten sich ein wildes Gefecht, bei dem sie ständig auf dem Mist ausrutschten, der mittlerweile den ganzen Boden bedeckte und die Stube mit furchtbarem Gestank erfüllte.

Zunächst war Hou Tonghai immer in der Nähe der Tür geblieben, um gegebenenfalls vor den dämonischen Kräften fliehen zu können, aber dieses Ungeheuer schien einiges von seiner Kraft eingebüßt zu haben. *Was bin ich doch für ein schlauer Bursche,* dachte er, *mein Trick mit dem Dung hat funktioniert!* Mit neuem Mut drängte er Lu Guanying immer weiter zurück. Der hatte seine liebe Not, gegen den Verrückten zu bestehen.

Cheng Yaojia hatte sich, aus Angst davor, sich die Kleider zu besudeln, in eine Ecke zurückgezogen, aus der heraus sie das Geschehen beobachtete. Sie machte sich zunehmend Sorgen um den stattlichen jungen Mann. Zögerlich zog sie ein Schwert aus ihrem Bündel. »Verzeiht, werter Herr … ich helfe Euch, wenn Ihr gestattet.« Ihre gute Erziehung gebot, selbst dann um Erlaubnis zu bitten, wenn sie Hilfe in der Not leisten wollte. Sie wartete jedoch die Antwort nicht ab, sondern griff beherzt in den Kampf ein.

Als Schülerin von Meisterin Wandelnde Klarheit Sun Bu'er verstand sie sich auf den Schwertkampfstil der Quanzhen-Schule. Leider hatte sie den dreigehörnten Drachen, der sich ohnehin wunderte, warum die weibliche Hälfte des Dämons bislang so untätig geblieben war, durch ihre übertriebene Höflichkeit vorgewarnt. *Der Dung wirkt offensichtlich Wunder!,* freute sich Hou Tonghai.

Lu Guanying dagegen war – ein weiteres Mal – angenehm überrascht von der jungen Dame. Wie flink und geschickt sie war! Sein Herz ging über vor Bewunderung. Er selbst war bereits schweißgebadet und focht immer ungelenker, aber ihr Eingreifen beflügelte ihn.

Hou Tonghais Verwunderung nahm kein Ende. Der Dämon hatte offenbar nicht viel Übung in seiner menschlichen Erscheinungsform. Weshalb sonst diese schwächlichen, nervösen Attacken? Der weibliche Dämon focht zwar anders als der männliche, aber Furcht einflößend war beides nicht. Erleichtert genoss er es, den fiesen Dämon in Bedrängnis zu bringen.

Huang Rong wurde auf ihrem Beobachtungsposten zunehmend nervöser. Die Sache stand nicht gut für die beiden Freunde. Sie selbst hätte den einfältigen Schurken ohne Weiteres ausgetrickst, aber sie konnte unmöglich die Verbindung mit Guo Jings Hand unterbrechen.

»Wertes Fräulein!«, rief Lu Guanying. »Nehmt Abstand, das ist zu gefährlich für Euch!«

Dankbar nahm sie Notiz von seiner Sorge um sie, aber der junge Mann wäre allein verloren, das konnte sie nicht zulassen. Sie schüttelte den Kopf und kämpfte weiter.

Endlich besann sich Lu Guanying auf eine bessere Taktik. »Welcher Held liefert sich einen Kampf mit einer wehrlosen Dame?«, schimpfe er Hou Tonghai. »Kämpfen wir Mann gegen Mann und lassen die Frau aus dem Spiel!«

Allmählich dämmerte es Hou Tonghai, dass diese beiden wohl doch nicht die Inkarnationen des Dämons aus der Kammer waren. Doch warum sollte er von dieser blendenden jungen Schönheit ablassen, wo er sie beinahe in seiner Gewalt hatte? »Weibliche Dämonen sind mir lieber!«, lachte er und attackierte Fräulein Cheng umso verbissener, aber ohne große Kraft, um sie nicht zu verletzen.

»Schnell, gnädiges Fräulein, lauft weg!«, rief Lu Guanying. »Lu Guanying ist Euch zu tiefem Dank verpflichtet, aber ich möchte nicht, dass Ihr Euch meinetwegen dieser Gefahr aussetzt.«

»Euer Name ist Lu?« Ihre Stimme war nur ein Flüstern.

»Allerdings. Und Euer werter Name?«, fragte Lu Guanying zurück, während er sich mit Mühe Hou Tonghais Mistgabel vom Leib hielt. »Welcher Schule gehört Ihr an?«

»Der Name meiner Meisterin ist Sun Bu'er, Meisterin Wandelnde Klarheit. Mein … mein Name …« Einem fremden Mann den eigenen Namen zu nennen war unschicklich.

»Fräulein, ich schaffe das schon. Lauft! Wenn ich am Leben bleibe, werde ich Euch zu finden wissen. Danke für Eure Hilfe!«

Sie errötete. »Aber, mein Herr …«

Zornig fuhr sie Hou Tonghai an. »Schluss jetzt, Wahnsinniger! Wehe, Ihr tut diesem jungen Ehrenmann etwas zuleide! Meine

Meisterin ist Sun Bu'er, eine der Unsterblichen der Quanzhen-Schule, und sie ist auf dem Weg hierher.«

Die Sieben Meister der Quanzhen-Schule waren im ganzen Jianghu berühmt. Hou Tonghai war noch in sehr guter Erinnerung, wie Jadesonne Wang Chuyi, der Unsterbliche mit dem Eisenfuß, ihn und seine Kameraden in der Residenz des Königs Zhao gedemütigt hatte. Ihre Worte ließen ihn zusammenfahren. Eine daoistische Hexe also! Doch er verbarg seinen Schrecken hinter Großspurigkeit. »Sollen sie doch kommen, alle sieben Meister der Quanzhen-Schule, ich werde einen nach dem anderen abschlachten!«

»Wer wagt es, solche Töne zu spucken, als wäre er seines Lebens müde?«, dröhnte plötzlich eine Stimme vor der Tür.

Einen Augenblick lang waren alle drei starr vor Staunen. Dann zog Lu Guanying schnell die junge Frau hinter sich und hob sein Schwert, um sie vor den mörderischen Attacken Hou Tonghais zu schützen.

In der Tür stand ein junger Mann mit feinen Gesichtszügen und klarem Blick, der an der hellen Robe und der schwarzen Kappe unschwer als Daoist zu erkennen war. Er hatte einen Fliegenwedel in der Hand.

»Wer will die sieben Meister der Quanzhen-Schule abschlachten?«, wiederholte er kühl.

Hou Tonghai hob seine Mistgabel und stemmte die andere Hand in die Hüfte. »Ich. Na und?«

»Dann versucht es!« Schon peitschte Hou Tonghai der Wedel um die nicht mehr vorhandenen Ohren.

Guo Jing hatte gerade einen weiteren Kreislauf seines Qi vollendet. Neugierig geworden, kam er auf die Beine und drängte sich neben Huang Rong, um durch die Öffnung zu spähen.

»Ist das ein Jünger der Quanzhen-Schule?«, fragte Huang Rong.

Guo Jing erkannte den jungen Mann auf Anhieb. Es war Qiu Chujis Schüler Yin Zhiping, der ihn eines Nachts in der Mongolei zum Kampf gefordert und besiegt hatte. Flüsternd erzählte Guo Jing ihr die ganze Geschichte.

»Den dreigehörnten Drachen bezwingt er nicht so leicht«, sagte Huang Rong skeptisch, während sie den Kampf zwischen den beiden in der Stube beobachtete.

Diesen Eindruck hatte wohl auch Lu Guanying, der nach kurzem Abwarten wieder in den Kampf eingriff. Yin Zhipings Kampfkunst hatte sich seit der Begegnung mit Guo Jing ein wenig gesteigert, aber auch mit Lu Guanying zusammen vermochte er Hou Tonghai gerade so standzuhalten.

Cheng Yaojias Herz klopfte wie wild. Lu Guanyings Berührung hatte ihr den Atem geraubt. Während sie über die Stelle strich, auf die der junge Mann seine Hand gelegt hatte, beobachtete sie wie benommen den Kampf. Ein lautes Klirren riss sie aus ihrem Tagtraum.

»Wertes Fräulein! Vorsicht!«, schrie Lu Guanying.

Hou Tonghais Mistgabel schoss geradewegs auf sie zu, aber im letzten Augenblick war es Lu Guanying gelungen, die Gefahr mit seinem Schwert aufzuhalten. Sie wurde rot. Wie konnte sie hier vor sich hinträumen, während es um Leben und Tod ging! Eine besonders versierte Kämpferin war sie nicht, aber drei Gegner brachten den dreigehörnten Drachen nun doch in Bedrängnis.

Yin Zhipings Fliegenwedel tanzte vor Hou Tonghais Augen und lenkte ihn so sehr ab, dass Lu Guanying mit dem Schwert sein Bein traf.

»Verdammter Bastard! Verflucht seist du und achtzehn Generationen deiner Ahnen!«, zeterte er. Die Wunde erschwerte die Verteidigung. Als er mit der Mistgabel zur nächsten Attacke schritt, schlang sich Yin Zhipings Fliegenwedel darum. Beide zogen mit ganzer Macht, aber Hou Tonghai war der Stärkere. Mit einem Ruck entriss er dem jungen Daoisten den Wedel. Da erwischte

Cheng Yaojia mit dem Schwertstoß *Die Milchstraße erschüttern* den dreigehörnten Drachen so hart an der Schulter, dass er vor Schmerz seine Mistgabel fallen ließ. Yin Zhiping setzte mit einem schwungvollen Fußtritt nach. Hou Tonghai taumelte und ging zu Boden. Lu Guanying lähmte ihn mit einem Faustschlag und fesselte ihm dann rasch mit seinem Ledergürtel die Hände hinter dem Rücken.

»Wenn du nicht einmal einen Novizen der Quanzhen-Schule schlagen kannst, wie willst du dann alle sieben Unsterblichen erledigen?«, schnaubte Yin Zhiping.

Hou Tonghai fluchte und schimpfte ihn einen Feigling. Drei gegen einen! Aber Yin Zhiping riss seinem Gefangenen einen Stofffetzen vom Hemd und stopfte ihm damit den Mund. Jetzt blieb Hou Tonghai nur, seine Widersacher mit giftigen Blicken zu strafen. Er war dunkelrot vor Zorn.

Yin Zhiping machte eine tiefe Verbeugung vor Cheng Yaojia. »Werte große Schwester, Ihr seid eine Schülerin der Unsterblichen Sun Bu'er? Darf ich Euch meinen tiefen Respekt aussprechen.«

Cheng Yaojia erwiderte die Verbeugung. »Darf ich fragen, welcher meiner Kampfkunstonkel Euer Meister ist, kleiner Bruder?«

»Ich bin ein Schüler von Meister Ewiger Frühling.«

Da sie ihr Zuhause nie zuvor verlassen hatte, kannte Cheng Yaojia keinen der anderen sechs Meister der Quanzhen-Schule persönlich, aber natürlich hatte ihre Meisterin ihr von ihnen erzählt; auch, dass Meister Ewiger Frühling der tapferste und gefährlichste Krieger der Schule war. »Dann seid Ihr mein großer Bruder«, korrigierte sie schüchtern. »Mein Familienname ist Cheng. Bitte nennt mich kleine Schwester.«

Ihre zurückhaltende, mädchenhafte Art war bezaubernd, hatte aber wenig von einer Kriegerin des Jianghu. Amüsiert wandte Yin Zhiping sich nun Lu Guanying zu und stellte sich auch ihm vor. Lu Guanying nannte seinen Namen, verschwieg jedoch seine Herkunft.

»Dieser Verrückte ist ein ziemlich guter Kämpfer. Ich frage mich, aus welcher Schule er stammt. Wir dürfen ihn auf keinen Fall laufen lassen«, sagte Yin Zhiping.

»Überlasst das mir, ich erledige ihn«, sagte Lu Guanying. Als Anführer der Piraten des Tai-Sees kannte er keine Skrupel.

»Nein, Ihr dürft ihn nicht töten!«, rief Cheng Yaojia entsetzt.

Yin Zhiping lächelte. »Sie hat recht, es gibt keinen Grund, ihn zu töten.« Dann wandte er sich an seine Kampfkunstschwester. »Bist du schon lange hier?«

»Nein, ich bin eben erst angekommen«, erwiderte sie errötend.

Yin Zhipings Blick streifte seine beiden neuen Bekanntschaften. Er spürte, dass die beiden ein stummes Einverständnis verband. Besser, ich lasse sie allein, dachte er. »Mein Meister hat mich beauftragt, nach Niu zu reisen, um jemanden zu finden und eine Nachricht zu überbringen. Daher erlaubt mir, meiner Wege zu ziehen, um ihn zu suchen. Gewiss werden wir uns bald wieder begegnen.« Er legte die Faust in die Handfläche, verbeugte sich und wandte sich zum Gehen.

Cheng Yaojia errötete noch deutlicher als zuvor. »Nach wem suchst du, mein Bruder?«

Yin Zhiping zögerte. Sollte er ihr ehrlich antworten? Warum nicht, sie war eine Schülerin seiner eigenen Schule und in Begleitung eines ehrenhaften Kämpfers. »Ich suche nach einem Freund namens Guo«, sagte er schließlich.

Jedermann staunte, auch Huang Rong und Guo Jing auf der anderen Seite der Wand.

»Lautet sein Vorname Jing?«, fragte Lu Guanying.

»Allerdings. Kennt Ihr ihn?«

»Auch ich bin auf der Suche nach Onkel Guo.«

Onkel Guo?, wunderten sich Yin Zhiping und Cheng Yaojia.

»Er gehört derselben Generation von Kampfkünstlern an wie mein Vater, daher gehört es sich, ihn als meinen Onkel zu bezeichnen.« Sein Vater, Lu Chengfeng, war ein Schüler von Huang Rongs Vater Huang Yaoshi, und da er Guo Jing als den Verlobten der jungen Frau ansah, gehörten die beiden für ihn zur selben Generation wie sein Vater. Cheng Yaojia schwieg, auch wenn es in ihr tobte.

»Habt Ihr ihn gesehen? Wisst Ihr, wo ich ihn finden kann?«, fragte Yin Zhiping.

»Auch ich bin eben erst angekommen«, antwortete Lu Guanying. »Ich wollte mich eben nach ihm erkundigen, als dieser Verrückte uns plötzlich grundlos angegriffen hat.«

»Wunderbar. Dann können wir gemeinsam nach ihm suchen gehen.«

Die drei gingen zur Tür hinaus.

Huang Rong und Guo Jing wechselten Blicke.

»Ich kann sie nicht gehen lassen«, sagte Guo Jing. »Mach die Tür auf, Rong.«

»Wozu? Selbst wenn es sich um etwas Dringendes handelt, dann bist du ihnen, verletzt wie du bist, zu nichts nütze. Du musst deine ganze Aufmerksamkeit auf dich richten und erst gesund werden.«

»Du hast recht. Aber es scheint etwas sehr Wichtiges zu sein. Gibt es denn gar keine Lösung?«

»Diese Tür bleibt verschlossen, und wenn der Himmel einstürzt«, sagte Huang Rong bestimmt.

Es dauerte jedoch nicht lange, bis die drei wieder zurückkehrten.

»Niemand im ganzen Dorf weiß, wo er steckt. Das lässt nichts Gutes ahnen«, sagte Lu Guanying.

»Ich frage mich, in welcher dringenden Angelegenheit man Euch hergeschickt hat. Dürfen wir es erfahren?«, fragte Yin Zhiping.

Ungern wollte Lu Guanying seinen Auftrag preisgeben, aber er konnte dem erwartungsvollen Blick der bezaubernden jungen Frau nicht widerstehen. »Das ist eine lange Geschichte. Lasst uns zuerst die Stube von diesem unerträglichen Gestank säubern.«

Die Schenke verfügte weder über Schaufel noch Besen, also lasen sie draußen Reisig auf, das sie zu einem Besen banden und damit den Mist aus der Stube fegten. Dann setzten sie sich um den Tisch.

»Halt!«, rief Cheng Yaojia, als Lu Guanying anhob, seine Geschichte zu erzählen. »Er darf nichts hören.« Sie riss dem dreigehörnten Drachen noch zwei Fetzen vom Hemd, mit dem sie ihm die Ohren verstopfen wollte.

»Ihr seid wirklich aufmerksam«, lobte Lu Guanying. »Wer weiß, wer dieser Verrückte ist.«

Huang Rong grinste. *Von wegen aufmerksam. Uns beide hinter der Wand habt ihr nicht bemerkt, dachte sie. Und was ist mit Ouyang Ke dort hinten in der Ecke? Er hat alles mitangehört. Habt Ihr ihn gar nicht gesehen?*

Aber Cheng Yaojia fehlte die Erfahrung der Wanderschaft mit ihren überall lauernden Gefahren, während Yin Zhiping etwas von der stolzen Dickköpfigkeit seines Meisters hatte. Sie kamen gar nicht auf die Idee, sich in der Stube einer verlassen wirkenden Schenke genauer umzusehen.

Erst als sie Hou Tonghai die Stofffetzen in die Ohren stecken wollte, bemerkte Cheng Yaojia, dass er gar keine Ohren mehr hatte, und zuckte zurück. Doch dann stopfte sie ihm kurzerhand den Stoff in die Ohrlöcher und drehte sich, ein wenig stolz auf ihre Tapferkeit, lächelnd zu Lu Guanying um. »Jetzt könnt Ihr reden.«

»Ach«, seufzte er. »Wo soll ich anfangen? Also, auch ich suche Onkel Guo, obwohl ich das nicht tun sollte. Eigentlich sollte ich es aus vielen Gründen sogar lassen. Aber hier bin ich nun mal, und jetzt muss ich ihn auch finden.«

»Ihr sprecht in Rätseln«, bemerkte Yin Zhiping.

»Nun, es ist kompliziert. Tatsächlich suche ich weniger nach Onkel Guo als nach seinen sechs Meistern.«

»Die sechs Sonderlinge des Südens!« Yin Zhiping schlug mit der Faust auf den Tisch.

»In der Tat.«

»Wenn das so ist, dann seid Ihr offenbar in derselben Angelegenheit hier wie ich selbst. Jeder von uns schreibt den Namen des Mannes auf, um den es geht, und dann soll Schwester Cheng uns sagen, ob wir aus demselben Grund hier sind.«

Cheng Yaojia lächelte. »So machen wir es. Dreht Euch mit dem Rücken zueinander und schreibt.«

Yin Zhiping und Lu Guanying nahmen jeder einen Zweig und schrieben damit einen Namen vor sich in den Staub.

»Und, Schwester? Ist es derselbe Name?«, fragte Yin Zhiping.

Cheng Yaojia warf einen Blick auf den Boden. »Nein, Bruder. Du hast Huang Yaoshi geschrieben«, sagte sie, »und er hat das Bild einer Pfirsichblüte gemalt.«

Vater!, dachte Huang Rong entsetzt.

»Bruder Yin hat den Namen des Großmeisters meiner Kampfkunstschule aufgeschrieben, den ich nicht zu schreiben gewagt habe«, sagte Lu Guanying.

»Euer Großmeister?«, fragte Yin Zhiping staunend. »Huang Yaoshi, der Herr der Pfirsichblüteninsel?«

»Oh, jetzt verstehe ich«, sagte Cheng Yaojia.

»Wenn Ihr ein Jünger der Schule der Pfirsichblüteninsel seid, Bruder Lu«, sagte Yin Zhiping merklich kühler, »dann könnt ihr nur aus niederträchtigem Grund nach den sechs Sonderlingen suchen.«

»Das ist nicht wahr«, sagte Lu Guanying.

Yin Zhiping bemerkte das leichte Zögern in seiner Stimme. »Entweder sind wir Freunde oder Feinde. Sollte Letzteres der Fall sein, dann erlaube ich mir jetzt zu gehen.«

»Wartet, Bruder! Ich brauche Eure Hilfe.«

Yin Zhiping horchte auf. Meine Hilfe?

»Ihr seid ein Schüler der Quanzhen-Schule, Bruder Yin. Daher wisst Ihr, dass die Rechtschaffenheit es gebietet, jemanden zu warnen, wenn er in Gefahr ist. Was aber, wenn Euer eigener Großmeister einen Unschuldigen bedroht, der Euch nahesteht? Heißt ihn zu warnen dann, den eigenen Meister zu verraten?«

»Ich verstehe! Für Euch als Schüler der Pfirsichblüteninsel ist dies ein schwieriges Dilemma. Redet weiter«, sagte Yin Zhiping.

»Nichts zu unternehmen wäre unehrenhaft. Mische ich mich aber ein, ist es nicht weniger unehrenhaft. Zu gerne würde ich Bruder Yin um etwas bitten, aber ich wage es nicht.«

Yin Zhiping begriff recht gut, was Lu Guanying von ihm wollte, aber wenn er es nicht aussprach, konnte er nichts für ihn tun. Verlegen kratzte er sich am Kopf.

Cheng Yaojia erfasste die Situation unmittelbar. Was unaussprechliche Dinge anging, kannte sie sich aus. Unter jungen Frauen von ihrem Stand gab es eine Sitte: War eine von ihnen zu schüchtern zu sagen, was sie dachte, würde ihre Mutter oder ihre Schwester ihr Fragen stellen, die sie mit einem stummen Kopfnicken oder Kopfschütteln beantwortete. Auf diese Weise konnte man seine intimsten Gedanken mitteilen. Die Mutter stellte Fragen wie: Bist du in Bruder Zhang verliebt? Schüttelte das Mädchen den Kopf, fragte sie weiter: Ist es Bruder Li? Kopfschütteln. Vielleicht Cousin Wang? Senkte sie stumm den Blick, hieß die Antwort Ja.

»Bruder Yin«, sagte Cheng Yaojia, »ich habe einen Vorschlag. Du stellst Bruder Lu Fragen. Lautet die Antwort ja, nickt er, lautet sie nein, schüttelt er den Kopf. Auf diese Weise kann niemand ihm vorwerfen, seinen Meister verraten zu haben.«

»Eine ausgezeichnete Idee!«, rief Yin Zhiping. »Aber zuerst will ich euch berichten, warum ich hier bin. Meinem Meister Qiu, genannt Ewiger Frühling, ist zu Ohren gekommen, dass der Herr der Pfirsichblüteninsel auf Rache an den sechs Sonderlingen des Südens sinnt und geschworen hat, sie und ihre Familien auszulöschen. Daraufhin ist mein Meister unverzüglich nach Jiaxing gereist, um die Sonderlinge zu warnen, aber er konnte sie nirgendwo finden. Anschließend wollte er alle ihre Familien aufsuchen, aber auch sie waren verschwunden. Vollkommen außer sich ist er dann nach Norden gereist. Seither habe ich keine Nachricht mehr von ihm. Seid Ihr mit dieser Angelegenheit vertraut?«

Lu Guanying nickte.

»Ich nehme an, dass Huang Yaoshi hinter den Sonderlingen her ist und diese nach Norden geflohen sind«, fuhr Yin Zhiping fort. »Es stimmt, dass zwischen meinem Meister und den Sonderlingen ursprünglich eine Fehde bestand, aber dieses Missverständnis wurde geklärt und mein Meister bewundert die Sonderlinge für ihre Heldenhaftigkeit und entschlossene Bereitschaft, Menschen, die in Bedrängnis sind, zu helfen. Außerdem ist er sich in diesem Fall sicher, dass sie völlig unschuldig von Huang Yaoshi verfolgt werden. Die sieben Meister der Quanzhen-Schule hatten sich kürzlich hier im Jianghu des Südens versammelt, als ihnen von der Gefahr für die Sonderlinge berichtet wurde. Sie alle suchen nach ihnen. Es wäre das Beste für sie, sich zu verstecken, damit Ketzer des Ostens sie nicht findet. Haltet auch Ihr das für den besten Plan?«

Lu Guanying nickte nachdrücklich.

Warum sinnt mein Vater auf Rache an den Sonderlingen?, fragte sich Huang Rong. Guo Jing hat doch sein Versprechen, sich ihm auf der Pfirsichblüteninsel zu stellen, eingelöst! Sie wusste natürlich nicht, dass Lama Erhabene Weisheit ihrem Vater vorgelogen hatte, dass sie tot wäre und dass der Alte Ketzer Guo Jings Meistern die Schuld daran gab.

»Weil die Sonderlinge unauffindbar blieben, bat mein Meister mich, nach Guo Jing zu suchen. Er kannte seine Eltern und wusste, dass sie aus Niu stammten. Er dachte, dass Guo Jing möglicherweise dorthin zurückgekehrt ist und dass er vielleicht weiß, wo die Sonderlinge stecken. Seid Ihr aus demselben Grund hier?«

Wieder nickte Lu Guanying.

»Aber er scheint nicht hier zu sein. Mein Meister hält wie gesagt große Stücke auf die Sonderlinge und ist untröstlich, dass er sie nicht finden kann. Seine einzige Hoffnung besteht darin, dass das dem Herrn der Pfirsichblüteninsel ebenfalls nicht gelingt. Geht es darum, wenn Ihr sagt, Ihr braucht meine Hilfe?«

Lu Guanying nickte.

»Dann sagt mir, was ich tun kann, ich bin bereit zu helfen«, sagte Yin Zhiping zufrieden.

Aber Lu Guanying sah ihn nur mit ratloser Miene an.

»Du vergisst, dass Bruder Lu nicht frei reden kann«, sagte Cheng Yaojia lächelnd. »Du musst ihm weiter Fragen stellen.«

»Ach, richtig«, antwortete Yin Zhiping lachend. »Bruder Lu, möchtet Ihr, dass ich hier auf Guo Jing warte?«

Lu Guanying schüttelte den Kopf.

»Soll ich losziehen und nach den sechs Sonderlingen und Guo Jing suchen?«

Kopfschütteln.

»Jetzt weiß ich es. Ihr wollt, dass ich die Nachricht im ganzen Jianghu verbreite, damit sie den Sonderlingen bald zu Ohren kommt.«

Aber Lu Guanying schüttelte erneut den Kopf.

Yin Zhiping ließ sich noch mehr Fragen einfallen, aber keine fand Lus Zustimmung. Nun stellte auch Cheng Yaojia Fragen, aber keine führte in die richtige Richtung. Huang Rong dachte ebenfalls nach und fand keine Antwort.

»Kleine Schwester Yaojia, es wird das Beste sein, du lässt es dir erklären«, sagte Yin Zhiping schließlich seufzend. »Mir fehlt die Geduld für derlei Spiele. Ich werde mich ein wenig umsehen und komme später wieder.« Mit diesen Worten ging er zur Tür hinaus.

Lu Guanying und Cheng Yaojia wähnten sich nun allein, abgesehen von Hou Tonghai. Schüchtern sah sie zu Boden. Lu Guanying saß reglos da. Verstohlen schielte sie aus den Augenwinkeln nach ihm und traf seinen Blick. Beide sahen schnell wieder weg. Cheng Yaojia errötete erneut und nestelte an den Seidenbändern herum, die das Heft ihres Schwerts zierten.

Lu Guanying stand auf, ging zum Herd und stellte sich vor das Bildnis des Küchengotts. »Großer Küchengott, mein Herz ist schwer, aber ich kann meine Bürde nicht abwerfen. Also öffne ich mich dir und hoffe auf die Hilfe deiner göttlichen Weisheit.«

Ein kluger Schachzug, dachte Cheng Yaojia. Sie hob leicht den Kopf, um besser hören zu können.

»Mein Name ist Lu Guanying, Sohn des Herrn des Wanderwolkenpalasts am Ufer des Tai-Sees. Der Name meines Vaters ist Lu Chengfeng, er ist ein Jünger von Huang Yaoshi, des Herrn der Pfirsichblüteninsel. Vor wenigen Tagen erschien ebendieser im Wanderwolkenpalast und erklärte, er sei auf der Suche nach den sechs Sonderlingen, er wolle Rache an ihnen und ihren Familien üben und bat meinen Vater und meine Tante Mei Chaofeng, ihm dabei zu helfen. Mei Chaofeng hegt einen tiefen Hass gegen die Sonderlinge, mein Vater jedoch hält sie für patriotische Helden, und aus Rache zu töten, ist nicht seine Art. Noch dazu verbindet meinen Vater eine tiefe Freundschaft mit ihrem Schüler Guo Jing, den ich meinen Kampfkunstonkel nennen sollte. Mein Vater ist in einer ausgesprochen schwierigen Lage. In der Nacht nach Huang Yaoshis Besuch rief er den Himmel an. Er gestand, dass er mich losschicken wolle, um die Sonderlinge zu warnen, es aber nicht könne, weil er dann seinen Meister verrate. Ich hörte jedes Wort und die Loyalität, die ich meinem Vater schulde, ist größer als die gegen den Großmeister meiner Schule. Aus diesem Grund bin ich hier.«

Und nun bedient er sich derselben Methode wie sein Vater, um seinem Dilemma zu entkommen, dachten Cheng Yaojia und Huang Rong gleichzeitig.

»Aber die sechs Sonderlinge sind so unauffindbar wie Onkel Guo, der der Verlobte der Tochter von Großmeister Huang ist …«

Cheng Yaojia schnappte nach Luft. Rasch hielt sie sich ein Tuch vor den Mund. Tag und Nacht waren ihre Gedanken um Guo Jing gekreist. Sie hatte es für Liebe gehalten. Aber jetzt, wo sie Lu Guanying kennengelernt hatte, war ihr klar geworden, dass sie in ihrer kindlichen Verblendung Dankbarkeit mit Liebe verwechselt hatte. Lu Guanying war ein stattlicher, gebildeter Herr, er gefiel ihr tatsächlich viel besser als Guo Jing. Sosehr sie die Neuigkeit, dass Guo Jing und Huang Rong einander versprochen waren, erstaunte, so wenig war sie dazu angetan, ihr das Herz zu brechen. Sie war vielmehr erleichtert. Waren die beiden nicht schon in Baoying ein Paar gewesen? Es störte sie nicht mehr. Ihr Herz gehörte nun einem anderen.

Als er sie nach Luft schnappen hörte, hätte sich Lu Guanying am liebsten nach ihr umgedreht, aber er durfte sich nichts anmerken lassen. Ich muss weiterhin den Anschein erwecken, als wüsste ich nicht, dass sie jedes Wort mitanhört, sonst darf ich nicht weitersprechen. Vater hat meine Gegenwart ignoriert, als er dem Himmel sein Herz öffnete und so will ich es auch halten.

»Also hoffe ich, Onkel Guo und seine Verlobte zu finden«, fuhr er fort, »damit sie Großmeister Huang von seinem Vorhaben abbringen. Er ist ein Mann von überschäumendem Temperament, aber aus Liebe zu seiner Tochter und ihrem Verlobten wird er dessen Meister verschonen. Doch nach allem, was Huang Yaoshi meinem Vater erzählt hat, scheint es so, als wäre Onkel Guo und

Tante Huang etwas zugestoßen. Nur konnte ich ihn nicht danach fragen.«

Vater kann doch gar nicht wissen, dass Guo Jing verletzt ist, oder doch?, fragte sich Huang Rong. *Hat er irgendwie erfahren, dass wir auf einer einsamen Insel gestrandet waren?*

»Bruder Yin ist ein guter Mensch und Fräulein Cheng ist eine ausgesprochen kluge und liebenswerte Dame …« Cheng Yaojias Herz machte einen Sprung. »… Aber wie sollen sie erraten, was mich bewegt? Die sechs Sonderlinge des Südens sind Helden des Jianghu. Das Kung-Fu jedes Einzelnen von ihnen mag nicht an das meines Großmeisters heranreichen, aber wäre eine Warnung und die Andeutung, dass sie den Tod fürchten müssen, nicht eine Beleidigung? Würden sie sich dem Großmeister nicht sogar eher stellen, als vor ihm davonzulaufen, wenn sie von der Bedrohung wüssten? Ich bin mir nicht sicher, auf welche Weise ich ihnen mehr schade – wenn ich sie warne oder wenn ich es nicht tue.«

Huang Rong nickte. Lu Guanying begriff das Denken der eitlen Helden des Jianghu nur zu gut.

»Die sieben Meister der Quanzhen-Schule sind rechtschaffene Krieger, denen zu Recht großer Ruhm vorauseilt«, fuhr Lu Guanying fort. »Bruder Yin und Schwester Cheng müssten sie bitten, in dieser Sache zu vermitteln. Auf die sieben Meister würde Großmeister Huang gewiss hören. Sein Groll gegen die Sonderlinge beruht fraglos auf einem Missverständnis. Vielleicht haben sie etwas gesagt, das ihn ohne ihre Absicht erzürnt hat. Ein Vermittler wäre in dieser Angelegenheit die beste Lösung. Hör mich an, Küchengott! Ich weiß, was man tun könnte, aber ich darf es niemandem sagen. Hilf mir mit deiner großen Weisheit aus dieser Zwickmühle heraus.«

Er legte die Hände zusammen und verbeugte sich mehrere Male vor dem Bildnis.

Cheng Yaojia wusste jetzt, was zu tun war. Sie wollte gerade aufstehen, um Yin Zhiping suchen zu gehen, als Lu Guanying weitersprach. »Wenn die sieben Meister der Quanzhen-Schule willens wären zu vermitteln, würden sie ihrem Ruf alle Ehre machen. Ich hoffe nur, dass sie mit der gebotenen Umsicht und Höflichkeit vorgehen, damit sie Großmeister Huang nicht noch mehr erzürnen. Das ist alles, was ich zu sagen habe.«

Cheng Yaojia lächelte. Ich habe einen Auftrag, dachte sie.

Sie verließ die Schenke, um im Dorf nach Yin Zhiping zu suchen. Er war nirgends zu sehen. Sie wollte schon kehrtmachen, als jemand aus einem Gebüsch leise ihren Namen rief. Es war Yin Zhiping.

»Da bist du ja!«, rief sie.

»Psst!« Er legte einen Finger an die Lippen, winkte sie zu sich heran und deutete nach Westen. »Dort hinten sind ein paar verdächtige Gestalten. Sie sind bewaffnet«, sagte er dann.

»Wahrscheinlich sind sie nur auf der Durchreise«, sagte sie, in Gedanken immer noch bei dem, was Lu Guanying soeben gebeichtet hatte.

Aber Yin Zhiping ließ nicht locker. »Sie sahen gefährlich aus, und es waren eindeutig Kampfkünstler. Wir müssen auf der Hut sein.«

Natürlich handelte es sich um Peng Lianhu und seine Bande. Sie hatten auf Hou Tonghai gewartet, und als er nicht kam, waren sie zurückgekehrt, um nach ihm zu sehen, falls er sich in Gefahr befand. Andererseits waren sie sich bewusst, dass der vermeintliche Dämon aus dem Palast ein verflixt guter Kämpfer war, dem sie lieber nicht noch einmal begegnen wollten. Unentschlossen waren sie um die Schenke herumgeschlichen. Da hatten sie plötzlich den jungen Daoisten durch das Dorf spazieren sehen und sich versteckt.

Yin Zhiping hatte sie ebenfalls gesehen und sich gefragt, wohin sie so schnell verschwunden waren.

Cheng Yaojia erzählte ihm jetzt alles, was sie Lu Guanying abgelauscht hatte.

»Das also wollte er! Darauf wären wir niemals gekommen«, sagte Yin Zhiping lächelnd. »Am besten gehst du und trägst die Bitte deiner Meisterin vor, und ich gehe und bitte meinen Meister. Wenn alle sieben von einer Sache überzeugt sind, gibt es nichts, das sie nicht gemeinsam bewältigen können.«

»Aber sie müssen große Vorsicht walten lassen«, sagte Cheng Yaojia. Sie wiederholte, was Lu Guanying über Huang Yaoshi gesagt hatte.

»Ach, wer ist denn schon dieser Huang Yaoshi? Es kann unmöglich sein, dass seine Kampfkunst besser ist als die der sieben Meister unserer Schule zusammen.«

Gerne hätte sie ihn daran erinnert, dass Hochmut einem Daoisten nicht gut zu Gesicht stand, aber sie spürte, dass er mit seinen hochtrabenden Worten nur die eigene Angst verscheuchen wollte.

Sie gingen zurück zur Schenke.

»Bruder Zhiping, ich möchte mich verabschieden«, sagte Lu Guanying, kaum dass sie über die Schwelle getreten waren. »Sollten deine Wege dich je zum Tai-See führen, besuche bitte den Wanderwolkenpalast und sei unser Gast.«

Als sie hörte, dass er aufbrechen wollte, war Cheng Yaojia am Boden zerstört. Aber wie sollte sie ihm ihre Gefühle gestehen?

Yin Zhiping stellte sich jetzt vor das Bildnis des Küchengotts. »Großer Küchengott, die Jünger der Quanzhen-Schule sind stets bereit, den Bedürftigen zu helfen. Im ganzen Jianghu entgeht keine Ungerechtigkeit ihrer Aufmerksamkeit.«

Lu Guanying wusste, an wen seine Worte gerichtet waren. Auch er sprach noch einmal zum Küchengott. »Großer Küchengott, ich hoffe auf Euren Segen für dieses heikle Unterfangen, auf dass sich eine friedliche Lösung finde. Ich werde den sieben Unsterblichen für immer dankbar sein.«

»Macht Euch keine Sorgen, großer Küchengott. Vor der Macht der sieben Unsterblichen erbebt die ganze Welt. Es gibt keine Tat, die sie nicht vollbringen könnten, wenn sie einmal dazu entschlossen sind.«

Die Macht der sieben Unsterblichen? Aber es ging ihm doch darum, dass sie Großmeister Huang von seinem Vorhaben abbrachten, nicht darum, ihn zu bekämpfen? Die Formulierung missfiel Lu Guanying.

»Großer Küchengott, du kennst meinen Großmeister. Er schert sich wenig um Rang und Ruhm. Wer ihm als Freund und seinesgleichen begegnet, dem leiht er sein Ohr, aber er lässt sich von niemandem etwas vorschreiben.«

»Großer Küchengott, warum sollten die sieben Unsterblichen jemanden fürchten? Es geht hier zwar um eine Angelegenheit, die sie nicht selbst betrifft, doch wenn jemand wagt, sie herauszufordern, dann werden sie ihm eine Lektion erteilen – ganz gleich, ob es sich um den Herrn der Pfirsichblüteninsel oder der Kirschblüteninsel handelt.«

Lu Guanying wurde immer wütender. »Großer Küchengott, bitte vergiss einfach alles, was dir heute anvertraut wurde. Wer uns herabwürdigt, von dem brauchen wir keine Hilfe.«

Die beiden jungen Männer hatten sich unversehens in eine Sackgasse manövriert. Mit dem Rücken zueinander standen sie vor dem Bildnis des Küchengotts. Ein Wort gab das andere. Verzweifelt überlegte Cheng Yaojia, wie sie vermitteln könnte, um die Lage zu retten, aber keiner der beiden jugendlichen Hitzköpfe schien nachgeben zu wollen.

»Großer Küchengott!«, sagte Yin Zhiping schließlich. »Das in der Quanzhen-Schule gelehrte Kung-Fu ist das einzig Wahre unter den Kampfkünsten der Welt. Andere Schulen mögen einen großartigen Ruf haben, aber wie könnten Ketzer die Orthodoxen besiegen?«

»Großer Küchengott, der Ruhm der Quanzhen-Schule reicht weit und zweifellos ist er den Verdiensten ihrer größten Jünger geschuldet – nicht denen, die voll von Arroganz und Großspurigkeit sind.«

Yin Zhiping schnaubte und versetzte dem Herd einen solchen Handkantenschlag, dass er zur Hälfte einstürzte. »Wie kannst du es wagen, mich zu beleidigen!«

Mit einem lauten Scheppern brach die andere Seite des Herds unter Lu Guanyings Faust zusammen. »Ich dich beleidigen? Ich beleidige nur die Hochmütigen. Diejenigen, die es verdienen!«

Yin Zhiping wusste, dass Lu Guanying der schwächere Kämpfer war. »Dann wollen wir einmal sehen, wer von uns verdient, beleidigt zu werden!«

Wer einmal auf dem Rücken des Tigers sitzt, kommt so leicht nicht mehr herunter. Obwohl er um seine Unterlegenheit wusste, konnte Lu Guanying nicht mehr zurück. Er zog sein kurzes Breitschwert. »Es ist mir eine Ehre, eine Kostprobe der hohen Kampfkunst der Quanzhen-Schule zu erhalten.«

Cheng Yaojia liefen Tränen über die Wangen. Sie wollte sich zwischen die beiden Streithähne werfen, wagte es aber nicht. Schon hatte Yin Zhiping seinen Fliegenwedel gezückt. Der Kampf schien unvermeidlich. Lu Guanying konnte nicht hoffen, durch sein Kung-Fu zu glänzen, aber er wollte wenigstens seine Schule nicht blamieren. Tapfer griff er auf das buddhistische Arhat-Kung-Fu zur Selbstverteidigung zurück, das ihn Abt Kumu gelehrt hatte.

Yin Zhiping ließ ihm ohnehin keine Zeit zum Nachdenken. Er stürzte sich entschlossen auf ihn. Doch die Schwertkunst seines Gegners überraschte ihn. Dass er Lu Guanying unterschätzt hatte, wurde nach wenigen Schlägen deutlich – beinahe hätte sein Widersacher ihm den Arm abgetrennt. Eingeschüchtert besann er sich auf die Grundsätze seiner Schule. Ein ruhiges Herz führt eine schnelle Hand.

Seitdem der Ketzer des Ostens Lu Chengfeng gestattet hatte, seinen Sohn zu unterrichten, hatte dieser bereits bemerkbare Fortschritte gemacht. Dennoch reichte Lu Guanyings Kunst noch lange nicht an die eines Schülers von Meister Ewiger Frühling heran. Mit Kennerblick beobachtete Huang Rong seine verzweifelte Verteidigung durch das Guckloch und fluchte innerlich. *Dieser aufgeblasene Daoist hat meinen Vater beleidigt! Müsste ich nicht hier bei Guo Jing bleiben, würde ich ihm zeigen, wie die Ketzer der Pfirsichblüteninsel zu kämpfen wissen!*

Lu Guanying hielt weiter an der ihm vertrauten Fechtkunst fest, die Yin Zhiping mit Leichtigkeit abwehrte und jede Lücke in der Deckung des Gegners ausnutzte. Seine Faust traf Lu Guanyings Ellbogen. Lus Arm wurde taub und das Schwert fiel ihm aus der Hand. Triumphierend holte Yin Zhiping mit dem Fliegenwedel zu einem Hieb auf Lus Gesicht aus. »Jetzt wirst du gleich sehen, wie sich das Kung-Fu der Quanzhen-Schule anfühlt!«, rief er. Der Wedel bestand aus Rosshaar und Silberfäden. Ein gezielter Treffer damit hätte blutige Folgen.

Lu Guanying duckte sich, aber Yin Zhiping reagierte blitzschnell, korrigierte die Schlagrichtung, aber der Wedel traf klirrend auf Metall.

»Bruder Yin!«

Cheng Yaojias Schwert hatte den Wedel aufgehalten. Schnell sprang Lu Guanying zurück und hob sein eigenes Schwert auf.

»Wie, Schwester, du stellst dich gegen deine eigene Schule? Nur zu, ich nehme es auch mit euch beiden Turteltäubchen auf!«

»Du …!« Cheng Yaojia wurde feuerrot.

Aber Yin Zhiping kannte kein Halten mehr. Mit drei Schlägen mit dem Wedel zwang er sie zurückzuweichen. Erst als der wiederbewaffnete Lu Guanying den Daoisten erneut angriff, zog sie sich aus dem Kampf zurück. Es ging nicht an, gegen einen Bruder der eigenen Schule zu kämpfen.

»Komm schon, allein schafft es dein Herzblatt nicht!«, spottete Yin Zhiping.

Huang Rong musste ein Kichern unterdrücken.

Plötzlich ging mit einem Ruck die Tür auf und herein kamen Peng Lianhu, Sha Tongtian, Liang Ziweng und Lama Erhabene Weisheit, gefolgt von Wanyan Honglie und Yang Kang. Sha Tongtian hatte sich Sorgen gemacht, weil sein Bruder immer noch nicht aus der Schenke zurückgekehrt war. Als er allein die Lage ausgekundschaftet hatte, war er zu seinem Staunen Zeuge des Kampfs der beiden jungen Männer geworden und hatte die anderen herbeigerufen.

Das Auftauchen des Prinzen und seines Gefolges ließ Yin Zhiping und Lu Guanying im Kampf innehalten. »Wer seid Ihr?«, rief Lu Guanying.

Statt einer Antwort packte Sha Tongtian die beiden am Handgelenk und setzte sie durch die Lähmung ihrer Nervenpunkte außer Gefecht, während Peng Lianhu sich bückte und Hou Tonghais Fesseln löste. Der dreigehörnte Drache sprang sofort auf und stürzte sich mit seinem grün und blau geschwollenen Gesicht und vom Knebel erstickten Flüchen auf Cheng Yaojia. Erschrocken wich sie zurück.

»Halt!«, rief Peng Lianhu. »Lasst uns erst hören, was hier vor sich geht.«

Aber diese Worte konnten Hou Tonghai, dessen Ohren noch verstopft waren, schlecht aufhalten. Wie ein wilder Tiger stürzte er sich auf Cheng Yaojia. Die Angst um die junge Frau verlieh

Lu Guanying ungeahnte Kräfte. Obwohl Sha Tongtian seine Nervenpunkte gelähmt hatte, stieß er ihn brüllend zur Seite und griff Hou Tonghai an. Aber Peng Lianhu war schneller. Mit einem Fausthieb schlug er ihn zu Boden, hob ihn am Kragen hoch und betrachtete ihn wie eine Trophäe. »Wer bist du kleiner Wicht? Etwa der Kerl, der sich als Dämon verkleidet hat?«

Da ging mit lautem Knarren die Tür auf. Alle drehten sich um. Eine junge Frau mit schmutzigem Gesicht und zerzaustem Haar stand im Eingang.

»Hilfe!«, schrie der Lama.

»Da ist sie, die Dämonin!«

Nur Peng Lianhu blieb gelassen. Er erkannte auf einen Blick, dass es sich um ein ganz gewöhnliches Bauernmädchen handelte. »Komm herein«, sagte er ruhig.

Die junge Frau streckte ihm die Zunge heraus, trat aber ein und sah sich mit großen Augen um. »So viele Leute«, sagte sie.

Jetzt erkannten alle deutlich, dass die vermeintliche Dämonin nur ein armes, bemitleidenswertes Geschöpf war. Liang Ziweng, der sich für seine kindische Angst schämte, wurde wütend. »Wer bist du?«, brüllte er und wollte sie am Arm packen. Zu seiner Verblüffung wich sie flink aus und griff ihn mit einer *Jadewellenfaust* an, die ihn schmerzhaft auf dem Handrücken traf. Ihr Schlag war alles andere als meisterlich, aber zweifellos das Werk einer geübten Kämpferin.

Die Demütigung beflügelte Liang Ziwengs Wut noch mehr. »Ha! Du tust nur so einfältig!« Mit erhobenen Fäusten ging er in Kampfpose.

Die junge Frau trat einen Schritt zurück und zeigte kichernd auf seinen kahlen Schädel. Die anderen tauschten verwunderte Blicke und auch Liang Ziweng war durch ihr seltsames Benehmen für einen Augenblick völlig verdattert. Dann ging er auf sie los. Mit abwehrend erhobenen Händen wich sie zurück, drehte sich schnell um und wollte davonlaufen. Aber Liang Ziweng hatte die Nase voll davon, sich zum Gespött zu machen. Er stellte ihr ein Bein und ließ erst seinen Ellbogen, dann seine Faust auf sie niedergehen. Vor ihren Augen drehte sich alles.

»Schwester Melonenfresserin! Hilf mir!«, rief sie verzweifelt.

Huang Rong erstarrte und zuckte von der Öffnung zurück. *Ich hätte sie töten sollen, als ich die Gelegenheit dazu hatte! Das ist unser Ende.*

Da hörte sie das Räuspern. Es war kaum vernehmlich, aber ihr Herz machte einen Sprung. *Vater!* Sie drängte sich wieder dicht vor die Öffnung. Tatsächlich. Dort stand Huang Yaoshi, sein Gesicht unkenntlich unter einer hautfarbenen Maske.

Niemand sonst hatte seine Ankunft bemerkt. Still und starr wie ein Baum stand er in der Tür. Die anderen spürten seine Anwesenheit, drehten die Köpfe und fuhren vor Schreck zusammen. Sein Gesicht war weder grün noch blau und trug auch keine Reißzähne; eine hässliche Fratze war es nicht. Dennoch war dieses Antlitz nicht von dieser Welt.

Huang Yaoshi hatte den Kampf zwischen Liang Ziweng und der jungen Frau beobachtet. Ein Blick hatte genügt, um ihm zu sagen, dass sie im Kung-Fu der Pfirsichblütenschule unterrichtet worden war.

»Wer ist dein Meister, junge Frau?«, fragte er. »Wo ist er?«

Dummes Ding schüttelte den Kopf. Der Anblick dieser seltsamen Gestalt hatte ihr die Sprache verschlagen. Doch dann klatschte sie in die Hände und lachte. Der Ketzer des Ostens runzelte die Stirn. Niemand durfte ohne seine Erlaubnis das Kung-Fu der Pfirsichblüteninsel weitergeben, aber dieses Kind hatte unzweifelhaft eine Verbindung zu einem seiner abtrünnigen Schüler, und Huang Yaoshi war selbst der treulosen Mei Chaofeng zur Seite gesprungen, als sie gegen diesen Verräter namens Guo gekämpft hatte. Wer seiner Schule angehörte, verdiente seinen Schutz, und das galt erst recht für ein armes junges Bauernmädchen. »Warum wehrst du dich nicht, wenn dieser Alte dich angreift, du dummes Ding?«, fragte er.

Diese Stimme! Wanyan Honglie, Yang Kang und Peng Lianghu erkannten sie sofort. War er es gewesen, der sie gestern im Kaiserpalast angegriffen hatte?, fragte sich Peng Lianhu. Gegen diesen Kämpfer hätten sie keine Chance. Von allen Kriegslisten des großen Sunzi würde ihnen nur die letzte bleiben: Wenn sie stärker sind als du, dann lauf!

»Ich kann ihn nicht schlagen«, sagte Dummes Ding.

»Wer sagt das? Wenn er dich auf die Nase schlägt, schlägst du ihm dreimal auf die Nase.«

»Gut«, sagte sie. »Wenn du mir einmal auf die Nase haust, haue ich dich dreimal!«, rief sie und zielte auf Liang Ziwengs Gesicht. Er wollte abwehren, aber plötzlich war der in der Armbeuge liegende Nervenpunkt *Teich in der Krümmung* gelähmt und er bekam den Arm nicht hoch. Mit einem dumpfen Schlag landete ihre Faust mitten auf seiner Nase.

»Nummer zwei!«, rief sie fröhlich.

Liang Ziweng ging in die Knie, zog den Kopf ein und setzte zu einem Schlag der ihm eigenen Form Packen und Festsetzen an. Damit hätte er eigentlich der Gegnerin mühelos die Schulter ausrenken müssen, aber er hatte sie kaum berührt, als sein Arm schon wieder taub wurde. Der nächste Schlag landete mitten in seinem Gesicht und er taumelte auf den Hacken rückwärts. Er schäumte vor Wut.

Die anderen trauten ihren Augen nicht. Wie hatte das unbedarfte junge Ding das bloß angestellt? Nur Peng Lianhu, der sich mit verdeckten Waffen auskannte, hatte den leichten Luftzug bemerkt, mit dem Huang Yaoshi winzige Nadeln auf Liang Ziwengs Nervenpunkte schleuderte. Dabei wirkte der Großmeister, als würde er so reglos dastehen wie zuvor.

Tatsächlich schnippte Huang Yaoshi die Nadeln mit einer winzigen Bewegung eines Fingers durch den Stoff seiner Robe hindurch aus dem Ärmel. Ein unsichtbarer und nur von sehr feinen Ohren wahrnehmbarer Angriff, gegen den jeder Gegner machtlos war.

»Und … drei!«

Der Ginseng-Unsterbliche sah die Faust der jungen Frau auf sich zusausen. Seine beiden Arme waren betäubt, und ihm blieb nur, nach hinten auszuweichen. Aber mit einem Mal war auch der Nervenpunkt *Weißer Ozean* in seiner Kniekehle blockiert. Wumms! Vor seinen Augen tanzten Sterne. Dieser letzte Schlag hatte zu allem Übel noch den Nervenpunkt seiner Tränendrüsen getroffen und seine Augen wurden feucht. Auch das noch. Weinen war noch demütigender als eine Niederlage. Schnell wollte er sich die Tränen fortwischen, aber die gelähmten Arme reagierten nicht. Zwei Bäche rannen über seine Wangen und tropften auf den Boden.

»Nicht weinen«, tröstete die junge Frau. »Ich schlage dich auch nicht mehr, versprochen.«

Liang Ziweng wurde schlecht. Das war mehr, als er an Demütigung ertragen konnte. Er kippte vornüber und spuckte Blut. Dann hob er keuchend den Kopf und sah Huang Yaoshi an. »Wer seid Ihr? Schämt Ihr Euch nicht, zu solchen üblen Tricks zu greifen?«

»Wer seid Ihr, dass Ihr Euch erdreistet, nach meinem Namen zu fragen?«, gab Huang Yaoshi kalt zurück. Dann drehte er sich zu den anderen um. »Hinaus mit Euch!«

Sein Befehl war jedermann mehr als willkommen. *Nichts wie weg,* dachte Peng Lianhu und ging als Erster zur Tür. Aber plötzlich stand Huang Yaoshi vor ihm im Türrahmen. Peng Lianhu erstarrte.

»Habe ich nicht gesagt, dass Ihr gehen sollt? Was macht Ihr noch hier? Sucht Ihr den Tod?«

Peng Lianhu hatte schon viel über die unberechenbare Natur des Ketzers des Ostens gehört. Er drehte sich zu den anderen um. »Der Großmeister wünscht, dass wir gehen. Worauf wartet Ihr noch?«

Hou Tonghai, der endlich auf die Idee gekommen war, den Knebel aus seinem Mund zu nehmen, rannte sofort zur Tür, auf Huang Yaoshi zu. »Lasst mich vorbei«, rief er.

»Wer seid Ihr, von mir zu verlangen, dass ich Euch aus dem Weg gehen soll?«, sagte Huang Yaoshi mit donnernder Stimme. »Wenn Euch Euer Leben lieb ist, dann kriecht durch meine Beine durch.«

Bestürzt sahen sich die Anwesenden an. Es bestand kein Zweifel, dass dieser Mann es allein darauf abgesehen hatte, sie zu demütigen. Waren sie denn nicht allesamt große Kämpfer? Es wäre doch gelacht, wenn sie diesen Wichtigtuer nicht mit vereinten Kräften überwinden könnten.

Wütend stürmte Hou Tonghai auf Huang Yaoshi zu, fand sich aber unversehens in der Luft wieder. Etwas zerrte an seinem Arm.

Eine Blutfontäne spritzte über den Boden. Huang Yaoshi hatte ihm den Arm ausgerissen und schleuderte ihn und seinen Besitzer in eine Ecke. Hou Tonghai wurde ohnmächtig.

Scheinbar ungerührt blickte Huang Yaoshi zur Decke. Er stand so unbeweglich da wie zuvor. Den anderen war vor Entsetzen alles Blut aus dem Gesicht gewichen.

Der Herr der Pfirsichblüteninsel ließ seinen Blick über die Anwesenden wandern. Peng Lianhu, Sha Tongtian und ihre Bande waren hartgesottene Kerle, die schon viele Menschenleben auf dem Gewissen hatten, aber allein der kalte Blick Huang Yaoshis verursachte bei ihnen eine Gänsehaut.

»Geht Ihr jetzt oder nicht?«

Jeder Kampfeswille zerfiel zu Staub. Peng Lianhu bückte sich und kroch zwischen Huang Yaoshis Beinen hindurch ins Freie.

Sha Tongtian ließ Yin Zhiping und Lu Guanying los, kroch als Nächster hinaus und zog dabei den bewusstlosen Hou Tonghai hinter sich her. Yang Kang half Wanyan Honglie, sich hinauszuzwängen. Liang Ziweng und Lama Erhabene Weisheit folgten als Letzte.

Kaum waren sie vor der Tür, nahmen die gefürchteten Kämpfer die Beine in die Hand. Keiner von ihnen wagte, sich noch einmal umzusehen.

荒村野店

6
Eine verlassene Schenke in einem abgeschiedenen Dorf

»Guanying, du und die junge Frau, ihr könnt bleiben«, sagte Huang Yaoshi lächelnd.

Lu Guanying hatte seinen Großmeister selbstverständlich sofort erkannt, aber in der allgemeinen Verwirrung und aus Respekt vor der ungewöhnlichen Maske nicht zu grüßen gewagt. Jetzt warf er sich auf die Knie und machte einen vierfachen Kotau.

Auch Yin Zhiping machte eine tiefe Verbeugung. »Yin Zhiping ist mein Name, Schüler des Meisters Ewiger Frühling der Quanzhen-Schule. Es ist mir eine Ehre, Euch zu begegnen.«

»Was machst du noch hier? Dich habe ich nicht gebeten zu bleiben.«

Diese kalte Abfuhr überraschte Yin Zhiping. »Aber ich … ich bin ein Schüler der Quanzhen-Schule, kein Bandit.«

»Wer ist schon die Quanzhen-Schule?« Huang Yaoshi packte einen Tisch und brach ein Brett heraus, das unversehens auf Yin Zhiping zuflog, ohne dass er die geringste Handbewegung bemerkt hätte. Der schneidende Luftzug, der dem Geschoss vorausging, verriet ihm, dass es zwecklos war, es mit dem Fliegenwedel abzuwehren. Das Brett sauste auf ihn zu. Bevor der verzweifelte Yin Zhiping ausweichen konnte, schlug der Fliegenwedel, den er bereits erhoben hatte, im selben Augenblick schmerzhaft gegen seine Lippen, in dem das Holzbrett hart wie Metall gegen sein Gesicht prallte. Ein süßlicher Geschmack erfüllte seinen Mund und er spuckte aus. Gleich mehrere Zähne lagen blutgebadet in seiner Hand. Er war starr vor Angst und brachte kein Wort mehr hervor.

»Mein Name ist Huang Yaoshi. Du kannst mich den Schwarzen Ketzer nennen, wenn das der Quanzhen-Schule besser gefällt. Was wollt Ihr von mir?«, fragte Huang Yaoshi kühl.

Yin Zhiping und Cheng Yaojia sahen sich an.

Auch Lu Guanying war verblüfft. *Ob er unseren Kampf mitangesehen hat?*, fragte er sich. *Ob er am Ende sogar mein Geständnis an den Küchengott gehört hat? Und was … was, wenn mein Vater …* Bei diesem Gedanken brach ihm kalter Schweiß aus.

Yin Zhiping hielt sich die schmerzende Wange. Er nahm allen Mut zusammen. »Seid Ihr nicht ein Großmeister des Jianghu? Warum lasst Ihr Euch dann so sehr von Eurem Zorn leiten? Die sechs Helden des Südens tragen ihren Namen zu Recht, denn sie sind wahrhaft tapfere Helden. Warum stellt Ihr ihnen nach? Wer weiß, ob Ihr sie nicht schon grundlos ermordet hättet, wären sie nicht von meinem Meister gewarnt worden.«

»Deshalb also konnte ich sie nicht finden«, rief Huang Yaoshi wütend, »weil sich Schwärme von Ungeziefer in meine Angelegenheiten einmischen!«

»Wenn Ihr mich für Ungeziefer haltet, dann tötet mich. Ich habe keine Angst vor Euch.«

»Es hat dir wohl gefallen, mich hinter meinem Rücken zu beschimpfen!«

»Mir gefällt sogar, Euch mitten ins Gesicht zu schimpfen! Ein böser Geist seid Ihr, ein Ungeheuer!«

Noch nie hatte jemand, seit allein sein Namen im ganzen Jianghu Furcht und Schrecken verbreitete, es gewagt, Huang Yaoshi solche Beleidigungen ins Gesicht zu sagen. Dieser junge Daoist war der ungebärdigste Hitzkopf, der ihm je untergekommen war. Obwohl er Zeuge geworden war, wie Huang Yaoshi mit seinen Gegnern umzuspringen pflegte, wagte er, sich ihm so dreist entgegenzustellen? Der Alte Ketzer konnte nicht umhin, seinen Mut zu bewundern. War er als junger Mann nicht ein ebensolcher Draufgänger gewesen?

»Rede nur weiter, wenn du dich traust«, sagte er und machte einen Schritt auf Yin Zhiping zu.

»Ich habe keine Angst vor Ungeheuern!«

Das überlebt er nicht, dachte Lu Guanying erschrocken, ich muss eingreifen. »Du dreister Hundsfott! Was fällt dir ein, meinen Großmeister zu beschimpfen!«, rief er, holte mit dem Schwert aus und zielte auf Yin Zhipings Schulter. Er hoffte, dass Huang Yaoshi kein Interesse mehr hätte, Yin Zhiping im Zorn zu töten, wenn er dem Daoisten schon eine Stichwunde zugefügt hätte.

Aber Yin Zhiping entging dem Angriff durch einen Sprung zur Seite. »Ich habe keine Angst vor dem Tod und fluche, solange es mir passt!«

Als Lu Guanying erneut zu einem Schwerthieb ausholte, hob auch Cheng Yaojia ihre Waffe und rief: »Auch ich bin eine Schülerin der Quanzhen-Schule. Wenn Ihr ihn tötet, müsst Ihr auch mich töten!«

Yin Zhiping sah sie erstaunt an. »Danke, werte Schwester!«

Seite an Seite bauten die beiden sich jetzt vor Huang Yaoshi auf. Lu Guanying ließ das Schwert sinken. Niemals würde er die junge Frau verletzen.

»Ihr seid in der Tat aufrecht und tapfer«, sagte jetzt Huang Yaoshi. »Nicht umsonst werde ich Alter Ketzer genannt, denn das ist es, was ich bin. Ein Unorthodoxer, ein Ungeheuer. Es ist nur recht und billig, mich so zu nennen. Abgesehen davon ist dein Meister eine Generation jünger als ich. Wie könnte ich mich dazu herablassen, mit einem Novizen zu kämpfen? Und jetzt fort mit dir!«

Er packte den jungen Mann am Kragen und schleuderte ihn zur Tür hinaus.

Das wird eine harte Landung werden, sagte sich Yin Zhiping, während er noch in hohem Bogen durch die Luft flog. Aber – wer hätte das gedacht? – er landete sicher mit beiden Füßen gleichzeitig auf dem Boden. Der Alte Ketzer hatte offensichtlich nicht die Absicht gehabt, ihn ernsthaft zu verletzen. *Warum war das wildgewordene Ungeheuer so gnädig mit mir?,* rätselte er. Für heute hatte Yin Zhiping jedenfalls genug Mut bewiesen. Er würde gewiss keinen Fuß mehr in diese Schenke setzen. Mit großen Schritten ging er davon, immer noch die Hand an der geschwollenen Wange.

Cheng Yaojia steckte ihr Schwert zurück in die Scheide und ging zur Tür.

»Nicht so schnell«, sagte Huang Yaoshi. Mit einem Ruck zog er die Maske vom Gesicht. »Möchtest du diesen jungen Herrn dort heiraten?«

So flammend rot wie bei dieser unerwarteten Frage waren Cheng Yaojias Wangen noch nie gewesen.

»Dein Kampfbruder hatte recht: Ich bin, wie jeder weiß, ein Ketzer. Der Ketzer des Ostens, um genau zu sein. Was ich auf der Welt am meisten verachte, sind Heuchelei und alberne gesellschaftliche Konventionen, insbesondere die Riten und Bräuche, die uns die alten Weisen vorschreiben wollen. Das sind nichts als Werkzeuge, um die Massen zu blenden und zu unterdrücken! Eine Generation nach der anderen ist den Konfuzianern in die Falle gegangen und achtet ihr dummes Geschwätz als höhere Wahrheit. Lächerlich! Ich, der Ketzer des Ostens, schere mich nicht um diese menschenfressende konfuzianische Ethik. Die Leute mögen mich einen hochmütigen Barbaren nennen, aber ich habe der

Welt weniger Leid zugefügt als diese Hunde mit ihrem Geschwätz von Tugend und Moral!«

Cheng Yaojias Herz klopfte wie wild. Sie wusste nicht, was sie sagen sollte. Worauf wollte dieser Mann hinaus?

»Nun antworte mir«, fuhr er fort. »Du willst diesen jungen Mann heiraten, hab ich recht? Ich habe etwas übrig für Kämpfer mit Rückgrat. Dieser kleine Daoist hat mich hinter meinem Rücken schlechtgemacht, aber hätte er mich auf Knien dafür um Verzeihung gebeten, wäre er jetzt tot. Du hast ihn mutig und selbstlos verteidigt. Eine Frau von Charakter bist du und damit eine gute Partie für diesen jungen Mann dort. Antworte auf meine Frage!«

Am liebsten hätte Cheng Yaojia mit ganzem Herzen »Ja« gerufen, aber sie hätte nicht einmal den eigenen Eltern ihre Gefühle eingestanden, wie dann einem Fremden? Und noch dazu in Gegenwart von Lu Guanying! Sie senkte den Blick.

Auch Lu Guanying starrte zu Boden.

Beim Anblick der rosigen Wangen der jungen Frau dachte Huang Yaoshi wehmütig an seine eigene Tochter. »Wenn Ihr beide dasselbe füreinander empfindet, dann will ich Eurer Verbindung gern meinen Segen geben. Aber ich möchte nicht für Euch entscheiden. Nicht einmal die eigenen Eltern sollten für ihre Kinder entscheiden.« Er seufzte innerlich. Hätte er nur dem Willen seiner Tochter nachgegeben und sie ihren geliebten Dummkopf heiraten lassen, dann läge sie jetzt nicht tot auf dem Meeresgrund. Der Gedanke ließ erneut Zorn in ihm auflodern. »Guanying, mach den Mund auf!«, sagte er streng. »Willst du diese junge Dame zur Frau?«

»Großmeister, ich …«, stammelte er. »Ich … weiß nicht, ob ich gut genug für sie bin.«

»Nicht gut genug!«, schimpfte Huang Yaoshi. »Der Sohn eines Schülers von mir ist selbst für die Tochter des Kaisers gut genug!«

Es schien geraten, den Großmeister nicht noch mehr zu erzürnen. »Ja, ich würde sie sehr gerne heiraten«, sagte Lu Guanying leise.

Cheng Yaojia wurde es ganz warm ums Herz.

»Bestens!«, sagte Huang Yaoshi. »Und was ist mit Euch, junge Dame?«

Sie antwortete, ohne aufzusehen. »Das muss mein Vater entscheiden.«

»Euer Vater? Wozu auf Vater und Mutter hören oder das dämliche Geschwafel irgendeines Heiratsvermittlers? Lasst mich entscheiden. Wenn es Eurem Vater nicht passt, stelle ich mich ihm gerne zum Duell.«

»Vater versteht sich nur auf die Kunst des Pinsels und des Abakus«, sagte Cheng Yaojia mit dem Anflug eines Lächelns. »Die Kampfkunst ist nicht sein Metier.«

»Dann liefern wir uns eben einen Wettkampf mit Pinsel und Abakus!«, sagte Huang Yaoshi unbeeindruckt. »Ich wüsste nicht, wer sich besser auf Rechnerei verstünde als ich, und bezweifle, ob die Kalligrafien Eures Vaters den meinen das Wasser reichen können. Nun, antwortet mir. Wollt Ihr ihn heiraten?«

Cheng Yaojia schwieg.

»Also nein. Nun gut, es ist deine Entscheidung. Der Alte Ketzer steht stets zu seinem Wort und gestattet auch niemandem sonst, einen einmal gefassten Entschluss zurückzunehmen.«

Verstohlen schielte Cheng Yaojia zu Lu Guanying und sah das Entsetzen in seinem Gesicht. *Vater liebt mich über alles, und wenn ich meine Großtante bitte, wird sie mit ihm reden und einen formalen Heiratsvermittler finden. Bestimmt willigt er ein. Warum bin ich bloß so durcheinander?*

»Guanying, mein Junge«, sagte Huang Yaoshi und erhob sich. »Komm mit mir. Wir müssen die sechs Sonderlinge des Südens finden. Wenn du es forthin wagst, noch ein einziges Wort mit dieser jungen Dame zu wechseln, schneide ich Euch beiden die Zunge heraus.«

Lu Guanying wusste, dass sein Großmeister kein Mann leerer Worte war. Er drehte sich zu Cheng Yaojia und verbeugte sich. »Werte Dame, ich bin nur ein armseliger Krieger, ohne Bildung und Talent und aus schlichtem Hause. Eine Verbindung mit einer Dame von Eurem Rang steht mir nicht an. Und doch fühle ich, dass das Schicksal uns beide heute zusammengeführt hat …«

»Bitte … werter Herr …« Cheng Yaojia sprach mit gesenktem Kopf, »… seid nicht so bescheiden. Ich … ich bin nicht …« Ihre Stimme versagte.

Lu Guanying schöpfte Hoffnung. Er dachte an das Spiel, von dem sie erzählt hatte. Wenn ich sie dazu bekomme, einfach nur zu nicken oder den Kopf zu schütteln? »Werte Dame«, begann er leise. »Wenn Euch der junge Mann, der vor Euch steht, nicht gefällt, dann schüttelt den Kopf.« Das Herz schlug ihm bis zum Hals.

Sie zeigte keine Regung. Erwartungsvoll fragte Lu Guanying weiter: »Wenn Ihr bereit seid, mich zu heiraten … dann nickt bitte.«

Aber Cheng Yaojia rührte sich nicht.

Huang Yaoshi verlor allmählich die Geduld. »Du nickst nicht, schüttelst aber auch nicht den Kopf. Was soll das bedeuten?«

»Wenn ich nicht den Kopf schüttle«, sagte Cheng Yaojia zögernd, »bedeutet das … ich nicke.« Ihre Worte waren nur ein kaum vernehmliches Flüstern, aber Huang Yaoshi konnte sie durch sein exzellentes, durch sein Inneres Kung-Fu geschultes Gehör deutlich verstehen.

»Haha!« Er warf den Kopf zurück und lachte schallend. »Wenn der große und tapfere Wang Chongyang wüsste, was für kleinlaute Jünger seine Schule hervorgebracht hat! Haha! Ihr beide gehört den besten Kampfkunstschulen des Jianghu an und gebt ein vortreffliches Paar ab. Lasst mich also hiermit Euren Bund besiegeln. Ich erkläre Euch zu Mann und Frau.«

Ruckartig hoben die beiden die Köpfe und starrten Huang Yaoshi mit großen Augen an.

»Was ist mit der jungen Frau, diesem dummen Ding?«, fragte Huang Yaoshi. »Ich möchte wissen, wer ihr Meister ist.«

Die drei sahen sich in der Stube um, aber die junge Frau war verschwunden.

»Nun gut, das hat keine Eile. Guanying, du wirst mit der jungen Frau in dieser Schenke Hochzeit feiern, nicht wahr?«

»Großmeister, ich … ich danke Euch für Eure unendliche Großmut, aber eine Hochzeit an diesem bescheidenen Ort scheint ein wenig überstürzt …«

»Ein Nachfahre der Schule der Pfirsichblüteninsel schert sich nicht um alberne gesellschaftliche Gepflogenheiten! Kommt jetzt, kniet nieder, ich möchte Zeuge sein, wie Ihr beide Himmel und Erde Euren Respekt erweist.«

Sein gebieterischer Ton ließ keine Widerrede zu. Da es nun schon so weit gekommen war, fügte Cheng Yaojia sich seiner Autorität und kniete anmutig an Lu Guanyings Seite nieder.

»Jetzt zollt der Erde Respekt … Sehr gut, und jetzt Eurem Großmeister … Wunderbar, ganz wunderbar! Und jetzt verbeugen sich Mann und Frau voreinander.«

Artig vollzogen die beiden unter Huang Yaoshis Kommando die Zeremonie, während Huang Rong und Guo Jing dem Geschehen so fassungslos wie amüsiert zusahen.

»Ausgezeichnet! So, und jetzt lauf los, Guanying, und besorge rote Kerzen für Eure Hochzeitsnacht«, fuhr Huang Yaoshi fort.

»Aber … Großmeister!« Lu Guanying traute seinen Ohren nicht.

»Wie? Nachdem man gemeinsam vor Himmel und Erde gekniet hat, geht es ins Brautgemach. Da Ihr beide Krieger des Jianghu seid, könnt Ihr wohl auf Brokatdecken und Seidenkissen verzichten, oder? Ist Euch diese bescheidene Schenke nicht gut genug?«

Lu Guanying sagte nichts mehr. Im Grunde bebte er innerlich vor Erwartung. Sofort ging er hinaus und besorgte rote Kerzen, guten Schnaps und ein Huhn und bereitete zusammen mit Cheng Yaojia das Hochzeitsmahl für sich, seine Frischangetraute und den Großmeister.

Danach verfiel Huang Yaoshi in nachdenkliches Schweigen und richtete den Blick zur Decke. Er dachte an seine Tochter und das Herz wurde ihm schwer. Huang Rong, die ihn aus ihrem Versteck heraus beobachtete, erriet seine Gedanken. Mehrmals war sie kurz davor, einfach die Tür zu öffnen und sich in seine Arme zu werfen, aber jedes Mal zuckte ihre Hand wieder zurück. Was, wenn er sie zwang, ihn zurück auf die Pfirsichblüteninsel zu begleiten? Und wie sollte Guo Jing die Begegnung mit ihm überleben?

Lu Guanying und Cheng Yaojia konnten unterdessen ihr Glück immer noch nicht fassen. Mit hochroten Wangen sahen sie erst Großmeister Huang und dann einander an, wandten aber immer wieder beschämt den Blick voneinander ab.

Die ganze Zeit über hatte Ouyang Ke, gut verborgen hinter einem großen Reisighaufen, alles, was in der Schenke vor sich ging, belauscht. Sein Magen knurrte und es kostete ihn einige Mühe, nicht das geringste Geräusch zu machen, das ihn verraten könnte.

Allmählich wurde es dunkel. Cheng Yaojias Herz klopfte so heftig, dass sie fürchtete, es könnte jeden Augenblick herausspringen.

»Wo steckt das dumme Ding?«, fragte schließlich Huang Yaoshi. »Warum kommt sie nicht zurück? Nicht, dass diese üble Schurkenbande ihr Ärger macht …« Er drehte sich zu Lu Guanying um. »Wird es nicht Zeit, die Kerzen anzuzünden?«

»Jawohl, Großmeister«, antwortete er. Er entfachte mit Zunder und Zündstein ein Feuer und bald flackerten die kleinen Flammen. Im warmen Kerzenschein betrachtete er die feinen Haarsträhnen an Cheng Yaojias Schläfen, ihre schneeweiße Haut und die bezaubernde Verlegenheit in ihrem Blick. Er brachte kein Wort heraus. Draußen zirpten die Grillen und eine sanfte Brise strich durch den Bambusgarten. Lu Guanying wusste nicht, ob er wachte oder träumte.

Huang Yaoshi trug eine Holzbank aus der Schenke in den Hof und bettete sich darauf zur Nacht. Kurz darauf hörten sie ihn laut schnarchen. Drinnen hockte das frisch getraute Paar stocksteif nebeneinander und blieb so sitzen, bis die Kerzen niedergebrannt waren. Mit einem leisen Hauch erlosch die Flamme und die Schenke lag im Dunkeln.

Ganz leise begannen die beiden, miteinander zu reden. Huang Rong presste neugierig ihr Ohr an die Öffnung, konnte aber kein Wort verstehen. Da spürte sie, wie Guo Jing zitterte und keuchte. Der Fluss seines Qi stockte, daher konzentrierte sie sich auf ihre innere Atmung und legte wieder beide Hände auf seine. Nach und nach beruhigte sich sein Atem und Huang Rong widmete sich erneut dem, was außerhalb der Kammer vor sich ging. Mondlicht fiel durch ein Fenster auf das Paar, das immer noch nebeneinander auf einer Bank hockte.

»Weißt du, welcher Tag heute ist?«, fragte Cheng Yaojia leise.

»Der glücklichste unseres Lebens«, seufzte Lu Guanying.

»Gewiss«, antwortete sie. »Es ist außerdem der zweite Tag des siebten Mondmonats«, fuhr sie fort. »Der Geburtstag meiner dritten Tante mütterlicherseits.«

Lu Guanying lächelte. »Du scheinst eine große Familie zu haben«, sagte er. »Wie schaffst du es, dich an alle Geburtstage zu erinnern?«

Huang Rong grinste in sich hinein. *Deine Angetraute gehört einem noblen Familienklan aus Baoying an, junger Herr des Wanderwolken-*

palasts, dachte sie. Da wirst du dir eine Menge Geburtstage merken müssen.

Ihre Gedanken schweiften ab. Wenn heute der zweite Tag des siebten Mondmonats war, dann wäre Guo Jing am siebten wieder vollkommen hergestellt. Am fünfzehnten war die große Versammlung des Bettlerklans in Yueyang. Die Zeit für die Reise dorthin war äußerst knapp.

Ein lauter Pfiff von draußen unterbrach ihre Gedanken. Die Dachziegel wackelten.

»Haha, Alter Giftmolch, fang mich doch!«

Zhou Botong!

»Einen Tag und eine Nacht lang bist nun schon hinter dem Alten Kindskopf her! Du hast mich von Lin'an nach Jiaxing und zurück gejagt, aber du erwischst mich nicht! Ich habe gewonnen, gib's zu!«

Von Lin'an nach Jiaxing und zurück? Das sind mehr als fünfhundert Li!, dachte Huang Rong beeindruckt.

»Ich jage dich bis ans Ende der Welt.« Das war Ouyang Fengs scheppernde Zimbelstimme.

»Dann auf zu einem neuen Wettkampf«, freute sich der Alte Kindskopf. »Wer ohne Pause am längsten und schnellsten laufen kann, gewinnt. Geschlafen und gegessen wird nicht … auch nicht geschissen und gepinkelt!«

»Das soll mir recht sein. Wir werden sehen, wer von uns als Erster zusammenbricht.«

»So lange nicht zu scheißen und zu pissen wie ich gelingt dir niemals!«, rief Zhou Botong.

Schallendes Gelächter. Schon schienen die Stimmen der beiden Männer hundert Fuß weit weg.

Lu Guanying und Cheng Yaojia wechselten entsetzte Blicke. Dann fassten sie einander an der Hand, öffneten vorsichtig die Tür und spähten hinaus.

Wenn der Alte Kindskopf und der Alte Giftmolch sich einen Wettlauf liefern, wird mein Vater sich das nicht entgehen lassen, dachte Huang Rong verschmitzt.

Schon hörte sie Lu Guanying fragen: »Wo ist mein Großmeister hin?«

»Dort hinten.« Cheng Yaojia deutete in die Ferne. »Da, die drei Gestalten. Die letzte sieht aus wie Großmeister Huang.«

»Tatsächlich. Unglaublich, wie weit sie schon weg sind. Ob wir je erfahren, wer diese beiden Verrückten waren? Schade, dass wir sie nicht gesehen haben.«

Sei froh, dachte Huang Rong. *Der Alte Kindskopf ist eine Nummer für sich und dem Alten Giftmolch willst du lieber nicht begegnen.*

Jetzt, wo sie sich ganz allein wähnten, schwand die Zurückhaltung des jungen Paars. Lu Guanying wagte, den Arm um seine frisch angetraute Frau zu legen. »Verrätst du mir jetzt deinen Vornamen, Liebste?«, wisperte er ihr ins Ohr.

»Rate mal.«

»Kleines Kätzchen? Oder Kleines Hündchen?«

»Bestimmt nicht«, sagte sie lachend. »Ich heiße … Große Tigerin!«

»Lass mich dich jagen, Große Tigerin!«

Cheng Yaojia entwand sich seiner Umarmung und sprang über den Tisch. Dann jagten sie sich kichernd kreuz und quer durch die Schenke.

Das Licht der Sterne erhellte die Stube nur spärlich, sodass Huang Rong die beiden nur hören, aber nicht mehr deutlich sehen konnte.

»Ob er sie wohl fangen wird?«, fragte Guo Jing zu ihrer Überraschung.

»Da bin ich mir sicher«, flüsterte Huang Rong schmunzelnd zurück.

»Und dann?«

Huang Rong entgegnete nichts.

Plötzlich fiel das junge Paar lachend auf eine der Bänke. Sie hielten sich eng umschlungen und man hörte sie leise tuscheln.

Guo Jings linke Hand berührte ihre rechte. Sie spürte, wie heiß er sich anfühlte, wie er am ganzen Körper bebte, immer heftiger. Ihr wurde angst und bange. »Guo Jing, was ist mit dir? Machen wir eine Pause. Halt dein Qi an.«

Sie löste ihre Hand von seiner. Seit seiner Verletzung fiel es ihm schwer, sich ganz auf seine innere Atmung zu konzentrieren. Der Atemkreislauf nach dem *Neun-Yin-Handbuch* erforderte vollkommene innere Ruhe. Aber das zärtliche Getuschel draußen, die blühende junge Frau an seiner Seite, die er innig liebte … sein Blut kochte, er wusste nicht, was er tun sollte. Er stützte sich mit der Hand auf ihre Schulter. Seine glühende Handfläche und sein heißer Atem waren besorgniserregend. »Guo Jing«, hauchte Huang Rong. »Ruhig. Konzentriere dich auf dein Qi.«

»Ich kann nicht«, flüsterte er keuchend. Er schien völlig außer sich und schickte sich an aufzustehen.

»Nicht! Bleib sitzen!«

Guo Jing zwang sich, im Schneidersitz zu bleiben und seinen Atem unter Kontrolle zu bringen, aber er fühlte sich, als würde sein Brustkorb jeden Augenblick bersten. »Hilf mir, Rong.« Seine Stimme klang flehend. Noch einmal versuchte er aufzustehen, aber sie hielt ihn fest.

»Bleib sitzen. Noch eine Bewegung und ich lähme deine Nervenpunkte.«

»Tu das, bitte. Ich kann mich nicht beherrschen.«

Ihn zu lähmen hieße, sein Qi zu ersticken. Die Arbeit der vergangenen beiden Tage wäre umsonst gewesen und sie müssten wieder von vorn anfangen. Doch sein jetziger Zustand war lebensbedrohlich.

Huang Rong biss die Zähne zusammen und holte mit dem linken Arm zur *Orchideenhand* aus, mit der sie gezielt auf den Kampfertor genannten Nervenpunkt links von der elften Rippe hieb.

Kaum berührte sie die Stelle, spannten sich seine Muskeln an und wehrten ihren Schlag ab. Sie versuchte es noch einmal und erhielt dieselbe Reaktion. Beim dritten Versuch hielt Guo Jing sie überraschend am Handgelenk fest.

Im ersten fahlen Licht des Morgengrauens sah Huang Rong seine blutunterlaufenen Augen. Guo Jing hielt ihre Hand mit eisernem Griff umklammert und murmelte Unverständliches vor sich hin, wie im Fieberwahn. In ihrer Angst um ihn rammte sie ihre Schulter gegen seinen Arm. Die Stacheln des *Eisernen Igels* bohrten sich in seine Haut und der Schmerz ging ihm durch und durch.

In diesem Augenblick krähte draußen ein Hahn. Wie vom Blitz getroffen, kam Guo Jing mit einem Mal wieder zur Besinnung. Kraftlos ließ er seinen Arm sinken und sah Huang Rong zutiefst beschämt an.

Dicke Schweißperlen rannen ihm über die Stirn. Er war blass und erschöpft, aber er lebte.

»Guo Jing«, sagte Huang Rong sanft. »Wir haben schon zwei Tage und Nächte hinter uns gebracht.«

Guo Jing verpasste sich selbst eine schallende Ohrfeige. »Ich Idiot!« Als er noch einmal zuschlagen wollte, legte sie ihre Hand auf seinen Arm. »Sssch. Ganz ruhig. Denk an den Alten Kindskopf. Trotz jahrelanger Übung konnte er dem Flötenspiel meines Vaters nicht widerstehen. Anders als du! Du bist schwer verletzt, da ist es viel schwieriger, sich zu beherrschen. Mach dir keine Vorwürfe.«

In ihrer Aufregung hatten sie unwillkürlich ihre Stimmen erhoben. Während Lu Guanying und Cheng Yaojia, berauscht von der Liebe, so mit sich selbst beschäftigt waren, dass sie nichts hörten, hatte Ouyang Ke sie sehr wohl gehört. *War das nicht die Stimme von Huang Yaoshis Tochter?* Er horchte auf, aber gleich darauf war kein Ton mehr zu hören.

Er hatte genug davon, untätig herumzusitzen. Seine zerschmetterten Beine würden noch lange brauchen, bis sie geheilt wären, aber ihm blieben immer noch seine Arme. Er verlagerte sein Gewicht auf die Hände und kam im Handstand aus seinem Versteck hervor.

Lu Guanying und Cheng Yaojia saßen immer noch eng umschlungen nebeneinander auf der Bank, als sie plötzlich ein Rascheln hinter dem Haufen Feuerholz hörten. Als sie die Köpfe wendeten, sahen sie zu ihrer Überraschung einen Mann auf den Händen durch die Stube laufen. Sofort sprangen sie auf und zückten ihre Waffen.

Der Hunger hatte Ouyang Ke mehr geschwächt als angenommen und der Anblick einer glänzenden Klinge genügte, um ihn vor Schreck vornüber kippen zu lassen. Lu Guanying trat näher und bemerkte, wie blass der Unbekannte war. Er reichte ihm die Hand, half ihm auf und setzte ihn auf eine Bank, wo er sich am Tisch abstützen konnte.

Cheng Yaojia sah sein Gesicht und erstarrte. Es war der furchtbare Mensch, der sie in Baoying entführt hatte.

Lu Guanying bemerkte ihren angsterfüllten Blick. »Keine Sorge, Liebes. Seine Beine sind gebrochen.«

»Ich kenne ihn. Das ist ein schlechter Mensch.«

Überrascht drehte sich Lu Guanying wieder Ouyang Ke zu, der gerade zu sich kam. »Bringt mir Reis. Ich bin am Verhungern.«

Cheng Yaojia fiel auf, wie hohl seine Wangen waren und wie dumpf sein Blick. Dieser kranke Mann hatte wenig mit dem Schurken gemein, der sie gefangen und tagelang gedemütigt hatte. Berauscht von ihrem unverhofften Liebesglück war ihr Herz leicht zu erweichen. Sie ging und holte ihm eine Schale Reis.

Gierig verschlang Ouyang Ke den Inhalt der Schale und verlangte nach einer zweiten. Allmählich spürte er seine Lebensgeister zurückkehren. Der Anblick der schönen jungen Frau erregte ihn. Dabei fiel ihm Huang Rongs Stimme wieder ein. »Wo ist Fräulein Huang?«

»Fräulein Huang?«, fragte Lu Guanying verdutzt.

»Die Tochter des Herrn der Pfirsichblüteninsel, Huang Yaoshi.«

»Ihr kennt meine Kampfschwester? Soweit ich gehört habe, ist sie von dieser Welt gegangen.«

»Lüg mich nicht an«, schnaubte Ouyang Ke. »Ich habe eben noch ihre Stimme gehört.« Er stieß sich mit der Hand vom Tisch ab, landete mit einem Salto auf dem Boden und suchte auf den Händen die Stube ab. Die Stimme war von der Ostseite des Hauses gekommen, aber dort war keine Tür. *Da muss ein Versteck sein!*, dachte er, zog einen Tisch vor den Küchenschrank und sprang darauf. Zu seiner Enttäuschung fand er nur Schüsseln und Schalen auf den Brettern, die noch dazu vor Dreck starrten. Bei genauerem Hinsehen entdeckte er Fingerabdrücke im Dreck und auf einer staubigen Metallschale. Er griff nach der Schale, aber sie bewegte sich nicht. Als er an ihr rüttelte und sie nach rechts und links zu drehen versuchte, ging plötzlich quietschend eine verborgene Tür hinter dem Schrank auf.

Dort, auf dem Boden, hockten sich Huang Rong und Guo Jing im Schneidersitz gegenüber.

Nicht nur seine Angebetete, sondern auch seinen Rivalen dort vorzufinden, verpasste seiner Freude einen Dämpfer. Er war rasend vor Eifersucht. »Was machst du hier, kleine Schwester?«, fragte er vorsichtig. »Kung-Fu üben?«

Huang Rong hatte ihn natürlich die ganze Zeit über durch das Guckloch beobachtet. Als er den Tisch vor den Schrank gerückt hatte, war ihr klar, dass sie entdeckt worden waren. »Ich locke ihn herein und dann erledigst du ihn mit die *Reue des stolzen Drachen*«, hatte sie Guo Jing ins Ohr geflüstert, während Ouyang Ke im Schrank nach dem Mechanismus gesucht hatte.

»Dazu reicht meine Kraft nicht.«

Bevor sie antworten konnte, war die Tür aufgegangen. Panisch überlegte Huang Rong, wie sie es bloß anstellen sollte, dass der Kerl ihnen fernblieb und sie weitere fünf Tage unbehelligt meditieren konnten.

Ouyang Ke hatte mittlerweile großen Respekt vor Guo Jings Kampfkunst, aber er erkannte auf einen Blick, wie geschwächt dieser war und erinnerte sich an das, was ihm sein Onkel einmal gesagt hatte: Erwischst du deinen Gegner je in einem Zustand der Unterlegenheit, dann lass ihn die *Explodierende Kröte* spüren. Das wird ihn töten oder so schwer verletzen, dass er sich nicht mehr davon erholt.

»Willst du nicht herauskommen, Schwester?«, fragte er. »Da drin ist die Luft viel zu stickig.« Er streckte eine Hand nach ihr aus.

Zack! Schon schlug Huang Rong mit ihrem Hundestock nach seinem Kopf. *Den Hund auf den Schädel hauen* war einer der tödlichsten Schläge aus dem Repertoire der Hundestockkunst und sie führte ihn in einer solchen Geschwindigkeit aus, dass allein der heftige Luftzug Ouyang Ke zum Ausweichen zwang. Doch kaum hatte er sich zur Seite weggeduckt, änderte der Bambusstock die Richtung und kam horizontal auf ihn zu. Erschrocken sprang er mit einem Salto über den Tisch und landete auf dem Boden dahinter.

Hätte sie sich freier bewegen können, hätte Huang Rong sofort mit einem *Den Hund in den Hintern piksen* nachgelegt – ein tödlicher Hieb, der sich aber aus dem Schneidersitz heraus schlecht ausführen ließ, und auf keinen Fall wollte sie die Verbindung mit Guo Jing unterbrechen.

Erst jetzt begriffen Lu Guanying und Cheng Yaojia allmählich, wer die beiden in der Geheimkammer waren.

Ouyang Ke drückte sich im Nu mit beiden Händen vom Boden ab, landete wieder auf dem Tisch und griff nach Huang Rong. Ihr blieb kaum Platz, um ihm auszuweichen, und noch dazu durfte sie nicht zu viel Inneres Kung-Fu aktivieren, um Guo Jing nicht zu schaden. Sie versuchte, ihn sich mit weiteren Stockschlägen vom Leib zu halten, aber selbst mit gebrochenen Beinen war Ouyang Ke stärker als sie.

Lu Guangying und Cheng Yaojia zückten die Waffen. Aber Ouyang Ke lachte nur hämisch und holte zu einem gewaltigen Schlag gegen den wehrlosen Guo Jing aus. Dieser schloss die Augen und ergab sich seinem Schicksal.

Gerade noch gelang es Huang Rong, den Schlag mit dem Hundestock abzuwehren, aber da packte Ouyang Ke das andere Ende des Stocks und wollte sie daran aus der Kammer ziehen. Sie ließ los. Niemals hätte sie Guo Jing im Stich gelassen. Schnell griff sie in ihre Kleider und schleuderte Nadeln auf den Angreifer.

Ouyang Ke hüpfte im Handstand rückwärts und senkte die Beine so ab, dass er beinahe quer über dem Tisch lag. Schon stand Lu Guanying über ihm wie über einem Opfertier, hob sein Schwert und zielte auf Ouyang Kes Nacken. Blitzschnell rollte dieser aus dem Weg. Das Schwert bohrte sich tief in den Holztisch. In diesem Augenblick hörte Lu Guanying die Nadeln schwirren und mit einem Mal war sein Rücken taub und eine Körperhälfte gelähmt. Rasch packte Ouyang Ke ihn von hinten am Arm.

Cheng Yaojia wollte ihrem Liebsten zu Hilfe eilen und hieb mit ihrem Schwert nach Ouyang Kes Hand. »Wunderbar!«, rief dieser und griff nach ihrem Kleid, sodass sie schnell zurücksprang, wobei ihr Kleid vorn zerriss und sie beinahe ihre Waffe verloren hätte. Zitternd und mit bleichen Wangen blieb sie in einer Ecke stehen.

Mit Lu Guanying fest in seinem Griff schwang sich Ouyang Ke auf einen Stuhl und sah nach der Geheimkammer. Die Tür war wieder verschlossen. Beim Gedanken daran, dass Huang Rongs Nadeln ihm gegolten hatten, zuckte er innerlich zusammen. *Dieses kleine Luder ist keine leichte Gegnerin,* dachte er. Aber er würde sie schon aus ihrer Kammer herauszulocken wissen. Schließlich hatte er jetzt das junge Paar hier in seiner Gewalt. *Mal sehen, ob sie ihre Übungen auch unter den Schreien der jungen Edeldame fortsetzen werden!,* dachte er grimmig.

»Wollt Ihr, dass dieser junge Herr am Leben bleibt, Fräulein Cheng?«

Cheng Yaojia zwang sich, Ruhe zu bewahren. Ihr frisch angetrauter Ehemann war in der Gewalt dieses Scheusals, da durfte sie nicht überstürzt handeln. »Er hat Euch nichts getan, lasst ihn bitte gehen. Haben wir Euch nicht eben noch etwas zu essen gegeben, als Ihr danach verlangt habt?«

Ouyang Ke lachte. »Zwei Schüsseln Reis für ein Menschenleben? Ist das nicht ein bisschen billig? Ihr Schüler der Quanzhen-Schule seid es wohl nicht gewohnt, die Helden anderer Kampfkunstschulen um Gnade zu bitten?«

»Er … er ist ein Schüler der Pfirsichblütenschule. Ihr dürft ihm nichts tun.«

»Wer hat ihm gesagt, dass er mich mit seinem Schwert angreifen soll? Hätte ich nicht schnell genug reagiert, wäre ich jetzt einen Kopf kürzer. Außerdem muss ich vor dem Herrn der Pfirsichblüteninsel keine Angst haben. Er ist mein Schwiegervater.«

Cheng Yaojia sah ihn fragend an. Log er oder sagte er die Wahrheit? »Wenn Ihr sein älterer Kampfbruder seid, dann solltet ihr ihn erst recht loslassen. Er wird Euch ganz gewiss um Verzeihung bitten.«

»Haha, so leicht kommt Ihr mir nicht davon. Wenn ich ihn loslassen soll, dann müsst Ihr erst tun, was ich sage.«

Ein lüsternes Grinsen begleitete seine Worte. Cheng Yaojia senkte den Blick.

»Sieh her!«, rief Ouyang Ke und schlug mit der Handkante so heftig auf den Tisch, dass eine Ecke so glatt abbrach, als hätte er eine Axt gebraucht.

Sie traute ihren Augen nicht. *Das kann nicht einmal meine Meisterin,* dachte sie.

Anders als Meisterin Wandelnde Klarheit Sun Bu'er, die erst als Erwachsene zur Kampfkunst gefunden hatte, war Ouyang Ke von klein auf in die harte Schule seines Onkels gegangen. Kein Wunder, dass er zu Dingen fähig war, die sie noch nie gesehen hatte. Ihr angsterfüllter Blick bestärkte seine Selbstgewissheit. »Du tust jetzt genau, was ich sage. Sonst führe ich denselben Schlag noch einmal aus, aber auf seinem Genick.« Er holte weit aus.

Cheng Yaojia schnappte nach Luft. Sie zitterte am ganzen Körper.

»Nun?«

Sie nickte zögernd.

»Braves Kind. Warum nicht gleich so? Jetzt geh und schließ die Tür.«

Cheng Yaojia rührte sich nicht.

»Was? Gehorchst du mir nicht?«

Ihr blieb keine Wahl. Immer noch zitternd erhob sie sich und schloss die Eingangstür.

»Vergangene Nacht seid ihr beide verheiratet worden, ich habe jedes Wort mitbekommen. Es war eure Hochzeitsnacht, aber keiner von euch hat seine Kleider abgelegt. Ein seltsames Paar! Weißt du denn nicht, was sich für eine Braut gehört? Ich bringe es dir bei. Zieh dich aus.« Cheng Yaojia zuckte vor Schreck zusammen. »Alles. Wenn du auch nur ein Fitzelchen Seide am Leib behältst, dann wird dein werter Bräutigam noch heute dem Himmelsgott begegnen und du wirst fortan eine feine junge Witwe sein.«

Dem gelähmten Lu Guanying traten vor Wut und Schmerz fast die Augen aus den Höhlen. Er wollte ihr zurufen, dass sie sofort davonlaufen und sich nicht um ihn kümmern solle, aber kein Wort kam über seine Lippen.

Während Ouyang Ke den gelähmten Lu Guanying in seine Gewalt gebracht hatte, hatte Huang Rong schnell die Tür der Geheimkammer geschlossen. Mit gezücktem Dolch stand sie bebend dahinter und hörte, wie Ouyang Ke mit dem jungen Paar umsprang. Sie traute ihren Ohren nicht – hatte er eben wirklich verlangt, dass Cheng Yaojia sich auszog? Sosehr das Verhalten des widerwärtigen Ouyang Ke sie auch empörte, konnte sie nicht umhin, die Situation auch amüsant zu finden. *Ob das brave Fräulein Cheng sich wirklich auszieht?* Huang Rong presste ihr Auge an die Öffnung.

»Warum so schüchtern?«, spottete draußen Ouyang Ke. »Was ist schon dabei, sich auszuziehen? Bist du nicht nackt geboren worden? Was ist wichtiger – dein Ehemann oder dein alberner Stolz?«

Cheng Yaojia atmete hörbar. »Töte ihn doch.«

Mit dieser Reaktion hatte Ouyang Ke nicht gerechnet. Sie hielt sich die Klinge ihres Schwerts an ihre Gurgel. Im Handumdrehen zückte er einen Knochenbrecherdorn und schleuderte ihn gegen die Klinge. Sie ließ das Schwert fallen und es landete klirrend auf dem Boden. Als sie sich bückte, um es aufzuheben, klopfte es überraschend an der Tür. »Herr Wirt! Frau Wirtin! Ist niemand da?«

Es war die Stimme einer Frau. Cheng Yaojia atmete erleichtert auf. Sie nahm ihr Schwert und ging zur Tür.

Vor ihr stand eine junge Frau, die ganz in Weiß gekleidet war, auch ihr Haar war von weißem Stoff umhüllt. An ihrer Hüfte baumelte ein Schwert. Sie war blass und dünn, machte aber dennoch einen liebreizenden und gewinnenden Eindruck.

»Bitte tretet ein«, sagte Cheng Yaojia in der Hoffnung auf Rettung.

Überrascht bemerkte die junge Frau Cheng Yaojias vornehme Kleidung und ihre schneeweiße Haut. Was tat eine so noble Erscheinung in der heruntergekommenen Schenke eines verlassenen Dorfs?

»Ich habe zwei Särge dabei. Darf ich sie hereinbringen?«

Cheng Yaojia hatte keine Einwände. Von ihr aus konnte die junge Frau auch hundert Särge und noch alle möglichen anderen Dinge mitbringen. »Hervorragend!«, sagte sie, trat zur Seite und winkte die junge Frau herein.

Hervorragend? Eine so euphorische Antwort hatte die junge Frau auf ihre Bitte ganz und gar nicht erwartet. Nun gut. Sie drehte sich um und winkte. Prompt folgten ihr acht junge Männer mit zwei Särgen in die Stube.

Da erblickte die junge Frau Ouyang Ke und erschrak. Instinktiv wanderte ihre Hand ans Schwert.

Ouyang Ke lachte. »Welch unverhofftes Wiedersehen! Das Schicksal hat uns füreinander bestimmt, anders kann es gar nicht sein. Sieht so aus, als müssten wir uns dem Willen des Himmels fügen.«

Bei der Frau in Weiß handelte es sich um Mu Nianci, die, genau wie Cheng Yaojia, schon einmal von Ouyang Ke entführt und gefangen gehalten worden war. Nachdem sie und Yang Kang in Baoying im Streit auseinandergegangen waren, hatte sie sich in ihrer Trauer das Haar abgeschnitten und auf ihre Pflicht besonnen, den Leichnam ihres Ziehvaters Yang Tiexin und seiner Frau Bao Xiruo zurück in ihre Heimat zu bringen, damit sie zusammen in Niu ihre letzte Ruhestätte fänden. Danach, so hatte sie sich geschworen, wollte sie sich für den Rest ihres Lebens als Nonne den Lehren Buddhas widmen.

Mittlerweile waren die Mongolen in das Jin-Reich eingefallen und die Hauptstadt Zhongdu stand unter Belagerung. Nur unter großen Mühen und Entbehrungen hatte sie sich mit den beiden Särgen in den Süden durchschlagen können. Da sie selbst noch nie zuvor in Niu gewesen war, wunderte sie sich, wie abgeschieden der Ort lag und wie verfallen viele Häuser waren. Dann hatte sie die Fahne der Schenke entdeckt und hoffte, dort herauszufinden, welches das Haus der Familie Yang war.

Ouyang Ke war gewiss der letzte Mensch, mit dem sie hier gerechnet hatte.

Wer war diese junge Frau? Wieder eine seiner Gefangenen? Eine seiner Konkubinen? Bevor Ouyang Ke Cheng Yaojia in Baoying entführen ließ, hatte er Mu Nianci gelähmt in einen leeren Sarg gesperrt, weshalb sich die Frauen nie begegnet waren. *Sie muss mit ihm unter einer Decke stecken,* überlegte Mu Nianci. *Warum sonst hat sie mich so freudig hereingebeten?*

Mit gezogenem Schwert stürzte sich Mu Nianci auf Cheng Yaojia. Ihre Kleider raschelten, als sie die Klingen kreuzten. Plötzlich fiel ein Schatten über Mu Nianci. Sie stieß mit ihrem Schwert danach, aber Ouyang Ke ergriff mit bloßen Händen die Klinge, zog sie daran zu sich und packte ihr Handgelenk. Sie hatte das Schwert loslassen wollen, Ouyang Ke war aber so schnell gewesen, dass er sie mit sich riss. Nebeneinander landeten sie auf einem der Särge, den vier Männer gerade durch die Eingangstür trugen. Erschrocken schrien die Männer auf und der Sarg krachte auf den Boden und ihre Füße.

Ouyang Ke presste Mu Nianci fest an sich und fuchtelte drohend mit dem Schwert vor den Augen der Männer herum. Diese befreiten schreiend ihre Füße von der Last des Sargs und rannten davon. Auch die anderen vier Männer ließen vor Schreck den zweiten Sarg fallen und nahmen Reißaus, ohne auf die Entlohnung für ihre Dienste zu warten.

Endlich war der hilflose Lu Guanying aus Ouyang Kes Griff befreit und stürzte um. Cheng Yaojia lief rasch zu ihm hin, um ihm aufzuhelfen. Sie hatte keine Ahnung, was hier vor sich ging, und wollte nur so schnell wie möglich mit ihrem Liebsten aus dieser Schenke fliehen.

Ohne Mu Nianci loszulassen, war Ouyang Ke mit zwei Sätzen bei Cheng Yaojia, riss auch sie in seine Arme und lähmte blitzschnell beide Frauen an ihren Nervenpunkten. Grinsend saß er schließlich, rechts und links eine hilflose Schönheit im Arm, auf der Bank am Tisch. »Nur Ihr fehlt, Fräulein Huang! Kommt und leistet uns Gesellschaft«, rief er lachend.

Im selben Augenblick erschien überraschend ein weiterer Gast in der Tür.

Yang Kang war mit den anderen vor Huang Yaoshi aus Niu geflohen. Die Scham über die erlittene Schmach saß so tief, dass keiner von ihnen ein weiteres Wort über die Angelegenheit verlor. Yang Kang schwor insgeheim Rache, hoffte dabei aber auf Hilfe von Ouyang Feng, der noch immer nicht vom Kaiserpalast zurückgekehrt war. Er erklärte Wanyan Honglie seinen Plan und schlich zurück nach Niu, um nachzusehen, ob Ouyang Feng inzwischen dort aufgetaucht war. In derselben Nacht war Ouyang Feng dann tatsächlich überraschend in Begleitung eines ihm unbekannten Mannes erschienen, aber dann, gefolgt von Huang Yaoshi, so schnell wieder verschwunden, dass Yang Kang nicht begriff, was es damit auf sich hatte. Noch mehr staunte er, als er am darauffolgenden Morgen unerwartet Mu Nianci mit Sargträgern und zwei Särgen durch den Wald nach Niu gehen sah. Klopfenden Herzens war er ihr bis zur Schenke gefolgt, hatte aber zunächst abgewartet und aus der Distanz beobachtet, was sie vorhatte.

Dann kamen die Sargträger mit vor Schreck verzerrten Gesichtern aus der Schenke gerannt. Was ging dort vor sich? Vorsichtig schlich er sich an und spähte durch eine Mauerritze hinein. Da saß Mu Nianci in den Armen Ouyang Kes! Er öffnete die Tür.

»Ah, Seine Majestät der Prinz ist zurück!«, begrüßte ihn Ouyang Ke.

Yang Kang nickte nur.

Ouyang Ke wusste seinen Blick nicht zu deuten. »Tröstet Euch, werter Prinz. Auch der große Held Han Xin musste sich einstmals dazu erniedrigen, zwischen den Beinen seines Widersachers hindurchzukriechen. Einem wahren Helden bricht es nicht das Rückgrat, wenn er einmal in die Knie gehen muss. Wartet, bis mein Onkel zurück ist. Er wird für Euch Vergeltung üben.«

Wieder nickte Yang Kang schweigend, den Blick auf Mu Nianci geheftet. Ouyang Ke lächelte. »Was sagt Ihr dazu, werter Prinz? Eine schöner als die andere, nicht wahr?«

Yang Kang nickte. Natürlich wusste Ouyang Ke nichts von dem Duell um die Braut und dem Verhältnis des Prinzen zu der jungen Frau in Weiß. Yang Kang selbst hatte Mu Nianci schon fast vergessen. Erst, als er sie wiedersah, war ihm bewusst geworden, wie reizend die tapfere junge Frau war und wie sehr er sich ihr verbunden fühlte. Mit seinem Entschluss, die versprochene Heirat mit ihr doch noch Wirklichkeit werden zu lassen, war es ihm ernst gewesen. Sie in den Armen des überheblichen Ouyang Ke zu sehen, machte ihn rasend vor Eifersucht, aber er bemühte sich, Haltung zu bewahren.

»Stellt Euch vor, vergangene Nacht wurde hier geheiratet«, fuhr Ouyang Ke fort. »In der Küche sind noch Hühnchen und Wein. Ob ich Euch bitten dürfte, mir etwas davon zu bringen, damit wir miteinander anstoßen können? Anschließend dürfen sich diese beiden Schönheiten ausziehen und für Euch tanzen.«

»Sehr schön«, sagte Yang Kang lächelnd.

Mu Nianci war zunächst freudig überrascht gewesen, ihn so unverhofft in der Tür zu sehen. Doch als er ihr keinerlei Beachtung schenkte, bebte sie innerlich vor Zorn. Und nun, wo er ohne Weiteres Ouyang Kes Plan zustimmte, wurde sie zu Eis. Sobald Ouyang Ke seinen Griff lockerte, würde sie sich vor Yang Kangs Augen die Kehle durchschneiden, um der endlosen Kette von Erniedrigungen, die ihr das Leben bislang zugefügt hatte, endlich ein Ende zu setzen.

Sie sah zu, wie Yang Kang in die Küche ging, mit Essen und Wein zurückkam und sich zu Ouyang Ke an den Tisch setzte. Ouyang Ke schenkte zwei Schalen Wein ein und hielt sie Cheng Yaojia und Mu Nianci an die Lippen. »Ihr zuerst, meine Holden! Das wird Eure Tanzkunst beflügeln!«

Am liebsten hätten die beiden Frauen ihm ins Gesicht gespuckt, aber sie waren so geschickt gelähmt worden, dass sie nicht einmal den Kopf wegdrehen konnten. Ouyang Ke flößte beiden eine halbe Schale Wein ein.

»Ich bewundere Eure große Kampfkunst, Meister Ouyang«, sagte Yang Kang schließlich. »Lasst mich mit Euch auf Eure Tapferkeit anstoßen, bevor wir uns an der Darbietung erfreuen.«

Ouyang Ke ließ sich einschenken und trank seine Schale in einem Zug leer. Dann befreite er die beiden Frauen von ihrer Lähmung, packte aber flugs ihre Hände und hielt sie hinter ihrem Rücken fest. »Tut brav, was ich Euch sage, und es geschieht Euch nichts. Im Gegenteil, ich werde Euch glücklich machen!« Dann wandte er sich an Yang Kang. »Bitte sehr, werter Prinz, sucht Euch eine aus!«

»Danke sehr«, erwiderte Yang Kang.

Mu Nianci deutete mit dem Kinn auf die beiden Särge. »Weißt du, wer in diesen Särgen liegt?«, fragte sie Yang Kang kühl.

Yang Kang betrachtete die Särge. Auf einem lag ein roter Papierstreifen mit den Worten: *Hier ruht Yang Tiexin, treuer Sohn und Held der großen Song-Dynastie.* Das Blut gefror ihm in den Adern, aber er ließ sich nichts anmerken.

»Meister Ouyang«, sagte er, ohne auf Mu Niancis Worte einzugehen, »könntet Ihr sie bitte gut festhalten? Lasst mich sehen, welche der beiden die kleineren Füße hat. Die will ich.«

»Sehr gut! Ihr habt einen erlesenen Geschmack, wie ich sehe. Ich denke, es ist diese hier«, sagte Ouyang Ke und strich Cheng Yaojia über die Wangen. »Wisst Ihr, ich habe großes Talent in solchen Dingen. Ein Blick in das Gesicht einer Frau genügt mir, um sie von Kopf bis Fuß einschätzen zu können.«

»Beeindruckend! Ich verneige mich vor Eurer Expertise.« Mit diesen Worten verbeugte Yang Kang sich tief, bis unter den Tisch, als wolle er die Füße der Damen inspizieren.

Mu Nianci und Cheng Yaojia hatten insgeheim und unabhängig voneinander denselben Plan gefasst. Sobald er nach ihren Füßen tastete, würden sie Yang Kang einen kräftigen Tritt gegen die Schläfe versetzen.

»Trinkt noch eine Schale Wein!«, ermunterte Yang Kang, der noch immer unter den Tisch gebeugt war, Ouyang Ke. »Gleich sage ich Euch, ob Ihr richtig geraten habt.«

»Gern!« Ouyang Ke griff nach der Weinschale.

Als er den Kopf zurückwarf, um sich Wein in die Kehle zu schütten, griff Yang Kang in seine Robe, zog die abgebrochene Spitze vom Speer seines Vaters heraus, bündelte alle Kraft im Arm und stieß die Speerspitze fingertief in Ouyang Kes Unterbauch. Dann rollte er flugs rückwärts unter dem Tisch hervor.

Was war geschehen? Mu Nianci, Cheng Yaojia, Lu Guanying und auch Huang Rong in ihrem Versteck spürten, dass die Situation eine plötzliche Wendung genommen hatte, konnten aber auf den ersten Blick nichts erkennen. Ouyang Ke stieß die Bank, auf der die beiden Frauen saßen, um und schleuderte seine Weinschale nach Yang Kang, der sich rasch wegduckte. Ouyang Ke hatte die Schale mit solcher Kraft geworfen, dass sie an der Wand zerschellte und in tausend Stücke zersprang.

Yang Kang rollte über den Boden zur Tür, doch die Särge waren ihm im Weg. Er sprang hoch und sah sich Ouyang Ke gegenüber, der im Handstand auf der Bank balancierte, die Beine in der Waagerechten. Mit einem hämischen Grinsen fixierte er den Prinzen. Yang Kang erschauerte unter diesem Blick, vor Angst gelähmt.

»Ein halbes Leben lang ziehe ich schon durch die Welt des Jianghu, nur um am Ende durch die Hand eines erbärmlichen kleinen Jungen zu sterben?«, knurrte Ouyang Ke. »Verratet mir, werter Prinz: warum?«

Yang Kang spürte den Angriff kommen, sprang hoch, fühlte aber sofort den Luftzug hinter sich. Eine Hand so kalt wie ein Eisenhaken packte ihn am Genick und zwang ihn neben Ouyang Ke auf die Bank. »Beantwortet meine Frage!«, zischte Ouyang Ke »Oder soll ich unwissend sterben?«

Er hatte den Nervenpunkt an Yang Kangs Nacken gelähmt. Das ist mein Ende, dachte der Prinz.

»Gut«, schnaubte Yang Kang kühl. »Ich verrate es Euch. Wisst Ihr, wer das ist?«, sagte er und deutete mit dem Kinn auf Mu Nianci.

Ouyang Ke sah sie an. Mu Nianci, die endlich von ihrer Lähmung befreit war, stand mit dem Schwert in der Hand da. Sie wagte nicht einzugreifen, um Yang Kang nicht zu verletzen. Ouyang Ke erkannte die Sorge um Yang Kang in ihrem Blick und begriff.

»Haha!«, rief er. »Sie … sie …«, begann er, aber ein Hustenanfall unterbrach ihn.

»Wir sind verlobt. Und das ist nicht das erste Mal, dass Ihr meiner Verlobten nachstellt. Hätte ich Euch damit etwa davonkommen lassen sollen?«

»So ist das also …«, brachte Ouyang Ke schließlich hervor. »Gut, dann fahren wir eben gemeinsam zur Hölle …!« Wieder unterbrach ihn ein Hustenanfall. Seine Faust flog hoch und auf Yang Kangs Schädel zu.

Mu Nianci holte erschrocken Luft und stieß zu.

In Erwartung eines tödlichen Schlags hatte Yang Kang die Augen geschlossen. Aber der Schlag blieb aus, und er öffnete die Augen wieder. Ouyang Kes rechte Hand war in der Luft erstarrt, die Linke hatte sich von Yang Kangs Nacken gelöst. Dieser sprang schnell auf und ging auf Abstand.

Ouyang Ke hauchte sein Leben aus und stürzte vornüber auf den Sarg.

Yang Kang und Mu Nianci sahen einander an, dann fielen sie sich in die Arme. Anschließend nahmen sie einander an den Händen und standen sich schweigend gegenüber, weil sie nicht wussten, was sie sagen sollten. Immer wieder sahen sie ängstlich zu Ouyang Ke hinüber, um sich zu vergewissern, dass er sich auch wirklich nicht mehr rührte.

Cheng Yaojia befreite Lu Guanying von seiner Lähmung und half ihm auf. Lu Guanying wusste, dass Yang Kang zum Haus des Sechsten Prinzen von Jin gehörte. Nun hatte dieser zwar Ouyang Ke getötet, wofür ihm Lu Guanying Dank schuldete, aber ein Feind der Song konnte niemals sein Freund sein. Daher legte er nur schweigend die Hände zusammen, verbeugte sich, nahm Cheng Yaojia an der Hand und ging mit ihr davon.

Sie waren um ein Haar dem Tod entronnen, und nach der Aufregung und der Angst der vergangenen Stunden vergaßen die beiden vollkommen, dass Guo Jing und Huang Rong noch in der Geheimkammer saßen.

Huang Rong gefiel, was sie zu sehen bekommen hatte. Yang Kang hatte Mu Nianci vor einem furchtbaren Schicksal bewahrt. Auch Guo Jing war überrascht, wie ehrenhaft sich sein abtrünniger Schwurbruder verhalten hatte. Lächelnd tauschten er und Huang Rong Blicke.

»Ich habe die Leichname deiner Eltern nach Hause gebracht«, sagte Mu Nianci zu Yang Kang.

»Das wäre meine Aufgabe gewesen. Du musst auf dem Weg Furchtbares durchgemacht haben! Ich danke dir aufrichtig für deine Mühe.«

Mu Nianci wollte nicht über Vergangenes reden. Jetzt galt es, Yang Tiexin und Bao Xiruo endlich in heimatlicher Erde zu bestatten.

Yang Kang zog die Speerspitze aus Ouyang Kes Bauch. »Wir müssen zuerst ihn begraben«, sagte er. »Wenn sein Onkel herausfindet, dass wir ihn umgebracht haben, wird seine Rache fürchterlich sein.«

Die beiden gingen hinter die Schenke und hoben eine tiefe Grube aus, in der sie Ouyang Kes Leichnam verscharrten. Dann liefen sie ins Dorf, um Helfer zu finden, die mit ihnen die beiden Särge zu der Stelle trugen, wo einst Yang Tiexins und Bao Xiruos Haus gestanden hatte. So viele Jahre waren vergangen, seit das Ehepaar aus Niu verschwunden war, dass alle verstorben waren, die sich noch an sie hätten erinnern können. Aber die Dorfbewohner stellten keine Fragen und nahmen schweigend an der Zeremonie teil.

Als sie ihre Toten beerdigt hatten, war es schon wieder dunkel geworden. Während Mu Nianci im Haus einer Bauernfamilie Unterschlupf fand, legte sich Yang Kang in der Schenke schlafen.

Früh am nächsten Morgen kehrte Mu Nianci zur Schenke zurück. Schon beim Näherkommen sah sie, wie Yang Kang in der Stube unruhig auf und ab ging und Selbstgespräche führte.

»Ist alles in Ordnung?«, fragte sie, als sie eintrat.

»Ich hätte die beiden gestern nicht einfach ziehen lassen dürfen. Wer weiß, wo sie jetzt sind? Ich hätte sie töten sollen, als ich die Gelegenheit hatte.«

»Warum das?«, fragte Mu Nianci entsetzt.

»Sie waren Zeuge, wie ich Ouyang Ke getötet habe. Was, wenn sie mich verraten?«

Mu Nianci runzelte die Stirn. »Ein wahrer Held tut, was er tun muss. Wenn du dich vor den Konsequenzen fürchtest, hättest du ihn nicht töten sollen.«

Yang Kang antwortete nicht. Fieberhaft überlegte er, wie er das junge Paar wiederfinden und zum Schweigen bringen könnte.

»Sein Onkel ist in der Tat grauenerregend«, fuhr Mu Nianci fort, »aber zum einen können wir fliehen und uns verstecken, und zum anderen weiß er nicht, wer seinen Neffen getötet hat.«

»Ach, meine Liebe … ich hatte etwas ganz anderes im Sinn. Ich will, dass Ouyang Feng mein Meister wird.«

Mu Nianci sah ihn mit großen Augen an.

»Ich trage mich schon länger mit diesem Gedanken. Aber seine Schule hat sehr strenge Regeln und die besagen, dass es in jeder Generation nur einen Schüler geben darf. Da nun sein Neffe tot ist, wird er vielleicht mich als seinen Schüler annehmen.« Er schien sehr stolz auf seinen gerissenen Plan zu sein.

Mu Nianci erschauerte. »Du hast ihn also nicht getötet, um mich zu retten«, sagte sie mit zitternder Stimme, »sondern aus einem anderen Grund.«

»Sei nicht so misstrauisch!« Yang Kang lachte. »Ich würde alles für dich tun. Tausend Tode sterben würde ich für dich.«

»Darüber lass uns später reden«, sagte sie kühl. »Zuerst möchte ich wissen, was du jetzt zu tun gedenkst. Wirst du ein aufrechter Streiter für das große Song-Reich werden oder gierst du immer noch nach Macht und Reichtum und betrachtest einen Feind als deinen Vater?«

Yang Kang ließ seinen Blick über ihre zierliche Gestalt gleiten. Wie bezaubernd sie war! Aber dass sie seine wahren Absichten ahnte, gefiel ihm gar nicht. »Macht und Reichtum, woher denn! Yanjing ist bereits in die Hände der Mongolen gefallen und die

Armee der Jurchen hat eine Schlacht nach der anderen verloren. Bald wird es aus sein mit dem Königshaus der Jin!«

Es klang beinahe bedauernd, was Mu Nianci nur noch wütender machte. »Und wenn schon? Der Niedergang der Jin ist unser größter Wunsch«, sagte sie grimmig, »was gibt es daran zu beklagen? Hältst du dich etwa für einen Jurchen? Das ist doch … das ist …«

»Komm, lass uns von etwas anderem reden. Wie sehr habe ich dich seit unserer letzten Begegnung vermisst!« Er trat auf sie zu und nahm ihre Hand. Seine Worte erweichten sofort ihr Herz und sie ließ es geschehen. Ihre Wangen überzog eine sanfte Röte.

Yang Kang wollte sie in die Arme schließen, als lautes Vogelkreischen ihre Zweisamkeit störte. Er lief nach draußen und sah zwei weiße Adler am Himmel kreisen. Hatte er diese Vögel nicht schon einmal gesehen? Richtig – an dem Tag, als Wanyan Honglie mit seinen Soldaten die Armee von Tolui, dem Sohn des Großen Khans, verfolgt hatte. Was hatten diese Vögel hier zu suchen?

Mu Nianci war ihm nach draußen gefolgt und sah ebenfalls zu den kreisenden Adlern hoch.

Da erst sahen sie die junge Frau, die im Schatten eines Baums auf dem Rücken eines herrlichen Pferdes saß. Mit ihren hohen Lederstiefeln und ihrem Reitkleid war sie ganz im Stil der Mongolen gekleidet. In der Hand hielt sie eine Reitpeitsche, über ihrer Schulter hing ein Bogen und an ihrem Gürtel ein Köcher mit Pfeilen.

Die Adler kreisten noch eine Weile über dem Dorf, dann flogen sie davon, kamen aber kurz darauf wieder. Diesmal wurden ihre Schreie von lautem Hufgetrappel begleitet.

Aus einer Staubwolke am Horizont lösten sich drei Reiter.

Die Vögel haben die Reiter zu der jungen Frau geführt, dachte Yang Kang.

Ein lautes Zischen ließ sie die Köpfe wenden. Ein Pfeil schwirrte durch die Luft. Die junge Frau zog ihrerseits einen Pfeil aus dem Köcher, spannte ihn in den Bogen und schoss ihn in die Luft. Das singende Geräusch des Pfeils wurde von den drei Reitern mit lautem Jubel beantwortet. Sie trieben ihre Pferde im Galopp auf das Dorf zu. Jetzt setzte sich auch die junge Frau in Bewegung und ritt ihnen entgegen. Als sie und der erste der drei Reiter sich einander auf etwa zehn Schritte angenähert hatten, sprangen beide gleichzeitig über die Köpfe ihrer Pferde hinweg aus dem Sattel, trafen sich in der Luft und landeten Hand in Hand sicher auf der Erde.

Mit derartigen Reit- und Schießkünsten haben die Mongolen gegen die Jurchen ein leichtes Spiel, dachte Yang Kang. *Selbst die jungen Mongolinnen sind großartige Reiterinnen.* Yang Kang hatte Mu Nianci ins Haus gezogen, um nicht gesehen zu werden. Als die Ankömmlinge ihre Pferde im Hof angebunden hatten und sich anschickten, die Schenke zu betreten, drängte er sie schnell in die Küche hinter den Haufen Feuerholz, damit sie aus diesem Versteck heraus beobachten konnten, was geschehen würde.

Auch Huang Rong und Guo Jing hatten die Rufe der Adler, das Trappeln der Hufe und das Wiehern der Pferde gehört. Kurz darauf hörten sie Stimmen und Guo Jing zuckte freudig überrascht zusammen. *Was macht sie denn hier? Wie seltsam!*

Die junge Frau in mongolischer Tracht war niemand anderes als Khojin, Dschingis Khans Tochter, die Guo Jing zur Frau versprochen worden war. Die anderen drei Reiter waren ihr Bruder Tolui und die Heerführer Jebe und Borokhul.

Die Gruppe lachte und plauderte auf Mongolisch. Huang Rong verstand kein Wort, Guo Jing dagegen alles. Während er lauschte, zog ein Schatten über sein Gesicht, dann wurde er blass. Die anfängliche Freude wich ängstlicher Sorge. *Was mache ich nur? Mein Herz gehört allein Rong, ich kann Khojin nicht heiraten! Aber jetzt ist sie mir bis hierher gefolgt, wie kann ich mein Versprechen zurücknehmen? Was mache ich nur?*

»Jing«, flüsterte Huang Rong, die seine Aufregung bemerkte, »warum bist du so blass? Wer ist die Frau? Worüber sprechen sie?«

Guo Jing hatte sich schon oft vorgenommen, Huang Rong von Khojin zu erzählen, aber nie hatte er die richtigen Worte gefunden. Jetzt, wo sie ihn direkt danach fragte, konnte er sie nicht belügen. »Das ist die Tochter des Großen Khans der Mongolen. Wir sind einander versprochen.«

Huang Rong erstarrte vor Schreck. Ihre Augen füllten sich mit Tränen. »Du … was? Ihr … seid einander versprochen? Warum hast du mir das nie gesagt?«

»Ich wollte ja, aber … ich wollte dich nicht verletzen. Und irgendwie … habe ich es wohl auch verdrängt.«

»Sie wird eines Tages deine Frau sein. So etwas verdrängt man doch nicht.«

Guo Jing wusste nicht, was er sagen sollte. »Für mich war sie immer nur wie eine Schwester. Ich will sie nicht heiraten.«

In Huang Rong keimte ein Funken Hoffnung.

»Der Große Khan hat das entschieden«, erklärte Guo Jing. »Damals habe ich mich nicht dagegen gewehrt, aber ich hatte ja auch keinen Grund dazu. Ich dachte eben, dass der Große Khan schon die richtigen Entscheidungen trifft. Aber jetzt … Rong, wie könnte ich jemand anderen als dich heiraten? Wenn ich dich nicht heiraten kann, will ich nicht weiterleben.«

»Was also sollen wir tun?«

»Ich weiß es nicht.«

Huang Rong seufzte. »Solange du mir im Herzen immer treu bleibst, kannst du sie ruhig heiraten«, sagte sie dann. »Obwohl …

nein, heirate sie nicht. Ich ertrage den Gedanken nicht, dass du von morgens bis abends an der Seite einer anderen lebst. Außerdem habe ich ein hitziges Temperament – wer weiß, ob ich ihr nicht irgendwann mein Schwert in die Brust ramme, und dann würdest du mich bis ans Ende meines Daseins verfluchen. Aber jetzt nichts mehr davon. Besser, du hörst zu, was sie erzählen.«

Guo Jing presste sein Ohr an die Öffnung und hörte Tolui und Khojin über die Ereignisse der vergangenen Monate reden. Offenbar hatten die weißen Adler, seit Guo Jing und Huang Rong in See gestochen waren, in Wind und Regen nach ihrem Herrn gesucht. Da sie aber auf dem offenen Meer nicht rasten konnten, waren sie an Land zurückgekehrt und wieder gen Norden zu ihrer Herrin Khojin geflogen.

Die Rückkehr der Adler hatte Khojin überrascht. Dann hatte sie entdeckt, dass der eine einen Stofffetzen am Bein trug, auf dem chinesische Schriftzeichen standen. Da sie kein Chinesisch konnte, zeigte sie das Geschriebene ein paar Chinesen, die an der Seite der Mongolen gegen die Jurchen kämpften. Diese hatten ihr gesagt, dass die Zeichen auf dem Stoffband HILFE bedeuteten. Besorgt war sie nach Süden aufgebrochen.

Der Große Khan lag mit seinem Mongolenheer inzwischen im Krieg gegen das Jin-Reich. Tag für Tag lieferten sich die beiden Völker zu beiden Seiten der Großen Mauer erbitterte Schlachten. Khojins Vater war so sehr mit dem Feind beschäftigt, dass sie sich ohne Weiteres hatte davonstehlen können. Die Adler ahnten, was sie vorhatte, und begleiteten sie den ganzen Weg nach Süden. Immer auf der Suche nach Guo Jing flogen sie ihr tagsüber viele Li voraus und kehrten dann zu ihr zurück, um ihr den Weg zu weisen. So ging es den ganzen Weg bis nach Lin'an, wo zwar auch kein Guo Jing zu finden war, aber Khojins Bruder Tolui.

Nachdem Guo Jing ihn vor Wanyan Honglies Truppen in Baoying gerettet hatte, war Tolui weiter bis nach Lin'an geritten, wo er im Auftrag seines Vaters den Song-Kaiserhof davon überzeugen wollte, sich mit den Mongolen gegen die Jin zu verbünden. Das Kaiserhaus und seine Berater jedoch genossen den momentanen Frieden und den Wohlstand im Südosten des Reichs. Jetzt, wo die Jin endlich nicht mehr angriffen, waren sie dankbar für jeden Tag, den sie in Frieden verbringen konnten. Warum also den Tiger an den Barthaaren ziehen? Der Empfang für Tolui fiel daher eher kühl aus: Man brachte ihn im Gästehaus statt im Palast unter, was geradezu eine Beleidigung darstellte. Dabei hatte er Glück, dass Yang Kang auf dem Tai-See von Lu Guanying und seinen Piraten gefangen genommen worden war. Andernfalls hätte der Prinz dem Hof den Befehl gegeben, Tolui zu töten.

Bald darauf erreichte den Hof die Nachricht, dass die Mongolen auf dem Vormarsch seien und bereits die Jin-Hauptstadt Zhongdu erobert hätten. Diese Entwicklung nötigte die Beamten des Kaiserhofs zu einer radikalen Kehrtwende in ihrer Haltung gegenüber Tolui. Plötzlich hieß es »Vierter Prinz« hier und »Vierter Prinz« dort, die Diener katzbuckelten vor ihm und lasen ihm jeden Wunsch von den Augen ab. Sogar einer Allianz gegen die Jin stimmte der Hof freudig zu. Warum sollte man sich die Gelegenheit entgehen lassen, ohne großen Aufwand und Kosten den alten Feind loszuwerden und die verlorenen Gebiete wiederzugewinnen? Die Minister beeilten sich, den Vertrag vorzubereiten. Obwohl er den Hof und seine Heuchelei zutiefst verachtete, unterzeichnete Tolui den Pakt, der die Allianz gegen die Jin besiegelte, und reiste noch am selben Tag gen Norden ab. Zu seinem Abschied ließ der Hof eine große Ehreneskorte antreten, aber Tolui hatte wenig Sinn für dieses Brimborium, gab seinem Pferd die Sporen und ritt davon.

Er war noch nicht weit von Lin'an entfernt, als er am Himmel die zwei weißen Adler entdeckte. Guo Jing! Endlich hatte er ihn wiedergefunden! Statt auf Guo Jing aber traf er auf seine Schwester Khojin.

»Hast du deinen Anda gesehen, Bruder?«, fragte Khojin gerade, als draußen ein lauter Tumult entstand. Rüstungen klirrten, Pferde wieherten – es war die Eskorte des Song-Hofs, die Tolui endlich eingeholt hatte.

Yang Kang beobachtete das Geschehen von seinem Versteck aus. Was er sah, beunruhigte ihn. Die Song-Soldaten trugen ein großes Banner mit der Aufschrift *Dem Vierten Prinz der Mongolei eine glückliche Reise nach Norden!* Nur wenige Wochen zuvor noch war er am Song-Hof mit allen Ehren als Gesandter der Jin empfangen und von vorn bis hinten umschmeichelt worden, und jetzt war er mit einem Mal ein Niemand … Sein Leben lang hatte er Ansehen und Reichtum genossen; das alles aufzugeben, würde nicht leichtfallen.

Sein wehmütiger Blick missfiel Mu Nianci. Sie wusste zwar nicht genau, was er dachte, aber sie verachtete ihn dafür, dass er so lange freudig im Haus des Feinds gelebt hatte – selbst dann noch, nachdem er von seiner wahren Herkunft erfahren hatte.

Der Kommandeur der Song-Eskorte betrat die Schenke und zollte Tolui Respekt. Sie wechselten ein paar Worte miteinander, woraufhin der Kommandeur wieder hinausging. »Geht von Haus zu Haus und fragt, ob ein gewisser Guo, ein Herr namens Guo Jing im Dorf gesehen wurde, und falls ja, wohin er gegangen ist!«, rief er.

»Zu Befehl!«, antworteten die Soldaten im Chor und schwärmten in alle Richtungen aus. Gleich darauf liefen im Dorf gackernd die Hühner durcheinander, Hunde bellten, Männer und Frauen schrien und weinten. Da die Nachforschungen der Soldaten ohne Erfolg blieben, verlegten sie sich aufs Plündern. Wie sonst sollten sie die Dorfbewohner für ihre mangelnde Kooperation bestrafen?

Yang Kang kam eine Idee. *Während die Soldaten die Gelegenheit nutzen, um ihr eigenes Volk auszuplündern,* dachte er, *könnte ich sie vielleicht nutzen, um mich mit dem jungen Mongolenprinzen anzufreunden. Ich bringe ihn dazu, mit mir gemeinsam nach Norden zu reiten. Unterwegs töte ich ihn, das sollte ein Leichtes sein. Dschingis Khan wird seinen Tod den Song zuschreiben, die Allianz zerbricht und die Jin lachen sich ins Fäustchen!*

Sein Plan war gefasst. »Warte hier«, sagte er zu Mu Nianci, kam aus dem Versteck hervor und ging in die Stube, wo sich ihm der Song-Kommandeur sofort entgegenstellte. Yang Kang schleuderte ihn kurzerhand gegen die Wand, vor der er zusammenbrach und reglos liegen blieb.

Tolui und Khojin erschraken. Yang Kang baute sich in der Mitte der Stube auf, zog mit großer Geste die abgebrochene Speerspitze aus der Robe, hob sie theatralisch in die Höhe, legte sie dann auf den Tisch, fiel auf die Knie und brach in lautes Schluchzen aus. »Guo Jing!«, rief er, »Bruder Guo! Welch furchtbarer Tod! Ich werde dich rächen, mein Bruder!«

Tolui und Khojin verstanden kein Chinesisch, aber sie hatten Guo Jings Namen mitbekommen und sahen den Song-Kommandanten, der mit Mühe wieder auf die Beine gekommen war, fragend an.

»Ich bin Guo Jings Schwurbruder«, begann Yang Kang unter Tränen. »Ein mieses Schwein hat ihn mit dieser Speerspitze getötet – ein Song-Soldat, im Auftrag von Kanzler Shi Miyuan.«

Der Song-Kommandant übersetzte pflichtschuldig ins Mongolische. Das Geschwisterpaar erbleichte. Auch die anderen mongolischen Reiter, Jebe und Borokhul, Guo Jings Lehrer, die ihn von klein auf gekannt hatten, waren fassungslos. Alle brachen in Tränen aus.

Yang Kang erinnerte sie daran, wie Guo Jing die Jin-Soldaten in Baoying besiegt hatte, um Tolui und seiner Kohorte das Leben zu retten. Die Geschichte überzeugte Tolui endgültig davon, dass der Fremde die Wahrheit sagte. Wie war sein Anda gestorben und durch wessen Hand? Yang Kang erzählte Tolui weiter, ein Song-Offizier namens Duan Tiande sei der Schuldige. Er wisse, wo der Kerl stecke, und sei auf dem Weg dorthin, um seinen Schwurbruder zu rächen, doch ohne Hilfe würde das ein schwieriges Unterfangen werden … und so fort. Sein gefühlvoller, tränenerstickter Vortrag überzeugte Tolui zusätzlich, den frei erfundenen Unfug für wahr zu halten.

Entsetzt lauschte Guo Jing hinter der Wand seinen Worten. Dann beobachtete er, wie Khojin ihr Schwert hob und es sich an den Hals legte.

»Halt!« Tolui entriss ihr die Waffe. »Was nutzt es, dich selbst zu töten! Wir müssen Bruder Jing rächen.«

Fabelhaft, mein Plan geht auf, dachte Yang Kang freudig. Er senkte den Kopf, noch mehr bittere Tränen vortäuschend. Da bemerkte er aus den Augenwinkeln den am Boden liegenden Hundestock, den Ouyang Ke zuvor Huang Rong aus der Hand gerissen hatte. Er erkannte auf einen Blick, dass das kein gewöhnlicher Gegenstand war. Rasch bückte er sich und Huang Rong musste schockiert mitansehen, wie er den wie edle, dunkelgrüne Jade glänzenden Stock an sich nahm.

Endlich kehrten die Soldaten mit Essen und Wein zurück, aber den Mongolen war jeder Appetit vergangen. Sie konnten es nicht abwarten, Guo Jings Mörder aufzuspüren, und drängten Yang Kang zum gemeinsamen Aufbruch. Yang Kang, der den Hundestock fest umklammert hielt, wollte sofort losziehen. Vor der Tür drehte er sich noch einmal um, rief nach Mu Nianci und forderte sie auf mitzukommen. Mu Nianci kam aus ihrem Versteck hervor, schüttelte aber wortlos den Kopf. Für Yang Kang stand es außer Frage, dass er sich diese Gelegenheit nicht entgehen lassen durfte. Die Angelegenheiten des Herzens konnten warten. Er ging hinaus und ließ sie zurück.

»Aber er hat doch Duan Tiande im Wanderwolkenpalast selbst getötet«, flüsterte Guo Jing Huang Rong ins Ohr.

»Ich verstehe auch nicht, was er vorhat. Nichts Gutes, so viel steht fest. Er ist ein Teufel. Wahrscheinlich war er es, der dich, seinen eigenen Schwurbruder, hinter dem Wasserfall erstechen wollte!«

Plötzlich hörten sie draußen jemanden singen. »Meiner Wege zieh ich sorgenlos und frei, Ruhm und Ehr sind meinem Herzen einerlei …« Das war doch die kräftige Stimme von Meister Ewiger Frühling Qiu Chuji! »Oha, Fräulein Mu! Was führt Euch hierher?«

Mu Nianci war aus dem Versteck heraus und vor den Eingang getreten, um sich zu vergewissern, dass die Soldaten abgezogen waren. Noch bevor sie antworten konnte, tauchte Yang Kang wieder auf. Er hatte noch einmal nach ihr sehen wollen und fand sich stattdessen seinem Meister gegenüber. Sein Herz klopfte wie wild vor Schreck. Ihm blieb keine Wahl, als sich der Begegnung zu stellen. Er fiel auf die Knie und begrüßte Qiu Chuji mit einem ehrerbietigen Kotau.

Aber sein Meister war nicht allein. Neben ihm standen Zinnoberrote Sonne Ma Yu, Jadesonne Wang Chuyi, Wandelnde Klarheit Sun Bu'er und der Novize Yin Zhiping.

Nachdem Huang Yaoshi ihm tags zuvor die Zähne ausgeschlagen hatte, war Yin Zhiping nach Lin'an geeilt, um seinem Meister von der erlittenen Demütigung zu berichten. Qiu Chuji wäre fast geplatzt vor Wut. Am liebsten hätte er den Herrn der Pfirsichblüteninsel unverzüglich zur Rede gestellt. Ma Yu hatte ihn nur mit Mühe besänftigen können.

»Huang Yaoshi genießt den gleichen großen Ruhm wie dereinst unser verstorbener Großmeister«, sagte Qiu Chuji. »Der Einzige von uns, der ihm je begegnet ist, ist Bruder Wang Chuyi, der dem Wettstreit auf dem Gipfel des Hua beigewohnt hat. Ich ehre und respektiere den Alten Ketzer und habe kein Interesse daran, mit ihm zu kämpfen.«

»Es heißt, der Herr der Pfirsichblüteninsel sei ein exzentrischer Mensch«, sagte Ma Yu. »Und du bist selbst ein großer Hitzkopf, Bruder. Ich bezweifle, dass bei eurer Begegnung etwas Gutes herauskommen könnte. Außerdem hat er Yin Zhipings Leben immerhin verschont.«

Aber Qiu Chuji blieb hartnäckig. Da alle sieben Meister der Quanzhen-Schule sich zufällig gerade in der Gegend von Lin'an aufhielten, ließ Qiu Chuji sie per Boten von dem Vorfall unterrichten und bat sie um ein Treffen in Niu.

Nun war den sieben Daoisten bewusst, dass Huang Yaoshi trotz ihres überragenden Kung-Fu kein leichter Gegner war. Niemand konnte sagen, ob er ihnen als Freund oder Feind begegnen würde. Daher gingen Ma Yu, Qiu Chuji, Wang Chuyi und Sun Bu'er zuerst nach Niu, während Tan Chuduan, Qiu Chuxuan und Hao Datong sich in einiger Entfernung bereithielten.

Zu ihrer Überraschung trafen sie in diesem abgeschiedenen Dorf statt auf Huang Yaoshi auf Yang Kang und Mu Nianci.

Qiu Chuji beantwortete Yang Kangs höfliche Begrüßung mit einem bloßen Naserümpfen und schenkte ihm keine weitere Beachtung.

»Hier ist es, Meister«, sagte Yin Zhiping, »in dieser Schenke hat der Herr der Pfirsichblüteninsel mich angegriffen.«

Ma Yu hatte seine Brüder fortwährend ermahnt, den Großmeister nicht als Alten Ketzer zu bezeichnen, weshalb sich die Quanzhen-Jünger auf respektvollere Titel verlegten.

Qiu Chuji ließ seinen dröhnenden Bass durch die Schenke und den Hof hallen. »Meister Ma Yu und die übrigen Jünger der Quanzhen-Schule sind hier, um dem Herrn der Pfirsichblüteninsel ihre Aufwartung zu machen!«

»Hier ist niemand«, sagte Yang Kang.

»Das ist bedauerlich.« Qiu Chuji war so verärgert über die verpasste Gelegenheit, dass er mit den Füßen aufstampfte. Jetzt erst richtete er das Wort an seinen Schüler. »Und was hast du hier zu suchen?«

Yang Kang hatte das unerwartete Auftauchen seines Meisters so eingeschüchtert, dass er kein Wort hervorbrachte.

Khojin, die die Neuankömmlinge aus der Distanz beobachtet hatte, rannte jetzt auf Ma Yu zu. »Seid Ihr nicht der Onkel mit den drei Haarknoten, der uns geholfen hat, die jungen Adler einzufangen? Seht her, wie groß sie geworden sind.«

Sie stieß einen lauten Pfiff aus und die beiden riesigen weißen Vögel flogen herbei und landeten neben ihr.

»Was, auch du bist hier im Süden!«, sagte Ma Yu lächelnd zu ihr auf Mongolisch.

»Onkel, Guo Jing ist ermordet worden. Hilf uns, ihn zu rächen!«

Ma Yu zuckte zusammen. Schnell übersetzte er den anderen, was Khojin gerade gesagt hatte. Qiu Chuji und Ma Yu waren sichtlich schockiert. Sofort bedrängten sie Khojin mit Fragen, die aber zeigte auf Yang Kang. »Er ist Zeuge, ihn müsst ihr fragen«, übersetzte Ma Yu.

Yang Kang hatte nicht gewusst, dass Khojin und Ma Yu sich kannten. Was sollte er sagen? Jedes Wort zu viel könnte den Argwohn der Quanzhen-Meister wecken und seinen schönen Plan zunichtemachen. Die mongolischen Barbaren mochten sich leicht täuschen lassen, aber seinem Meister und den Seinen gegenüber galt es, jedes Wort abzuwägen.

»Reitet vor und wartet außerhalb des Dorfs auf mich«, sagte er zu Tolui und Khojin. »Ich habe noch etwas mit den Daoisten zu bereden und komme gleich nach.«

Tolui ließ sich seine Worte von dem Song-Kommandeur übersetzen, dann nickte er und ritt mit seiner Schwester zum Dorf hinaus und gen Norden.

»Nun sag schon!«, fuhr Qiu Chuji seinen Schüler an. »Wer hat Guo Jing getötet?«

Yang Kang überlegte. Ich habe ihn getötet, dachte er grimmig. Dann kam ihm ein rettender Gedanke: Am besten, ich schiebe die Schuld einem Meister des Jianghu zu, der mächtig genug ist, Qiu Chuji im Kampf zu besiegen.

»Der Herr der Pfirsichblüteninsel.«

Allen war inzwischen bekannt, dass der Herr der Pfirsichblüteninsel auf der Suche nach den sechs Sonderlingen des Südens war. Dass er Guo Jing dabei getötet hatte, schien durchaus nicht unwahrscheinlich. Und tatsächlich fielen sie auf Yang Kangs List herein.

Qiu Chuji schrie sofort Zeter und Mordio und schwor, dass er persönlich Rache üben werde. Ma Yu und Wang Chuyi dagegen betrauerten weiter still den Tod des hochgeschätzten jungen Mannes.

Auf einmal hörten sie von fern lautes, albernes Lachen, gefolgt von einem Ruf, der wie aufeinanderschlagende Zimbeln klang, und einem weiteren wie Donner. Die Stimmen schienen noch fern, waren aber deutlich zu unterscheiden.

»Das war unser Kampfkunstonkel Zhou«, rief Wang Chuyi begeistert. »Er lebt!«

Von Osten hörten sie dreimaliges Pfeifen. Die Stimmen der drei Männer entfernten sich so schnell, wie sie gekommen waren.

»Das klang, als ob die beiden anderen hinter Onkel Zhou her sind«, sagte Wang Chuyi.

»Dann kann es sich nur um Meister mit ausgezeichneter Schwebekunst handeln«, sagte Ma Yu. »Niemand sonst könnte mit ihm mithalten. Wer mag das sein? Und warum jagen sie ihn?« Besorgt wiegte er den Kopf.

Die vier Meister spitzten die Ohren, bis die Stimmen verklungen waren.

»Vielleicht sind Bruder Tan und die anderen ihm zu Hilfe gekommen?«, überlegte Sun Bu'er.

»Das bezweifle ich«, sagte Qiu Chuji. »Wenn Onkel Zhou wüsste, dass wir hier sind, wäre er längst bei uns.«

Amüsiert lauschte Huang Rong ihren Mutmaßungen. *Mein Vater, der Alte Giftmolch und der Alte Kindskopf haben einfach nur ihren Spaß zusammen, dachte sie. Glaubt ihr daoistischen Ochsen wirklich, ihr könntet es mit diesen Gegnern aufnehmen?*

Dass Qiu Chuji ihren Vater lauthals beschimpft und verflucht hatte, verübelte sie dem Daoisten mehr als Yang Kang seine dreiste Lüge. Schließlich war ihr Liebster nicht tot, sondern saß mehr oder weniger wohlbehalten an ihrer Seite.

Ma Yu bedeutete den Versammelten, sich in der Schenke niederzulassen.

Qiu Chuji wandte sich an seinen Schüler. »Wie dürfen wir dich dieser Tage nennen, Yang Kang oder Wanyan Kang?«, knurrte er.

Die Zornesglut in den Augen seines Meisters und das bedrohliche Beben seiner Stimme waren für Yang Kang unmissverständliche Zeichen: Ein falsches Wort und es wäre um ihn geschehen.

»Hätten Meister Ewiger Frühling und Onkel Ma und Wang mich nicht erleuchtet, würde ich noch immer glauben, ein Jurche zu sein. Einer dieser Verräter an meinen eigenen Landsleuten. Selbstverständlich lautet mein Name Yang. Vergangene Nacht haben Schwester Mu und ich meinen Vater und meine Mutter endlich in heimatlicher Erde zur letzten Ruhe gebettet.«

Qiu Chuji ließ sich von diesen Worten gern besänftigen. Auch Wang Chuyi gab seinen Groll gegen Yang Kang auf, als er sah, dass der junge Prinz offensichtlich sein Versprechen gegenüber der jungen Frau ehren wollte.

Wieder zog Yang Kang die Speerspitze hervor, mit der er Ouyang Ke getötet hatte. »Das ist das Einzige, was mir von meinem Vater geblieben ist. Ich hüte es wie einen Schatz.«

Nachdenklich nahm Qiu Chuji die Speerspitze in die Hand und fuhr wehmütig mit den Fingern an der Klinge entlang. »Vor neunzehn Jahren«, sagte er seufzend, »bin ich deinem Vater und seinem Freund, deinem Onkel Guo Xiaotian, begegnet. Viel Zeit ist seither vergangen und nun sind beide tot. Es schmerzt mich, dass sie von uns gegangen sind und ich nichts tun konnte, um sie zu retten.«

Guo Jing hörte zu, von Trauer überwältigt. Bruder Qiu hatte wenigstens das Glück, meinem Vater zu begegnen, während ich nie sein Gesicht gesehen habe. Da hatte es Yang Kang besser als ich. Wenigstens hat er seinen leiblichen Vater noch kennengelernt.

Dann wechselte Qiu Chuji das Thema und kam wieder auf Guo Jings Tod zu sprechen und Yang Kang spann, unter den fortgesetzten Trauerbekundungen der daoistischen Brüder, sein Lügennetz weiter, wobei er fieberhaft überlegte, wie er Tolui und Khojin einholen sollte.

Wang Chuyi musterte erst Yang Kang, dann Mu Nianci. »Seid ihr beide verheiratet?«, fragt er dann.

»Noch nicht«, antwortete Yang Kang.

»Dann wird es langsam Zeit«, sagte Wang Chuyi. »Bruder Qiu, wie wäre es, wenn du die Vorkehrungen triffst und heute noch die Zeremonie vornimmst?«

Huang Rong und Guo Jing sahen sich an. Noch eine Hochzeit?

Schwester Nianci ist nicht so leicht zu gewinnen wie jenes Fräulein Cheng, dachte Huang Rong. *Bestimmt besteht sie vor der Hochzeit darauf, dass dieser Yang Kang sich noch einmal ein Duell mit ihr liefert, um sich zu beweisen. Das wäre was!*

»Das sollt Ihr entscheiden, Meister«, sagte Yang Kang freudig.

»Nur unter einer Bedingung«, wandte Mu Nianci ein.

Qiu Chuji lächelte. »Bitte, lasst mich hören.«

»Der Verräter Wanyan Honglie hat meinen Ziehvater und Yang Kangs leiblichen Vater Yang Tiexin getötet. Erst wenn sein Tod gerächt ist, können wir heiraten.«

»Ausgezeichnet«, rief Qiu Chuji und klatschte in die Hände. »Besser hätte ich es mir selbst nicht ausdenken können. Meinst du nicht auch, mein Junge?«

Yang Kang zögerte mit der Antwort. Noch während er überlegte, wie er glimpflich aus der Sache herauskäme, hörten sie draußen eine laute, raue Stimme die in Nordchina beliebte Melodie *Fallende Lotusblüten* singen. Dann tönte eine schrille Stimme darüber hinweg: »Meine Damen, meine Herren, wer könnte für arme Bettler eine Münze entbehren?«

Mu Nianci horchte auf. Hatte sie diese Stimmen nicht schon einmal gehört? Prompt erschienen die beiden Bettler in der Tür. Einer war hochgewachsen und aufgedunsen, der andere so klein und dürr, dass sein Kumpan dreimal so groß und breit wirkte wie er. Ihre Erscheinung war so außergewöhnlich, dass Mu Nianci sie selbst nach all den Jahren noch wiedererkannte. Es waren die beiden Bettler, denen sie als Dreizehnjährige in der Not geholfen und ihre Wunden versorgt hatte. Als Dank für ihre Gutherzigkeit hatte Bettlerfürst Hong sie dafür drei Tage lang unterrichtet.

Sie wollte eben auf sie zugehen, um sie zu begrüßen, als sie bemerkte, dass die beiden nur Augen für den Bambusstock in Yang Kangs Hand hatten. Die Bettler sahen einander an und nickten.

Dann traten sie vor Yang Kang, verschränkten die Arme vor der Brust und machten eine tiefe Verbeugung.

Für Ma Yu und die anderen war unschwer zu erkennen, wie ungewöhnlich muskulös diese Bettler unter ihren schäbigen Kutten waren. Die acht Jutesäcke, die jeder von ihnen auf dem Rücken trug, wiesen sie als Achtsackbettler aus, sie gehörten demnach zu den Ältesten des Bettlerklans. Warum sich Bettler ihres Ranges ausgerechnet vor dem jungen Yang Kang verneigten, war ihnen allerdings ein Rätsel.

»Wir haben gehört, dass der Hundestock unseres Klanobersten in Lin'an gesichtet wurde«, begann der Kleinere. »Es ist uns eine Freude, dass wir ihn nach langer Suche gefunden haben. Wir fragen uns allerdings, wo wohl unser Bettlerfürst jetzt betteln geht?«

Yang Kang verstand kein Wort. Was faselten die beiden Lumpenmänner da? Er verlegte sich darauf, nur ein ungehaltenes Räuspern von sich zu geben.

Die Bettler waren gewohnt, dem Träger des Hundestocks denselben Respekt zu zollen wie dem Oberhaupt ihres Klans. Daher ließen sie sich nicht beirren. »Bald steht unser Treffen in Yuezhou bevor. Der Älteste Lu ist schon vor sieben Tagen gen Westen aufgebrochen«, sagte nun der Dicke.

»Hm«, antwortete Yang Kang. Und was geht mich das an?

»Wir sind, da wir nach dem Träger des Stocks gesucht haben, etwas spät dran und müssen uns sputen«, fuhr der Dürre fort. »Wenn der Herr die Reise heute antreten möchte, werden wir Euch gern begleiten.«

Was auch immer die beiden wollten, war ihm gleichgültig, aber sie boten Yang Kang unverhofft die Gelegenheit, sich von seinem Meister loszueisen. Er ging vor den Quanzhen-Meistern auf die Knie und machte Kotau. »Dringende Angelegenheiten rufen Euren Schüler von hier fort. Bitte vergebt mir, wenn ich sogleich meinen Abschied nehme.«

Was hatte Yang Kang mit dem Bettlerklan zu schaffen? Dieser Klan war der größte Geheimbund im ganzen Reich und Bettlerfürst Hong Qigong von gleichem Rang und Ruhm wie ihr eigener verstorbener Großmeister. Es gehörte sich daher weder, Yang Kang aufzuhalten, noch, den Bettlern Fragen zu stellen. Sie zollten den beiden Bettlern, nach der Sitte des Jianghu, gebührenden Respekt. Die Bettler ihrerseits hegten große Bewunderung für die Meister der Quanzhen-Schule und erwiderten deren höfliche Verbeugung.

Als Mu Nianci die Bettler daran erinnerte, woher sie sich kannten, luden die beiden auch sie ein, sich ihnen anzuschließen. Auf dieser Reise wollte sie Yang Kang selbstverständlich gern begleiten und willigte freudig ein.

Unverzüglich brachen die vier auf.

Qiu Chuji war gar nicht gut auf Yang Kang zu sprechen gewesen, den verzogenen Prinzen, an den er seine Kunst verschwendet hatte. Wäre der junge Mann nicht der Sohn des großen Patrioten Yang gewesen, hätte er ihn am liebsten zum Krüppel geschlagen. Doch jetzt sah es so aus, als ob der Bursche seine arrogante Haltung, die er nach dem Duell um die Braut an den Tag gelegt hatte, aufgegeben hätte. Er schien seine Lektion gelernt zu haben und im Namen seines Vaters auf die Reichtümer eines Nobelmanns verzichten zu wollen. Hatte er ihn die vielen Jahre lang also doch nicht umsonst unterrichtet? Noch dazu waren die Respektsbezeugungen der Ältesten des Bettlerklans gegen ihren Schüler dazu angetan, Ruhm und Glanz der Quanzhen-Schule zu mehren. Seine Wut auf den jungen Mann wich Begeisterung. Zufrieden zwirbelte er seinen Bart, während er dem jungen Paar hinterherschaute.

In dieser Nacht schliefen die vier Daoisten in der Schenke, wo sie auf die anderen Brüder der Quanzhen-Schule warteten. Als aber am ganzen darauffolgenden Tag nichts von den anderen zu sehen war und auch keine Nachricht kam, fingen sie an, sich Sorgen zu machen.

Es war schon fast Mitternacht, als vom anderen Ende des Dorfs ein lang gezogener Pfiff ertönte.

»Bruder Hao!«, rief Sun Bu'er.

Ma Yu antwortete mit dem ihm eigenen leisen Pfeifton. Kurz darauf glitt ein Schatten über den Eingang. Hao Datong war angekommen.

Huang Rong war Meister Hao Datong noch nie begegnet. Neugierig spähte sie durch die Öffnung. Es war der fünfte Tag des siebten Monats und der im Zunehmen begriffene Mond schien hell genug durch das Fenster, damit sie einen großen, dicken Mann mit breiten Schultern erkennen konnte. Seine Haltung hatte etwas von einem Beamtengelehrten. Die Ärmel seiner Daoistenrobe endeten knapp über den Ellbogen – eine seltsame Aufmachung, die so gar nicht der Art entsprach, nach der die anderen Quanzhen-Meister sich kleideten. Hao Datong stammte ursprünglich aus der wohlhabendsten Familie der Präfektur Ninghai in Shandong. Er war hochgebildet und hatte sich zunächst zum Vergnügen der Wahrsagekunst gewidmet, bevor er Wang Chongyangs Höhle in den Bergen aufgesucht hatte, um Mönch zu werden. Wang Chongyang hatte damals seine eigene Robe abgelegt, die Ärmel abgerissen und sie Hao überreicht. »Mach dir keine Sorgen wegen der fehlenden Ärmel«, hatte er gesagt, »du wirst sie selbst vervollständigen.«

Das Schriftzeichen für Ärmel klang in seiner Aussprache so ähnlich wie »lernen«. Wang Chongyang hatte damit sagen wollen, dass es immer in der persönlichen Verantwortung des Schülers blieb, das Dao zu verstehen, ganz gleich, wie gut der Meister unterrichtete. Zum ehrenden Andenken an seinen Meister hatte Hao Datong seither stets nur Roben mit zu kurzen Ärmeln getragen.

»Was ist mit Onkel Zhou?«, fragte Qiu Chuji ungeduldig. »Albert er nur herum oder ist er in einen ernsthaften Kampf verwickelt?«

»Ich muss zu meiner Schande gestehen, dass ich nicht in der Lage war, mit ihnen Schritt zu halten«, antwortete Hao Datong kopfschüttelnd. »Ich bin ihnen einige Li weit hinterhergesprungen, dann habe ich sie aus den Augen verloren. Bruder Tan und Bruder Liu waren mir voraus und ich habe noch eine Weile weitergesucht, aber meine Fähigkeiten sind bescheiden. Leider weiß ich nichts über seinen Verbleib.«

»Bruder Hao, du bist sicher müde«, sagte Ma Yu. »Setz dich und ruhe ein wenig aus.«

Hao Datong setzte sich mit gekreuzten Beinen auf den Boden, schloss die Augen und nahm sich kurz Zeit, um sein Qi einmal durch sämtliche Nervenpunkte seines Körpers zu leiten. Dann sprach er weiter. »Auf dem Rückweg bin ich am Tempel des Königs Zhou sechs Gestalten begegnet, die der Beschreibung entsprachen, die mir Bruder Qiu von den sechs Sonderlingen des Südens gegeben hat. Daher habe ich mich ihnen genähert und festgestellt, dass ich richtig vermutet hatte. Die sechs sind soeben von der Pfirsichblüteninsel zurückgekehrt.«

»Die trauen sich was!«, brummte Qiu Chuji. »Auf der Pfirsichblüteninsel waren sie also? Kein Wunder, dass wir sie nicht finden konnten.«

»Ihr Erster Bruder, der große Held Ke Zhen'e, sagte, sie hätten dort eine Verabredung mit dem Herrn der Pfirsichblüten gehabt. Der ursprüngliche Plan sei gewesen, ihren Schüler Guo Jing dorthin zu begleiten, aber als sie ihn nirgends finden konnten, seien sie allein dorthin gesegelt, nur um festzustellen, dass Huang Yaoshi gar nicht dort anzutreffen war.«

»Was für ein gefährliches Unternehmen! Ein Glück, dass sie dem alten K… dem Herrn der Insel nicht begegnet sind«, sagte Qiu Chuji.

Guo Jing atmete erleichtert auf, als er hörte, dass seine Meister wohlbehalten waren. Fünf Tage und Nächte hatte er nun mit Huang Rong sein Inneres Kung-Fu gestärkt und fühlte sich schon beinahe geheilt.

Als in der sechsten Nacht die zweite Nachtwache geläutet wurde, ertönte vom Osten des Dorfs her erneut ein Pfeifen.

»Bruder Liu ist da«, sagte Qiu Chuji.

Gleich darauf stand Qiu Chuxuan auch schon in der Tür. Er war in Begleitung eines alten Mannes mit langem Haar und langem Bart, der ein kurzes, gelbes Hemd aus Kudzu-Gras und einfache Juteschuhe trug. In der Hand hielt er einen großen Fächer aus Schirmpalmenstroh. Die beiden waren ins Gespräch vertieft, scherzten und lachten. Beim Anblick der Quanzhen-Meister nickte der Fremde nur kurz, so als wäre die Runde seiner Beachtung unwürdig.

»Das hier ist Meister Qiu«, stellte ihn Qiu Chuxuan vor, »bekannt als der Wasserwandler mit der Eisenfaust. Ein glücklicher Zufall beschert uns seine Gesellschaft.«

Huang Rong hatte Mühe, nicht laut loszuprusten. Sie stieß Guo Jing, der ebenfalls grinste, sanft ihren Ellbogen in die Seite. *Mal sehen, was der Kerl sich diesmal für Kunststückchen ausgedacht hat!*

Die Quanzhen-Meister hatten schon von Qiu Qianren gehört, dessen Name im Jianghu weithin bekannt war, und begrüßten ihn mit angemessenem Respekt. Qiu Qianren dagegen redete in schroffem, selbstgefälligem Ton mit ihnen.

Nach einem knappen Austausch von Förmlichkeiten fragte Qiu Chuji, ob er ihrem Kampfkunstonkel Zhou Botong begegnet sei.

»Dem Alten Kindskopf? Den hat Huang Yaoshi doch schon vor langer Zeit getötet«, sagte Qiu Qianren.

Die Daoisten wechselten entsetzte Blicke.

»Unmöglich!«, sagte Qiu Chuxuan. »Ich habe ihn erst vorgestern gesehen. Er war quicklebendig und rannte so schnell, dass ich nicht mithalten konnte.«

Damit hatte Qiu Qianren nicht gerechnet. Er verzog den Mund zu einem Lächeln, während er fieberhaft nach einer Erklärung suchte.

»Hast du die beiden Männer sehen können, die Onkel Zhou hinterhergejagt sind?«, fragte Qiu Chuji.

»Einer war ganz in Weiß gekleidet und der andere trug eine lange schwarze Robe. Aber sie waren so schnell, dass ich nur kurz das Gesicht desjenigen in der schwarzen Robe sah, ein seltsames Gesicht, wie das einer Leiche.«

In derselben Aufmachung – in schwarzer Robe und mit einer Maske aus Menschenhaut – war der Ketzer des Ostens auch Qiu Qianren im Wanderwolkenpalast begegnet. Damals hatte er nicht gewusst, um wen es sich handelte, aber jetzt fügte sich die Erkenntnis glücklich in seine Lügengeschichte. »Genau! Der Mörder des Alten Kindskopfs trug eine lange schwarze Robe. Huang Yaoshi war es. Wer sonst hätte die Tat vollbringen können? Ich kam zu spät, um ihm zu helfen. Welch beklagenswerter Tod!«

Von Qiu Qianrens magischem Kung-Fu hatten die Quanzhen-Meister gehört, von seinem Ruf als größter Schwindler im Jianghu wussten sie nichts. Von einem Augenblick zum nächsten versank die ganze Stube in tiefer Trauer. Qiu Chuji schlug mit der Faust auf den Tisch und verfluchte Huang Yaoshi in den wüstesten Formen.

Huang Rong war erbost. Nicht, weil Qiu Qianren diesen Unfug in die Welt gesetzt hatte, sondern weil Qiu Chuji sogleich ihren Vater aufs Schlimmste beleidigte.

»Bruder Tan ist schneller als ich. Vielleicht hat er sie eingeholt und gesehen, wie Onkel Zhou getötet wurde?«, meinte Qiu Chuxuan.

»Bruder Tan ist noch nicht zurück«, sagte Sun Bu'er. »Lasst uns hoffen, dass der Alte Ketzer nicht auch ihm etwas zuleide getan hat …« Ihr versagte die Stimme.

Qiu Chuji zog sein Schwert. »Wir müssen ihn rächen. Jetzt!«

»Huang Yaoshi weiß, dass Ihr alle hier seid«, sagte Qiu Qianren schnell, aus Angst, dass Zhou Botong unverhofft auftauchen könnte und seine Lüge auffliegen würde. »Er kann jeden Moment hier sein. Ich kann nicht zulassen, dass die Verbrechen dieses bösartigen Ungeheuers auch nur einen Augenblick länger ungesühnt bleiben. Wartet hier auf mich.«

Da Qiu Qianren der Älteste unter ihnen war, schickte es sich nicht, ihm zu widersprechen. Zögen sie selbst los, um den Alten Ketzer zu stellen, würden sie ihn womöglich verpassen. Vermutlich war es das Beste, an Ort und Stelle zu warten und sich für den bevorstehenden Kampf zu wappnen.

Dankbar verabschiedeten sie Qiu Qianren.

»Keine Sorge«, sagte Qiu Qianren und winkte ihnen zu. »Ich sorge dafür, dass der Alte Ketzer für seine Taten büßen wird.« Er zog sein Schwert und stieß es sich mit einem lauten Stöhnen in den eigenen Bauch.

Alle schrien auf. Aber Qiu Qianren lächelte nur.

»Mich kann keine Klinge verletzen. Lasst Euch bloß nicht auf einen Kampf mit dem Alten Ketzer ein! Wenn er kommt, wird er Euch töten! Wartet, bis ich zurück bin.«

»Es ist unsere Pflicht, unseren Kampfkunstonkel zu rächen«, empörte sich Qiu Chuji.

Qiu Qianren stieß einen langen Seufzer aus. »Dann will es das Schicksal so. Aber eins lasst Euch sagen.«

»Bitte verratet es uns, werter Herr Qiu«, sagte Ma Yu.

Qiu Qianren setzte eine gravitätische Miene auf. »Wenn Ihr dem Alten Ketzer gegenübersteht, tötet ihn ohne Umschweife. Haltet Euch nicht damit auf, ihn zur Rede zu stellen, sonst ist es um Euch geschehen. Beherzigt meine Worte!«

Er drehte sich um und ging. Das Schwert steckte noch immer in seinem Bauch.

In ihrem ganzen Leben war den daoistischen Brüdern in der Welt des Jianghu noch niemand begegnet, der einen so tiefen Schwertstich unverletzt überstanden hätte. Der alte Mann schien ein nie gesehenes, überragendes Kung-Fu zu besitzen.

Natürlich handelte es sich nur um einen von Qiu Qianrens faulen Tricks. Sein Schwert bestand aus drei zusammengesetzten Teilen. Bei der geringsten Krafteinwirkung auf die Schwertspitze glitten die beiden ersten Teile in den dritten Teil, der wiederum in einem Saum an seinem Hosenbund verschwand. Für den Betrachter sah es so aus, als würde das Schwert tief in seinem Bauch stecken.

Aber wozu verbreitete der alte Mann all diese faulen Lügen? Qiu Qianren gehörte zum Gefolge Wanyan Honglies, der ihn dazu angestiftet hatte, so viel Zwietracht wie möglich unter den Helden des Jianghu zu säen, damit sie vor lauter Streitigkeiten untereinander nicht auf die Idee kamen, sich bei einem Angriff der Jin gegen den Feind zu verbünden.

Die fünf Quanzhen-Meister verbrachten den Rest des Tages in furchtbarer Unruhe. Keiner von ihnen verspürte Hunger. Stattdessen hockten sie auf dem Boden und meditierten. Nur Yin Zhiping fand Schlaf.

Um Mitternacht hörten sie ein sehr leises Pfeifen aus Richtung Norden. Kaum waren sie aufgesprungen, hörten sie, wie sich von draußen Schritte näherten.

»Der Feind!«, rief Ma Yu. »Vorsicht! Sie haben Bruder Tan gejagt.«

Guo Jings innere Verletzungen waren beinahe geheilt, er musste nur noch einen letzten Zyklus von Atemübungen bewältigen. Zudem hatte die fortgesetzte Praxis des Qi sein und Huang Rongs Inneres Kung-Fu gewaltig gestählt. Diese letzten Stunden waren entscheidend für den Erfolg. Aber Huang Rong war beunruhigt. *Wenn jetzt mein Vater auftaucht, gibt es einen Kampf auf Leben und*

Tod und ich kann nicht hinausgehen, um ihnen die Wahrheit zu sagen und es zu verhindern. Was, wenn mein Vater die Quanzhen-Meister umbringt? Ich selbst mache mir nicht viel aus ihnen, aber Guo Jing liebt sie, vor allem seinen Freund Ma Yu. Er wird sich verpflichtet fühlen, ihnen zu helfen. Und wenn er das tut, dann waren die ganzen sieben Tage Meditation vergebens – und nicht nur das, jede Unterbrechung vor der Vollendung von sechsunddreißig Kreisläufen gefährdet sein Leben … »Guo Jing«, flüsterte sie, »versprich mir, dass du, was auch geschieht, die Kammer nicht verlassen wirst, bevor wir fertig sind. Nur über meine Leiche!«

Guo Jing nickte schweigend.

Schon war das Pfeifen vor der Tür zu hören.

»Bruder Tan!«, rief Qiu Chuji hinaus in die Nacht. »Formation *Großer Wagen*!«

Guo Jing horchte auf. *Großer Wagen?* Im *Wahren Weg der Neun Yin* war wiederholt davon die Rede, dass die Beherrschung des *Großen Wagens* zu den Voraussetzungen zum Erreichen des höchsten Grades des Neun Yin-Kung-Fu gehörte. Aber die Erläuterungen des Handbuchs dazu waren so mysteriös und philosophisch, dass Guo Jing sie nicht verstanden hatte. Ob er jetzt ebendiesen *Großen Wagen* zu sehen bekäme? Gespannt spähte er durch die Öffnung.

Mit einem lauten Knall flog die Tür auf und die Gestalt eines Daoisten erschien im Rahmen. Doch kaum war er mit einem Fuß über die Schwelle, riss ihn jemand von hinten wieder zurück.

Mit erhobenen Fäusten und wehenden Roben sprangen Qiu Chuji und Wang Chuyi hinaus. Ihr Angriff traf den Gegner unvorbereitet. Beide Seiten nahmen überrascht voneinander Abstand. Tan Chuduan schlüpfte rasch in die Stube.

Das Mondlicht schien auf sein zerzaustes Haar und die blutenden Wunden auf beiden Wangen. Die Klinge seines Schwerts war abgebrochen und er sah furchtbar mitgenommen aus. Ohne ein

Wort zu sagen, ging er in die Mitte des Raums und ließ sich dort mit gekreuzten Beinen nieder.

Seine sechs Brüder taten es ihm nach und nahmen ihre Positionen ein.

»Ehrwürdiger Bruder Tan!«, krächzte eine Frauenstimme aus dem Dunkel. »Wäre nicht Euer Bruder Ma Yu hier, hätte ich Euch längst ins Jenseits befördert. Warum habt Ihr mich hierhergelockt? Wessen Fäuste haben sich eben gegen mich gewandt? Sagt es dieser blinden Frau!«

Als Mei Chaofengs krächzende Stimme durch die Stille der Nacht drang, jagte sie den Daoisten trotz der sommerlichen Hitze kalte Schauer über den Rücken. Niemand sagte ein Wort, nur das Zirpen der Grillen war zu hören.

Dann ertönte plötzlich ein grausiges Knacken. Guo Jing wusste, was das bedeutete. Mei Chaofeng rüstete sich zum Angriff.

»Viele Jahre verbracht in Abgeschiedenheit«, rezitierte eine sanfte, beruhigende Stimme. Guo Jing schrieb sie Ma Yu zu.

»Das Haar wird lang, der Gang wird tölpelhaft«, fuhr eine andere Stimme entschlossen fort. Das war Tan Chuduan. Guo Jing musterte den zweitältesten Bruder der sieben Daoisten, sein markantes Gesicht und die buschigen Augenbrauen, die athletische, robuste Statur. Bevor er Mönch geworden und den Namen Ewige Wahrheit angenommen hatte, hatte er in seiner Heimat Shandong als Schmied gearbeitet.

Der dritte daoistische Bruder dagegen war klein und hager. Sein Gesicht erinnerte an ein Äffchen, fand Guo Jing. Sein Name war Qiu Chuxuan, genannt Ewiges Leben. »Lässt sich am Tag des Doppelneunten nieder im Begonienpavillon«, sang er mit einer im Verhältnis zu seinem Körperbau erstaunlich vollen Stimme.

»Zwischen Lotusblumen treibt das Boot der Großen Unsterblichen.« Das war Ewiger Frühling Qiu Chuji.

»In der leeren Hülle wohnt das ewige Nichts«, fuhr Jadesonne Wang Chuyis wohltönende Stimme fort.

»Mancher ist sehend, bevor er geboren wird.« Meister Unendliche Ruhe Hao Datong hatte einen kräftigen Bass.

Nun setzte die helle Stimme von Sun Bu'er, genannt Wandelnde Klarheit, ein: »Lachend verlasse ich die Heimstatt und bin frei.«

Und schließlich beendete Ma Yu den Gesang mit der Zeile: »Wo die Wolken sich im Westsee spiegeln, steht hoch über mir der Mond.«

Mei Chaofeng lauschte aufmerksam. Jede dieser Stimmen wurde von einem beeindruckenden Qi getragen. Sollten alle sieben Meister der Quanzhen-Schule hier sein? *Die Stimme von Ma Yu erkenne ich,* dachte sie, *aber die übrigen Stimmen klingen anders als damals.*

Es war lange her, dass Mei Chaofeng den Quanzhen-Meistern auf einer hohen Klippe in der mongolischen Steppe begegnet war. Das glaubte sie jedenfalls, dabei waren es Ma Yu und die sechs Sonderlinge des Südens gewesen. Sie hatten der Blinden vorgetäuscht, die sieben Unsterblichen der Quanzhen-Schule zu sein.

»Ehrwürden Ma«, rief sie mit lauter und klarer Stimme, »wie geht es Euch?« Ma Yu hatte damals auf der Klippe ihr Leben verschont und Mei Chaofeng wusste trotz der ihr eigenen Ruchlosigkeit, was sich gehörte.

Tan Chuduan war ihr zufällig begegnet, als er nach der erfolglosen Suche nach Zhou Botong zur Schenke zurückkehren wollte. Die Zwillingsmörder der Dunklen Winde und ihre Gräueltaten waren ihm bekannt. Dass Kupferleiche Chen Xuanfeng nicht mehr lebte und Mei Chaofeng vom Herrn der Pfirsichblüteninsel rehabilitiert worden war, wusste er allerdings nicht. Um zu verhindern, dass sie weiteres Übel verursachte, hatte er sie angegriffen, sich aber als der schwächere Gegner erwiesen. Es war sein Glück, dass Mei Chaofeng ihn als einen Meister der Quanzhen-Schule erkannt und sein Leben aus Respekt vor Ma Yu verschont hatte. Sie hatte ihn laufen lassen, aber weiter bis nach Niu verfolgt.

»Besten Dank«, antwortete Ma Yu. »Mir geht es gut. Zwischen der Quanzhen-Schule und der Schule der Pfirsichblüteninsel herrscht, soweit mir bekannt, kein Zwist. Ist auch Euer werter Meister auf dem Weg hierher?«

»Was wollt Ihr von meinem Meister?«

»Hexe!«, fuhr jetzt Qiu Chuji dazwischen. »Wir wollen ihn die Kampfkunst der Quanzhen-Schule spüren lassen. Bring ihn her!«

»Wer seid Ihr?«, krächzte sie wütend.

»Mein Name ist Qiu Chuji! Den hast du wohl schon einmal gehört, Hexe!«

Mit lautem Geheul stürzte sich Mei Chaofeng auf ihn, die linke Hand erhoben, die rechte zur Kralle gebogen und nach vorn gestreckt.

Oh nein! Guo Jing sah mit angehaltenem Atem zu. Wie sollte Bruder Qiu diese tödliche Attacke abwehren? Aber Qiu Chuji blieb scheinbar ungerührt mit gekreuzten Beinen auf dem Boden sitzen. Mei Chaofengs Neun-Yin-Todeskralle zielte direkt auf seinen Schädel.

Aber dann schossen plötzlich Qiu Chuxuans und Wang Chuyis Hände rechts und links von Qiu Chuji gleichzeitig nach oben. Wütend versuchte Mei Chaofeng, sie wegzuschlagen. Sie wusste nicht, dass die beiden Daoisten ihr Inneres Kung-Fu auf eine einander ergänzende Weise aktiviert hatten. Yin und Yang flossen zusammen und bildeten eine unbändige Kraft, die Mei Chaofeng durch die Luft schleuderte wie ein Geschoss. Ihre rechte Hand stieß ins Leere und mit einem Rückwärtssalto landete sie auf der Türschwelle.

Wer sind diese Männer?, dachte sie entsetzt. Die sieben Jünger der Quanzhen-Schule verfügten doch niemals über solche Kräfte. »Beehren mich etwa Bettler Hong und König Duan mit ihrer Anwesenheit?«, fragte sie vorsichtig.

Qiu Chuji lachte. »Der alte Bettler? Der König des Südens? Woher denn! Wir sind es nur, die sieben Brüder der Quanzhen-Schule.«

Die Antwort verwirrte sie vollends. Warum waren die Kampfkunstbrüder dieses Tan Chuduan so viel stärker als er? Wie konnte es innerhalb derselben Schule so große Unterschiede geben?

Guo Jing war nicht weniger verwundert. Er zweifelte nicht an der hohen Kunst von Meister Liu und Meister Wang, aber jemand wie Mei Chaofeng ließ sich unmöglich mit solcher Leichtigkeit abwehren. Dazu wären nach seiner Erfahrung allein Großmeister wie Zhou Botong, Hong Qigong, Huang Yaoshi und Ouyang Feng fähig.

Der einzige Mensch auf der Welt, den Mei Chaofeng fürchtete, war ihr eigener Meister. Alle anderen waren nichts weiter als eine Herausforderung. Während Ma Yu höflich und respektvoll geblieben war, konnte Qiu Chuji, nachdem er erfahren hatte, dass Zhou Botong vom Herrn der Pfirsichblüteninsel getötet worden war, seine Wut nicht in Zaum halten. Abgrundtiefer Hass gegen die Insel und ihre Schüler rumorte in seinen Eingeweiden.

Seine fortgesetzten Beleidigungen konnte wiederum Mei Chaofeng nicht auf sich sitzen lassen, auch wenn sich ihre Gegner als überraschend wehrhaft erwiesen. Sie griff nach der Weißen Schlangenpeitsche an ihrer Hüfte. »Vergebt mir, Ehrwürden Ma!«, rief sie.

»Nichts für ungut!«, gab Ma Yu zurück.

»Zieht Eure Waffen!«

»Wir sind sieben gegen eine«, sagte Wang Chuyi ruhig. »Und noch dazu seid Ihr blind. Kein Jünger der Quanzhen-Schule wäre so unehrenhaft, mit einer Waffe gegen Euch anzutreten. Wir kämpfen im Sitzen. Greift an, wenn Ihr wollt.«

»Ihr wollt im Sitzen gegen meine Schlangenpeitsche bestehen?«

Qiu Chuji hatte genug vom Plaudern. »Hexe!«, sagte er wütend. »Dies ist die Stunde deines Todes! Lass das Geschwätz!«

Schnaubend schleuderte Mei Chaofeng die Peitsche aus dem Handgelenk und mit geradezu anmutiger Langsamkeit rollten sich die scharfen Widerhaken der Waffe auf.

Huang Rong hatte ungläubig zugehört. Wie wollten die sieben Quanzhen-Meister Mei Chaofengs gefürchteter Schlangenpeitsche entgehen? Sie zog Guo Jing von der Öffnung weg, um selbst hindurchspähen zu können.

Tatsächlich hockten die sieben Daoisten vollkommen ruhig auf dem Boden. Das hatte Qiu Chuji gemeint, als er vorhin von der Formation des *Großen Wagens* sprach!

Huang Rongs Vater war ein ausgewiesener Astronom. Als Kind hatte sie viele Nächte auf seinem Schoß gesessen, während er ihr die Konstellationen der Sterne am nächtlichen Himmel erklärte. Sie sah sich die Art und Weise, wie die Daoisten sich nebeneinander angeordnet hatten, genauer an.

Ma Yu saß auf der Position der Himmelsachse, Tan Chuxuan auf der der Himmelsjade, Qiu Chuxuan auf der der Himmelsperle und Qiu Chuji auf der der Himmelsmacht. Sie bildeten den Kasten des Wagens, die anderen drei die Deichsel: Wang Chuyi saß an der Stelle der Jadewaage, Hao Datong an der des Sonnenöffners und Sun Bu'er an der des Flackernden Lichts.

Der am schwächsten leuchtende Stern des *Großen Wagens* war die Himmelsmacht. Gleichzeitig war er aber auch der wichtigste, denn er stellte die Verbindungsstelle zwischen Kasten und Deichsel dar. Aus diesem Grund saß dort Qiu Chuji, der stärkste Kämpfer der Schule. Auf der Jadewaage, der dem Kasten nächste der drei Deichselsterne, saß Wang Chuyi, der zweitstärkste Kämpfer.

Mei Chaofengs Peitsche entrollte sich und schoss auf Sun Bu'er zu, die sich nicht von der Stelle rührte, obwohl ihr genügend Zeit zum Ausweichen geblieben wäre. Huang Rong presste ihr Auge an das Guckloch, damit ihr keine Bewegung entging. Als ihr Blick von der Peitsche weg auf Sun Bu'er fiel, bemerkte sie überrascht das Totenkopfsymbol, das auf der Robe der Nonne prangte. *Warum schmückt sich eine Anhängerin der orthodoxen daoistischen Lehre mit einem Symbol, das eher zu Mei Chaofeng passen würde?*, fragte sie sich verwundert. Sie konnte nicht wissen, dass Wang Chongyang, als er Sun Bu'er unter dem Namen Wandelnde Klarheit als Schülerin aufgenommen hatte, ihr das Bild eines Totenkopfs geschenkt hatte. Das Symbol sollte sie an die Vergänglichkeit des Lebens erinnern und die Kultivierung des Dao als Ausweg aus dem Kreislauf des Materiellen. Nach Wang Chongyangs Tod hatte Sun Bu'er sich daher zu seinem Andenken einen Totenkopf auf ihre Robe gestickt.

Ein gellender Luftzug begleitete die Weiße Schlangenpeitsche, als sie sich der Totenkopfrobe näherte. Sie war nur noch wenige Fingerbreit von ihr entfernt, als sie sich unversehens einrollte, als wiche sie erschrocken vor etwas zurück.

Das geschah so plötzlich, dass Mei Chaofeng nur ein Zittern in ihrer Hand und einen Luftzug an der Wange verspürte. Schnell duckte sie sich und die Widerhaken ihrer eigenen Peitsche strichen sacht über ihr Haar.

Das war knapp!, dachte sie, zügelte die Bewegung der Peitsche und ließ sie erneut vorschnellen, diesmal in Richtung Ma Yu und Qiu Chuji. Wieder bewegte sich keiner von beiden. Dafür rissen Tan Chuduan und Wang Chuyi gleichzeitig die Hände hoch und wehrten sie ab.

Huang Rong sah gespannt zu, wie die sieben Daoisten miteinander agierten. Sie schlugen die Peitsche jeweils mit einer Hand beiseite, während die andere stets fest auf der Schulter ihres Nachbarn ruhte. *Jetzt verstehe ich es! Das ist genau das Gleiche, das ich und Guo Jing hier in der Kammer praktizieren. Sie tauschen ihr Qi aus und vereinigen so die Kraft von sieben Kampfkünstlern zu einer. Wie soll Mei Chaofeng sie so bezwingen können?*

Der *Große Wagen* war die vollendete, tiefgründigste Form des daoistischen Kung-Fu der Quanzhen-Schule. Wang Chongyang hatte seinerzeit viel Herzblut auf die Entwicklung dieser Kampfformation verwendet. Sie vereinte die Kräfte der sieben Meister und gestattete dabei zahllose Varianten, was im Kampf äußerst nützlich war. Der vom Gegner attackierte Kämpfer musste gar nichts tun, während seine benachbarten Brüder den Angriff abwehrten und zurückschlugen.

Nach wenigen Angriffsversuchen geriet Mei Chaofeng in Panik. Ihre Schlangenpeitsche erreichte die Feinde, deren Kraft ihre Reichweite immer weiter schrumpfen ließ, gar nicht mehr. Bald gelang es ihr nicht einmal mehr, sie zu sich heranzuziehen. Wenn sie losließ, käme sie wahrscheinlich unversehrt davon. Aber wie könnte sie ihre wertvolle Waffe aufgeben? Hatte sie jahrelang den Umgang mit der Schlangenpeitsche geübt, um sie einfach so ein paar müßig herumsitzenden Daoisten zu überlassen?

Ihr kurzes Zögern wurde ihr zum Verhängnis. Im nächsten Augenblick ging die Formation des *Großen Wagens* zum Angriff über. Ein Schlag folgte dem nächsten und nur der Kämpfer auf der Position der Himmelsmacht konnte sie zum Halten bringen. Jetzt stellte sich für Mei Chaofeng nicht länger die Frage, ob sie die Schlangenpeitsche loslassen sollte, denn schon traf ein Schlag Qiu Chuxuans die Waffe, die mit einem lauten Knall so heftig gegen die Wand krachte, dass das Dach wackelte und die Ziegel herabstürzten. Staub rieselte von der Decke.

Mei Chaofeng verlor das Gleichgewicht, als sie von der Peitsche einige wenige Schritte nach vorn gerissen wurde. Damit war die Entscheidung gefallen. Kurz zuvor hätte sie noch fliehen können – es war unwahrscheinlich, dass die Daoisten sie verfolgt und erwischt hätten, denn sie war schneller. Jetzt aber stand sie mitten unter den Feinden und holte mit beiden Händen gleichzeitig zu Schlägen aus, die auf die geballten Kräfte von Sun Bu'er und Wang Chuyi trafen. Ma Yu und Hao Datong griffen von hinten an und zwangen sie so noch weiter in die Stube hinein. Auch wenn jeder Schritt in diese Richtung die Gefahr vergrößerte, machte sie dennoch mit einem Bein einen Satz vorwärts und holte, einen martialischen Schrei ausstoßend, mit dem anderen Bein zu einem Tritt nach hinten aus, der mit Schwung Ma Yus und Hao Datongs Schläge abwehrte.

»Hervorragend!«, riefen Qiu Chuji und Qiu Chuxuan wie aus einem Mund. Sie attackierten Mei Chaofeng jetzt von vorn und hinten. Noch im Sprung trat sie nach ihren Händen. Dabei landete sie noch tiefer in der Formation der Daoisten. Ihre einzige Chance zur Flucht war, einen von ihnen aus seiner Position zu werfen.

Huang Rongs Herz raste. Im Mondlicht konnte sie jede Bewegung Mei Chaofengs verfolgen, ihr wehendes Haar, das wilde Auf und Ab ihrer Gliedmaßen. Wie bei einer Tigerin, die sich die Beute krallt.

Die Quanzhen-Meister blieben die ganze Zeit über in ihrer Formation sitzen. Mei Chaofeng hatte keine Chance gegen sie, weder mit der *Neun-Yin-Todeskralle* noch mit der *Herzbrecherfaust*. Sie war eingekesselt und musste sich fortgesetzter Attacken von allen Seiten erwehren. Mei Chaofeng stieß einen verzweifelten Schrei aus. Die sieben Meister hätten sie mühelos töten können, aber sie hielten sich zurück.

Ah! Allmählich dämmerte Huang Rong, was die Daoisten vorhatten. Sie übten mit Mei Chaofeng ihre Formation und wollten sehen, wie lange sie ihnen Widerstand leisten konnte, bis sie irgendwann vor Erschöpfung tot zusammenbrach.

Ihre Beobachtung war nicht ganz falsch. Die sieben Meister nutzten den Kampf mit Mei Chaofeng tatsächlich als Gelegenheit, ihre Kunst zu üben. Aber kein Daoist würde jemanden leichtfertig töten.

Huang Rong mochte nicht allzu viel von Mei Chaofeng halten, aber sie war immer noch eine Schülerin ihres Vaters; sie von den sieben Daoisten so gedemütigt zu sehen, war ihr unerträglich. Sie nahm Abstand von der Öffnung in der Wand und ließ Guo Jing wieder hinausspähen. Der Kampf war ohnehin von so heftigen Luftzügen begleitet, dass sie hören konnte, wann er an Härte zunahm und wann er abflaute. Es schien kein Ende zu nehmen.

Guo Jing traute seinen Augen nicht. *Warum kämpfen die sieben Meister im Sitzen?*

»Sie sitzen in einer Formation, die die Sterne des Großen Wagens nachahmt«, flüsterte Huang Rong in sein Ohr. »Damit vereinen sie ihr Inneres Kung-Fu. Siehst du es?«

Jetzt verstand Guo Jing, was es mit der ständigen Erwähnung des *Großen Wagens* im *Wahren Weg der Neun Yin* auf sich hatte. Er hatte sich den Text Wort für Wort gemerkt, aber die Bedeutung dieser Stellen war ihm ein Rätsel geblieben. Beim Betrachten des Kampfgeschehens in der Stube kam ihm mit einem Mal die Erleuchtung. Je länger er zusah, desto aufgeregter wurde er. Instinktiv sprang er auf.

Huang Rong riss ihn gerade noch zurück, bevor ihre Handflächen die Verbindung verloren. Rasch hockte Guo Jing sich wieder hin. Beide zitterten. Aber Guo Jing konnte sich nicht beherrschen und drückte sein Auge wieder an die Öffnung. Er verstand das Prinzip, aber worin genau das Erfolgsgeheimnis dieser Methode lag, wusste er immer noch nicht. Der Verfasser des *Wahren Wegs der Neun Yin* hatte sämtliche überlieferten Schriften der alten daoistischen Meister studiert; zwar hatte Wang Chongyang die

Formation des *Großen Wagens* unabhängig davon geschaffen, aber beide hatten ihren Ursprung in denselben Ideen, weshalb die Art und Weise des Kampfs vor seinen Augen zum Teil der Schilderungen des Handbuchs entsprach. Das war etwas anderes als der Kampf zwischen Hong Qigong und Ouyang Feng auf der Pfirsichblüteninsel. Guo Jing war zwar schwer von Begriff, aber dass die Kampfkünste des alten Bettlers und des Alten Giftmolchs nichts mit der Philosophie des Handbuchs zu tun hatten, verstand er spätestens jetzt. Der *Wahre Weg der Neun Yin* speiste sich aus den Lehren daoistischer Weisheit – und genau darauf beruhte seine Überlegenheit.

Mei Chaofeng war anzusehen, dass sie nicht mehr lange durchhalten würde, aber auch die Kräfte der sieben Meister ließen allmählich nach.

Plötzlich ertönte von der Tür her eine Stimme. »Bruder Huang, soll ich zuerst oder möchtest du?«

Guo Jing zuckte zusammen. Ouyang Feng! Seit wann stand er schon dort? Auch die sieben Quanzhen-Meister sahen erschrocken zur Eingangstür. Dort standen Seite an Seite zwei Männer, einer ganz in Schwarz, der andere ganz in Weiß gekleidet. Ebenjene Männer, die Zhou Botong nachgejagt waren.

Die sieben Daoisten stießen alle gemeinsam einen leisen Pfiff aus, beendeten den Kampf und erhoben sich.

»Was für ein Anblick!«, schnaubte Huang Yaoshi. »Sieben Zottelbärte gegen meine Schülerin. Was meinst du, Bruder Feng, bin ich ein Tyrann, wenn ich ihnen eine Lektion erteile?«

»Sie waren es, die dich zuerst beleidigt haben«, meinte Ouyang Feng lächelnd. »Wenn du ihnen keine Manieren beibringst, werden sie das Kung-Fu der Pfirsichblüteninsel wohl niemals fürchten lernen.«

Wang Chuyi war der Einzige der sieben, der Gift des Westens und Ketzer des Ostens auf dem Gipfel des Hua schon einmal begegnet war. Er trat vor, um sie zu respektvoll zu grüßen, aber schon hatte Huang Yaoshi zum Schlag ausgeholt. Zu spät stolperte Wang Chuyi rückwärts. Der Schlag klatschte auf seine Wange. Qiu Chuji war entsetzt. »Zurück in Position!«, kommandierte er eilig, aber schon klatschte Huang Yaoshis Hand noch weitere vier Male auf vier verschiedene Wangen.

Diesmal hatte es Tan, Liu, Hao und Sun erwischt. Nur Qiu Chuji hatte den schwarzen Schatten noch rechtzeitig bemerkt. Er verschwendete keine Zeit darauf, um über seine Abwehr nachzudenken, sondern griff ihn wütend selbst an. Ein Ärmelflattern, und seine Handkante traf mit voller Wucht Huang Yaoshis Brust.

Der Großmeister hatte das Kung-Fu des stärksten Kämpfers der sieben Daoisten unterschätzt. Der Schlag war schmerzhaft. Er hielt mit seinem Inneren Kung-Fu dagegen, packte mit der Linken Qiu Chujis wehenden Ärmel und zielte mit der Rechten auf ihn. Qiu Chuji kämpfte sich frei, wobei sein Ärmel zerriss. Jetzt sprangen ihm Wang Chuyi und Ma Yu bei, aber Huang Yaoshi wich geistesgegenwärtig aus und sprang hinter Hao Datong, den er mit einem Fußtritt in einen Vorwärtssalto schickte.

Begeistert verfolgte Huang Rong die Demonstration der hohen Kampfkunst ihres Vaters. Als sie seine Stimme hörte, hatte sie sofort Guo Jing von der Öffnung verdrängt. Zu gerne wäre sie jubelnd aus ihrem Versteck hervorgekommen, aber Guo Jing so kurz vor der Vollendung seiner Heilung im Stich zu lassen, kam nicht infrage.

»Einen schönen Haufen Pestbeulen hatte Wang Chongyang als Schüler!«, höhnte Ouyang Feng.

Eine solche Beleidigung hatte sich Qiu Chuji in all seiner Zeit im Jianghu noch nie anhören müssen. »Zurück auf Eure Positionen!«, befahl er noch einmal. Aber Huang Yaoshi ließ es nicht zu. In rascher Folge gingen seine Attacken auf die Daoisten nieder. Auf sich allein gestellt hatten sie einen schweren Stand gegen den Großmeister. Jetzt zogen auch Ma Yu und Tan Chuduan ihre Schwerter.

Ein doppeltes Klirren ertönte, und schon hatte Huang Yaoshi die Waffen mit einem Handstreich geschnappt und zu Boden geschleudert. Qiu Chuji und Wang Chuyi dagegen gelang es mit einer beachtlichen Demonstration daoistischer Fechtkunst, Huang Yaoshis ganze Aufmerksamkeit zu fordern, was Ma Yu die Gelegenheit gab, seine Position auf der Himmelsachse wieder einzunehmen. Schnell folgten Tan, Liu und die anderen seinem Beispiel.

Die Formation des *Großen Wagens* war wieder vollständig und das Blatt wendete sich. Himmelsmacht und Jadewaage griffen den Gegner frontal an. Himmelsperle und Sonnenöffner folgten von rechts und links, während Flackerndes Licht und Himmelsjade von hinten um ihn herumwirbelten.

Huang Yaoshi schlug in alle Himmelsrichtungen gleichzeitig.

»Sieht so aus, als hätte Wang Chongyang ihnen doch etwas beigebracht, Bruder Feng!«, rief er und überspielte mit einem Lachen den Ernst der Lage. Die Quanzhen-Meister besaßen bereits jeder für sich beachtliche Kräfte. Wenn sie sie zum *Großen Wagen* zusammenschlossen, war damit selbst für einen Huang Yaoshi nicht zu spaßen. Er griff zu seiner Kunst des *Pfirsichblütenregens* und ließ seine Fäuste von eleganten Drehungen begleitet durch die Luft tanzen.

Als er mir den Pfirsichblütenregen *beigebracht hat, habe ich nur gelernt, entweder fünfmal zu täuschen und einmal zu schlagen oder siebenmal zu täuschen und einmal zu schlagen,* dachte Huang Rong beim Zusehen. *Den Feind mit den Finten aus der Reserve locken, so habe ich es verstanden. Wer hätte gedacht, dass man ihn auch mit den angetäuschten Schlägen verletzen oder sogar töten könnte?*

Nicht nur Huang Rong beobachtete den Kampf mit angehaltenem Atem, selbst Ouyang Feng verschlug diese Darbietung höchster Kampfkunst die Sprache.

Mei Chaofeng verfolgte den Kampf mit den Ohren und lauschte verzückt und verzweifelt zugleich jedem pfeifenden Luftzug,

»Ah!«, stöhnte Yin Zhiping plötzlich. Wie viele Huang Yaoshis kämpften dort bloß? Allein vom Zusehen war ihm so schwindlig geworden, dass er unvermittelt umkippte und auf den Boden aufschlug. Die Quanzhen-Meister blieben eisern auf ihren Posten. Das kleinste Zögern konnte ihnen zum Verhängnis werden. Träfe nur einen von ihnen ein tödlicher Schlag, wäre es mit dem legendären Kung-Fu ihrer Schule für immer vorbei.

Huang Yaoshi bedauerte, dass er nicht von Anfang an gnadenlos auf Qiu Chuji losgegangen war und die Formation gebrochen hatte. Jetzt war der Sieg nicht mehr so leicht zu haben. Auch der Einsatz von dreizehn verschiedenen Varianten seiner herausragenden Kampfkunst hatte ihm noch keinen Vorteil verschafft. Beide Seiten ritten auf dem Tiger und keine Seite würde vorzeitig abspringen. Es ging um Leben und Tod.

Mit dem ersten Hahnenschrei erhellten die Strahlen der Morgensonne die düstere Stube. Die sieben Tage und Nächte von Guo Jings Heilungsprozess waren fast vollendet. Obwohl vor der Geheimkammer ein nervenaufreibender Kampf tobte, war sein Geist ruhig und klar. Mit geschlossenen Augen konzentrierte er sich auf die Bewegung seiner inneren Energie. Sein Qi strömte vom Steißbeingefäß hinauf zu den Nieren, das Rückgrat entlang bis zur Himmelssäule und zum Jadekissen und schließlich zu den Hundert Zusammenflüssen auf der Krone des Kopfs, wo er es für eine kurze Weile hielt und dann vorn wieder hinabfließen ließ, über sein Gesicht, durch den Göttlichen Hof in die Elsterbrücke am Gaumen, langsam weiter durch die Brust bis in das energetische Zentrum im Unterbauch, dem Dantian. Der sechsunddreißigste Kreislauf seines Qi war vollendet.

Huang Rong betrachtete entzückt seine glühenden Wangen, seine sprühende Energie. Dann wandte sie sich schnell wieder dem Kampfgeschehen zu.

Unglaubliches geschah. Huang Yaoshi schritt die Stellungen der Acht Trigramme ab, langsam, sehr langsam, mit kreisenden Handflächen. Das war der Gipfel seiner Kampfkunst, eine Form, die er nicht leichtfertig einsetzte. Huang Rong wusste, dass das Leben ihres Vaters auf Messers Schneide stand.

Die Quanzhen-Meister sammelten ihre Kräfte und stießen im Chor einen markerschütternden Schrei aus. Aus ihren Köpfen dampfte es, ihre Roben waren schweißdurchtränkt. Die Gelassenheit, mit der sie Mei Chaofeng bekämpft hatten, war verschwunden.

Ouyang Feng stand unbeteiligt daneben. Er hoffte insgeheim, dass die Quanzhen-Meister den Ketzer des Ostens so verletzen würden, dass er beim nächsten Wettstreit auf dem Gipfel des Hua einen Gegner weniger zu fürchten hatte. Aber noch war der Sieg den Daoisten nicht sicher. *Der Alte Ketzer ist wirklich formidabel!*, musste er sich eingestehen.

Die Kampfbewegungen verlangsamten sich zunehmend, ein deutliches Zeichen dafür, dass das Duell auf seinen Höhepunkt zusteuerte. Jeden Augenblick würde die Entscheidung fallen.

Huang Yaoshi griff Sun Bu'er und Tan Chuduan gleichzeitig an. Sofort gingen beider Arme abwehrend nach oben, rechts und links unterstützt von Ma Yu und Qiu Chuxuan.

»Lass mich dir helfen, Bruder Huang!« Mit wildem Geheul stürzte sich plötzlich Ouyang Feng in den Kampf, ging in die Hocke und vollführte einen explosiven Schlag gegen Tan Chuduans Rücken.

Eine überwältigende Kraft, unaufhaltbar und unausweichlich, traf Tan Chuduan. Er fiel um wie ein gefällter Baum.

»Wer hat dich um Hilfe gebeten?«, fuhr Huang Yaoshi den Giftmolch an.

Qiu Chuji und Wang Chuyi zogen die Schwerter. Huang Yaoshi wehrte sie mit dem Schwung seiner Ärmel ab und widerstand mit der rechten Hand gleichzeitig Ma Yus und Hao Datongs Angriffen.

»Dann helfe ich eben den anderen!«, schrie Ouyang Feng. Die Häme in seiner Stimme war unüberhörbar. Er setzte erneut zu einer *Explodierenden Kröte* an, diesmal zielte er jedoch auf Huang Yaoshis Rücken. Gegen Tan Chuduan hatte ihm der Einsatz eines Bruchteils seiner inneren Kraft genügt. Jetzt aktivierte er die ganze Macht des Inneren Kung-Fu, das er im Laufe seines Kampfkunstlebens kultiviert hatte. Jede seiner Handlungen folgte eiskalter Berechnung – zuerst einen der sieben Quanzhen-Meister ausschalten, um die Macht des *Großen Wagens* zu brechen und künftig die Daoisten nicht mehr fürchten zu müssen, und dann den Erzrivalen Huang Yaoshi mit einem Schlag ein für alle Mal erledigen.

Es ist aus!, dachte Huang Yaoshi.

Ihm blieb nur, all sein Qi in seinem Rücken zu bündeln, um die Wucht der *Explodierenden Kröte* abzufedern.

Trotz der gewaltigen Kraft hinter dieser Form bewegte sich Ouyang Feng sehr langsam. *Mein Plan ist aufgegangen!,* jubilierte er innerlich.

Ein Schatten glitt vor Huang Yaoshis Rücken.

Ein gellender Schrei.

Ouyang Fengs Schlag traf Mei Chaofeng, die sich schützend zwischen ihren Meister und den Angreifer geworfen hatte.

Die Kämpfenden ließen voneinander ab und wichen entsetzt zurück.

Langsam, ganz langsam drehte sich Huang Yaoshi zu Ouyang Feng um. »Du bist wahrlich pures Gift, Alter Giftmolch«, sagte er kühl.

Ouyang Feng antwortete mit einem hämischen Grinsen. *Verdammt, ich habe ihn verfehlt!,* dachte er. Nun hieß es, sich schnell aus dem Staub zu machen, bevor die verbliebenen sechs Daoisten sich mit Huang Yaoshi gegen ihn verbündeten. Mit einem Satz war er lachend zur Tür hinaus.

Ma Yu kniete neben Tan Chuduan nieder und wollte ihm aufhelfen. Aber sein Körper war seltsam verdreht und sein Kopf hing seitlich herunter. Ouyang Fengs Schlag hatte sein Rückgrat und seine Rippen zerschmettert. Ma Yus Tränen fielen wie Regen auf den toten Bruder.

Qiu Chuji zog sein Schwert und rannte zur Tür hinaus. »Alter Ketzer«, hörten sie von fern Ouyang Fengs Stimme, »ich habe dir geholfen, Wang Chongyangs *Großen Wagen* zu brechen und noch dazu deine abtrünnige Schülerin bestraft. Den Rest der daoistischen Ochsen darfst du allein erledigen. Auf baldiges Wiedersehen!«

Huang Yaoshi schnaubte. *Nichts als Gift aus diesem stinkenden Mund!* Es war offensichtlich, dass Ouyang Feng ihm die Schuld an Tan Chuduans Tod in die Schuhe schieben wollte, um noch mehr Zwietracht zwischen ihm und den Daoisten zu säen. Dennoch hielt er es für unter seiner Würde, die sechs Quanzhen-Meister über die wahren Umstände aufzuklären. Er half Mei Chaofeng, sich aufzusetzen. Sie lebte noch, aber als er sah, welche Mengen von Blut sie spuckte, wusste er, dass sie unrettbar verloren war.

»Bruder Qiu«, rief Ma Yu, »komm zurück!« Er wollte verhindern, dass ein weiterer seiner Brüder durch die Hand des Alten Giftmolchs starb.

Qiu Chuji kam schweren Schrittes zurück in die Schenke. Sein flammender Blick traf Huang Yaoshi. »Was hat die Quanzhen-Schule dir getan? Du Dämon! Zuerst tötest du unseren Onkel Zhou Botong und nun unseren Bruder. Was willst du von uns?«

»Zhou Botong?« Die Anschuldigung machte Huang Yaoshi sprachlos.

»Los, gib es wenigstens zu!«

Huang Yaoshi, Zhou Botong und Ouyang Feng hatten in einem Wettrennen ihre Kräfte gemessen, aber auch nach Hunderten von Li hatte immer noch kein eindeutiger Sieger festgestanden. Irgendwann hatte sich Zhou Botong plötzlich daran erinnert, dass Hong Qigong, den er allein im Kaiserpalast zurückgelassen hatte, viel zu geschwächt war, um zu entkommen, falls er entdeckt würde. »Der Alte Kindskopf hat noch etwas zu erledigen, tut mir leid. Schluss mit unserem netten kleinen Wettkampf!«, sagte er plötzlich.

Die beiden Großmeister wussten, dass gegen Zhou Botongs Dickschädel kein Kraut gewachsen war, und versuchten gar nicht erst, ihn umzustimmen. Er war so schnell verschwunden, dass Huang Yaoshi ganz vergaß, sich bei ihm nach seiner geliebten Tochter Huang Rong zu erkundigen. Danach waren er und Ouyang Feng übereingekommen, nach Niu zurückzukehren. Die Daoisten hatten zwar bald die Spur der drei rasenden Schatten verloren, aber die Großmeister selbst hatten ihre Verfolger klar erkannt.

Während Qiu Chuji wutschnaubend durch die Stube stampfte, hielt Sun Bu'er weinend den sterbenden Bruder in den Armen. »Es ist vorbei«, hauchte Tan Chuduan.

Huang Yaoshi begriff jetzt, dass zwischen ihm und den Daoisten ein schweres Missverständnis vorlag, hatte aber kein Interesse, es zu klären. Kühl sah er zu, wie die sechs Quanzhen-Meister sich mit gekreuzten Beinen im Kreis um ihren Bruder setzten.

»Mit den Perlen der Seele entgleitet der Pinsel der Hand, öffnet das Herz sich der Natur, bedarf es keines Flötenklangs.« Mit diesen Worten schloss Tan Chuduan für immer die Augen.

Mit gesenkten Köpfen saßen die sechs daoistischen Brüder auf dem Boden und beteten. Als sie geendet hatten, verließen sie die

Schenke, Ma Yu ging mit dem leblosen Körper Tan Chuduans auf den Armen voran. Qiu Chuji und die anderen folgten ihm nach, ohne sich noch einmal umzudrehen. Der magische *Große Wagen* war für immer zerstört, und ohne die Macht dieser Formation würden sie im Kampf gegen Huang Yaoshi sinnlos ihr Leben lassen. Ihre Rache musste warten.

新盟舊約

7
Alte Seilschaften und neue Bündnisse

Huang Yaoshi war es ein Rätsel, wie es zu diesem Zwist zwischen ihm und der Quanzhen-Schule gekommen war und warum ihm plötzlich solcher Hass vonseiten ihrer Jünger entgegenschlug. Er konnte keinerlei Grund dafür erkennen.

In seinen Armen lag Mei Chaofeng, deren Atem immer schwächer wurde. Der Gedanke daran, dass er seiner geliebten Schülerin jahrzehntelang gegrollt hatte, ließ ihm das Herz unendlich schwer werden. Dicke Tränen rannen ihm über die Wangen.

Mei Chaofeng versuchte ein winziges Lächeln. »Meister«, hauchte sie. »Ich habe Euch bitter enttäuscht, meine Fehler sind unverzeihlich … Ich flehe Euch an … bitte nehmt mich bei Euch auf, so wie früher. Nichts wollte ich lieber als für immer an Eurer Seite sein, Euch dienen … auf ewig. Aber ich sterbe … es ist zu spät …« Ihr Blick war ein einziges Flehen.

»Aber gewiss doch«, sagte Huang Yaoshi, der gegen den Fluss seiner Tränen kämpfte. »Ich nehme dich in meine Obhut, wie damals, als du ein kleines Mädchen warst, Ruohua. Von jetzt an wirst du eine brave Schülerin sein und auf deinen Meister hören, nicht wahr?«

Obwohl Mei Chaofeng in ihrem Leben viele furchtbare Gräueltaten begangen hatte, bereute sie nichts so sehr wie den Betrug an ihrem Meister. Um seine Vergebung zu wissen und zu hören, wie er sie bei ihrem alten Mädchennamen nannte, war für sie das größte Glück. Zitternd fasste sie seine Hand. »Natürlich will ich meinem Meister gehorchen … für immer und ewig. Wie gerne wäre ich wieder die zwölfjährige Ruohua … lehrt mich, Meister, seid mein Lehrer …«

Mit letzter Kraft kniete sie vor ihm nieder und schlug dreimal die Stirn zum Kotau auf. Dann brach sie zusammen und blieb reglos liegen, für immer.

Huang Rong hatte die herzergreifende Szene aus der Geheimkammer heraus verfolgt. Sie hoffte inständig, ihr Vater würde noch eine Weile bleiben, wenigstens so lange, bis Guo Jing wieder vollkommen hergestellt war, damit sie zu ihm hinausgehen und ihn umarmen konnte. Für den Augenblick blieb ihr nichts anderes übrig, als zuzusehen, wie er die tote Mei Chaofeng in seine Arme schloss.

Das Wiehern eines Pferdes vor der Tür unterbrach seine stille Trauer. Das war nicht irgendein Pferd – es war das kleine rote Pferd Guo Jings!

Dann erklang die Stimme der jungen Frau aus der Schenke. »Ja, das hier ist Niu. Aber woher soll ich wissen, ob hier jemand namens Guo wohnt? Heißt du vielleicht Guo?«

»Das ist ein kleines Dorf, du musst doch die Namen aller seiner Einwohner kennen?«, fragte jemand ungehalten. Im nächsten Augenblick ging die Tür auf und sechs exzentrisch aussehende Gestalten betraten die Schenke.

Huang Yaoshi war rasch hinter die Tür geschlüpft. Seine eben noch trauervolle Miene war jetzt voller Ingrimm. Überall hatte er vergeblich nach ihnen gesucht und jetzt kamen sie ausgerechnet hier zur Tür hereinspaziert, die sechs Sonderlinge des Südens.

Sie standen kaum in der Stube, als Ke Zhen'e seinen Brüdern und seiner Schwester mit erhobenen Händen Stille gebot. »Hier ist jemand«, flüsterte er. Seine scharfen Ohren hatten sofort das leise Atmen hinter der Tür wahrgenommen. Alle drehten sich um. Der Ketzer des Ostens! Und Mei Chaofeng lag in seinen Armen! War sie tot?

Huang Yaoshi trat hervor und verstellte den Eingang.

Zhu Cong fand als Erster die Sprache wieder. »Großmeister Huang«, grüßte er respektvoll, legte die Faust in die Handfläche und verbeugte sich. »Welche Ehre! Die sechs Sonderlinge des Südens haben ihr Versprechen gehalten und waren auf der Pfirsichblüteninsel, um Euch dort aufzusuchen, aber Ihr wart wohl in dringenden Angelegenheiten unterwegs. Welch glücklicher Zufall, dass wir uns heute hier begegnen.«

Nach der Ankunft auf der Pfirsichblüteninsel hatten die Sonderlinge vergeblich den Weg durch die verwirrend verschlungenen Pfade zur Residenz des Großmeisters gesucht. Schließlich waren sie einem der taubstummen Diener begegnet, aus dem sie mit viel Gestikulieren herausbekamen, dass sein Herr die Insel verlassen hatte.

Dann plötzlich hatten sie Guo Jings rotes Pferd grasend im Wald entdeckt, von Guo Jing jedoch keine Spur. Reiterkönig Han Baoju war es gelungen, Ulaan einzufangen, und sie hatten ihn mit sich über das Meer auf das Festland und bis nach Niu gebracht, wo sie nach Guo Jing suchen wollten.

Zuerst hatte Huang Yaoshi vorgehabt, kurzen Prozess zu machen und die sechs mit wenigen Hieben zu töten. Dann erinnerte ihn ein Blick auf Mei Chaofengs erbleichte Wangen daran, dass die Sonderlinge ihre Erzfeinde gewesen waren. *Sie soll die Elenden töten! Das wird ihr noch im Jenseits Befriedigung schenken.*

Er packte ihr Handgelenk, schickte sein Inneres Kung-Fu in ihre Hand und schlug damit nach Han Baoju. Der Reiterkönig, den der unerwartete Angriff kalt erwischte, konnte nicht schnell genug ausweichen. Der Schlag traf seine Schulter so hart, dass es knackte. Sofort lähmte ein betäubender Schmerz die Hälfte seines Körpers.

Die Sonderlinge wussten nicht, wie ihnen geschah. Warum dieser grausame Angriff ohne jede Warnung? Und warum benutzte er die tote Mei Chaofeng als Waffe? Mit einem lauten Kampfschrei erhoben sie ihrerseits die Waffen.

Huang Yaoshi hielt weiter seine tote Schülerin im Arm. Sein nächster Angriff zielte auf Schwertmeisterin Han Xiaoying, die vor Angst erstarrte, als sie die aufgerissenen Augen, das blutüberströmte Gesicht und das wirre Haar Mei Chaofengs auf sich zukommen sah und nicht wusste, wie sie dem auf ihren Kopf gerichteten Schlag ausweichen sollte. Nan Xiren und Quan Jinfa attackierten den angreifenden Arm mit Schulterstange und Schnellwaage, aber Huang Yaoshi zog Mei Chaofeng zurück, ließ stattdessen ihren anderen Arm vorschwingen und traf Han Xiaoying mit voller Wucht in den Bauch. Sie krümmte sich vor Schmerz. Han Baoju ließ von der Seite seine Goldene Drachenpeitsche losschnellen, aber Huang Yaoshi stellte kurzerhand den Fuß auf den Peitschenriemen. Sosehr der Reiterkönig auch zog, er bekam die Peitsche nicht mehr frei. Stattdessen kam Mei Chaofengs Klauenhand auf ihn zu und er musste die Peitsche ganz loslassen, um ihr mit einer Rückwärtsrolle zu entgehen.

In sicherem Abstand befühlte er die schmerzende Wange. Fünf tiefe Schürfwunden prangten darauf. Er hatte Glück, dass eine tote Mei Chaofeng keine *Neun-Yin-Todeskralle* ausführen konnte, und auch das tödliche Gift, das für gewöhnlich unter ihren Nägeln lauerte, hatte mit ihrem letzten Atemzug seine Wirkung verloren.

Die anderen Sonderlinge kämpften tapfer weiter. Hätte Huang Yaoshi sich nicht in den Kopf gesetzt, dass Mei Chaofeng ihre späte Rache mit eigenen Händen nehmen sollte, wären die sechs längst tot gewesen. Doch allein die unberechenbaren Bewegungen des Herrn der Pfirsichblüteninsel, der Mei Chaofeng wie ein Puppenspieler tanzen ließ, genügten, um die Sonderlinge um ihr Leben bangen zu lassen.

Guo Jing lauschte mit angehaltenem Atem auf das panische Stöhnen und Keuchen seiner Meister. Noch war das Qi in seinem Dantian nicht stabil, aber wie könnte er zulassen, dass seinen sechs Meistern, die für ihn wie Vater und Mutter waren, ein Leid geschah? Er stoppte den Fluss seines Qis und holte zum Schlag aus.

»Nein, noch nicht!«, rief Huang Rong entsetzt.

Die Wucht seiner Faust zerschmetterte die Tür zur Geheimkammer. Im selben Augenblick, als seine Hand die Tür traf, spürte Guo Jing das Qi aus seinem Unterbauch aufschießen. Eine Fontäne der Wärme drohte ihn zu überwältigen, aber er zwang sein Qi mit aller Macht zurück ins Dantian.

Huang Yaoshi und die Sonderlinge ließen überrascht voneinander ab. Mit freudigem Staunen erkannten sie Guo Jing und Huang Rong, die hinter der zerborstenen Tür im Küchenschrank zum Vorschein kamen.

Huang Yaoshi wusste nicht, ob er wachte oder träumte. Er rieb sich die Augen. »Rong, mein Kind … bist du es?«

Sie nickte mit einem stummen Lächeln, ohne sich von der Stelle zu rühren. Noch immer war ihre Handfläche fest mit der Guo Jings verbunden. Für Huang Yaoshi war mit einem Mal alles andere vergessen. Vorsichtig bettete er Mei Chaofengs Leichnam auf eine Bank, eilte zu seiner Tochter, setzte sich mit gekreuzten Beinen zu ihr auf den Boden und fühlte ihren Puls. Erleichtert stellte er fest, dass er ruhig und gleichmäßig ging. Dann legte er seine linke Handfläche auf Guo Jings freie rechte Hand.

In Guo Jing brodelte und dampfte es, er glaubte wahnsinnig zu werden und wollte am liebsten aufspringen und losschreien. Aber kaum spürte er Huang Yaoshis Hand auf seiner, brachte das gewaltige Innere Kung-Fu des Großmeisters sein Qi augenblicklich zur Ruhe. Mit der anderen Hand massierte Huang Yaoshi dann Guo Jings Nervenpunkte. In der Zeit, die man braucht, um eine Tasse Tee zu trinken, war Guo Jing wieder vollkommen hergestellt. Ruhig und konzentriert fühlte er den stabilen Strom seines inneren Atems. Er sprang aus dem Schrank, verbeugte sich tief vor Huang Yaoshi, drehte sich um und warf sich zum Kotau vor seinen sechs Meistern auf die Knie.

Dann erzählte er den Sonderlingen alles, was seit ihrem Abschied im Wanderwolkenpalast passiert war, während Huang Yaoshi die Hand seiner geliebten Tochter hielt und sie ebenfalls fröhlich drauflosplaudern und lachen ließ. Die Sonderlinge hatten Mühe, Guo Jings Bericht zu folgen, denn ihr Schüler war nun einmal, anders als seine kluge Freundin, kein besonders guter Geschichtenerzähler. Irgendwann gaben sie auf und hörten stattdessen Huang Rong zu, die die dramatischen Ereignisse der vergangenen Wochen mit vielen Details ausschmückte und mit so viel Spannung und Witz erzählte, dass die Zuhörer fasziniert an ihren Lippen hingen.

Huang Yaoshi konnte kaum glauben, dass seine Tochter zum neuen Oberhaupt des Bettlerklans ernannt worden war. »Bruder Hong kommt auf die seltsamsten Ideen, der ist ja noch exzentrischer als ich!«, schmunzelte er. »Will er vielleicht künftig der Ketzer des Nordens genannt werden? Was bin ich dann? Der Bettler des Ostens?«

Schließlich berichtete Huang Rong von den Ereignissen, die sie von der Geheimkammer aus verfolgt hatten, bis hin zu dem Kampf zwischen ihrem Vater und den Sonderlingen. »Und ab da muss ich nicht weitererzählen«, schloss sie lachend.

»Ich bringe diese Verbrecher um, einen nach dem anderen, Ouyang Feng, Lama Erhabene Weisheit, Qiu Qianren und Yang Kang. Und du kommst mit mir und darfst deine Freude daran haben.« Obwohl Huang Yaoshi von einem Rachefeldzug redete, klang seine Stimme sanft und freundlich. Das Glück, seine Tochter lebend bei sich zu wissen, war stärker als alles andere.

Sein Blick streifte die sechs Sonderlinge. Er hatte ihnen unrecht getan und bereute es zutiefst; und doch brachte er es nicht über sich, sie um Verzeihung zu bitten. »Ein Glück, dass niemand von den Rechtschaffenen ernsthaft verletzt worden ist«, war alles, war er als Wiedergutmachung herausbrachte.

Huang Rong hatte es den Sonderlingen lange verübelt, dass sie Guo Jing zur Heirat mit Mu Nianci hatten zwingen wollen, aber nun, da die Rivalin ihren Yang Kang heiraten würde, war ihr Groll hinfällig. »Aber Vater«, rügte sie ihn daher lachend, »du solltest dich bei Guo Jings Meistern entschuldigen.«

Huang Yaoshi rümpfte die Nase und wechselte das Thema. »Ich muss los, den Alten Giftmolch finden«, sagte er. »Und du kommst mit mir, Guo Jing.«

Der Herr der Pfirsichblüteninsel war nicht besonders begeistert davon, sich mit einem Einfaltspinsel wie Guo Jing abgeben zu müssen. *Womit habe ich, der gelehrte Ketzer des Ostens, einen solchen Schwachkopf als Schwiegersohn verdient?*, dachte er. *Ich mache mich zum Gespött des Jianghu!* Und noch dazu hatte Zhou Botong in dem ihm eigenen Leichtsinn behauptet, dass Guo Jing Mei Chaofengs Exemplar des *Neun-Yin-Handbuchs* gestohlen und abgeschrieben hätte. Der Gedanke, dass der Kerl seine blinde Schülerin bestohlen hatte, brachte ihn nur noch mehr gegen Guo Jing auf. Erst eine Weile später dämmerte es Huang Yaoshi, dass Guo Jing ihm eine umfassendere Version des Handbuchs aufgesagt hatte als die des zweiten Bands, den Mei Chaofeng besessen hatte. Er konnte den Text also gar nicht von ihr haben. Als ob er die

Launen des Alten Kindskopfs und seinen Hang zu Wahrheitsverdrehungen nicht selbst zur Genüge kannte! *Ich lasse mich viel zu leicht ins Bockshorn jagen,* gestand sich Huang Yaoshi schließlich ein. *Habe ich nicht auch blindlings dem Lama geglaubt, als der mir die Lüge vom Tod meiner Tochter aufgetischt hat? Und jetzt habe ich sie unversehrt wieder.*

Sein blindwütiger Hass auf die sechs Sonderlinge war verflogen, aber seinen Fehler einzugestehen und sich zu einer Entschuldigung herabzulassen, kam für ihn nicht infrage. Eines Tages würde er es wiedergutmachen und ihnen zur Seite stehen, wenn sie seiner Hilfe bedurften.

Sein Blick fiel wieder auf seine tote Schülerin Mei Chaofeng, die ihr Leben für ihn geopfert hatte, weil sie sich in seiner Schuld gewähnt hatte. Chaofeng und Xuanfeng waren wirklich ineinander verliebt gewesen. Warum hatten sie ihn nicht einfach gebeten, heiraten zu dürfen, warum waren sie davongelaufen? Wenn er ehrlich war, kannte er die Antwort. Sie hatten seine unvorhersehbaren Launen gefürchtet. Große Freude konnte bei ihm im Nu in furchtbaren Zorn umschlagen. Deshalb hatten sie nicht gewagt, zu ihm zu kommen: aus reiner Furcht vor ihrem Meister. Was, wenn seine Tochter wegen seiner Launen so endete wie die einst so liebreizende Ruohua? Der Gedanke ließ ihn erschauern.

Ihren geliebten »Jing« zu fragen, ob er mit ihm komme, war seine Art zu sagen, dass er der Heirat zustimmte.

Huang Rong hatte das sofort verstanden. Glücklich sah sie Guo Jing an, dem seinerseits das feine Gespür für die tiefere Bedeutung von Huang Yaoshis Aufforderung fehlte. »Vater«, sagte sie, »zuerst müssen wir in den Kaiserpalast und nach Meister Hong sehen.«

»Dir ist es gelungen, von niemand Geringerem als dem Neunfingrigen Bettler als Schüler angenommen zu werden und vom Herrn der Pfirsichblüteninsel als Schwiegersohn«, flüsterte Ke Zhen'e

Guo Jing zu. »Das freut uns natürlich sehr. Wir stehen dieser Heirat nicht entgegen. Aber was ist mit dem Großen Khan …?«

Dass Guo Jing bereits der Tochter des Großen Khans versprochen war, brachte man besser nicht vor Huang Yaoshi zur Sprache, sonst war der nächste Wutanfall zu befürchten.

In diesem Augenblick knarrte die Tür und die junge Frau aus der Schenke trat ein. Sie hielt ein Stück Pergament in der Hand, das zur Form eines Affen gefaltet war.

»Ah, habt ihr alle Wassermelonen aufgegessen, Schwester? Ein alter Mann hat mich gebeten, dir das zu geben.«

Sie reichte Huang Rong den Papieraffen. »Er hat gesagt, du sollst ihm nicht böse sein. Er würde einen neuen Lehrer für dich finden.«

Zhou Botong! Huang Rong faltete das Papier auseinander. Es enthielt eine Nachricht in krakeliger Schrift, die sie laut vorlas: *»Der Alte Kindskopf war brav, aber er hat den alten Bettler nicht wiedergefunden.«* Huang Rong runzelte besorgt die Stirn. »Warum hat er ihn nicht gefunden?«

Ihr Vater überlegte. »Der Alte Kindskopf ist verrückt«, sagte er dann, »aber sein Kung-Fu ist hervorragend. Wenn Bettler Hong noch am Leben ist, wird er ihn aufspüren und retten, das steht außer Frage. Was mich augenblicklich viel mehr beunruhigt, ist der Bettlerklan.«

»Warum?«, fragte Huang Rong.

»Yang Kang hat den Hundestock an sich genommen. Ein großer Kämpfer ist er nicht, aber er ist heimtückisch und verschlagen. Sogar Ouyang Ke hat er ermordet. Mit dem Hundestock in seinem Besitz wird er für großen Ärger im Bettlerklan sorgen. Wir müssen ihn finden und den Stock zurückgewinnen, sonst, fürchte ich, wird es kein gutes Ende mit dem Klan nehmen. Und du als neue Bettlerfürstin trägst die Verantwortung dafür.«

Nicht, dass der Herr der Pfirsichblüteninsel sich bisher sonderlich um die Sorgen des Bettlerklans geschert hätte, im Gegenteil: Seinetwegen hatte der Klan zugrunde gehen können. Aber nun, wo seine eigene Tochter das Oberhaupt des Klans war, musste er handeln.

Die Sonderlinge nickten zustimmend.

»Aber er ist schon vor Tagen verschwunden«, sagte Guo Jing. »Ihn zu finden, wird nicht leicht sein.«

»Gut, dass wir dein Pferd mitgebracht haben«, sagte Reiterkönig Han lächelnd. »Es ist zur rechten Zeit zur Stelle.«

Lachend rannte Guo Jing hinaus und pfiff nach Ulaan. Das kleine rote Pferd erkannte seinen Herrn, trabte fröhlich auf ihn zu und stupste ihn mit den Nüstern an.

»Du und Guo Jing, ihr zieht los und sucht den Hundestock«, sagte Huang Yaoshi zu seiner Tochter. »Auf diesem Pferd holt ihr ihn in Windeseile ein.«

Da fiel sein Blick noch einmal auf die junge Frau, die die Botschaft überbracht hatte. Etwas an ihren Gesichtszügen wirkte vertraut. Sie sah aus wie … sein verstoßener Schüler Lingfeng! »Ist dein Familienname Qu?«, fragte er sie.

»Ich weiß es nicht«, antwortete sie lachend.

Huang Yaoshi wusste, dass Qu Lingfeng vor etwa achtzehn Jahren eine Tochter gezeugt hatte.

»Komm her und sieh dir das an, Vater«, sagte Huang Rong und zog ihn an der Hand in die Geheimkammer hinter dem Schrank.

Huang Yaoshi nahm die Kammer genau in Augenschein. Ja, dieser Raum war exakt nach den geomantischen Prinzipien seiner Lehre angelegt worden. Es bestand kein Zweifel mehr, dass Qu Lingfeng hier gelebt hatte.

»Schau mal, die Truhe dort«, sagte Huang Rong. »Du weißt bestimmt, woher diese Gegenstände stammen.«

Aber Huang Yaoshis Blick war auf etwas anderes gerichtet. Er ging schnurstracks in die südwestliche Ecke der Kammer, bückte sich und presste den Finger gegen ein Stück Mauerwerk am Fuß der Wand. Der Druck gab eine Öffnung frei. Er griff hinein, zog eine kleine Schriftrolle heraus und eilte sofort damit hinaus ins Licht.

Huang Rong lief ihm nach, begierig zu sehen, was in dem Schriftstück stand. Das Papier war vergilbt und staubbedeckt, aber die Zeilen waren noch schwach zu erkennen. Sie las vor:

»Hochverehrter Herr der Pfirsichblüteninsel,

Euer Schüler hat eine Sammlung von erlesenen Kalligrafien, Gemälden und andere kostbare Kleinode aus dem Kaiserpalast zusammengetragen, die ich Euch hiermit mit großem Respekt und Dankbarkeit zu Eurem Wohlgefallen übergebe. Diese Zeilen sprechen zum Herrn der Pfirsichblüteninsel, da ich mich nicht vermessen will, Euch als verehrten Meister anzureden, auch wenn ich das in meinen schönsten Tagträumen noch immer tue.
Mein Schicksal will es, dass ich mich soeben umzingelt von kaiserlichen Offizieren finde. Aber in meiner Tochter lebe ich fort …«

Damit schloss der Brief. Der größte Teil des Papiers war unbeschrieben und nur von ein paar dunklen Flecken – Blut vermutlich – verunziert.

Als Huang Rong geboren wurde, waren sämtliche Schüler der Pfirsichblüteninsel bereits von der Insel verbannt worden. Qu Lingfeng war das erste Opfer seines Zorns gewesen. Huang Rong wusste nur, dass sie alle von hoher Gelehrsamkeit und Kampfkunst gewesen waren, jeder auf seine Weise. Qu Lingfengs Testament zu lesen, war zutiefst verstörend.

Huang Yaoshi war tief getroffen. Jedes Wort dieser Zeilen führte ihm vor Augen, was er seinem Schüler mit der Verbannung angetan hatte. Lingfeng hatte gewusst, wie sehr Huang Yaoshi die Kunst schätzte, und diese Gegenstände unter großer Gefahr allein deshalb zusammengeraubt, um die Gunst seines Meisters zurückzugewinnen. Am Ende war es sein Verderben gewesen. Schwer verletzt musste er nach Hause zurückgekehrt sein und diesen Brief begonnen haben, ohne ihn beenden zu können. Ein Song-Soldat war ihm gefolgt und hatte ihn in einem blutigen Kampf in der Kammer besiegt. Und nur deshalb, weil er ein Krüppel gewesen war – ein Krüppel, zu dem sein eigener Meister ihn gemacht hatte.

Schon als er Lu Chengfeng im Wanderwolkenpalast wiederbegegnet war, hatte Huang Yaoshi seine Taten zutiefst bedauert. Und nun, wo Mei Chaofeng tot war und er dieses Testament in Händen hielt, übermannten ihn schwere Schuldgefühle. Sein Blick suchte Trost bei Qu Lingfengs Tochter.

»Hat dein Vater dich dein Kung-Fu gelehrt?«, fragte er streng.

Sie schüttelte den Kopf, aber dann rannte sie zur Tür, schloss sie und spähte durch die Ritzen. Anschließend führte sie Huang Yaoshi eine Reihe von Varianten der *Jadewellenfaust* vor.

»Sie hat es sich selbst beigebracht, indem sie Bruder Lingfeng durch die Türritzen beobachtet hat!«, sagte Huang Rong.

Ihr Vater nickte. »Lingfeng hätte es niemals gewagt, ohne mein Einverständnis meine Kampfkunst weiterzugeben, schon gar nicht nach seiner Verbannung von der Insel. Versuch mal, ihr mehr zu entlocken, Rong. Stell ihr ein Bein.«

Lächelnd trat Huang Rong auf Qu Lingfengs Tochter zu. »Lass uns ein bisschen üben. Pass auf!«

Sie täuschte einen Schlag mit der Linken an, setzte aber mit zwei schnellen Fußtritten nach, die *Mandarinentenkette*. Die junge Frau sah sie verblüfft an und stolperte schnell aus dem Weg, bevor

Huang Rongs Fuß ihre Hüfte traf. Dafür landete der Fuß auf ihrem Rücken. Sie stürzte vornüber, kam aber flink wieder auf die Beine. »Das gilt nicht, kleine Schwester«, protestierte sie. »Noch einmal!«

»Kleine Schwester?« Huang Yaoshi rümpfte die Nase. »Sie ist deine Kampfkunstältere.«

Die junge Frau lachte nur verlegen. Sie verstand nicht, wovon er redete.

Huang Rong begriff, dass er hatte sehen wollen, wie ihre Beinarbeit war. Qu Lingfengs Beine waren gebrochen gewesen, weshalb sie allein durch Beobachtung keine Tritttechniken von ihm hatte lernen können. Damit wäre sie nur vertraut, wenn er sie darin unterrichtet hätte.

Nein, sie hatte keinen Unterricht von Qu Lingfeng erhalten, aber als der Herr der Pfirsichblüteninsel Huang Rong ihre Kampfkunstältere nannte, kam das einer Aufnahme in seine Schule gleich.

»Warum stellst du dich dumm?«, fragte er kopfschüttelnd.

»Ich bin ein dummes Ding«, antwortete sie lachend.

Huang Yaoshi runzelte die Stirn. »Was ist mit deiner Mutter?«

Die junge Frau setzte ein trauriges Gesicht auf. »Ist zurück zur Großmama gegangen.«

Er stellte ihr noch weitere Fragen, bekam aber keine vernünftigen Antworten aus ihr heraus. Irgendwann gab er auf.

Gemeinsam begruben sie Mei Chaofeng im Garten. Anschließend trugen Huang Rong und Guo Jing Qu Lingfengs Skelett hinaus und beerdigten ihn neben ihr. Obwohl die Zwillingsmörder der Dunklen Winde die Erzfeinde der Sonderlinge gewesen waren, schlossen auch diese sich der Trauerzeremonie an.

Schweigend stand Huang Yaoshi vor den beiden Gräbern, von Gefühlen überwältigt. »Rong, mein Kind«, sagte er schließlich.

»Sehen wir uns einmal die Schätze an, die Bruder Lingfeng zusammengetragen hat.«

Vater und Tochter gingen wieder zurück in die Geheimkammer.

Er zog einen Gegenstand nach dem anderen aus der Truhe und wog ihn sprachlos in der Hand. Wieder konnte er die Tränen nicht zurückhalten. »Unter all meinen Schülern«, sagte er schließlich, »war Lingfeng der beste, ein hervorragender Kämpfer und ein heller Kopf. Wären seine Beine nicht gebrochen gewesen, hätten auch hundert Song-Soldaten ihm nichts anhaben können.«

»Bestimmt nicht. Wirst du seine Tochter zur Schülerin nehmen?«

»Ich werde ihr Kung-Fu beibringen, aber nicht nur das. Sie wird lernen, Gedichte zu schreiben, die Qin zu spielen, die Geheimnisse der Kunst der Fünf Elemente zu verstehen und auch alles, was dein Bruder Lingfeng hatte lernen sollen und nicht mehr lernen konnte. Alles.«

Dann viel Erfolg. Huang Rong grinste in sich hinein.

Je kostbarer die Schätze waren, die er entdeckte, desto trauriger wurde Huang Yaoshi. »Diese Dinge sind in der Tat ein angenehmer Zeitvertreib, aber nichts davon ist etwas wert, wenn es dem falschen Zweck dient. Was große Kunst besonders wertvoll macht, ist die richtige Absicht. Kaiser Huizong war gewiss ein exzellenter Landschaftsmaler, aber was hat er mit seinen Schätzen gemacht? Sie den Jin als Geschenk dargeboten!« Er rollte das nächste Bild auf. »Oh!«

»Was ist?«

»Sieh dir das an.«

Es war ein traditionelles Tuschebild, das ein Gebirge mit fünf Gipfeln zeigte. Einer davon lag schwindelerregend hoch in den Wolken über einer Schlucht. Am Abhang standen Kiefernbäume, deren schneebeladene Zweige nach Süden wuchsen. Eine einsame Kiefer wuchs an der Seite, wo der Nordwind ihre Zweige beutelte; sie wirkte alt und zerbrechlich, aber zugleich majestätisch. Darunter war mit wenigen roten Pinselstrichen ein General dargestellt, der sein Schwert spielen ließ. Sein Gesicht verschwand hinter den im Wind tanzenden Ärmeln seiner Robe. Der Maler hatte ihm die Haltung eines großen Kämpfers verliehen. Nur für diese Figur war der Pinsel in rote Tusche getaucht worden, der Rest des Bildes war schwarz-weiß.

Das Bild war nicht signiert, aber am Rand durch ein Gedicht ergänzt.

Den Staub vieler Jahre auf der Uniform,
vor mir die herrliche Landschaft smaragdgrüner Hügel.
Längst nicht sattgesehen an dieser Schönheit
tragen mich die Hufe meines Pferds schon wieder fort.

Huang Rong erkannte das Gedicht von Han Shizhongs Hand wieder, das sie vor Kurzem in Lin'an im Pavillon der smaragdfarbenen Hügel gesehen hatte.

»Ich kenne das Gedicht«, sagte sie stolz. »Die Kalligrafie stammt von Han Shizhong, aber die Verse sind von General Yue Fei.«

»Sehr richtig, Rong. Meine kluge Tochter! Das Gedicht hat er in den berühmten Smaragdfarbenen Hügeln von Chizhou verfasst, wo die Landschaft zerklüftet und viel gefährlicher ist, als diese Zeilen erahnen lassen. Das Bild zeugt von einem gewissen Talent, aber ihm fehlt der besondere Zauber. Ein Meisterwerk ist es nicht.«

Huang Rong dachte daran, wie Guo Jing im Pavillon der Smaragdfarbenen Hügel seine Finger über die Inschrift hatte gleiten lassen. Das Gedicht hatte ihm gut gefallen. »Ob Guo Jing das Bild haben dürfte, Vater?«

»*Eine verheiratete Frau steht zu ihrem Gatten*, sagt das Sprichwort«, lachte Huang Yaoshi und reichte ihr das Bild. »Was soll ich sagen?« Dann griff er noch einmal in die Truhe und hob eine Halskette in die Höhe. »Jede Perle ist von exakt der gleichen Größe. Eine Seltenheit!«, sagte er und legte sie Huang Rong um den Hals. Begeistert schlang sie ihre Arme um ihn. Er zog sie zu sich heran und so blieben Vater und Tochter eine Weile eng umschlungen nebeneinander sitzen.

Huang Rong rollte gerade das Bild auf, um es Guo Jing zu bringen, als sie von draußen ungewöhnliche Vogelschreie hörte.

Die weißen Adler waren zurück! Schnell ging sie hinaus, um die Vögel zu begrüßen.

Vor dem Haus sah sie Guo Jing, der unter einer großen Weide stand. Einer der Adler zupfte mit den Krallen an seinem Hemd, wie um ihn aufzufordern, ihm zu folgen. Der zweite Adler kreiste hoch über ihm in der Luft. Qu Lingfengs Tochter sprang um Guo Jing herum und klatschte begeistert in die Hände.

»Rong!«, rief Guo Jing ihr zu, »sie sind in Gefahr, wir müssen sie retten!« Er schien vollkommen aufgelöst.

»Wer ist in Gefahr?«

»Mein Schwurbruder und seine Schwester.«

Huang Rong machte ein langes Gesicht. »Dann geh du allein.«

»Aber Rong, sei nicht albern, wir müssen los!«

Er rannte zu seinem Pferd und sprang auf.

»Willst du mich denn nicht mehr?«, fragte sie.

Guo Jing verstand nicht, was mit ihr los war. »Aber natürlich will ich dich, ich will dich mehr als mein eigenes Leben.«

Er hielt die Zügel in der einen Hand und streckte die andere nach ihr aus.

Huang Rong strahlte ihn an.

»Vater! Wir müssen los, jemanden retten«, rief Huang Rong ins Haus hinein. »Möchtest du uns begleiten? Und vielleicht kommen auch die sechs Helden mit?«

Mit einem Sprung saß sie hinter Guo Jing auf.

Guo Jing verbeugte sich vor Huang Yaoshi und seinen sechs Meistern, dann trieb er sein Pferd an und preschte davon. Die Adler breiteten ihre Schwingen aus und flogen voran.

Das kleine rote Pferd war lange von seinem Herrn getrennt gewesen und die Freude darüber, sein Gewicht wieder auf sich zu spüren, war grenzenlos. Es galoppierte wie der Wind und folgte mühelos den majestätischen Schwingen der Adler nach.

Bald schon stießen die Adler durch dichte Baumwipfel hinab in einen Wald. Ulaan galoppierte in dieselbe Richtung. Noch bevor sie den Wald erreichten, hörten sie eine Stimme wie der Klang aufeinanderschlagender Zimbeln. Guo Jing brachte Ulaan zum Stehen.

»Bruder Qiu«, sagte Ouyang Feng gerade. »Dein Ruhm ist legendär. Es ist mir eine Ehre, dich kennenzulernen, und ich bin gespannt auf eine Kostprobe deiner unübertrefflichen Fähigkeiten. Zu schade, dass du damals bei unserem Wettstreit auf dem Gipfel des Hua verhindert warst. Ob ich wohl meine eigene armselige Kunst mit deiner berüchtigten Eisenfaust messen dürfte?«

Ein markerschütternder Schrei. Gleich darauf ein lautes Knacken. Die Baumwipfel zitterten und ein mächtiger Baum stürzte um.

Eilig sprang Guo Jing vom Pferd und lief den Geräuschen nach. Auch Huang Rong saß ab, tätschelte Ulaan den Hals und flüsterte: »Geh, lauf so schnell du kannst und hol meinen Vater.«

Wiehernd galoppierte das Pferd davon.

Hoffentlich dauert es nicht so lange, bis Vater hier ist, dachte Huang Rong. *Sonst sind wir schon wieder allein Ouyang Feng ausgeliefert.*

Vorsichtig schlüpfte sie zwischen den Bäumen hindurch, bemüht, nicht das leiseste Geräusch zu machen. Nach einem kurzen Stück Weg bot sich ihr eine erstaunliche Szene. Tolui, Khojin, Jebe und Borokhul waren jeder an einen Baum gefesselt. Davor standen, von Angesicht zu Angesicht, Qiu Qianren und Ouyang Feng. Am Stumpf dessen, was eben noch ein Baum gewesen war, war ein weiterer Mann angebunden: der Song-Offizier, der Toluis Eskorte angeführt hatte. So, wie er aussah, hatte er soeben die Macht von Ouyang Fengs *Explodierender Kröte* zu spüren bekommen. Mit blutgetränkter Uniform und geschlossenen Augen hing er leblos in seinen Fesseln.

Huang Rong spähte durch die Baumreihen. Sonst war niemand zu sehen, die übrigen Soldaten waren vermutlich geflohen.

Qiu Qianren überlegte fieberhaft, wie er einem Kampf mit Ouyang Feng entgehen könnte. Da hörte er Schritte hinter sich, drehte sich um und sah Guo Jing. Der kam ihm gerade recht. Sollte Ouyang Feng seine Wut doch an diesem jungen Quälgeist auslassen.

Ouyang Feng war weniger angenehm überrascht, Guo Jing zu sehen. Hatte er diesen Kerl nicht mit der vollen Wucht seiner *Explodierenden Kröte* niedergestreckt? Wieso tauchte er jetzt hier auf, offensichtlich quicklebendig?

»Guo Jing, du lebst!«, rief Khojin. »Was für ein Glück!«

Huang Rong überlegte still, was zu tun sei. *Wir müssen Zeit schinden, bis Vater hier ist,* dachte sie.

»Ihr Verbrecher!«, schrie Guo Jing. »Was tut Ihr hier? Ist nicht schon genug Blut vergossen worden?«

Ouyang Feng grinste in sich hinein. Das war die ideale Gelegenheit, um Qiu Qianrens Kung-Fu auf die Probe zu stellen.

»Willst du Meister Ouyang nicht den gebührenden Respekt zollen?«, flötete Qiu Qianren.

Selbst Guo Jing durchschaute Qiu Qianren. Er hatte genug von seinen dreisten Lügen, die so viel Unheil angerichtet hatten. Mit Gebrüll ließ er *Die Reue des stolzen Drachen* auf ihn los. Inzwischen hatte er es mit den Schlägen aus dem Repertoire des Bettlers zu einiger Meisterschaft gebracht. *Die Reue des stolzen Drachen* bedeutete, die Kraft zu zwei Dritteln loszulassen und ein Drittel zurückzubehalten. Qiu Qianren versuchte auszuweichen, aber selbst dazu war er zu langsam. Er fiel bäuchlings in den Staub. »Ha!«, schrie Guo Jing und zielte mit der Handkante auf Qiu Qianrens heraushängende Zunge, um ihm ein für alle Mal das verleumderische Mundwerk zu legen.

»Warte!« Huang Rong gebot ihm Einhalt, bevor Guo Jings Hand Qiu Qianren traf.

Guo Jing packte ihn stattdessen am Kragen, zog ihn hoch und hielt ihn ihr hin. »Warum?«

Huang Rong fürchtete, dass Ouyang Feng ihn angreifen würde, wenn Guo Jing dem alten Schwindler etwas zuleide täte.

»Lass ihn los. Wenn du ihm ins Gesicht schlägst, wird deine Kraft auf dich zurückprallen und du verletzt dich selbst. Wusstest du nicht, dass der Alte berühmt ist für sein Gesichts-Kung-Fu?«

Guo Jing sah sie ungläubig an. *Gesichts-Kung-Fu?* Er verstand nicht, dass sie sich über den Aufschneider lustig machte. »Davon habe ich noch nie gehört!«, sagte er ungehalten.

»Meister Qiu kann allein mit seinem Atem einen ganzen Ochsen enthäuten! Lass ihn los, schnell!«

Guo Jing runzelte die Stirn, aber er wusste, dass es besser war, auf Huang Rong zu hören. Gehorsam stellte er Qiu Qianren auf die Füße und ließ ihn los.

Qiu Qianren kicherte. »Die junge Frau weiß wenigstens, eine echte Gefahr richtig einzuschätzen. Aber keine Sorge, ich hege keinen Groll gegen Euch. Warum sollte ich als Älterer mich zu einem Kampf mit Euch herablassen?«

»Das trifft sich gut«, sagte Huang Rong lächelnd. »Ich bin eine große Bewunderin Eurer Kunst, Meister Qiu. Es wäre mir eine Ehre, wenn ihr mir ein Paar Eurer legendären Formen zeigen würdet. Aber bitte tut mir nicht weh.«

Sie formte die linke Hand zu einem Trichter, richtete ihn auf Qiu Qianren und blies hinein. »Ta-ta! Diese Form nennt sich *Ins eigene Horn blasen*.«

»Was erlaubst du dir, junge Dame!«, sagte Qiu Qianren. »Meister Ouyang ist ein Großmeister des Jianghu. Wie kannst du es wagen, dich über ihn lustig zu machen?«

Huang Rongs Handfläche klatschte laut auf seine Wange. »Und diese hier nennt sich *Dicke Backen machen*!«

»Haha!« Dröhnendes Lachen erscholl aus dem Wald. »Ausgezeichnet! Noch eine, bitte!«

Huang Yaoshi war eingetroffen. Seine Ankunft beflügelte Huang Rongs Mut. Sie tat so, als würde sie Qiu Qianren mit der rechten Hand einen Schlag versetzen. Als er sich wegduckte, schoss ihre linke Hand auf seine andere Wange zu. Er versuchte, mit einer ausholenden Armbewegung abzuwehren, eine Form der *Sechsfach vereinten Hand*, aber ihre Hände flatterten wie Schmetterlinge vor seinen Augen. Davon abgelenkt, bot er ihr schutzlos die rechte Wange dar.

Um nicht vollkommen die Kontrolle über die Lage zu verlieren, zwang er Huang Rong mit zwei satten Faustschlägen zum Ausweichen und trieb sie damit zurück. Dann sprang er zur Seite. »Aufhören!«, rief er.

»Warum? Habt Ihr etwa schon genug?«

Qiu Qianren setzte eine ernste Miene auf. »Wertes Fräulein, ich habe Euch schon genug innere Verletzungen zugefügt. Zieht Euch rasch an einen einsamen Ort zurück, um Euch zu regenerieren. Neunundvierzig Tage lang müsst Ihr still sitzen, sonst ist Euer junges Leben in Gefahr.«

Huang Rong war kurz verdattert von dem gravitätischen Ernst, mit dem er dies von sich gab, dann wurde sie von einem heftigen Lachkrampf geschüttelt.

Huang Yaoshi und die sechs Sonderlinge waren jetzt näher herangetreten. Fassungslos erblickten sie die an die Bäume gefesselten Mongolen.

Ouyang Feng hatte schon viel von Qiu Qianrens legendärem Kung-Fu gehört. Angeblich hatte er vor vielen Jahren allein mit seinem Kung-Fu der *Eisenfaust* die mächtige Hengshan-Schule vernichtet, die seither im Jianghu bedeutungslos geworden war. Warum schien er jetzt Huang Rong so hilflos ausgeliefert? *Gesichts-Kung-Fu?* Davon hatte Gift des Westens noch nie gehört. Sollte es das wirklich geben, war es, nach diesem Kampf zu urteilen, offenbar nicht weit her damit.

Sein Blick fiel auf den Gegenstand, den Huang Yaoshi über der Schulter trug. Es war ein Beutel aus Sichuanbrokat, auf den ein weißes Kamel eingestickt war. Unwillkürlich erschauerte er. Sein Neffe! Er war eigens zur Schenke zurückgekehrt, um nach ihm zu sehen, aber dann war er mitten in den Kampf zwischen dem Alten Ketzer und den Daoisten geplatzt. Der Alte Ketzer hatte ihn doch nicht etwa aus Rache für den Tod Mei Chaofengs umgebracht?

»Wo ist mein Neffe?«, fragte er mit bebender Stimme.

»Dort, wo auch meine Schülerin liegt.«

Ouyang Feng erstarrte innerlich zu Eis. Ouyang Ke war die Frucht einer Affäre zwischen ihm und seiner Schwägerin gewesen. Er nannte ihn seinen Neffen, aber der Junge war sein eigener, über alles geliebter Sohn. So schwer verletzt, wie er gewesen war, konnte er Huang Yaoshi und den Jüngern der Quanzhen-Schule schwerlich Scherereien gemacht haben. Selbst wenn sie sich gegen ihn verbündet hatten, würden so ehrenhafte Helden des Jianghu wie sie keinen Hilflosen töten.

Huang Yaoshi wartete ab. Gleich würde der Alte Giftmolch zuschlagen, mit einer Wut, die Berge versetzen und Meere aufwühlen konnte. Er stellte sich innerlich darauf ein.

»Wer war es?«, fragte Ouyang Feng mit rauer Stimme. »Einer von deiner Seilschaft oder einer von den Daoisten?«

Er wusste, dass jemand vom Rang eines Huang Yaoshi sich nicht für den Mord an einem kampfunfähigen Gegner hergeben würde. Ein anderer musste es für ihn erledigt haben.

»Ein alter Freund von dir, der sowohl ein wenig vom Kung-Fu der Quanzhen-Schule als auch vom Kung-Fu der Pfirsichblüteninsel gelernt hat. Geh und such ihn«, erwiderte Huang Yaoshi kühl.

Natürlich redete Huang Yaoshi von Yang Kang, aber Ouyang Feng drehte sich sofort nach Guo Jing um. Vor Hass quollen ihm fast die Augen aus den Höhlen. Dann wandte er sich wieder Huang Yaoshi zu. »Warum hast du den Beutel meines Neffen bei dir?«

»Die Karte der Pfirsichblüteninsel, die er in Verwahrung hatte, gehört mir. Es tut mir leid, dir mitteilen zu müssen, dass ich deinen Neffen ein zweites Mal ans Licht zerren musste. Doch in dem Beutel war leider keine Karte. Der ganze Aufwand vergebens! Allerdings kann ich dir versichern, dass dein Neffe angemessen beerdigt wurde. Ihm wird kein weiteres Leid geschehen.«

»Zu gütig von dir«, knurrte Ouyang Feng. Ein Kampf mit dem Herrn der Pfirsichblüteninsel, das war ihm bewusst, würde mindestens tausend Schlagwechsel dauern, und der Sieg war ihm alles andere als sicher. Er würde seine Rache zu einem späteren Zeitpunkt üben müssen, wenn er über das Wissen des *Neun-Yin-Handbuchs* verfügte. *Obgleich … wenn Qiu Qianren die Sonderlinge, Guo Jing und Huang Rong in Schach hielte, könnte schon der heutige Tag zum Tag der Rache werden … Vielleicht sollte ich mir die Gelegenheit doch nicht so leichtfertig entgehen lassen.* Sein Verstand arbeitete trotz der erschütternden Nachricht erstaunlich kühl und präzise. »Bruder Qianren«, sagte er schließlich zum Wasserwandler mit der Eisenfaust. »Kümmere du dich um die anderen. Ich töte den Alten Ketzer.«

Lachend wedelte Qiu Qianren mit seinem Fächer. »Einverstanden. Sobald ich die anderen erledigt habe, helfe ich dir mit dem Alten Ketzer.«

»Sehr gut«, sagte Ouyang Feng. Sofort heftete sich sein Blick wieder auf Huang Yaoshi. Langsam ging er in die Hocke. Sein Widersacher stellte sich in Position, die Füße nach der Form des Zweiten der Himmlischen Stämme geordnet.

»Dann töte mich zuerst!«, sagte Huang Rong und baute sich vor Qiu Qianren auf.

Qiu Qianren schüttelte den Kopf. »Aber wie könnte ich … eine so reizende junge Dame …« Plötzlich krümmte er sich und hielt sich den Bauch. »Oh nein, nicht jetzt! Zu dumm!«

»Was ist los?«

»Wartet einen Augenblick. Ich habe furchtbare Bauchschmerzen. Bitte entschuldigt mich!«

Huang Rong wusste nicht, was sie sagen sollte. Qiu Qianren humpelte stöhnend davon. Sie war sich zwar sicher, dass es sich wieder nur um eine Ausrede handelte, hatte aber kein Bedürfnis, sich davon zu überzeugen, ob er tatsächlich plötzlich Durchfall hatte.

Zhu Cong zog flink Reispapier aus seinem Hemd, holte Qiu Qianren mit wenigen Schritten ein und stupste ihn an. »Hier«, sagte er.

»Danke sehr«, erwiderte Qiu Qianren, nahm das Papier und schlüpfte hinter einen Busch.

Huang Rong schleuderte einen Stein auf ihn, den Qiu Qianren gerade noch abfing, bevor er ihn am Rücken treffen konnte. »Geht gefälligst weiter weg!«

»Das Fräulein fürchtet wohl den Gestank?«, rief er kichernd. »Wartet auf mich, allesamt! Nicht, dass ihr mir frecherweise davonlauft.« Er zog die Hosen wieder hoch, stolperte noch einige Schritte tiefer in den Wald hinein und hockte sich hinter dichtes Gebüsch.

»Dieser Verbrecher will sich aus dem Staub machen, Meister Zhu«, sagte Huang Rong.

Zhu Cong nickte. »Dreist ist er, der Kerl, aber nicht gerade schnell. Der entkommt uns schon nicht. Hier«, rief er und warf ihr ein Schwert und eine aus Eisen geschmiedete Faust zu, die er Qiu Qianren soeben mit seiner flinken Hand entwendet hatte. Huang Rong hatte von der Geheimkammer aus Qiu Qianrens Trick mit dem Schwert gesehen, das er sich in den Bauch gerammt hatte, war aber nicht darauf gekommen, wie er das angestellt hatte. Jetzt sah sie, dass das Schwert aus drei ausziehbaren Teilen bestand. Sie schüttelte sich vor Lachen. *Das wäre doch ein schönes Spielzeug, um Ouyang Feng zu täuschen,* dachte sie. Sie trat vor den Giftmolch, deklamierte theatralisch »Ich ertrage das nicht mehr!« Dann stieß sie sich das Schwert in den Bauch.

Ouyang Feng und Huang Yaoshi hatten ihre ganze Aufmerksamkeit auf ihr Inneres Kung-Fu gerichtet und von Qiu Qianrens Albernheiten nichts mitbekommen. Entsetzt sahen sie Huang Rong vor ihren Augen zusammenbrechen. Doch gleich darauf stand sie wieder auf, hob das Schwert in die Höhe und führte lächelnd vor, wie die drei Teile sich bei Druck ineinanderschoben.

Ouyang Feng dachte angestrengt nach. *Beruht der große Ruhm dieses Alten etwa auf nichts als arglistigen Lügen?*

Huang Yaoshi beobachtete, wie sein Widersacher sich langsam aufrichtete. Offenbar dachte er das Gleiche wie er selbst. Er ließ sich von Huang Rong die eiserne Faust zeigen. Auf der Handfläche war das Schriftzeichen *Qiu* eingraviert, auf dem Handrücken prangten Wasserwellen. »Das ist eindeutig das Symbol der Eisenfaustbande, die in den Bergen Yunnans haust«, murmelte er nachdenklich. »Der Träger dieses Symbols war früher im ganzen Jianghu respektiert und gefürchtet. Weite Teile dieser rauen Gegend im Südwesten des Reichs, von den Neun Flüssen im Osten bis nach Chengdu im Westen, wurden von seiner Bande kontrolliert. Ich kann mir nicht vorstellen, dass dieser erbärmliche alte Schwindler der Anführer einer so mächtigen Bande ist.« Mit gerunzelter Stirn reichte er das Kleinod seiner Tochter zurück.

Auch Ouyang Feng, der aus den Augenwinkeln darauf schielte, konnte seine Überraschung nicht verbergen.

»Ein hübsches Spielzeug ist das, das behalte ich«, sagte Huang Rong. »Was will der alte Aufschneider schon damit anfangen?« Sie besah sich noch einmal das Schwert. »Aber das hier ist mir zu langweilig, das kann er wiederhaben.«

Sie wollte das Schwert zu Qiu Qianren zurückwerfen, es war aber doch zu schwer. Sie reichte es stattdessen ihrem Vater. »Wirf du es ihm zu, Vater.«

Es kam Huang Yaoshi gerade recht, den Alten noch einmal auf die Probe zu stellen. Er legte das schwere Eisenschwert mit der Spitze nach vorn auf die linke Handfläche und schnippte mit dem Mittelfinger der rechten Hand von hinten gegen den Griff. Das Schwert schoss schneller und mächtiger als ein Pfeil auf die Büsche zu.

»Hurra!«, jubelten Huang Rong und Guo Jing beeindruckt. Selbst Ouyang Feng konnte nicht umhin, diese beeindruckende Kostprobe des *Magischen Fingerschnippens* insgeheim zu bewundern.

Das Schwert zischte geradewegs auf Qiu Qianren zu, der immer noch im Gebüsch hockte, und traf ihn mit voller Wucht in den Rücken. Obwohl sich die drei Teile sogleich wie zuvor ineinanderschoben, hätte allein der kraftvolle Aufprall des schweren Geschosses genügt, um jemanden auf der Stelle zu töten oder zumindest schwer zu verletzen. Aber sie hörten nicht einmal einen Schrei.

Dank seiner Schwebekunst war Guo Jing mit wenigen Sätzen im Wald. Er schnappte hörbar nach Luft, hielt ein gelbes Kudzufaserhemd in die Höhe und rief: »Der alte Lump ist uns entwischt!«

Während die beiden Großmeister ihre Kräfte gebündelt hatten und alle Umstehenden auf den bevorstehenden Kampf konzentriert gewesen waren, war Qiu Qianren im Schutz des Dickichts klammheimlich aus seinem Hemd geschlüpft und hatte es an einen Zweig gehängt. Wieder einmal war es ihm gelungen, allen ein Schnippchen zu schlagen.

Ketzer des Ostens und Gift des Westens sahen sich an und brachen in schallendes Lachen aus. Im Grunde gefiel ihnen der Gedanke, dass sie im Jianghu einen mächtigen Rivalen weniger zu fürchten hatten.

Ouyang Feng wusste nur zu gut, wie talentiert und durchtrieben Huang Yaoshi war, wesentlich durchtriebener als der freimütige Bettler des Nordens jedenfalls. Daher nutzte er diesen Augenblick der Unaufmerksamkeit zu seinem Vorteil. Noch dreimal erscholl sein schepperndes Zimbellachen, dann verstummte er abrupt und verbeugte sich blitzschnell vor Huang Yaoshi.

Der Ketzer des Ostens, der lachend den Kopf in den Nacken geworfen hatte, reagierte sofort, indem er unverzüglich die rechte Faust in die linke Handfläche legte und so das Kampfritual erwiderte.

Die innere Anspannung der beiden Großmeister ließ die Luft vibrieren.

Aber Ouyang Feng griff nicht an. Unvermittelt trat er drei Schritte zurück, immer noch vornübergebeugt. »Bis zum nächsten Mal, Alter Ketzer!«, rief er dann.

Seine Ärmel wehten, als er sich mit Schwung aufrichtete und wie zum Gehen umdrehte.

Ein kaum wahrnehmbares Zucken glitt über Huang Yaoshis Gesicht, als er den linken Arm schützend vor seine Tochter hob und Ouyang Fengs Schlag abwehrte.

Auch Guo Jing hatte Ouyang Fengs hinterhältigen Angriff auf Huang Rong vorhergesehen und erkannt, dass der Schlag aus dem Repertoire der *Himmelsteilenden Faust* stammte. Mit Gebrüll stürzte er sich auf Ouyang Feng und versetzte ihm zwei Faustschläge in die Magengrube. Die Macht von Huang Yaoshis Blockade hatte die Energie, die in Ouyang Fengs Schlag steckte und sich jetzt mit voller Wucht gegen Guo Jing richtete, noch erhöht.

Aber Guo Jing duckte sich blitzschnell weg, rollte rückwärts außer Reichweite und kam japsend wieder auf die Füße, vor Schreck leichenblass.

Du kleiner Dreckskerl, dachte Ouyang Feng grimmig. *Nur wenige Tage sind seit unserer letzten Begegnung vergangen und schon wieder ist dein Kung-Fu stärker geworden.*

Die Sonderlinge des Südens hatten sich ebenfalls sofort in den Kampf gestürzt und verstellten Ouyang Feng den Fluchtweg. Der aber stürmte so gnadenlos gegen die Umzingelung an, dass Quan Jinfa und Han Xiaoying nichts übrig blieb, als ihm Platz zu machen. Mit großen Augen sahen sie ihm nach, als er wie der Wind im Wald verschwand.

Natürlich hätte Huang Yaoshi mit Unterstützung der Sonderlinge noch an Ort und Stelle Mei Chaofengs Tod rächen können. Aber das ließ sein Stolz nicht zu. Lieber wartete er auf die nächste Gelegenheit, bei der er den Giftmolch allein stellen konnte, als sich nachsagen zu lassen, dass er auf die Hilfe anderer angewiesen gewesen war, um Ouyang Feng zu bezwingen. Er sah seinem Widersacher noch lange mit kaltem Blick hinterher.

Guo Jing und seine Meister banden endlich Tolui, Khojin, Jebe und Borokhul los. Khojin war erleichtert, Guo Jing lebend wiederzusehen, und verfluchte Yang Kang und seine lügnerische Zunge. »Dieser Kerl namens Yang sagte, dringende Angelegenheiten riefen ihn nach Yuezhou«, brummte Tolui. »Und ich habe ihm in meiner Arglosigkeit noch drei meiner besten Pferde geschenkt. Für nichts und wieder nichts!«

Yang Kang war mit Tolui und seiner Eskorte bis zu einer Herberge nördlich von Lin'an weitergereist, wo sie Rast gemacht hatten. Mitten in der Nacht war er aufgestanden, um Tolui im Schlaf mit dem Dolch zu meucheln, aber dann sah er, dass die beiden Ältesten des Bettlerklans vor dem Fenster abwechselnd Wache schoben. Sie betrachteten es als ihre Pflicht, den Besitzer des Hundestocks zu beschützen. Er unternahm mehrere Versuche, die aber jedes Mal durch das plötzliche Auftauchen der Bettler vereitelt wurden. Als der Morgen graute, gab er schließlich auf. Beim Frühstück hatte er dann Tolui drei seiner besten Reitpferde abgeschwätzt und war mit den Bettlern nach Westen aufgebrochen.

Die nichts ahnenden Mongolen waren mit der Song-Eskorte nach Norden weitergereist, aber dann waren die zwei weißen Adler unvermittelt umgekehrt und nach Süden zurückgeflogen. Als sie nicht wieder zurückgekommen waren, hatten sie angenommen, dass die klugen Tiere aus gutem Grund wegblieben. Da sie keine Eile hatten und getrost noch einige Tage an Ort und Stelle verweilen konnten, hatte Tolui den Befehl gegeben abzuwarten. Erst am dritten Tag waren die Vögel wieder aufgetaucht und umschwirrten Khojin mit alarmierenden Schreien. Die Truppe hatte ihr Lager abgebrochen und war den Vögeln zurück nach Süden gefolgt, wo sie unversehens Ouyang Feng und Qiu Qianren in die Arme gelaufen waren.

Qiu Qianren hatte sich von den Jin dazu anheuern lassen, im ganzen Jianghu Zwietracht zu säen, damit die Kampfkünstler im

Fall einer Invasion des Südens mehr damit beschäftigt waren, sich gegenseitig zu bekriegen, statt mit vereinten Kräften gegen die Jin zu kämpfen. Gerade war er dabei gewesen, Ouyang Feng mit seinen Lügen zu umgarnen, als er Tolui entdeckt und die Mongolen sogleich mithilfe Ouyang Fengs angegriffen hatte. Den ungeheuren Kräften des Alten Giftmolchs hatten die mongolischen Meisterschützen nichts entgegenzusetzen.

Die Adler hatten nur die Absicht gehabt, ihre Herrin zu Guo Jing zu führen, und waren nach dem Angriff auf die Mongolen glücklicherweise sofort wieder losgeflogen, um stattdessen Guo Jing zu ihrer Rettung zu holen.

Überglücklich fasste Khojin Guo Jing an der Hand und plapperte fröhlich auf ihn ein, während Huang Rong an der Seite stand und versuchte, ihre Eifersucht angesichts dieser Vertrautheit zu zügeln. Da sie kein Mongolisch verstand, fühlte sie sich ausgeschlossen, was ihre Laune nicht gerade hob.

Huang Yaoshi bemerkte das missmutige Gesicht seiner Tochter. »Wer ist diese fremde Frau, mein Kind?«

»Guo Jings Versprochene«, sagte Huang Rong bedrückt.

Ihr Vater traute seinen Ohren nicht. »Wer?«

»Geh und frag ihn selbst, Vater.«

Zhu Cong spürte die Anspannung, die in der Luft lag. Er trat zu Huang Yaoshi und klärte ihn über die Vorgeschichte auf.

Trotz Zhu Congs beschwichtigenden Worten konnte Huang Yaoshi seine Wut kaum in Zaum halten. »Dieser Kerl war also bereits verlobt, als er auf die Pfirsichblüteninsel kam, um mich um die Hand meiner Tochter zu bitten?«, schnaubte er mit einem grimmigen Blick auf Guo Jing.

»Wir haben schon überlegt, wie sich ein glimpflicher Ausweg aus dieser Situation finden lässt …«, sagte Zhu Cong.

»Überlass das mir, mein Kind«, sagte Huang Yaoshi zu seiner Tochter. »Du hältst dich da raus.«

»Vater, was hast du vor?« Huang Rongs Stimme zitterte.

»Ich bringe sie um, alle beide. Eine solche Demütigung nehme ich nicht hin.«

Huang Rong ergriff seine Hand, um ihn zurückzuhalten. »Aber Vater, Guo Jing sagt, er liebt mich, mich allein. Er empfindet nichts für sie.«

»Gut«, schnaubte der Ketzer. »He, Guo Jing!«, rief er dann laut. »Töte die Barbarentochter. Zeig uns, auf wessen Seite du stehst.«

Guo Jing starrte ihn ungläubig an. Noch nie war er in einer so vertrackten Lage gewesen. Was tun? Stumm und reglos stand er da.

»Du warst also schon versprochen und hattest die Dreistigkeit, mich um die Hand meiner Tochter zu bitten? Was fällt dir ein?«

Guo Jing wich alle Farbe aus dem Gesicht. Ein Fingerschnippen Huang Yaoshis und es wäre aus mit ihm. Seine Meister erkannten die Gefahr, aber wer wäre in der Lage, den Alten Ketzer in seiner rasenden Wut aufzuhalten?

Guo Jing verstand sich nicht aufs Lügen. Er sagte einfach stets genau das, was er dachte. »Alles, was ich möchte, ist, für immer an Rongs Seite zu sein. Ohne sie will ich nicht leben.«

Huang Yaoshis Miene hellte sich etwas auf. »Na gut, du musst die Barbarin nicht töten. Aber von heute an wirst du sie nie mehr wiedersehen.«

Huang Rong sah Guo Jings Zögern. »Das kannst du nicht versprechen, nicht wahr?«, fragte sie sanft.

»Wir sind zusammen aufgewachsen. Sie ist wie eine Schwester für mich und ich würde mir stets Sorgen um sie machen.«

»Das stört mich nicht«, sagte Huang Rong lächelnd. »Ich glaube dir, dass du sie nicht liebst. Sie ist kein Vergleich zu mir, nicht wahr?«

»Also gut«, sagte Huang Yaoshi entschieden. »Ich bin hier, die Familie der Barbarin ist hier und deine sechs Meister auch. Sag mir jetzt vor aller Augen, dass du meine Tochter heiraten wirst und nicht sie.«

So viel Großmut war im Grunde gegen die Natur des Alten Ketzers, aber für das Glück seiner Tochter war er bereit, über seinen Schatten zu springen. Die bange Sorge um sie und der Tod seiner geliebten Schülerin hatten sein Herz milde gestimmt.

Guo Jing ließ den Kopf hängen. In ihm brodelte es. An seinem Gürtel hingen der goldene Dolch, den ihm einst Dschingis Khan überreicht hatte, und der Dolch, den Qiu Chuji noch vor seiner Geburt seinem Vater geschenkt hatte. *Mein Vater hat sich gewünscht, dass ich und Yang Kang Schwurbrüder werden. Aber wie soll ich zu diesem Versprechen stehen, wenn Yang Kang ein Schuft ist? Onkel Yang Tiexin wollte, dass ich seine Tochter Mu Nianci heirate, aber weder will ich sie noch sie mich. Und der Große Khan will, dass ich seine Tochter heirate. Vielleicht ist es nicht immer richtig, sich dem Willen der älteren Generation zu beugen? Warum sollen andere darüber entscheiden, ob ich mit Huang Rong zusammen sein darf?*

Guo Jing hob den Kopf. Seine Entscheidung war gefallen.

Zhu Cong hatte Tolui das Gesagte übersetzt. Tolui sah Guo Jing an, wie sehr er mit sich kämpfte, weil er nicht in der Lage war, sein Eheversprechen zu halten. Es war offensichtlich, dass er für Khojin keine Liebe empfand. Wutschnaubend zog er einen Wolfszahnpfeil aus dem Köcher und hielt ihn mit beiden Händen hoch.

»Jing, mein Anda! Ein aufrechter Mann steht zu seinem Wort. Dein Verhalten gegenüber meiner Schwester ist herzlos und gemein. Wie könnte ich, der Sohn des Großen Khan, einem wie dir weiter vertrauen? Unsere Schwurbruderschaft ist gebrochen. Ich will dir vergelten, dass du unser Leben gerettet hast, indem ich weiter für deine Mutter Sorge trage. Willst du sie lieber bei dir im

Süden wissen, dann lassen wir sie mit einer Eskorte zu dir bringen. Wir stehen zu unserem Wort.«

Er zerbrach den Pfeil und schleuderte die beiden Hälften zu Boden.

Toluis Worte zeugten von eiserner Entschlossenheit. Sie waren unumstößlich, das wusste Guo Jing. Er bebte bei dem Gedanken an seine Kindheit. Erinnerungen an die glückliche Zeit mit Tolui in der Steppe zogen an seinem inneren Auge vorbei. *Ein Mann steht zu seinem Wort.* Ja, er hatte versprochen, Khojin zu heiraten. *Was wäre ich für ein Mensch, wenn ich mein Wort breche? Das kann ich nicht tun, selbst wenn mich Rongs Vater umbringt und sie mich für immer hasst.* Er atmete tief durch und richtete sich auf.

»Herr der Pfirsichblüteninsel«, begann er auf Chinesisch, »verehrte sechs Meister, lieber Bruder Tolui, verehrte Meister Jebe und Borokhul. Guo Jing ist ein Mann, der zu seinem Wort steht. Ich heirate Schwester Khojin.«

Er wiederholte seine Worte auf Mongolisch. Keiner der Anwesenden hatte mit dieser Wendung gerechnet. Die Mongolen waren freudig überrascht, Guo Jings Meister bewunderten ihren Schüler für seine loyale Haltung. Huang Yaoshi hob die Augenbrauen.

Huang Rong war am Boden zerstört. Eine ganze Weile rührte sich niemand, dann trat sie auf Khojin zu und musterte mit abschätzigem Blick ihre robuste Statur, die großen Augen mit den buschigen Augenbrauen, die herausfordernde Haltung. Sie seufzte. »Ich verstehe dich, Jing. Ihr beide seid Kinder der Steppe, ihr seid wie ein weißes Adlerpaar. Ich dagegen bin eine Schwalbe, die zwischen den Weidenbäumen des Südens groß geworden ist.«

»Rong …« Guo Jing nahm ihre beiden Hände in seine. »Ich weiß nicht, ob es stimmt, was du sagst. Ich weiß nur, dass ich für immer mit dir zusammen sein will, und das weißt du auch. Mir ist es gleich, was andere sagen und denken. Ich werde immer nur dich im Herzen tragen, bis ich verbrannt bin und meine Asche im Wind verstreut ist!«

»Warum willst du sie dann heiraten?«

»Weil ich dumm bin und nicht weiß, was ich tun soll. Mein Wort darf ich nicht brechen. Aber an meinen Gefühlen kann niemand etwas ändern. Lieber will ich sterben, als ohne dich leben.«

Huang Rong war verwirrt. Seine Worte erfüllten sie mit Freude und Trauer zugleich. Sie lächelte tapfer. »Hätte ich geahnt, dass es so kommt, wäre ich mit dir auf der Abendwolkeninsel geblieben.«

Plötzlich drehte sich Huang Yaoshi mit wehenden Ärmeln zu Khojin um. »Dieses Dilemma lässt sich lösen«, knurrte er und holte zu einem erbarmungslosen Schlag nach Khojin aus.

Huang Rong warf sich geistesgegenwärtig dazwischen und riss Khojin beiseite. Huang Yaoshis Hand traf den Sattel ihres Pferdes. Einen Augenblick geschah nichts. Dann ließ das Tier den Kopf hängen und sackte tot zusammen.

Diese Rasse gehörte zu den edelsten Reitpferden der Steppe, es war ein ausgesprochen muskulöser Hengst mit hohem Widerrist. Ein Handkantenschlag des Ketzers hatte genügt, um ihn zu töten. Mit klopfenden Herzen betrachteten die Umstehenden die Szene. Was, wenn er Khojin erwischt hätte?

Huang Yaoshi konnte nicht fassen, dass seine Tochter ihre Rivalin gerettet hatte. Aber sogleich begriff er – hätte er die Fremde getötet, dann hätte Guo Jing das Huang Rong nie vergeben. *Pah! Nie vergeben! Als ob meine Tochter fürchten müsste, nicht gut genug für diesen Trottel zu sein!* Doch ein Blick in Huang Rongs Gesicht reichte aus, um ihn zu erweichen. Unendlich traurig sah sie aus, aber auch voller Zärtlichkeit und Wehmut. Genauso hatte seine geliebte Frau auf ihrem Totenbett ausgesehen. Der Verlust seiner Frau hatte ihn wahnsinnig gemacht vor Kummer. Fünfzehn Jahre war das schon her, aber immer noch sah er jeden Tag ihr Gesicht vor sich. Und jetzt sah er sie in seiner Tochter, sah, wie tief sie Guo Jing verbunden war, dass sie ihn bis ins Mark liebte, mit der sturen Leidenschaftlichkeit, die verriet, wes Vaters Kind sie war. Da war nichts zu machen. Er seufzte. Dann begann er zu singen:

»Himmel und Erde sind der Ofen,
die Natur ist der Handwerker,
Yin und Yang sind die Kohle,
alle Dinge der Welt das Kupfer …«

Huang Rong liefen Tränen über die Wangen.

Han Baoju zupfte Zhu Cong am Ärmel. »Wovon singt er denn?«

»Das sind Verse eines Poeten namens Jia Yi aus der Zeit der Han-Dynastie«, erklärte Zhu Cong. »Es geht darum, dass alles Dasein so kummervoll und qualvoll ist. Der Mensch ist wie das Kupfer in einem heißen Schmelzofen. Wirft man es dann in kaltes Wasser, kann niemand sagen, welche Form es annimmt.«

»Welcher Kummer könnte einem Großmeister seines Formats denn etwas anhaben?«

Zhu Cong schüttelte stumm den Kopf.

»Lass uns nach Hause gehen, mein Kind«, sagte Huang Yaoshi liebevoll zu seiner Tochter. »Du wirst diesen jungen Mann niemals wiedersehen.«

»Das geht nicht, Vater, ich muss nach Yuezhou! Mein Meister hat mich zur Fürstin des Bettlerklans gemacht.«

»Anführerin von einem Haufen Bettler zu sein ist furchtbar anstrengend. Glaub mir, daran wirst du keine Freude haben.«

»Ich habe es versprochen.«

»Dann versuche es eben ein oder zwei Tage lang«, seufzte Huang Yaoshi. »Sobald du die Nase voll hast von diesen zerlumpten Gestalten, kannst du einen anderen ernennen. Und was ist mit diesem Kerl … willst du ihn weiterhin sehen?«

Huang Rong drehte sich zu Guo Jing um. Sein Blick war voll überschäumender Liebe und unendlicher Zärtlichkeit.

Sie sah ihren Vater an. »Wenn er eine andere heiratet, dann heirate ich eben auch einen anderen. Aber nie werde ich einen anderen lieben, genauso wenig wie er eine andere lieben wird.«

Huang Yaoshi lächelte. »Eine rechte Tochter der Pfirsichblüteninsel muss stets ihren Willen haben, nicht wahr? Was, wenn dein zukünftiger Ehemann etwas dagegen hat, dass du einen anderen siehst?«

»Pah, wer könnte mich aufhalten? Ich bin schließlich deine Tochter.«

»Mein törichtes Mädchen … dein Vater lebt auch nicht ewig.«

»Vater, sag das nicht.« Huang Rongs Stimme erstickte in Tränen. »Wie soll ich ohne dich weiterleben?«

Huang Yaoshi seufzte kopfschüttelnd. »Jetzt sag mir: Willst du immer noch an der Seite dieses Nichtsnutzes bleiben?«

»Jeder Tag mit ihm ist ein glücklicher Tag.«

Die sechs Sonderlinge lauschten amüsiert dem Gespräch zwischen Vater und Tochter. Der Alte Ketzer trug seinen Namen wahrlich zu Recht. Die Song-Dynastie war bekannt für ihre strenge Einhaltung konfuzianischer Sitten, aber der Herr der Pfirsichblüteninsel scherte sich wenig um die überlieferten Traditionen der Urväter der Shang- und Zhou-Zeit oder Lehren des alten Konfuzius und hatte auch seiner Tochter ganz unzweifelhaft eine unorthodoxe Erziehung angedeihen lassen. Unglaublich, dass diese junge Frau redete, als wäre der Bund der Ehe eine Sache und die Liebe eine andere, und so gar nichts von der braven Züchtigkeit hatte, die sich für eine Frau geziemte. Ke Zhen'e und die anderen Sonderlinge hielten zwar selbst nicht allzu viel von starren Konventionen, aber diese offene Unterhaltung zwischen Vater und Tochter machte sie sprachlos.

Guo Jing wiederum litt fruchtbar. Zu gerne hätte er Huang Rong getröstet, aber er verstand sich nun einmal nicht auf Worte.

Huang Yaoshis Blick wanderte von seiner Tochter zu Guo Jing. Dann warf er den Kopf in den Nacken und stieß ein markerschütterndes Geheul aus, das im ganzen Wald widerhallte. Ein aufgeschreckter Elsternschwarm stieg krächzend in den Himmel auf.

»Ach, liebe Elstern, baut rasch an der Brücke, damit der Kuhhirt und das Webermädchen noch heute zusammenfinden!«, rief Huang Rong.

Huang Yaoshi hob eine Handvoll Kiesel auf und warf sie den Vögeln hinterher. »Was soll das denn für eine Brücke sein? Liebe? Leidenschaft? Das sind nichts als leere Fantasien! Besser ist es, einen frühen Tod zu sterben!«

Mit diesen Worten wandte er sich um. Augenblicke später sahen sie, wie er mit seiner schwarzen Robe im Wald verschwand.

Tolui hatte nichts von alldem verstanden, aber er begriff, dass Guo Jing sein Eheversprechen einhalten wollte. »Anda!«, rief er mit einem glücklichen Lächeln. »Erledige, was du noch zu erledigen hast, und danach sehen wir uns im Norden wieder.«

Auch Khojin lächelte. »Jing, behalte die Adler an deiner Seite und komm bald zurück!«

Guo Jing nickte. »Sag meiner Mutter, dass ich den Tod meines Vaters rächen werde.«

Auch Jebe und Borokhul verabschiedeten sich und die Mongolen wendeten ihre Pferde und ritten davon.

Han Xiaoying trat auf Guo Jing zu. »Was hast du jetzt vor?«

»Ich … ich muss zuerst Meister Hong finden.«

»So ist es recht.« Ke Zhen'e nickte. »Wir haben gehört, dass der Alte Ketzer unsere Familien aufgesucht und sie bedroht hat. Wir müssen nach Hause, um sie zu beruhigen. Wenn du den Bettlerfürsten triffst, richte unsere besten Wünsche für seine baldige Genesung aus. Er ist höchst willkommen, sich bei uns in Jiaxing auszukurieren.«

Guo Jing versprach es und verabschiedete sich von seinen Meistern. Dann stieg er mit Huang Rong auf den Rücken des roten Pferds und sie galoppierten davon, nach Lin'an.

Noch am selben Abend erreichten sie die Hauptstadt und drangen in den Kaiserpalast ein. Sie suchten jede Ecke der Palastküche ab, aber von Hong Qigong war nirgends eine Spur zu sehen. Dann schnappten sie sich einige der Palasteunuchen und befragten sie, aber keiner wollte in den vergangenen Tagen Eindringlinge im Palast gesehen haben. Bei dieser Nachricht fiel ihnen ein Stein vom Herzen. Der Bettler war zwar verletzt, aber immer noch gewitzt genug gewesen, um ohne Hilfe aus dem Palast zu entkommen. Wahrscheinlich war er längst auf dem Weg nach Yuezhou zur Versammlung des Bettlerklans. Beruhigt brachen sie früh am nächsten Morgen gen Westen auf.

Die Hälfte des chinesischen Reichs war zu dieser Zeit von den Jurchen besetzt. Im Osten bildete der Huai-Fluss die natürliche Grenze zwischen den von den Jin kontrollierten Gebieten Nordchinas und dem verbliebenen Song-Territorium. Im Westen passierte man die Grenze zwischen beiden Reichen an der Militärfestung am Dasan-Pass. Der Song-Kaiser regierte nur noch über siebzehn Regionen: Gebiet östlich und westlich des Zhe-Flusses, nördlich und südlich des Huai, Ost- und West-Jiangnan, nördlich und südlich des Jing-Sees, das südliche Jingxi, die fünf Gebiete von Ba und Shu, Fujian und Ost- und West-Guangnan.

Bald erreichten Guo Jing und Huang Rong West-Jiangnan. Es war ein Gebiet, das häufig und ohne Vorwarnung von heftigen Sommergewittern heimgesucht wurde. Ihr Weg führte über einen hohen, offenen Gebirgspass. Schon zogen von Osten her dunkle Wolken auf und bohnendicke Regentropfen prasselten auf die Reisenden herab, während ringsum Blitz und Donner tobten. Guo Jing versuchte, Huang Rong mit einem Schirm vor dem Sturm zu schützen, aber mit dem nächsten Windstoß flog die Bespannung davon und Guo Jing hielt nur noch den Stock in der Hand.

»Haha«, lachte Huang Rong. »Da haben wir ihn ja, den Hundestock!«

Guo Jing zwang sich zu einem Lächeln, aber er war ehrlich besorgt um Huang Rong. Schnell zog er sein Oberkleid aus und legte es schützend um ihre Schultern. Huang Rong war gerührt. »Danke, Jing … aber bald bin ich trotzdem durchnässt.«

»Und wenn wir schneller reiten?«

Sie schüttelte den Kopf. »Ich erzähle dir eine Geschichte. Eines Tages brach auf einer offenen Landstraße, so wie dieser hier, ein furchtbares Gewitter aus. Alle rannten davon und suchten Schutz. Alle, außer einem Mann. Unverdrossen setzte er gemütlich seinen Weg fort. Die anderen wunderten sich und fragten, warum er nicht davoneilte. ›Der Regen fällt dort vorn genauso stark wie hier, nass werde ich sowieso‹, erwiderte er.«

Guo Jing schmunzelte.

Huang Rong dagegen blieb ernst. Ihre Gedanken schweiften ab. Sie dachte an Guo Jings Versprechen, entgegen seiner und ihrer Gefühle, Khojin zu heiraten. *Unsere Zukunft sieht so düster aus wie dieser Himmel,* sagte sie sich. *Welchen Weg wir auch gehen, wir entkommen unserem traurigen Schicksal nicht. Unser Leben wird ein ewiger Gewittersturm sein, dem wir hilflos ausgeliefert sind.*

Schweigend ritten sie weiter. Als der Pfad endlich ins Tal hinunterführte, sahen sie ein kleines Bauernhaus. Sie klopften an, um Schutz vor dem Regen zu finden. Da sie bis auf die Haut durchnässt waren, boten ihnen die freundlichen Bauern trockene Kleider an.

Huang Rong amüsierte sich über die armselige Kluft, in der sie wie eine alte Bauersfrau aussah. Doch dann hörte sie nebenan Guo Jing verzweifelt aufschreien.

Schnell lief sie zu ihm hinüber. »Was ist passiert?«

Guo Jing wirkte wie am Boden zerstört. Wortlos hob er die Bildrolle hoch, die ihr Vater ihm überlassen hatte.

Huang Rong nahm sie in die Hand und rollte sie auf. »Wie schade …«

Das Papier und die darauf aufgezogene Seide waren durchgeweicht, die Tuschemalerei war zerlaufen und unwiederbringlich zerstört.

Mit Bedauern besah Huang Rong das ruinierte Kunstwerk. Dabei fiel ihr eine Reihe undeutlicher Schriftzüge neben dem verwaschenen Gedicht in der Kalligrafie von Han Shizhong auf. Diese Zeilen waren zuvor nicht zu sehen gewesen. Sie hielt das aufgeweichte Papier dicht vor ihre Augen.

Die Inschrift befand sich auf einem Zwischenpapier, das erst sichtbar geworden war, nachdem sich die Schicht darüber voll Wasser gesogen hatte. Eine Geheimbotschaft? Aber auch sie war nicht mehr vollständig lesbar. Sorgfältig versuchte sie das Geschriebene anhand der verbliebenen Teile zu entziffern. »… Nachlass von Fei … Eisenfaust … mittlerer Gipfel … zweiter …«, murmelte sie.

Mehr war nicht mehr zu erkennen, sosehr sie sich auch bemühte. Ursprünglich mussten es vier Zeilen zu je vier Schriftzeichen gewesen sein.

»Nachlass von Fei – wie Yue Fei?«, fragte Guo Jing hoffnungsvoll.

»Könnte sein! Wanyan Honglie vermutete den Nachlass des Generals hinter dem Wasserfall am Pavillon der Winterjade des Kaiserpalasts, weißt du noch? Aber die steinerne Schatulle, die sie dahinter fanden, war leer. Hm …« Sie las sich noch einmal die verblichenen Worte vor. »Diese vier Zeilen sind bestimmt der Schlüssel zum Versteck der nachgelassenen Schriften. Erinnerst du dich daran, wie mein Bruder Lu Chengfeng damals im Wanderwolkenpalast erzählt hat, Qiu Qianren sei der Anführer der Eisenfaustbande? Von Vater weiß ich, dass die Bande in den südwestlichen Bergen von Yunnan und Sichuan haust. Was könnte Qiu Qianren mit Yue Feis Nachlass zu schaffen haben?«

»Was Qiu Qianren angeht, dem darf man gar nichts glauben«, sagte Guo Jing kopfschüttelnd.

»Das tue ich auch nicht.« Huang Rong lächelte.

Sie verstauten die Bildrolle wieder in ihrem Gepäck und reisten, sobald der Sturm sich gelegt hatte, weiter nach Yuezhou.

Am vierzehnten Tag des siebten Monats erreichten sie das nördliche Jinghu und noch am Vormittag des darauffolgenden Tages kamen sie nach Yuezhou. Vor der Stadt saßen sie ab und ließen die Adler frei. Dann fragten sie sich bis zum berühmten Yueyang-Turm am Ufer des Dongting-Sees durch. In der Nähe des Turms fanden sie ein Gasthaus, bestellten Essen und Wein und genossen von der Terrasse aus die Aussicht auf den See.

Die Wasseroberfläche war vollkommen ruhig. Der See lag glänzend und smaragdgrün da, wie ein Stück edelster polierter Jade. Ringsum erhoben sich majestätische, zerklüftete Berggipfel und boten ein Bild ungezähmter Natur, ganz anders als der nebelverhangene Tai-See mit seinen sanften Hügeln an den Ufern.

Als ihr Essen aufgetragen wurde, staunten sie über die ungewöhnlich großen Schüsseln und die Essstäbchen, die länger waren als alle, die sie je gesehen hatten. Etwas Herzhaftes und Heroisches hatte dieses Essen, passend zu der Umgebung; vor allem aber musste sich ihr Gaumen erst an das scharfe Aroma des Sichuanpfeffers gewöhnen, der charakteristisch für diese Gegend war.

Als der erste Hunger gestillt war, nahmen sie die Inschriften an den Wänden des Gasthauses in Augenschein. Guo Jings Blick blieb an einer Kalligrafie mit einem Gedicht von Fan Zhongyan hängen, das den Titel *Inschrift für den Yueyang-Turm* trug. Stumm studierte er die Schriftzeichen, bis er zu den letzten Versen kam, die er laut vorlas:

Sei der Erste, der die Härten der Welt erträgt,
und der Letzte, der ihre Freuden genießt.

»Wie findest du das?«, fragte Huang Rong.

Gedankenversunken sagte sich Guo Jing die Zeilen noch einmal vor, ohne auf ihre Frage zu antworten.

»Fan Zhongyan, von dem diese Verse stammen, wurde nach seinem Tod mit dem Titel Fürst Wenzheng geehrt«, erklärte Huang Rong. »Er war nicht nur ein bedeutender Dichter, sondern auch Politiker und Militärführer. Unter seinem Kommando wurde der Krieg gegen das Tanguten-Reich friedlich beendet.«

Guo Jing bat sie, ihm mehr über Fan Zhongyan zu erzählen, und voller Bewunderung lauschte er ihrem Bericht über die schwierige Kindheit des großen Mannes, dessen Vater früh gestorben war. Auch als Beamter am Kaiserhof hatte er nie die Nöte des einfachen Volks vergessen.

Guo Jing hatte seine Weinschale bereits mehrfach nachfüllen lassen. Jetzt hob er sie zum Wohl des großen Mannes an die Lippen und stürzte den Inhalt mit einem großen Schluck auf einmal in seine Kehle.

»Sei der Erste, der die Härten der Welt erträgt, und der Letzte, der ihre Freuden genießt«, rezitierte er. »Das sind die Worte eines Helden!«

Huang Rong musste lächeln. »Daraus spricht gewiss eine noble Gesinnung, aber das Leben bietet uns viele Härten und nur wenig Freuden. Sollte nicht auch ein Held zwischendurch sein Dasein genießen dürfen? Ich möchte nicht nach diesem Motto leben«, sagte sie nachdenklich. Ein Schatten legte sich über ihr Gesicht. »Die Welt ist mir gleichgültig. Was kümmern mich ihre Sorgen und Freuden? Ich weiß nur, dass ich niemals glücklich sein werde, wenn du nicht bei mir bist …«

Guo Jing ließ den Kopf hängen. Auch er dachte an die Zukunft und die unvermeidliche Trennung, die ihnen bevorstand. Ihm fiel nichts ein, womit er sie trösten konnte.

»Auch ich kann nicht glücklich sein, wenn du nicht bei mir bist«, murmelte er schließlich.

»Reden wir nicht mehr davon«, sagte Huang Rong. »Es ist, wie es ist. Fan Zhongyan hat noch anderes geschrieben, zum Beispiel ein Gedicht auf die Melodie von *Beim Dochtziehen der Petroleumlampe*. Hast du das schon einmal gehört?«

»Natürlich nicht. Sag es mir auf, bitte.«

Keine hundert Jahre währt ein Menschenleben.
Unwissend als Kind, im Alter lahm,
dazwischen ist uns nur kurze Zeit gegeben;
unverdienter Ruhm und Gold, einen Posten halten.
Wie man diesem Schicksal entgeht?
Fragt die Alten!

Nach ihrem Vortrag erklärte sie Guo Jing den Sinn der Zeilen.

»Recht hat er, uns daran zu erinnern, dass wir unsere Zeit nicht mit dem Streben nach hohem Rang und Reichtum vergeuden sollten«, sagte Guo Jing.

Huang Rong antwortete nicht und sang verträumt vor sich hin: *»Während der Wein unsere sorgenschweren Kehlen hinunterrinnt, begießen unsere Tränen verflossene Lieben …«*

»Stammt das auch von Fan Zhongyan?«

»Ja. Auch ein Held wie er war einmal verliebt.«

Jetzt hoben beide ihre Weinschalen und prosteten einander zu.

Huang Rong ließ ihren Blick über die anderen Gäste schweifen. Am gegenüberliegenden Ende der Terrasse saßen um einen Tisch herum drei Männer, die ihre Aufmerksamkeit auf sich zogen. Anders als die Kaufleute und Gelehrten, die den größten Teil der Gäste ausmachten, umgab diese Männer eine Ehrfurcht gebietende Aura, obwohl ihre ansonsten sauberen Kleider zahlreiche Flicken aufwiesen.

Wahrscheinlich sind sie auf dem Weg zur Versammlung des Bettlerklans, mutmaßte sie. Dann lenkte sie das laute Zirpen der Grillen in den Weidenbäumen ab. »Den ganze Tag zirpen die Grillen die Worte ›ich weiß, ich weiß‹«, sagte sie. »Aber wer weiß, was sie wissen? Immerzu behaupten diese Insekten, Dinge zu wissen, von denen sie nichts verstehen. Genau wie unser werter Freund … ich glaube, ich vermisse ihn schon.« Sie lächelte verschmitzt.

»Wen?«, fragte Guo Jing.

»Wen schon? Qiu Qianren natürlich, unseren liebsten Lügengeschichtenerzähler.«

Guo Jing kicherte beim Gedanken an Qiu Qianrens jüngste Darbietung. »Haha, dieser alte Aufschneider …«

»Wer wagt es, sich über den Wasserwandler mit der Eisenfaust lustig zu machen?«

Der Zwischenruf kam von einem Mann, der mit dem Rücken zur Wand in einer Ecke hockte. Zuerst zuckten Huang Rong und Guo Jing vor Schreck zusammen, als sie aber die schmutzigen Lumpen und das breite Grinsen im sonnenverbrannten Gesicht des Mannes sahen, waren sie beruhigt.

Guo Jing legte die Hände zum Gruß zusammen und deutete eine Verbeugung an. »Ob Ihr Euch auf eine Schale Wein an unseren Tisch gesellen mögt?«, fragte er.

»Gern.« Der Bettler trat zu ihnen.

Huang Rong bat um eine Schale und ein paar Stäbchen für den Gast und schenkte ihm persönlich ein.

»Bitte, nehmt doch Platz und trinkt mit uns.«

»Bettler sind es nicht gewohnt, auf Stühlen zu sitzen«, sagte der Mann, ließ sich umstandslos auf den Boden plumpsen und zog eine angeschlagene Schüssel und ein paar Bambusstäbchen aus seinem Jutebeutel. »Gerne könnt Ihr mir aber die Reste Eures Essens überlassen«, sagte er und hielt ihnen die Schüssel hin.

»Als würden wir so unhöflich sein!«, sagte Guo Jing empört. »Mit Vergnügen bestellen wir Euch alles, was Euer Herz begehrt.«

»Bettler leben nach den Gesetzen des Bettlerbrauchs. Würde ich mich Bettler nennen, ohne diese Gesetze zu befolgen, wäre das nichts als Heuchelei. Mit Freuden nehme ich Eure Almosen an. Wenn Euch das nicht passt, finde ich andere Gönner.«

Huang Rong warf erst Guo Jing, dann den drei Männern, die hinten am Tisch saßen, einen verstohlenen Blick zu. »Nun gut, dann halten wir es so«, sagte sie und schabte die Reste von ihren Essensplatten in seine Schüssel hinunter.

Der Bettler hatte schon einen Klumpen kalten Reis als Beilage aus einem seiner Beutel befördert und machte sich genüsslich über das Essen her. Huang Rong zählte die Beutel auf seinem Rücken. Es waren dreimal drei zusammengebundene Jutesäcke. Sie sah hinüber zu den dreien am Tisch. Auch sie trugen jeder neun Beutel auf dem Rücken. Allerdings schienen sie gar nichts dagegen zu haben, auf Stühlen am Tisch zu sitzen und einem frisch für sie zubereiteten Mahl zuzusprechen.

Ihr fiel auf, dass die drei sich bewusst nicht nach ihnen umdrehten und so taten, als hätten sie den anderen Bettler nicht bemerkt. Seine Gegenwart schien ihnen nicht zu behagen.

Die hölzerne Treppe, die zur Terrasse hinaufführte, knackte. Huang Rong und Guo Jing reckten die Hälse, um einen Blick auf die Neuankömmlinge werfen zu können. Zwei weitere Bettler, ein hagerer und ein dicker. Das waren doch die beiden, die Yang Kang in Niu mit Respektsbezeugungen überhäuft hatten!

Prompt erschien hinter ihnen Yang Kang auf dem Treppenabsatz. Beim Anblick Guo Jings schrak er zusammen, machte auf dem Absatz kehrt und stürzte wieder die Stufen hinunter, wobei er den Bettlern lauthals irgendwelche Befehle zurief. Der dicke lief ihm sofort hinterher, während der hagere zu den drei Männern am Tisch trat und ihnen etwas zuflüsterte. Unverzüglich erhoben sie sich von ihren Plätzen und eilten ebenfalls Yang Kang nach.

Guo Jings und Huang Rongs Gast jedoch hob unterdessen nicht einmal den Blick.

Huang Rong lehnte sich weit über das Geländer und spähte hinunter.

Dort lief Yang Kang mit etwa einem Dutzend Bettlern im Gefolge, die ihn respektvoll in Richtung Westen eskortierten. Als sie ein Stück weit vom Gasthaus entfernt waren, drehte er sich noch einmal um und bemerkte Huang Rong. Er senkte den Blick und eilte weiter.

Als sie wieder am Tisch Platz nahm, hatte der Bettler gerade sein Mahl beendet, leckte genüsslich seine Schüssel sauber, wischte die Essstäbchen an seinem schmuddeligen Hemd ab und verstaute beides wieder im Beutel.

Sie betrachtete ihn etwas näher. Sein Gesicht war von Falten zerfurcht. Auf seinen riesigen Händen, doppelt so groß wie gewöhnliche Männerhände, traten dicke Venen hervor. Er sah aus, als hätte er Leben voller Qualen und Plackerei hinter sich.

Als er seine Habe verstaut hatte, verbeugte Guo Jing sich noch einmal. »Ob der Ältere vielleicht jetzt an unserem Tisch Platz nehmen möchte, damit wir uns leichter mit Euch unterhalten können?«

»Ich bin es nicht gewohnt, auf Stühlen zu sitzen«, wiederholte der Bettler freundlich. »Ich weiß, dass Ihr Schüler von Meister Hong seid. Demnach gehören wir derselben Kampfkunstgeneration an, obwohl ich Euch einige Jahre voraushabe. Mein Name ist Lu Youjiao. Bitte nennt mich großer Bruder Lu.«

Guo Jing und Huang Rong waren überrascht, dass er von ihnen wusste. Huang Rong lächelte. »Freut uns, Bruder Lu. Heißt du wirklich Youjiao, also ›der mit den Füßen‹?«

»Ihr kennt sicher den Spruch, ›ein armer Mann ohne Stock wird vom Hund gebissen‹. Wie man sieht, habe ich keinen Stock, aber ich habe ein paar stinkende Füße. Kommt mir ein Hund in die Quere, muss ich ihm nur einen Stinkefuß vor die Nase halten, und schon zieht er den Schwanz ein und sucht das Weite.«

Huang Rong schlug begeistert die Hände zusammen. »Die Köter verschwinden bestimmt schon bei der Nennung deines Namens!«

»Li Sheng hat mir von euch erzählt und davon, wie ihr ihm in Baoying geholfen habt. Das ist bewundernswert, ehrlich! ›Erfolg ist dem Tapferen beschieden‹, sagt man. Ich verstehe, warum unser Klanoberhaupt so große Stücke auf euch hält.«

Guo Jing wehrte das Lob bescheiden ab.

»Ich habe gehört, was ihr über Qiu Qianren und die Eisenfaustbande gesagt habt. Ihr scheint euch der Macht der Bande nicht bewusst zu sein.«

»Bitte klärt uns auf«, ermunterte ihn Huang Rong.

»Qiu Qianrens Eisenfaustbande übt in ganz Jinghu und Sichuan großen Einfluss aus. Seine Mitglieder rauben und plündern die

Reichen in der Gegend aus und kennen weder Furcht noch Gnade. Früher haben sie mit korrupten Lokalbeamten gemeinsame Sache gemacht, heute bestechen sie sogar die obersten Beamten und spielen sich selbst als Herrscher auf. Aber dieses Gebaren ist nichts im Vergleich zu ihrem Bündnis mit den Jin! Diese Verräter machen gemeinsame Sache mit den Invasoren ihres eigenen Vaterlands, wie ich gehört habe.«

»Der alte Qiu Qianren ist ein abgefeimter Lügner. Wäre er wirklich zu solchen Taten fähig?« Huang Rong konnte sich eine lächerliche Figur wie Qiu Qianren nicht als Anführer einer derart mächtigen Bande vorstellen.

»Unterschätzt ihn nicht. Ihm eilt ein furchterregender Ruf voraus.«

»Hast du ihn je kennengelernt?«

»Nein. Ich habe gehört, dass er die vergangenen Jahrzehnte als Eremit in den Bergen verbracht hat, um sich ganz der Vervollkommnung seines Eisenfaust-Kung-Fu zu widmen.«

»Das ist falsch. Wir sind ihm mehrmals begegnet und haben sogar gegen ihn gekämpft. Sein berühmtes Eisenfaust-Kung-Fu … haha …« Huang Rong konnte beim Gedanken daran, wie Qiu Qianren Bauchschmerzen vorgeschützt hatte, um einem Kampf mit ihr zu entgehen, vor Lachen nicht an sich halten.

»Keine Ahnung, was der Kerl für Späße treibt, aber die große Macht der Eisenfaustbande ist echt. Mit denen ist bestimmt nicht zu spaßen, lasst euch gewarnt sein.«

»Bruder Lu hat gewiss recht«, sagte Guo Jing schnell, aus Angst, den neu gewonnenen Freund zu verärgern. »Rong macht gerne Witze.«

»Ich mache Witze?« Sie krümmte sich. »Oh weh, mein Bauch!«

Guo Jing kicherte.

Huang Rong wurde wieder ernst. »Wer waren die drei Männer, die dort hinten am Tisch gegessen haben, Bruder Lu?«

Lu Youjiao seufzte tief. »Hat Bettlerfürst Hong euch nichts von den beiden Fraktionen unseres Klans erzählt? Die mit den sauberen und die mit den schmutzigen Kleidern? Man nennt sie die Sauberbettler und die Schmutzbettler.«

»Nein!«, antworteten beide im Chor.

»Wenn ein Klan gespalten ist, kommt nichts Gutes dabei heraus. Der Bettlerfürst hat alles versucht, um uns wieder zu einen, aber ohne Erfolg. Vielleicht habt ihr vom Rat der vier Ältesten gehört ...«

»Ja, unser Meister hat uns von ihnen erzählt«, unterbrach Huang Rong, verzichtete aber darauf, ihm zu sagen, wer dieser Meister war.

»Ich bin der Älteste des Westens«, sagte Lu Youjiao. »Die anderen drei sind die Ältesten des Nordens, Südens und Ostens.«

»Du bist der Anführer derjenigen mit den schmutzigen Kleidern und sie die der anderen«, folgerte Huang Rong.

»Woher weißt du das?«, rief Guo Jing bewundernd.

»Nun, ein Blick auf Bruder Lus Kleider genügt, nicht wahr?«, sagte Huang Rong, dann wandte sie sich wieder Lu Youjiao zu. »Warum man freiwillig schmutzige Kleider trägt, verstehe ich allerdings nicht. Das ist doch unangenehm. Du könntest deine Kleider doch einfach öfter waschen und schon wärt ihr alle gleich und es gäbe keinen Zwist mehr ...«

»Du bist in Samt und Seide geboren! Schon deshalb verachtest du uns schmutzige Bettler«, schimpfte Lu Youjiao. Sie hatte ihn zutiefst verletzt. Ehe Guo Jing für Huang Rong um Verzeihung bitten konnten, war er schon erbost die Treppe hinuntergerannt.

Huang Rong streckte Guo Jing die Zunge heraus. »Sag nichts, Jing. Ich weiß, dass ich Bruder Lu beleidigt habe ... Ehrlich gesagt, habe ich mir schon Sorgen gemacht.«

»Hm?«

»Na, deinetwegen. Falls er dir seine Füße gezeigt hätte.«

»Aber weshalb das denn?«

Huang Rong kicherte und schwieg und wartete, ob bei Guo Jing der Groschen fiel. Dann stieß sie einen theatralischen Seufzer aus.

»Denk an seinen Namen.«

Guo Jing sprang auf und hob in gespielter Drohung die Fäuste. »Ich bin doch kein Hund!«

Huang Rong duckte sich lachend weg.

軒轅台前

8

Die Felsterrasse des Gelben Kaisers

Während Huang Rong und Guo noch miteinander herumalberten, waren auf der Treppe schon wieder Schritte zu hören. Unerwartet traten die drei Ältesten des Bettlerklans, die zuvor mit Yang Kang das Haus verlassen hatten, an ihren Tisch und verbeugten sich.

Der Mittlere ergriff zuerst das Wort. Er war klein und beleibt und trug einen dichten grauen Bart. Sein rundes und blasses Gesicht hatte offenbar selten die Sonne gesehen, und selbst die vielen Flicken auf seiner Kutte konnten nicht verbergen, dass er ursprünglich aus einer wohlhabenden Gutsbesitzerfamilie stammte.

Er lächelte einschmeichelnd. »Es tut mir leid, mitteilen zu müssen, dass der Kerl namens Lu, der eben bei Euch saß, Euch vergiftet hat. Wir sind eigens zurückgekehrt, um Euch vor einem üblen Ende zu bewahren.«

Huang Rong schnappte nach Luft. »Wie bitte?«

»Er hat sich geweigert, mit Euch am Tisch zu sitzen und gemeinsam zu essen, richtig?«

»Wollt Ihr sagen, dass er unser Essen vergiftet hat?«

»Es ist eine Schande für unseren Klan, dass Banditen wie dieser unsere Reihen infiltriert haben. Er trug ein todbringendes Pulver unter den Nägeln, das er mit einem winzigen Fingerschnippen über Eure Speisen gestreut hat. Kein Gott und kein Geist hätten es bemerkt. Verzeiht mir die schlechte Nachricht, aber das Gift wird bald seine Wirkung entfalten. In einer Stunde gibt es keine Rettung mehr.«

»Warum sollte er das tun? Wir sind keine Feinde.«

»Während Eurer Unterhaltung hat ihn wohl irgendetwas beleidigt. Ich rate Euch, schnellstens dieses Gegenmittel einzunehmen.«

Der dicke Bettler zog ein kleines Papierpäckchen mit Kräuterpulver aus dem Hemd, verteilte den Inhalt auf zwei Schalen und füllte sie mit Wein auf. Dann forderte er Huang Rong und Guo Jing auf zu trinken.

Huang Rong dachte nicht im Traum daran, das Angebot anzunehmen. Steckten die drei nicht mit Yang Kang unter einer Decke?

»Wir kennen den jungen Herrn, der eben hier aufgetaucht und gleich wieder verschwunden ist«, sagte sie. »Wollt Ihr ihn nicht bitten, sich zu uns zu gesellen?«

»Gerne, aber das Gift dieses schurkischen Bettlers wird gleich ...«

»Wir wissen Eure Güte zu schätzen«, sagte Huang Rong mit ausgesuchter Liebenswürdigkeit. »Möchten die Herren nicht Platz nehmen und mit uns trinken? Was waren das für Zeiten, als der selige Qiao Feng noch Bettlerfürst war! Wisst Ihr noch, wie er im Weiler der Tugendhaften allein gegen einen ganzen Haufen schurkischer Helden kämpfte? Oder wie er am Shaolin-Tempel mit den achtzehn *Drachenbezwingenden Händen* die Schergen eines Tyrannen in die Flucht schlug und dann später am Yanmen-Pass den Herrscher der Khitan dazu brachte, einen Pfeil zum Schwur zu brechen, dass er niemals in den Süden einfallen werde? Ein wahrer Held!«

Bettler Hong hatte ihr, während sie auf der Abendwolkeninsel zusammen das Floß bauten, zahlreiche Anekdoten aus der Geschichte des Bettlerklans erzählt, damit sie als zukünftige Bettlerfürstin damit vertraut war.

Die drei Klanältesten sahen sie verwundert an. War sie nicht viel zu jung, um je von diesen alten Geschichten gehört zu haben? Huang Rong fuhr fort: »Bettlerfürst Hongs achtzehn *Drachenbezwingende Hände* suchen in der Welt der Kampfkünste wirklich ihresgleichen. Wie viele Varianten davon habt Ihr gelernt, wenn ich fragen darf?«

Die drei sahen betreten drein. Das Klanoberhaupt hatte sogar einem Achtsackbettler wie Li Sheng *Der Drache peitscht mit dem Schwanz* gelehrt, obwohl der eine Rangstufe unter ihnen war. Ihnen hatte er keinen einzigen seiner Meisterschläge beigebracht.

Huang Rong ließ sie gar nicht zu Wort kommen. »Wer sagt eigentlich, dass jener Lu ein so besonders geschickter Giftmischer ist? Mit Verlaub, aber wenn Ihr mich fragt, dann ist er doch eher gewöhnlich. Es ist noch keinen Monat her, da wollte mich Ouyang Feng, bekannt als Gift des Westens, drei Schalen vergifteten Weins trinken lassen. Oha, die hatten es in sich! Ich denke, dass Ihr diese beiden Schalen besser zwischen Euch selbst teilt.« Sie schob ihnen die Schalen zu.

Ein Schatten glitt über die Gesichter der drei Männer, als hätte man sie auf frischer Tat ertappt. Der mit dem Mondgesicht fing sich als Erster wieder. »Da die junge Dame uns kein Vertrauen schenkt, werden wir sie selbstverständlich nicht weiter zu überzeugen suchen. Es ist unsere eigene Schuld, wenn unsere guten Absichten zurückgewiesen werden«, sagte er mit seiner Schmeichelstimme. »Seht mir in die Augen, junger Herr, junge Dame. Entdeckt Ihr dort etwas Ungewöhnliches?«

Neugierig geworden, blickten Guo Jing und Huang Rong in seine Augen. Sie waren nicht mehr als zwei dünne Schlitze in seinem aufgedunsenen Gesicht, aus deren Mitte allerdings ein helles Funkeln kam.

Was denn?, dachte Huang Rong. *Das sind nur zwei Perlen in einer Schweinefresse.*

»Seht mir tief in die Augen, meine Herrschaften, lasst weder Blick noch Gedanken abschweifen. Eure Lider werden schwer, sehr schwer, Eure Gedanken benommen, Euer Körper wird müde und schlaff. Das ist das Gift, das in Euch wirkt. Jetzt schließt die Augen, schließt sie fest. Schlaft ein.«

Sein melodischer Singsang war in der Tat betäubend. Sie fühlten sich schwindlig und schwerfällig. Ein letzter Funke Verstand riet Huang Rong wegzusehen, aber die Augen des dicken Bettlers zogen sie fest in ihren Bann. Sie konnte den Blick nicht abwenden.

»Welch herrlicher See, welch erfrischende Brise«, fuhr der Dicke fort. »Hier findet ihr Ruhe, sanft umspielt vom Wind. Schlaft! Schlaft ein, nichts wird Eure wohlige Ruhe stören …«

Huang Rong und Guo Jing gähnten, ihre Köpfe sanken auf die Brust. Am Ende des einlullenden Singsangs lagen sie in tiefem Schlaf über den Tisch gebeugt und atmeten gleichmäßig.

Der Klang von sanft ans Ufer schlagenden Wellen und eine frostige Kühle auf der Haut weckten sie. Huang Rong schlug die Augen auf. Durch den abendlichen Nebeldunst hindurch lugte der helle Vollmond hinter den Bergen im Osten hervor.

Hatten sie nicht eben noch im strahlenden Sonnenschein auf der Terrasse eines Gasthauses gesessen? Im Nu war sie hellwach.

Sie wollte aufstehen, stellte aber entsetzt fest, dass sie an Händen und Füßen gefesselt war. Erst als sie nach Guo Jing rufen wollte, spürte sie den Hanfknebel im Mund, der ihr schmerzhaft in die Zunge schnitt. Das musste das Werk des mondgesichtigen Klanältesten sein, aber mit welchem magischen Trick er das hinbekommen hatte, war ihr schleierhaft. Erleichtert sah sie, dass Guo Jing bereits mit seinen Fesseln kämpfte.

Guo Jing war überzeugt, mit seinem Inneren Kung-Fu selbst die stärksten Fesseln sprengen zu können. Er schickte seine ganze Kraft in die Hand- und Fußgelenke, erreichte aber nicht mehr als ein metallisches Klirren. Die mit Stahlkabeln verstärkten Lederseile gaben nicht so leicht nach.

Noch einmal bündelte er sein Qi.

Flaches, spitzes Metall berührte sein Genick.

Er legte so gut es ging den Kopf in den Nacken, um nach oben sehen zu können. Hinter ihm standen zwei Bettlerjungen mit glänzenden Schwertern in den Händen. Hinter Huang Rong standen zwei weitere.

Huang Rong war jetzt wieder bei vollem Bewusstsein und versuchte zunächst, ihre Lage zu erfassen, um dann zu überlegen, wie sie entkommen könnten. Sie rutschte ein wenig herum und erschrak.

Sie befanden sich auf einer Anhöhe, dem Gipfel eines Bergs offenbar. Ringsum lag nichts als Wasser, das im Mondlicht glitzerte und über dessen Oberfläche dichte Nebelschwaden waberten.

Kann es sein, dass wir uns auf dem Berg Jun inmitten des Dongting-Sees befinden? Wie kommt es, dass ich mich überhaupt nicht daran erinnere, wie wir hierhergekommen sind?

Sie drehte sich zur anderen Seite. Dort saßen auf einem hohen Felsplateau dicht an dicht und in vollkommener Stille Hunderte Bettler. Der Vollmond ging immer weiter über den Bergen in der Ferne auf.

Heute ist der fünfzehnte Tag des siebten Mondmonats!, fiel ihr plötzlich ein. *Die Versammlung des Bettlerklans! Wenn ich nur etwas sagen und ihnen den Willen von Meister Hong überbringen könnte, wären wir außer Gefahr.*

Sie wartete ab, aber die Bettler saßen weiter schweigend und unbeweglich da. Allmählich wurde sie ungeduldig, aber was sollte sie tun?

Eine Stunde verging. Ihr Körper fühlte sich schon taub an und alles tat ihr weh. Der Mond stieg höher und höher. Bereits die Hälfte des Plateaus badete in seinem Licht.

Verse aus einem Gedicht von Li Bai fielen ihr ein:

Sachtes Streichen über den klaren See legt den
Jadespiegel frei,
Mit Rot und Grün zeichnet er das Bild des Bergs Jun.

Es war dieselbe Szenerie, nur dass Li Bai frei und unbeschwert gewesen war, als er damals am Dongting-See den Mond bewunderte, während sie hier geknebelt und gefesselt lagen. Was für eine Ironie des Schicksals. In gewisser Weise war es sogar komisch.

Das Mondlicht fiel auf eine im Stein über dem Felsplateau gemeißelte Inschrift:

FELSTERRASSE DES GELBEN KAISERS

Ihr Vater hatte ihr viele Legenden von den großen Flüssen und Seen Chinas erzählt. Eine davon besagte, dass der Gelbe Kaiser am Ufer des Dongting-Sees einen dreifüßigen Bronzekessel geschmiedet hatte, um dann von diesem Felsvorsprung aus auf dem Rücken eines Drachen in den Himmel aufzusteigen.

Wenig später erhellte das Mondlicht das ganze Felsplateau.

Tok, tok, tok. Pause. *Tok, tok, tok.* Pause. *Tok, tok, tok.*

Die Bettler schlugen im Takt ihre Stöcke auf, mal langsamer, mal schneller, mal in hohem, mal in tiefem Ton. Huang Rong zählte still mit. Es waren neun Mal neun Schläge. Nach dem einundachtzigsten Schlag herrschte abermals Stille.

Vier Bettler erhoben sich. Es waren Lu Youjiao und die anderen drei Klanältesten von den Sauberbettlern.

Jeder von ihnen bezog Position in den vier Ecken des Plateaus, dann standen auch die anderen Bettler auf, verschränkten die Arme vor der Brust, verbeugten sich tief und setzten sich wieder. Trotz ihrer großen Zahl bewegten sich die Bettler wie ein Mann.

Der wohlbeleibte Bettler mit dem Mondgesicht, dem Guo Jing und Huang Rong ihre missliche Lage zu verdanken hatten, sprach zuerst. »Brüder und Schwestern, hört mich an! Ein großes Unglück ist über unseren Klan gekommen. Bettlerfürst Hong hat in Lin'an sein Leben eingebüßt.«

Entsetztes Schweigen. Dann fiel plötzlich einer der Bettler mit einem lauten Schrei auf die Knie, gefolgt von einem herzzerreißenden Trauerchor aus Heulen und Schreien und Füßestampfen, der über den weiten See hinaus hallte und die Berge erschütterte.

Oh nein, dachte Guo Jing. *Deshalb haben wir Meister Hong nicht finden können.* Tränen liefen ihm über die Wangen, aber der Knebel erstickte sein Schluchzen.

Huang Rong ließ sich nicht so leicht überzeugen. *Hat Mondgesicht uns nicht mit seinen magischen Tricks getäuscht? Warum sollte man ihm auch nur ein Wort glauben?*

Die Bettler waren untröstlich, vom plötzlichen Tod ihres gütigen, allseits respektierten Klanfürsten zu erfahren.

Dann erhob Lu Youjiao die Stimme. »Ältester Peng, wer war Zeuge von Bettlerfürst Hongs Tod?«

»Ältester Lu, glaubst du denn, jemand hätte die Dreistigkeit, eine solche Lüge in die Welt zu setzen?«, entgegnete der Mondgesichtige. »Der Mann, der die Tragödie mit eigenen Augen mitangesehen hat, weilt hier unter uns. Tretet vor, Junker Yang!«

Yang Kang trat mit dem jadegrünen Bambusstock in der Hand vor die versammelte Menge. Stille trat ein, als die Bettler lauschten, was er zu sagen hatte. Nur hier und dort ließ sich noch ein leises Wimmern vernehmen.

»Einen Monat ist es her, dass Bettlerfürst Hong in Lin'an in einen Kampfkunstwettstreit verwickelt wurde. Von allen Seiten angegriffen, traf ihn das Unglück …«

Tumult brach aus.

»Wer war es? Sag es uns!«

»Ein Großmeister wie unser Bettlerfürst? Unmöglich!«

»Die anderen müssen in der Überzahl gewesen sein!«

Vor einem Monat?, fragte sich Guo Jing. *Da war unser Meister mit uns zusammen. Er erzählt Unsinn.* Seine Trauer wich so großer Erleichterung, dass er völlig vergaß, wütend auf Yang Kangs dreiste Lügen zu sein.

Anders als Huang Rong. *Dieser Mistkerl ist keinen Deut besser als der alte Schwindler Qiu Qianren!,* dachte sie zornig. *Verbreitet unwahre Gerüchte über Menschen, die mir am Herzen liegen!*

Yang Kang hob die Hand und wartete, bis die aufgebrachte Menge sich beruhigt hatte. Dann fuhr er fort. »Bettler Hong ist durch die Hand Huang Yaoshis gestorben, des Herrn der Pfirsichblüteninsel, auch unter dem Namen Ketzer des Ostens bekannt. Die sieben Daoisten der Quanzhen-Schule gingen ihm dabei zur Hand.«

Der Herr der Pfirsichblüteninsel hatte seine Insel lange Zeit nicht verlassen, weshalb er vielen der Versammelten nicht bekannt war. Der Ruf der Quanzhen-Schule allerdings reichte weit und war den alten und erfahrenen Bettlern dieser Versammlung sehr wohl vertraut. Sollte ihr Oberhaupt, obwohl er zu den fünf Großmeistern des Jianghu gezählt wurde, von der geballten Kraft dieser Meister überrumpelt worden sein, war es durchaus möglich, dass er …

Rasende Wut und Empörung machte sich unter den trauernden Bettlern breit und Rufe nach Rache wurden laut.

Yang Kangs Schicksal hing davon ab, dass die Bettler seinen Lügen glauben schenkten. Ouyang Feng hatte ihm berichtet, dass er Bettler Hong mit der *Explodierenden Kröte* so schwer verwundet habe, dass seine Tage gezählt seien. Andererseits, wenn er an

Guo Jing dachte … hatte er ihn im Kaiserpalast hinter dem Wasserfall nicht eigenhändig niedergestochen? Und dann hatte er plötzlich putzmunter auf der Terrasse eines Gasthauses in Yuezhou gesessen! Der Anblick hatte ihn in solche Panik versetzt, dass er sogleich die drei Ältesten der Sauberbettler dazu angestiftet hatte, Guo Jing und Huang Rong gefangen zu nehmen oder loszuwerden. Natürlich würde er damit die Rache von Huang Rongs Vater, der sieben Meister der Quanzhen-Schule und der sechs Sonderlinge des Südens riskieren. Mit den Sonderlingen und ihrem mittelmäßigen Kung-Fu würde er schon fertigwerden, die Daoisten und der Alte Ketzer dagegen … doch wenn er aber den gesamten Bettlerklan gegen sie aufhetzte, sollte es gelingen, sie unschädlich zu machen, und seine Haut wäre gerettet.

»Brüder und Schwestern, hört mich an.«

Ein Mann von kleinem Wuchs mit buschigen, weißen Augenbrauen erhob von einer Ecke des Felsplateaus aus die Stimme. Unter den vier Klanältesten zählte er die meisten Jahre. Kaum hatte er den Mund aufgetan, verstummte die Versammlung und er hatte ihre volle Aufmerksamkeit. Sein Name war Jian, Ältester des Ostens, und seine Autorität war offensichtlich.

»Unsere dringlichsten Aufgaben sind folgende«, fuhr er fort. »Zuerst müssen wir dem Willen von Bettlerfürst Hong Genüge tun und das neunzehnte Oberhaupt unseres Klans bestimmen. Dann brauchen wir einen Plan, wie wir den Mord an unserem letzten Klanfürsten rächen können.«

»Vor allem«, übertönte Ältester Lu Youjiao den beifälligen Jubel der Bettler, »sollten wir dem Geist unseres verstorbenen Bettlerfürsten unseren Respekt erweisen.«

Mit bloßen Händen kratzte er Lehm zusammen, aus dem er eine kleine Figur formte, die Bettlerfürst Hong repräsentierte. Ehrfurchtsvoll platzierte er die Figur auf dem Rand des Felsplateaus, der Versammlung zugewandt. Dann warf er sich bäuchlings auf den Boden und stimmte ein lautstarkes Trauergeheul an. Die übrigen Bettler stimmten ein, schrien und rauften sich die Haare vor Gram über den Tod ihres geliebten Oberhaupts.

Unser Meister lebt!, dachte Huang Rong empört. *Wenn ihr uns nicht gefesselt und geknebelt hättet, dann wüsstet ihr es besser. Schreit und heult nur! Das geschieht euch recht, ihr dämlichen, stinkenden Bettler.*

Ältester Jian klatschte dreimal in die Hände. Die Bettler rissen sich zusammen, nur vereinzelt hörte man noch leises Schluchzen. Dann erhob er wieder die Stimme. »Wir Bettler beider Richtungen haben uns heute hier auf dem Berg Jun in Yuezhou versammelt, um von unserem Oberhaupt zu erfahren, wen er zu seinem Nachfolger bestimmen wollte. Nun, da das Schicksal ihn uns vorzeitig geraubt hat, obliegt es uns, seinen letzten Willen zu erfüllen. Da der Bettlerfürst jedoch kein Testament hinterlassen hat, bestimmen die vier Klanältesten seinen Nachfolger. So will es die Tradition des Bettlerklans seit Generationen. Ist es nicht so, Brüder und Schwestern?«

Donnernder Beifall.

»Ich bitte nun Junker Yang, uns die letzten Worte von Bettlerfürst Hong zu übermitteln.«

Die Bestimmung des neuen Bettlerfürsten war ein bedeutendes Ereignis für den Bettlerklan. Schließlich hing das Schicksal des Klans von ihrem Anführer ab. Es war erst zwei Generationen her, als der Einfluss des Klans im Jianghu unter dem siebzehnten Bettlerfürst Shi deutlich nachgelassen hatte. Shi war zwar durchaus ein großer Kampfkünstler, aber als Anführer des Klans schwach und konfus gewesen. Es liegt an ihm, dass der Klan bis heute zutiefst gespalten ist. Sein Nachfolger Hong Qigong hat alles getan, um den Graben zwischen Sauberbettlern und Schmutzbettlern zu überbrücken, und jeden, der Zwist zwischen den Brüdern säte, hart bestraft. Unter ihm waren die inneren Streitigkeiten weniger geworden und der Klan hatte sein altes Ansehen im Jianghu wiedererlangt.

Jeder der Anwesenden kannte die Vorgeschichte. Mit angehaltenem Atem warteten sie auf die Ernennung des neuen Bettlerfürsten.

Yang Kang hielt mit ausgestreckten Armen den jadegrünen Bambusstock über den Kopf. »Bettlerfürst Hong erlitt, von den Schurken in die Enge getrieben, schwerste Verletzungen. Es gelang mir, ihn vor seinen Widersachern im Keller meines Hauses zu verstecken. Als die Luft rein war, ließ ich den besten Arzt rufen, der ihn untersuchte. Aber es gab schon keine Hoffnung mehr für ihn.« Erneut erhob sich unter den Bettlern Wehgeschrei. Nach einer Pause fuhr Yang Kang fort: »Bevor er seinen letzten Atem aushauchte, überreichte er mir diesen Bambusstock, verbunden mit der großen und ehrenvollen Aufgabe, der neunzehnte Fürst des Bettlerklans zu werden.«

Ein Raunen ging durch die Menge. Keiner der Bettler hätte erwartet, dass ein junger Mann, dem seine noble Geburt anzusehen war, zum Oberhaupt ihres Klans werden sollte.

Yang Kang hatte zunächst nicht verstanden, warum die beiden Bettler, die ihn mit dem Bambusstock in der Hand in Niu vorgefunden hatten und mit sich nahmen, ihn so respektvoll behandelten. Er war gewieft genug, um es ihnen unauffällig aus der Nase zu ziehen: Ihre Unterwürfigkeit rührte allein daher, dass er im Besitz des Bambusstocks war. Wie er an den Stock gekommen war, behielt er wohlweislich für sich.

Die Macht des Stocks genügte, um den beiden Klanältesten noch weitere Einzelheiten zu entlocken, sodass Yang Kang bei ihrer Ankunft in Yuezhou genug über die Rituale des Bettlerklans und über seine Stellung im Jianghu wusste. Die feineren Details, die kein Bettler einem Außenseiter preisgeben würde, waren ihm zwar verborgen geblieben, aber er fühlte sich gewappnet genug, um sich kurzerhand selbst zum Oberhaupt des Klans ernennen zu lassen. Yang Kang wusste, dass Bettlerfürst Hong von Ouyang Feng tödlich verwundet worden war und kaum in der Lage sein dürfte, den weiten Weg nach Yuezhou zu überstehen. Der Respekt, der ihm dank des Bambusstocks von allen Seiten entgegengebracht wurde, überzeugte ihn erst recht davon, dieses Wagnis einzugehen. Wäre er erst einmal Bettlerfürst, würde sich niemand mehr anmaßen, seine Autorität infrage zu stellen. Auf dem Weg nach Yuezhou hatte er sich in aller Ruhe überlegt, welche Geschichte er dem Klan auftischen würde.

Er durfte sich nur keinen Fehler erlauben, kein Stammeln, kein Erröten – sonst riskierte er, dass die versammelten Lumpengesellen sich auf ihn stürzten und zu Brei schlügen. Bettler Hong war so gut wie tot und Huang Rong und Guo Jing seine Gefangenen. Große Gefahr ist die Mutter großer Männer, hieß es. Für Yang Kang übertraf der Gewinn des Titels das mögliche Risiko. Nichts konnte ihn aufhalten.

Trotz des vorgeblichen Zusammenhalts war durch den Riss zwischen den Sauberbettlern und den Schmutzbettlern die ganze Brüderschaft zerstritten. Die Sauberbettler wohnten in Häusern, gönnten sich Fleisch und Wein, Frauen und Nebenfrauen, die ihnen Flicken auf saubere und neue Kleider nähten. Ihr Bettlertum war nur Fassade. Viele von ihnen waren Kampfkünstler des Jianghu, die den Ehrenkodex der Bettler bewunderten. Manche hofften, sich die guten Beziehungen des Klans zunutze machen zu können, andere waren mit Klanmitgliedern befreundet. Keiner von ihnen hatte jedoch jemals um Essen betteln müssen.

Die Schmutzbettler dagegen waren Bettler im eigentlichen Wortsinn. Alles, was sie besaßen und zu sich nahmen, war erbettelt, nichts mit Münzen erworben. Nie aßen sie mit einem, der kein Bettler war, am selben Tisch und sie kämpften auch nicht mit den

Kampfkünstlern des Jianghu. Die Ansichten der beiden Fraktionen standen sich unversöhnlich gegenüber.

Um seine unparteiische Haltung zu demonstrieren, pflegte Bettlerfürst Hong, ein Jahr lang saubere, oberflächlich geflickte Kleider zu tragen und im nächsten schmutzige und zerlumpte. Allerdings war er nun einmal ein unverbesserlicher Feinschmecker, der unmöglich von Almosen und Essensresten leben konnte, weshalb er selbst nie zu den Schmutzbettlern gezählt hatte, deren Lebensstil den Bettlertraditionen näher lag.

Dennoch hatte Hong Qigong sich mit jeder Angelegenheit stets zuerst an Lu Youjiao und nicht an die anderen drei Klanältesten gewandt. Wäre Lu nicht so ein unbeherrschter Charakter gewesen, hätte ihn Hong vermutlich zu seinem Nachfolger bestimmt.

Aus diesem Grund hatten die Sauberbettler der Versammlung in Yuezhou mit Grauen entgegengeblickt. Lu Youjiao war gewiss der Aufrechteste unter den Klanmitgliedern, zweifellos ein großer Kämpfer und noch dazu derjenige, dem der amtierende Bettlerfürst am meisten vertraute. Da die Mehrheit der einfachen Klanmitglieder das entbehrungsreiche Leben der Schmutzbettler führte, half es nicht viel, dass die drei anderen Klanältesten zur Fraktion der Sauberbettler gehörten.

Die drei sauberen Klanältesten hatten schon lange nach Wegen gesucht, um die Stellung ihrer Fraktion im Klan zu verbessern und dem Klan einen neuen Kodex zu geben, aber der Respekt vor Bettlerfürst Hong verbot jede Einmischung ihrerseits. Als statt des Oberhaupts nun Yang Kang mit dem Bambusstock in Yuezhou auftauchte, sahen sie, bei aller Trauer um Bettlerfürst Hong, die lang ersehnte Gelegenheit gekommen, den Einfluss der Schmutzbettler zu minimieren, und empfingen ihn mit allen Ehren. Yang Kang hatte ihnen vor der Versammlung wohlweislich nichts vom angeblichen letzten Willen des Bettlerfürsten verraten. Seine überraschende Verlautbarung bedeutete für die drei Klanältesten zwar, dass sie selbst leer ausgingen; aber solange Lu Youjiao nicht zum Oberhaupt ernannt wurde, war ihnen alles recht. Ein so junger Mann, noch dazu von noblem Äußeren und erlesenem Geschmack, würde sich gewiss leicht nach ihren Vorstellungen formen lassen.

Die drei tauschten verstohlene Blicke und nickten zustimmend.

»Was Junker Yang in Händen hält«, begann Ältester Jian, »ist das geheiligte Objekt dieses Klans. Wer daran zweifelt, möge vortreten und es mit eigenen Augen begutachten.«

Lu Youjiao warf einen misstrauischen Blick auf Yang Kang. *Dieser junge Schnösel soll zum Oberhaupt unseres Klans werden und eine Horde lumpiger Bettler anführen?* Die Vorstellung war ihm unerträglich. Er warf einen prüfenden Blick auf den Bambusstock. Kein Zweifel, so jadegrün und glänzend war nur der Hundestock, der seit Generationen von Bettlerfürst zu Bettlerfürst weitergereicht wurde. *Bettlerfürst Hong hat ihm seinem Wohltäter sicher als Zeichen der Dankbarkeit überlassen,* sagte er sich. *Es geht nicht an, mich dem Willen des Bettlerfürsten zu widersetzen. Nun gut, dann werde ich dem jungen Mann zum ehrenden Andenken an unser Oberhaupt ein tapferer und loyaler Diener sein.*

Er hob den Bambusstock über den Kopf und überreichte ihn Yang Kang mit der gebotenen Förmlichkeit.

»Lasst uns dem letzten Willen unseres verflossenen Oberhaupts gehorchen und uns vor Junker Yang, dem neunzehnten Fürsten unseres Klans, verneigen«, deklamierte er. Die Bettler jubelten dem neuen Bettlerfürsten zu.

Verzweifelt sahen Guo Jing und Huang Rong das Geschehen mit an. Guo Jing hatte noch die Worte Huang Yaoshis in den Ohren, der bereits geahnt hatte, dass Yang Kang nichts Gutes mit dem Stock im Schilde führte. Sein missratener Schwurbruder würde bestimmt großes Unheil über den Klan bringen. Huang Rong zerbrach sich den Kopf eher darüber, was Yang Kang mit ihr und Guo Jing vorhatte, um zu gegebener Zeit richtig reagieren zu können.

»Ich verfüge weder über das Wissen der Erfahrung noch über die Weisheit des Alters«, sagte Yang Kang, die Bescheidenheit selbst. »Ich bin nicht reif für eine solche Verantwortung.«

»Bettlerfürst Hong selbst hat Euch zu seinem Nachfolger bestimmt, Junker Yang«, sagte Klanältester Peng. »Es gibt keinen Grund, so bescheiden zu sein. Der gesamte Klan steht einig hinter Euch und wird Euch unterstützen, keine Sorge.«

»So ist es!«, bekräftigte Lu Youjiao im Brustton der Überzeugung. Dann räusperte er sich kräftig und spuckte – mitten in Yang Kangs Gesicht.

Das kam so unerwartet, dass Yang Kang keine Zeit zum Ausweichen blieb. Der Speichel spritzte über seine gesamte rechte Wange. Er wollte sich eben lauthals über die Beleidigung entrüsten, als ihm schon Peng, Jian und Liang ebenfalls ins Gesicht spuckten.

Das ist mein Ende!, dachte er. *Die vier Klanältesten haben meinen Täuschungsversuch durchschaut.*

Hastig erwog er seine Fluchtmöglichkeiten. Er wusste, dass kaum Aussicht auf Erfolg bestand, aber untätig zu bleiben und sich in sein Schicksal zu ergeben, kam nicht infrage.

Die vier Klanältesten kreuzten die Arme vor der Brust und fielen vor ihm auf die Knie. Yang Kang war jetzt vollends verwirrt, sagte aber kein Wort.

Die Bettler hatten sich mittlerweile nach Rang und Alter aufgereiht. Einer nach dem anderen trat vor den neu gekrönten Bettlerfürsten, räusperte sich kräftig, spuckte ihm ins Gesicht und kniete nieder.

Yang Kang dämmerte es allmählich. *Ist das etwa das Zeichen ihrer Unterwerfung?* Von einem so widerlichen Ritual hatte er nichts geahnt. Das Ausspucken sollte das Oberhaupt des Bettlerklans daran gemahnen, welcher Verachtung und welchen Gemeinheiten seine Klanbrüder ihr Bettlerleben lang ausgesetzt waren.

Huang Rong erinnerte sich an den Tag auf der Insel, als Meister Hong sie zu seiner Nachfolgerin bestimmt hatte, an die Flecken von seinem Auswurf auf ihrem Kleid und seine Worte: *Sobald der Klan von deiner Ernennung erfährt, wirst du ein ziemlich übles Ritual ertragen müssen. Das wird nicht leicht für dich sein.* Sie hatte angenommen, dass er ihren Rock, geschwächt durch die Verletzung, nur versehentlich beschmutzt hatte, aber jetzt verstand sie, dass es sich um eine kleine Vorwarnung gehandelt hatte. Er hatte es bei der vagen Andeutung belassen, damit sie sich nicht vor lauter Abscheu weigerte, sein Amt zu übernehmen.

Nach einer gefühlten Ewigkeit hatten die Bettler ihr Unterwerfungsritual beendet.

»Bettlerfürst Yang besteige die Terrasse des Gelben Kaisers!«

Yang Kang sah nach der Felsterrasse. Besonders hoch lag sie nicht. Eine gute Gelegenheit, seinem Gefolge eine Demonstration seines eleganten Kung-Fu zu geben. Er stieß sich auf den Zehenspitzen ab und flog mit gewandter Eleganz auf die Felsterrasse.

Die Klanältesten zeigten sich indes nicht sonderlich beeindruckt, schließlich waren sie selbst erfahrene Kampfkünstler und ihr verstorbenes Klanoberhaupt ein Großmeister. Der neu erkorene Bettlerfürst war fraglos ein talentierter Novize der Kampfkunst, aber mehr auch nicht. Er war eben noch sehr jung.

Yang Kang richtete mit lauter Stimme das Wort an seinen Klan. »Zwar sind die Mörder von Bettlerfürst Hong noch nicht gefunden, aber es ist mir gelungen, zwei ihrer Komplizen habhaft zu werden.«

»Wo sind sie? Wo?«

»Schneidet sie in Stücke!«

»Nein, lasst sie von den Hunden in Stücke reißen!«

Wieder entstand Tumult unter den Bettlern.

»Bringt sie her!«, kommandierte Yang Kang.

Welche Komplizen er wohl gefangen hat?, fragte sich Guo Jing. Die Antwort kam in Gestalt des mondgesichtigen Klanältesten Peng auf ihn zu. Peng packte Guo Jing und Huang Rong am Kragen und schleifte sie auf die Terrasse.

Als Lu Youjiao die Beschuldigten sah, schrak er zusammen. »Erlaubt mir zu sprechen, Fürst Yang. Diese beiden sind Schüler von Bettlerfürst Hong. Warum sollten sie ihm etwas zuleide tun?«

»Sie haben sich eines abscheulichen Verbrechens schuldig gemacht und gegen ihren eigenen Meister intrigiert!«, schimpfte Yang Kang mit theatralischem Hass.

»Fürst Yang hat es mit eigenen Augen gesehen«, ergänzte der Klanälteste Peng. »Bezichtigst du ihn der Lüge?«

Jetzt lösten sich zwei andere Bettler aus der Menge und traten vor. »Bitte erlaubt mir zu sprechen. Ich kenne diese beiden«, sagte der ältere von beiden. »Sie sind aufrechte Helden und haben mein Leben gerettet. Nie und nimmer haben sie sich gegen Bettlerfürst Hong verschworen.«

Die Männer waren niemand anders als Hauptmann Li Sheng und Yu Zhaoxing, die Guo Jing in Baoying aus den Fängen Ouyang Kes befreit hatte. Sie erinnerten sich noch gut daran, wie zugetan Bettlerfürst Hong seinen beiden Schülern gewesen war.

»Das sind gute Menschen, Freunde unseres Klans!«, ergänzte Yu Zhaoxing.

»Was fällt Euch ein, ungefragt das Wort zu ergreifen?«, wetterte Ältester Liang. »Wenn ihr etwas zu sagen habt, dann nur über einen der Ältesten.«

Li und Yu gehörten zu den Schmutzbettlern und hätten sich daher zuerst an Lu Youjiao wenden müssen. Schweigend fügten sie sich und traten bebend vor Empörung zurück.

»Niemals würde ich einfacher Bettler wagen, an den Worten des Klanfürsten zu zweifeln«, sagte nun Lu Youjiao vorsichtig, »aber da es sich bei der Rache für das Verbrechen an Bettlerfürst

Hong um eine äußerst wichtige Angelegenheit handelt, möchte ich Fürst Yang bitten, die Beschuldigten eingehend zu den Geschehnissen zu befragen.«

»Selbstverständlich werde ich den Verbrechern die Wahrheit abpressen.« Yang Kang hatte mit dem Einwand gerechnet und sich sorgfältig überlegt, wie er am besten vorginge. »Ich werde Euch jetzt ein paar Fragen stellen«, sagte er, an Guo Jing und Huang Rong gewandt. »Ihr braucht nichts zu sagen, ein Nicken oder Kopfschütteln genügt. Wehe, ihr wagt es, uns zu täuschen …« Er führte die ausgestreckte Handfläche quer über seinen Hals.

Ältester Peng und Ältester Liang zückten ihre Waffen und stellten sich hinter Guo Jing und Huang Rong, die die kalten Schwertspitzen im Rücken spürten.

Huang Rong wurde blass vor Zorn, obwohl sie innerlich kochte. Wie sehr hatte sie es genossen, Lu Guangying und Cheng Yaojia von der Geheimkammer aus dabei zu beobachten, wie sie in einem reizenden und amüsanten Schauspiel mit dieser stummen Taktik einander ihre Liebe gestanden. Sie selbst hatte sich damit auf der Pfirsichblüteninsel mit Ouyang Ke einen Spaß erlaubt, als dieser mit seinem Onkel dort gewesen und um ihre Hand angehalten hatte. Jetzt waren sie mit derselben Methode den Intrigen dieser hinterhältigen Ratte ausgeliefert.

Fieberhaft überlegte sie, wie sie allein durch ihre stummen Antworten Lu Youjiaos Zweifel soweit wecken konnte, dass er auf verbalen Antworten bestand. Einmal von diesem Knebel befreit, würde es ihr spielend gelingen, jedermann von Yang Kangs Betrug zu überzeugen.

Doch Yang Kang war klug genug, sich zuerst denjenigen vorzunehmen, von dem er wusste, dass er jede Frage mit aufrichtiger Einfalt beantworten würde.

»Diese junge Frau ist die Tochter des Herrn der Pfirsichblüteninsel, nicht wahr?«, fragte er Guo Jing.

Guo Jing schloss die Augen und schwieg.

Ältester Jian pikste ihn von hinten mit der Schwertspitze. »Antworte gefälligst! Ja oder nein?«

Guo Jings einziger Plan war, Yang Kang mit Missachtung zu strafen, aber dann besann er sich eines anderen. *Was auch immer ich sage, irgendwann kommt die Wahrheit ohnehin ans Licht.* Er nickte.

Die Tochter von Fürst Hongs Mörder also! Erneut brach unter den Bettlern Tumult aus. »Tötet sie! Worauf warten wir noch?«

»Brüder und Schwestern, beruhigt Euch.« Yang Kang hob die Hände. »Lasst mich mit der Befragung fortfahren.« Wieder richtete er das Wort an Guo Jing. »Huang Yaoshi hat sie dir zur Frau versprochen, nicht wahr?«

Guo Jing nickte.

Yang Kang beugte sich zu ihm hinunter und zog Guo Jings Dolch aus dessen Gürtel. »Dieser Dolch ist ein Geschenk Qiu Chujis, einem der sieben Jünger der Quanzhen-Schule, richtig?«

Er nickte.

»Dein Name steht auf dem Schaft, richtig?«

Er nickte.

»Ein weiterer Jünger der Quanzhen-Schule mit Namen Ma Yu hat dich unterrichtet und sein Kampfbruder Wang Chuyi hat dir einmal das Leben gerettet, ja oder nein?«

Er nickte.

»Ihr beide wart mit Hong Qigong befreundet und er hat euch sein einzigartiges Kung-Fu beigebracht, nicht wahr?«

Guo Jing nickte.

»Als Hong Qigong von Schurken angegriffen und schwer verwundet wurde, wart ihr an seiner Seite, nicht wahr?«

Wie kann ich das leugnen? Guo Jing fiel nichts Besseres ein, als wiederum zu nicken.

Huang Rong verfluchte ihn innerlich. *Du dummer Junge! Würdest du alles leugnen, dann müssten sie dich wohl oder übel reden lassen!*

Yang Kangs Ton wurde mit jeder Frage drohender. Die Bettler durchschauten seine Schliche nicht und nahmen jedes Nicken Guo Jings als Bestätigung seiner Verbrechen, ohne darüber nachzudenken, was diese Fragen mit einer Verschwörung zur Ermordung Hong Qigongs zu tun hatten. Selbst Lu Youjiao durchschaute Yang Kangs List nicht und war von Guo Jings und Huang Rongs Schuld überzeugt. Zur Bekräftigung seiner tiefen Abscheu versetzte er Guo Jing einen kräftigen Tritt.

»Brüder und Schwestern!«, hob Yang Kang an. »Da die beiden ihre Taten offen eingestanden haben, wollen wir ihnen die Folter ersparen. Gebt ihnen einen schnellen Tod, Ältester Peng und Ältester Liang!«

Guo Jing sah Huang Rong bedrückt an. Sie aber lächelte. *Was könnte es Schöneres geben, als an Jings Seite zu sterben,* dachte sie glücklich. *Auf diese Weise bleiben wir auch nach dem Tod für immer zusammen und diese mongolische Barbarin bekommt ihn nicht.*

Guo Jing legte den Kopf in den Nacken und sah zum Sternenhimmel auf. Er dachte an seine Mutter, die weit weg von ihm in der Mongolei weilte. Sein Blick wanderte nach Norden und blieb an den hell funkelnden Sternen des Großen Wagens hängen. Mit einem Mal stand ihm wieder der dramatische Kampf zwischen den sieben Daoisten, Mei Chaofeng und Huang Yaoshi vor Augen. In der Todesstunde ist der menschliche Verstand hellwach, heißt es. Klar und deutlich sah er vor sich, wie die Sieben Unsterblichen mit der Formation des *Großen Wagens* angegriffen und sich verteidigt hatten, den Gegner eingekesselt und dann wieder ausgespien hatten.

Er bemerkte gar nicht, dass Pengs und Liangs Schwerter bereits drohend über seinem und Huangs Köpfen hingen.

»Halt!«, rief Lu Youjiao und stellte sich zwischen die beiden zum Tode Verurteilten und die beiden Klanältesten. Ohne Einwände abzuwarten, zog er Guo Jing den Knebel aus dem Mund.

»Wie genau ist Bettlerfürst Hong gestorben?«, fragte er streng. »Ich will alles wissen.«

»Es ist unnötig, ihn zu befragen«, sagte Yang Kang schnell. »Ich habe Euch doch schon alles berichtet.«

»Mit Verlaub, Fürst Yang, aber je mehr wir darüber in Erfahrung bringen, desto besser«, insistierte Lu Youjiao. »Auch von den beteiligten Verbrechern selbst.«

Yang Kang brach Schweiß aus. Es war zwecklos, Lu Youjiao davon abzubringen, Guo Jing reden zu lassen, sonst würde er möglicherweise Verdacht schöpfen. Aber wenn Guo Jing die Wahrheit enthüllte, stand es schlecht für ihn.

Aber obwohl sein Mund von dem lästigen Knebel befreit war, sagte Guo Jing kein Wort. Lu Youjiao wiederholte mehrmals seine Frage, aber Guo Jing schien ihn gar nicht zu hören und starrte weiter gedankenverloren in den Nachthimmel, völlig in seiner Faszination für das Kung-Fu des *Großen Wagens* hingegeben.

Während Yang Kang das Schweigen seines Schwurbruders mit erleichtertem Staunen zur Kenntnis nahm, verzweifelte Huang Rong. Wie konnte sie Guo Jing bloß aus seiner Versunkenheit rütteln?

Yang Kang gab Peng und Liang einen Wink, mit der Exekution fortzufahren. Sie hoben die Schwerter.

Da ertönte ein lautes Zischen. Eine violette Flamme erleuchtete den See. Peng und Liang wendeten erschrocken die Köpfe. Jetzt schossen, nur wenige Li vom Berg Jun entfernt, zwei blaue Flammen zum Nachthimmel empor. Sie mussten mitten auf dem See gezündet worden sein.

»Fürst Yang, ein bedeutender Gast kündigt sich an«, sagte Klanältester Jian.

»Wer soll das sein?«, fragte Yang Kang erschrocken.

»Der Anführer der Eisenfaustbande«, flüsterte Jian ihm zu, damit die Bettlerversammlung nichts von der offensichtlichen Unwissenheit ihres neuen Oberhaupts mitbekam.

»Der Eisenfaustbande?« Von diesem Bund hatte Yang Kang noch nie gehört.

»Eine Bande vom Jing-See, mit der man sich gut stellen sollte. Ihr Anführer erweist uns persönlich die Ehre und wir sollten ihn angemessen empfangen. Doch mitten im Prozess gegen Verräter gesehen zu werden, würde keinen guten Eindruck machen. Wir sollten die Angelegenheit aufschieben.«

»Nun gut, Ältester Jian. Bereitet alles für den Empfang der Gäste vor.«

Kurz darauf wurde der Himmel über dem Jun, begleitet von lautem Donnerkrachen, dreimal hintereinander in ein flammendes Rot getaucht.

Jetzt wurden auf dem Dongting-See auch die Boote, die auf die kleine Insel zuhielten, sichtbar. Die Bettler reihten sich mit Fackeln in den Händen ehrerbietig zum Empfang auf.

Die Krieger der Eisenfaustbande verfügten zwar durchaus über Schwebekunst, benötigten aber erstaunlich lange, um den steilen Hügel hinauf zum Felsplateau zu erklimmen.

Guo Jing und Huang Rong wurden, gut bewacht von Getreuen des Klanältesten Peng, in den hinteren Reihen des Bettlerklans versteckt.

Huang Rong beobachtete Guo Jing, der ausdruckslos in den Himmel starrte und fortgesetzt unverständliches Zeug vor sich hin brabbelte. *Das erlittene Unrecht hat ihm den Verstand geraubt,* dachte sie bedrückt. Sie hoffte inständig, dass die Neuankömmlinge, wer auch immer sie waren, ihnen eine Möglichkeit zur Flucht boten.

Im Licht der Fackeln betraten mehrere Dutzend schwarz gekleidete Kämpfer die Felsterrasse. In ihrer Mitte befand sich ein älterer Mann in einem Hemd aus gelbem Kudzu-Gras, in der Hand einen Fächer aus Schirmpalmenstroh.

Qiu Qianren.

Sosehr Huang Rong das Wiedersehen mit dem feigen alten Scharlatan auch amüsierte, so groß war ihre Enttäuschung. Sein Auftauchen verhieß nichts Gutes.

Klanältester Jian trat auf den Gast zu und begrüßte ihn ehrerbietig mit den im Jianghu üblichen Höflichkeitsfloskeln. Dann stellte er ihn Yang Kang vor. »Dieser Kämpfer ist Qiu Qianren, der berühmte Wasserwandler mit der Eisenfaust, dessen Faust im ganzen Jianghu so gefürchtet wie sein Name berühmt ist. Das verehrte Oberhaupt unseres bescheidenen Klans, Fürst Hong, hat betrüblicherweise kürzlich in Lin'an sein Leben eingebüßt. Darf ich Euch Junker Yang vorstellen, den wir erst heute zu unserem neuen Klanfürsten erkoren haben, ein wahrer Held der jüngeren Generation. Wir freuen uns auf eine fruchtbare Zusammenarbeit.«

»Sehr erfreut«, sagte Yang Kang mit einem breiten Lächeln. Er erinnerte sich noch gut daran, wie sich dieser alte Wichtigtuer im Wanderwolkenpalast vor aller Augen lächerlich gemacht hatte. *Und der soll Anführer eines bedeutenden Klans des Jianghu sein?*, dachte er. *Nun, er bietet mir immer eine gute Gelegenheit, meinen Bettlern zu zeigen, wie bedeutend ihr eigener neuer Anführer ist.* Yang Kang reichte Qiu Qianren die Hand, wobei er sein ganzes inneres Kung-Fu in der Handfläche sammelte und zudrückte.

Doch kaum hatte er Qiu Qianrens Hand berührt, durchfuhr ihn ein brennender Schmerz. Seine Hand brannte, als umschlössen seine Finger glühende Kohlen. Er wollte die Hand zurückziehen, aber der Gegner hatte sie fest im Griff. Der Schmerz fuhr Yang Kang bis ins Mark. Unwillkürlich schrie er auf. In seinen Augen standen Tränen.

Die vier Klanältesten sprangen ihm bei. Ältester Jian stieß warnend seinen Eisenstab auf den Stein, dass die Funken sprühten. »Meister Qiu! Wir haben Euch als unseren Gast empfangen«, sagte er, bemüht, seine Wut in Zaum zu halten. »Fürst Yang ist noch jung. Was bringt Euch dazu, sein Kung-Fu auf die Probe zu stellen?«

»Ich habe ihm freundlich und arglos die Hand gereicht«, entgegnete Qiu Qianren kühl, ohne seinen Griff zu lockern. Noch einmal schickte er seine ganze Kraft in seine Hand. Yang Kang japste. »Euer werter neuer Klanfürst wollte mein Kung-Fu zuerst auf die Probe stellen. Offenbar hatte er die Absicht, auf der Stelle meine alten Knochen zu zerschmettern.« Yang Kangs Wimmern begleitete Qiu Qianrens Worte.

Erst, als er ausgeredet hatte, schleuderte er Yang Kangs Hand von sich. Yang Kang, der schon fast bewusstlos vor Schmerz war, brach zusammen. Lu Youjiao fing ihn gerade noch auf, bevor er zu Boden stürzte.

»Meister Qiu … was … ich bitte Euch!«, rief Ältester Jian. Mit einem verächtlichen Schnauben holte Qiu Qianren zu einem Schlag in Jians Gesicht aus. Geistesgegenwärtig riss Jian zur Abwehr seinen Stab hoch, aber Qiu Qianren packte lässig das Stabende. Obwohl seine Finger den Stab nicht einmal fest umschlossen, zog eine unglaubliche Kraft den Stab nach unten, um ihn Jians Händen zu entreißen. Aber der Klanälteste behielt seine Waffe eisern im Griff. So leicht war seinem Kung-Fu nicht beizukommen.

Plötzlich durchschnitt links von ihm ein wuchtiger Hieb die Luft und mit einem lauten Scheppern landete Qiu Qianrens Handkante auf dem Stab. Die Wucht des Schlags zerriss die Haut zwischen Jians Daumen und Zeigefinger. Seine blutende Hand gab die Waffe frei.

Qiu Qianren parierte mit Jians Eisenstab erst Pengs und Liangs Schwerter, dann wirbelte er ihn herum und rammte dabei gleichzeitig seinen Ellbogen in Lu Youjiaos Gesicht.

Im Handumdrehen hatte Qiu Qianren alle vier Ältesten des Bettlerklans geschlagen. Entsetzt griffen die versammelten Bettler zu den Waffen. Bereit zum Kampf gegen die Eisenfaustbande, warteten sie auf das Kommando ihres neuen Klanfürsten.

Mit beiden Händen umschloss Qiu Qianren ein Ende des Eisenstabs und warf ihn wie einen Pfeil gegen einen entfernten Felsbrocken. Eisen traf auf Stein. Es folgte nur ein kurzes Klirren, das im nächsten Augenblick verstummte. Der Stab stak tief im Felsbrocken. Verblüfftes Schweigen.

Huang Rong traute ihren Augen nicht. War der alte Aufschneider am Ende doch ein Meister der Kampfkunst? Sie sah noch einmal genau hin. Deutlich erhellten das Mondlicht und der Schein der Fackeln seine Gesichtszüge. Er war es, kein Zweifel. Steckte er vielleicht mit Yang Kang und Jian unter einer Decke? War das alles nur ein abgekartetes Spiel und der Eisenstab stammte aus seiner Trickkiste?

Sie suchte Guo Jings Blick, aber er hielt seine Augen unverwandt zum Himmel gerichtet. Wie konnte er bloß in dieser lebensgefährlichen Lage die Sterne am Himmel zählen? War er gänzlich verrückt geworden? Vielleicht war das alles zu viel für ihn, erst die innere Zerrissenheit zwischen seiner Pflicht gegenüber Khojin und seiner Liebe zu ihr und dann die falsche Bezichtigung des Mordes an seinem geliebten Meister durch den eigenen Schwurbruder? *Armer Jing,* dachte Huang Rong, ließ für eine Weile das Kampfgeschehen aus den Augen und beobachtete ihn mit Sorge.

Dann forderte Qiu Qianrens Stimme erneut ihre Aufmerksamkeit.

»Die Eisenfaustbande und die Bettler sind sich seit jeher so wenig in die Quere gekommen wie die Wasser der Flüsse und die der Brunnen. In bester Absicht bin ich heute zur Versammlung des Bettlerklans gestoßen. Warum also werde ich von eurem neuen Anführer mit einer Provokation empfangen?«

Mit Erleichterung hörte Klanältester Jian aus diesen Worten heraus, dass die guten Beziehungen zwischen der Eisenfaustbande und seinem eigenen Klan noch nicht unrettbar in Scherben lagen. Er hatte kein Interesse daran, den gefürchteten Qiu Qianren zum Feind zu haben. »Das war ein reines Missverständnis, Anführer Qiu«, sagte er beschwichtigend. »Euer Ruhm hallt durch das ganze Reich und unser aller Hochachtung ist Euch gewiss. Es ist uns eine Ehre, dass Ihr uns heute die Gunst eines Besuchs gewährt. Selbstverständlich heißen wir Euch herzlich willkommen, keiner von uns würde es wagen, Euch den gebührenden Respekt zu versagen.«

Hocherhobenen Haupts stand Qiu Qianren da und ließ sich schweigend die Schmeicheleien gefallen. Erst nach einer langen Pause ließ er sich zu einer Antwort herab. »Mit Fürst Hong hat die Welt der Kampfkunst einen großen Helden verloren. Ich bedauere seinen Tod zutiefst. Und ich bedaure den Bettlerklan dafür, dass er sich diesen jungen Nichtsnutz zum neuen Anführer gewählt hat.«

Die Klanältesten wechselten Blicke. Wie sollen sie auf diese Beleidigung reagieren?

Inzwischen war Yang Kang wieder zu sich gekommen. Die erlittene Demütigung machte ihn rasend, aber für den Augenblick schien es geraten, den Ärger hinunterzuschlucken. Seine Hand brannte noch immer wie Feuer und seine Finger waren zu dicken Yamswurzeln angeschwollen.

Qiu Qianren fuhr fort. »Tatsächlich habe ich alter Mann nicht ohne Grund den Weg zu Euch auf mich genommen. Ich komme zudem beladen mit Geschenken für Euren werten Klan.«

»Zu gütig von Euch. Wir sind begierig, von Eurem Anliegen zu erfahren«, sagte Ältester Jian übertrieben zuvorkommend.

»Neulich habe ich ein paar meiner jüngeren Männer in einer Angelegenheit losgeschickt. Dabei trafen sie auf zwei Mitglieder Eures Klans. Ich weiß nicht, womit sie deren Zorn provoziert haben, aber Eure Freunde haben sie übel zugerichtet. Nun waren meine beiden Männer noch nicht besonders versiert in der Kampfkunst, aber Ihr versteht gewiss, dass ich, sollte diese Geschichte im Jianghu die Runde machen, diesen Gesichtsverlust für meine Bande nicht hinnehmen kann … Gerne möchte ich mich von diesen beiden Mitgliedern Eures werten Klans über die Verfehlungen meiner Leute belehren lassen.«

»Wer hat es gewagt, Vertreter der ehrenwerten Eisenfaustbande anzugreifen?«, rief Yang Kang eilig. »Tretet vor und bittet Meister Qiu um Vergebung.« Yang Kang waren die Mitglieder des Bettlerklans herzlich gleichgültig, und er war sich auch nicht bewusst, dass es zu seinen Aufgaben gehörte, sich in solchen Fällen schützend vor sie zu stellen. Hauptsache, jener Qiu Qianren bekam seine Genugtuung.

Ein Murren ging durch die Reihen der Bettler. Fürst Hong hätte niemals eine solche Demütigung von ihnen verlangt.

Wieder traten Li Sheng und Yu Zhaoxing aus der Menge heraus. »Erlaubt mir, das Wort zu ergreifen, Fürst Yang«, sagte Li Sheng. »Laut dem vierten Gesetz unseres Klans sind wir nach Recht und Moral verpflichtet, allen in Not und Leid zu helfen. Vor wenigen Tagen wurden Yu Zhaoxing und ich Zeuge, wie Mitglieder der Eisenfaustbande einen unbescholtenen Haushalt überfielen, plünderten und die Frauen vergewaltigen wollten. Angesichts solcher Verderbtheit konnten wir nicht anders, als einzuschreiten.«

»Was immer auch vorgefallen sein mag, ihr habt Meister Qiu unverzüglich um Verzeihung zu bitten«, verlangte Yang Kang laut.

Li Sheng und Yu Zhaoxing sahen einander an. Es ging nicht an, sich dem Befehl des Klanfürsten zu widersetzen, aber wie könnten sie dafür um Verzeihung bitten, gemäß den Regeln ihres Klans gehandelt zu haben?

»Brüder und Schwestern, wäre Fürst Hong noch am Leben, würde er niemals eine solche Demütigung von uns verlangen«, rief Li Sheng empört aus. »Lieber will ich sterben!«

Er zog einen Dolch aus seinen Lumpen, stieß ihn vor aller Augen in sein Herz und brach leblos zusammen. Yu Zhaoxing kniete über ihm, zog den Dolch heraus, tat es Li Sheng nach und fiel tot vornüber über seinen toten Kameraden.

Unter den Bettlern herrschte heller Aufruhr. Am liebsten hätten sie unverzüglich Hackfleisch aus den Vertretern der Eisenfaustbande gemacht, aber der Respekt vor ihrem Klanfürsten hielt sie zurück.

Qiu Qianren verzog den Mund zu einem halben Lächeln. »Nun, da diese Angelegenheit geregelt ist, herrscht auch kein Groll mehr zwischen uns. Erlaubt mir, Euch meine Geschenke zu überreichen.«

Qius Männer öffneten die Kisten, die sie heraufgeschleppt hatten, und präsentierten Dutzende Gold- und Silberbarren und glitzernde Juwelen, die sie Yang Kang zu Füßen legten.

Noch nie hatten die Bettler solche Reichtümer gesehen.

»Der Eisenfaustbande geht es gut und wir tafeln reichlich, aber auch wir verfügen nicht über solche Reichtümer. Es ist der Sechste Prinz des Großen Jin-Reichs, König Zhao, in dessen Namen wir Euch diese Schätze überbringen.«

Yang Kang war freudig überrascht, den Namen seines Ziehvaters zu hören. »König Zhao? Wo ist er? Gerne will ich ihn empfangen.«

»Ein Bote König Zhaos hat uns vor einigen Monaten aufgesucht und uns diese Schätze zusammen mit einer Nachricht für den Bettlerklan anvertraut.«

Sollte Vater das arrangiert haben, bevor er in den Süden aufgebrochen ist? Was bringt ihn dazu, eine Bande von Bettlern zu hofieren? In diese Pläne hat er mich nicht eingeweiht … Yang Kang nickte wohlwollend. »Die Geste ehrt unseren Klan über alle Maßen«, antwortete er. »Womit haben wir dieses Vertrauen verdient?«

»Fürst Yang, ich erkenne, dass Ihr trotz Eurer Jugend wisst, was gut ist für Euren Klan. Anders als der verflossene Fürst Hong.« Qiu Qianren lachte.

Yang Kang war gespannt zu hören, was sein Vater im Schilde führte. »Lasst mich mehr darüber wissen, was König Zhao von uns erwartet.«

»Aber nicht doch. Wer wäre so vermessen, dem Bettlerklan etwas vorschreiben zu wollen? König Zhao hat lediglich die Meinung geäußert, dass der Norden des Reichs mit seiner kargen Erde und seinem ärmlichen Volk nicht der Ort zur Verwirklichung großer Visionen sei …«

»König Zhao möchte, dass unser Klan in den Süden zieht?«, fragte Yang Kang schnell.

»Ihr seid wahrlich von wachem Verstand, Fürst Yang. Ich bedaure, dass ich es Euch gegenüber an Höflichkeit habe fehlen lassen. König Zhao sagte, er verstehe nicht, warum der Bettlerklan so sehr am kalten Norden hängt, wo doch den Gegenden südlich des Jangtse ein so liebliches Klima und natürlicher Reichtum zu eigen ist.«

»Wir sind dankbar für die freundlichen Empfehlungen des Königs Zhao. Es wäre ein großer Fehler, ihnen nicht zu folgen.«

Qiu Qianren hatte nicht mit der umstandslosen Kooperation des Bettlerklans gerechnet. *Seltsam, dieser junge Klanfürst zeigt nicht das geringste Zögern. Wahrscheinlich aus Angst vor mir,* dachte er. *Dennoch ist seine Reaktion eigentümlich. Der Bettlerklan ist seit Generationen im Norden des Reichs zu Hause. Wieso lässt er sich so leicht davon überzeugen, von dort in den Süden zu ziehen? Wer weiß, ob er nicht, kaum dass ich fort bin, seine Meinung ändert?*

Yang Kang schien seine Gedanken lesen zu können. »Die Sache sei hiermit besiegelt. Ich, Oberhaupt des Bettlerklans, gebe Euch mein Wort, dass mein Klan sich in die Gebiete südlich des Jangtse zurückziehen wird.«

Die Bettler trauten ihren Ohren nicht. »Erlaubt mir ein Wort, Fürst Yang«, wagte sich Lu Youjiao vor. »Wir sind Bettler und leben von Almosen, was sollen wir mit Gold und Perlen? Abgesehen davon zählen wir Zehntausende und sind über das ganze Reich verteilt. Wir gehen, wohin wir wollen, niemand kann uns in die Schranken eines bestimmten Gebiets unseres Landes verbannen. Ich ersuche Euch dringend, Euch die Antwort dreimal zu überlegen.«

»Wäre es nicht unhöflich, diese Geste guten Willens vonseiten Meister Qius zurückzuweisen?« Yang Kang hatte inzwischen begriffen, welche Absicht sein Vater verfolgte. Der Bettlerklan stellte für das Jin-Reich ein beständiges Ärgernis dar. Bei jedem Versuch, in den Süden vorzustoßen, hatten die Bettler die Nachhut der Jin-Armee aufgerieben. Mal machten sie ihre Offiziere nieder, mal steckten sie den Tross in Brand. Könnte man diese Pest woandershin verbannen, wäre endlich der Weg zur Eroberung des Südens für die Jin-Armee frei. »Nichts davon möchte ich für mich. Ich bitte die vier Klanältesten, die Schätze unter unseren Brüdern und Schwestern zu verteilen ...«

Lu Youjiao konnte nicht glauben, was er hörte. »Fürst Hong war und ist im ganzen Jianghu bekannt als Bettler des Nordens. Abgesehen davon steht der Bettlerklan loyal und aufrecht zu unserem Reich und seinem Kaiser. Die Jurchen sind seit Generationen unsere Feinde. Nichts, rein gar nichts, werden wir von ihnen annehmen. Und niemals, niemals werden wir uns in den Süden zurückziehen.«

Yang Kangs Miene verfinsterte sich. Bevor er etwas sagen konnte, fuhr Ältester Peng dazwischen. »Ältester Lu, wenn ich dich daran erinnern darf, dass die wichtigen Entscheidungen für den Klan unser Fürst trifft und nicht du?«

»Lieber will ich sterben als eine Entscheidung mitzutragen, die gegen unseren Kodex von Loyalität und Gerechtigkeit verstößt«, antwortete Lu Youjian stolz.

»Was sagt Ihr, Älteste Jian, Peng und Liang?«, fragte Yang Kang.

Jian und Liang hielten gar nichts davon, die Freiheit und den Einfluss des Klans auf den Süden zu begrenzen. Peng dagegen zögerte nicht mit seiner Antwort. »Ich beuge mich stets dem Willen unseres Klanfürsten.«

»Also gut. Ich verkünde hiermit, dass unser Klan sich von Beginn des achten Monats an in das Gebiet südlich des Jangtse zurückziehen wird.«

Unter den Bettlern brach Tumult aus. Yang Kang wusste nicht, wie er wieder Herr der Lage werden konnte. Jian, Peng und Liang versuchten, ihre Leute zur Ordnung zu rufen, aber ohne Erfolg, denn die Mehrheit der Aufrührerischen gehörte zu den Schmutzbettlern.

»Du widersetzt dich also dem Willen unseres Klanfürsten?«, herrschte Ältester Peng Lu Youjiao an.

»Eher dürft ihr mich in tausend Stücke schneiden, bevor ich meinem Fürsten oder den anderen Klanältesten in den Rücken falle. Aber genauso wenig werde ich, so wahr ich Lu Youjiao heiße, die geheiligten Regeln unserer Bettlervorfahren verraten. Die Jin haben unser Reich besetzt und unser Volk niedergemetzelt. Sie sind der schlimmste Feind meines Heimatlands. Habt ihr denn die Worte unseres verstorbenen Klanoberhaupts schon vergessen?«

Jian und Liang senkten betreten den Blick.

»Fürst Yang, meint Ihr nicht, dass wir Eurem Ältesten Lu beibringen sollten, seine Zunge zu hüten?«, spottete Qiu Qianren und wollte Lu Youjiao an den Schultern packen.

Aber Lu Youjiao, der den Angriff hatte kommen sehen, duckte sich, schoss durch Qiu Qianrens Beine hindurch und versetzte ihm mit seinen Stinkefüßen mit solcher Geschwindigkeit, dass die Luft vibrierte, drei kräftige Tritte in den Hintern. Er hieß nicht umsonst »der mit den Füßen«.

Derlei bizarres Kung-Fu hatte Qiu Qianren noch nie erlebt. Er wirbelte herum und begegnete dem nächsten Tritt mit seiner Eisenfaust. Lus Füße waren zwar schnell, aber die Wucht von Qius Schlag hätte dennoch sein Bein gebrochen, hätte er es nicht rasch zurückgezogen. Er schwang es über den Kopf nach hinten und landete mit einem Salto vor dem Gegner. Qiu Qianren sah gerade noch rechtzeitig die dicke Ladung Spucke auf sein Gesicht zufliegen und zog den Kopf ein. Dieser Bettler war ihm nicht geheuer. Er verfügte offenbar über einen ganzen Sack voll Stinke-Kung-Fu.

»Genug, Ältester Lu!«, schimpfte Yang Kang.

Lu Youjiao ging gehorsam auf Abstand. Aber Qiu Qianren wollte die Demütigung nicht ungesühnt hinnehmen und sprang Lu Youjiao mit wie zu Eisenzangen geformten Klauenhänden an die Gurgel.

Erschrocken wollte Lu Youjiao dem Angriff mit einem Rückwärtssalto entgehen, aber Qiu Qianren stieß einen martialischen Schrei aus und hatte im nächsten Augenblick Lus Handgelenke in seinem Eisengriff.

So schnell gab Lu Youjiao nicht auf. Er hatte schließlich in seinem langen Leben schon unzählige Kämpfe bestritten.

Er versuchte, sich mit einem Sprung loszureißen, aber er hob nicht einmal einen Fingerbreit vom Boden ab. Ihm blieb nur noch sein Kopf als Waffe. Schnell bückte er sich, um Qiu seinen Schädel in den Magen zu rammen.

Seit er zehn Jahre alt war, hatte Lu Youjiao das *Bronzehammer-Eisenschädel*-Kung-Fu geübt, mit dem er mühelos ein Loch in eine Wand schlagen konnte. Einmal hatte er wegen einer Wette mit einem Klanbruder Kopfstöße mit einem Ochsen ausgetauscht. Lu war unbeschadet aus dem ungewöhnlichen Duell hervorgegangen, der Ochse hatte das Bewusstsein verloren.

Er wollte Qiu Qianren gar nicht verletzen, sondern nur so weit zurückstoßen, dass er endlich aus seinem Griff freikam. Doch als seine Schädelspitze in Qiu Qianrens Bauch stieß, spürte er nicht den geringsten Widerstand. Der Bauch war weich wie Watte. Er wollte seinen Kopf schnell zurückziehen, aber Qiu Qianren ließ ihn nicht. Sosehr er sich auch krümmte und wandte, er bekam den Kopf nicht mehr hoch.

Qius Bauch schien ihn einzusaugen, statt abzustoßen, und war dabei heiß wie ein Glutofen, der Lus Kopfhaut versengte. Der Schmerz war unerträglich.

»Ergib dich!«, schrie Qiu Qianren.

»Niemals, du Stinkfresse!«

Qiu Qianren verstärkte seinen Eisengriff um Lus rechte Hand. Entsetzliches Knirschen und Knacken folgte. Er hatte ihm jeden Knochen der rechten Hand gebrochen.

»Ergib dich!«

»Stinkfresse!«

Das entsetzliche Knacken wiederholte sich. Auch die Knochen von Lu Youjiaos linker Hand waren gebrochen.

Lu Youjiao war schwindlig vor Schmerz, dennoch fluchte und zeterte er unablässig weiter.

»Gib Ruhe oder ich quetsche dir mit meinen Bauchmuskeln das Gehirn aus!«, brüllte Qiu Qianren.

In diesem Augenblick schoss ein junger, großer und kräftiger Mann aus den Reihen der Bettler hervor und versetzte Lu Youjiao unversehens drei knallende Hiebe auf den Rücken.

Qiu Qianren spürte, wie die Kraft der Schläge durch Lu Youjiao hindurch und direkt in seinen Magen fuhr.

Mit jedem Schlag schwand Qiu Qianrens Bauchmuskelkraft und löste sich schließlich in nichts auf. Lu Youjiao befreite rasch seinen Kopf aus der Falle und richtete sich auf, aber seine Handgelenke steckten noch immer im Griff des Gegners.

»Zur Seite, sonst tötet er dich!«, rief der Junge, riss ein Bein hoch und landete einen Tritt gegen Lu Youjiaos Schulter. Die von diesem Tritt ausgehende Kraft traf zwar Lu Youjiao, fuhr aber auch durch ihn hindurch und in Qiu Qianrens Arme.

Qiu Qianrens *Tigerhöhle* – wie man die Stelle zwischen Daumen und Zeigfinger nannte – wurde taub. Unwillkürlich lockerte er seinen Griff und Lu Youjiao war gerade noch wach genug, um den Schwung des Fußtritts dazu zu nutzen, seitlich aus dem Klammergriff zu entweichen. Benommen vor Schmerz taumelte er noch ein paar Schritte und brach zusammen.

Qiu Qianren nahm erschrocken seinen neuen Gegner in Augenschein. Der Junge schien noch keine zwanzig Jahre alt und meisterte bereits die hohe Kunst, seine Kraft über einen Dritten einzusetzen, ohne diesen zu verletzen. Offenbar hatte er den Bettlerklan unterschätzt. Es schien geraten, keinen neuen Angriff zu wagen.

Doch der Junge war kein Bettler.

Es war Guo Jing.

Die Bettler, die nicht begriffen, was vor sich ging, waren erst wie versteinert, dann stürzten sie sich auf Guo Jing. Erst hatte dieser Verbrecher Klanfürst Hong getötet und jetzt auch noch Klanältesten Lu verletzt!

Guo Jing hatte seit der Ankunft Qiu Qianrens unablässig in den Nachthimmel auf das Sternbild des Großen Wagens gestarrt, stets die Kampfformation der sieben Daoisten der Quanzhen-Schule vor Augen.

Schon als er diese Kampfkunst von der Geheimkammer in Niu aus beobachtet hatte, waren ihm die Stellen aus dem *Wahren Weg der Neun Yin* in den Sinn gekommen, die vom *Großen Wagen* redeten. Er kannte zwar jedes Wort des Handbuchs auswendig, aber die tiefe Weisheit hinter seinem abstrakten Text war ihm verborgen geblieben. Beim Betrachten des Sternbilds hatte er plötzlich das Gefühl, in die Zeilen des Buches einzutauchen. Mit einem Mal ergaben sie Sinn.

Zhou Botong hatte ihm damals auf der Pfirsichblüteninsel die Geschichte des Handbuchs erzählt und davon, dass das Denken seines Verfassers in der daoistischen Philosophie wurzelte. Je länger er das Sternbild betrachtete, desto mehr erhellte sich für Guo Jing der Zusammenhang zwischen Theorie und Praxis.

Während Qiu Qianren mit Yang Kang und den vier Klanältesten verhandelte, waren Guo Jings Gedanken bei der Kunst *Muskeln schrumpfen und Knochen kürzen*, die im zweiten Teil des Handbuchs behandelt wurde. Diese Kunst war an sich weitverbreitet – Einbrecher und Diebe machten sie sich zunutze, um sich durch enge Öffnungen zu zwängen. Aber wahre Meister des Kung-Fu nutzten sie, um jeden Muskel und jeden Knochen so zusammenzuziehen, dass sie sich einrollen konnten wie ein Igel.

Auf der Abendwolkeninsel hatte Hong Qigong ihm geraten, die Kunst *Muskeln formen und Knochen schmieden* aus dem Handbuch zu üben, was er auch mit mäßigem Erfolg getan hatte. Jetzt fügte sich in seinen Gedanken eins zum anderen. Während er noch fasziniert in den Himmel gestarrt hatte, lockerten sich, er wusste gar nicht, wie, die stahlverstärkten Lederfesseln um seine Hand- und Fußgelenke und fielen von ihm ab. Sein Körper lernte schneller als sein Verstand.

Klanältester Peng hatte noch vor seinem Gefangenen bemerkt, dass er sich befreit hatte, aber als er ihn packen wollte, war Guo Jing flink wie ein Wiesel ausgewichen.

Peng erschrak. Wie war der Junge bloß aus seinen engen Fesseln geschlüpft wie ein Schlammbeißer durch die Hand des Fischers?

Bevor Peng die Fassung wiedererrang, war Guo Jing schon bei Lu Youjiao und rettete ihn aus Qiu Qianrens Griff. »Packt den Verbrecher!«, rief dieser laut, aber seine eigenen Füße blieben wie angewurzelt auf der Stelle stehen.

So lange zu Unrecht gefesselt worden zu sein, machte selbst Guo Jing wütend auf die Bettler, die Yang Kangs Lügen auf den Leim gegangen waren. Als jetzt ein aufgebrachter Haufen Bettler auf ihn zustürzte, dachte er an Huang Rong. *Heute will ich einmal nicht so gnädig sein, sondern ausnahmsweise so ungnädig wie Rong. Das wird ihr gefallen!*

Außerdem hatte er Lust, seine soeben gewonnenen Erkenntnisse über das Kung-Fu des *Großen Wagens* in die Tat umzusetzen. Breitbeinig und mit verschränkten Armen stellte er sich in die Position der Himmlischen Macht.

Ein halbes Dutzend Männer stürmten gegen ihn an. Fest wie ein Fels stand Guo Jing da, streckte den linken Arm aus und ließ sie zu sich herankommen. Drei wollten gerade seinen Arm packen, als er ihn zurückzog und einmal um die eigene Achse wirbelte.

»Autsch!«

»Hilfe!«

»Dreckskerl!«

Der erste Bettler hatte Guo Jings Fußtritt in den Rücken bekommen, der nächste einen Schlag in den Bauch, der dritte einen Stoß in die Hüfte. Wimmernd lagen die Angreifer auf einem Haufen.

Es funktioniert! Guo Jing jubilierte.

Eben wollte er sich Yang Kang schnappen, als er die beiden Bettler sah, die sich auf Huang Rong stürzten. Er war zu weit weg, um mit der Faust eingreifen zu können, und eine Waffe hatte er auch nicht. Doch, fiel ihm ein, er hatte eine. Rasend vor Wut zog er seine Schuhe aus und schleuderte sie nach den Angreifern.

Hätte er nicht unzählige Male von seinen sechs Meistern die Geschichte erzählt bekommen, wie Zhu Cong damals im Kampf im Fahua-Tempel seinen Schuh nach Qiu Chuji geschleudert hatte, wäre ihm dieser simple Kniff vielleicht nicht in den Sinn gekommen.

Schon hingen die Schwerter der beiden Bettler über Huang Rongs Nacken. Wenigstens an ihr wollten sie ihren Rachedurst wegen ihres verstorbenen Klanfürsten stillen.

Sie spürten, wie die Luft sich hinter ihnen teilte. Einer von ihnen drehte sich um und der Schuh traf ihn quer über der Brust. Der zweite Schuh krachte gegen den Rücken des anderen Bettlers. Der erste stürzte rücklings, der zweite vornüber um. Der danebenstehende Klanälteste Peng traute seinen Augen nicht. Dieser Junge verfügte über magische Kräfte!

Im Handumdrehen erledigte Guo Jing drei weitere Gegner, dann war er mit wenigen Sätzen bei Huang Rong, um sie zu befreien. Bevor er die erste Fessel gelöst hatte, waren sie von Bettlern umzingelt. Guo Jing dachte an den *Großen Wagen*, zog Huang Rong auf seinen Schoß und wehrte im Schneidersitz mit der rechten Hand die Attacken ab, während seine linke weiter Fesseln aufband. Diesmal verband er den *Großen Wagen* mit Zhou Botongs *Duell der Hände*.

Bald waren sie von bestimmt hundert Bettlern eingekesselt. Die hinteren konnten gar nicht sehen, was vorne vor sich ging.

»Rong, bist du verletzt?«, fragte Guo Jing, als er sie endlich vom Knebel befreit hatte. Sie kauerte erschöpft auf seinen Knien.

»Nur ein bisschen schwindlig. Und meine Beine sind taub«, sagte sie.

»Gut, bleib ruhig liegen. Ich zeig es ihnen!«

Seelenruhig saßen die beiden auf der Erde, während die aufgebrachten Bettler schreiend um sie herumtobten.

»Pass auf, dass du meinen Gefolgsleuten nicht wehtust«, kicherte Huang Rong.

»Natürlich nicht.«

Guo Jing strich ihr mit der linken Hand sanft über das Haar, riss seine rechte in die Höhe, teilte drei klatschende Schläge aus und schleuderte damit drei Bettler mit Schwung über die Menge hinweg. Der allgemeine Tumult nahm zu, die Bettler drängten und schubsten, um in den Kampf einzugreifen. Schon flogen die nächsten vier hoch davon.

»Brüder, zurück! Lasst die Achtsackbettler vor, die werden es mit den Verrätern aufnehmen!« Die Stimme gehörte dem Klanältesten Jian.

Der überwiegende Teil der Bettler nahm Abstand – bis auf drei Mann, zu denen sich noch fünf weitere gesellten. Jeder der acht trug acht Jutebeutel auf dem Rücken. Diese Bettler rangierten gleich unter den Klanältesten und befehligten jeweils eine Legion von Bettlern. Auch Li Sheng hatte zu ihnen gehört.

Nun sah er sich zwar viel weniger Gegnern gegenüber, aber Guo Jing erkannte schnell, dass diese acht wesentlich bessere Krieger waren als die übrigen. Er wollte aufstehen. »Bleib sitzen. Du schaffst das auch so«, flüsterte Huang Rong.

Leicht wird das nicht, dachte Guo Jing. Er schnappte sich die stahlverstärkten Lederbänder, von denen er soeben Huang Rong befreit hatte, und nahm sich die beiden Bettler vor, die er als den Dicken und den Dünnen wiedererkannte, die Yang Kang aus Niu mitgenommen hatten.

Er schwang das Seil niedrig über der Erde. *Schienbeinbrecher* nannte sich die Form, die zu Reiterkönig Hans einzigartiger Kunst der *Goldenen Drachenpeitsche* gehörte. Doch sein Meister hätte gestaunt, wenn er gesehen hätte, mit welch mächtigem Inneren Kung-Fu sein Schüler die Bewegung ausführte.

Die beiden Bettler sprangen außer Reichweite. Guo Jing schwang das Stahlseil in solchen Bögen, dass es nach vorn, hinten und rechts eine Schutzwand bildete. Nur seine linke Flanke blieb ungeschützt, eine Lücke, die sich direkt vor dem dicken und dem dünnen Bettler auftat. Diese sahen die Gelegenheit zum Angriff.

»Halt!«, rief Ältester Jian.

Seine Warnung kam zu spät. Schon teilte Guo Jings linke Faust zwei schnelle Schläge gegen die Schulter des dicken, dann noch zwei gegen die des dünnen Bettlers aus. Zwei weitere Bettler schossen durch die Luft. Der dünne krachte in einen der Männer der Eisenfaustbande, der in der Nähe stand, der dicke, dessen Masse für mehr Schwung sorgte, riss mit Wucht einen zweiten, der weiter entfernt stand, von den Beinen.

Qiu Qianren hatte bislang unbeteiligt danebengestanden. Als er diesen Aufprall hörte, drehte er sich um. Erbost sah er, wie die beiden Bettler unversehrt wieder auf die Beine kamen, während seine eigenen Männer mit zerschmetterten Knochen auf der Erde lagen.

Er wollte diesem unglaublichen Jungen gerade selbst eine Lehre erteilen, als die nächsten beiden Bettler durch die Luft auf seine Leute zugerast kamen. Qiu Qianren war wahrscheinlich der Einzige, der den Vorgang begriff. Die Bettler transportierten nur die Kraft, die Guo Jing denjenigen zudachte, mit denen sie zusammenprallten. *Ich lasse mir von dem Kerl nicht meine Leute meucheln,* dachte er grimmig. Einen Bettler konnte Qiu Qianren mit einem Schlag gerade noch aus seiner Flugbahn lenken, sodass er auf der Erde landete. Dann ließ er zwei Fäuste gleichzeitig auf den Rücken des nächsten durch die Luft fliegenden Bettlers los, eine Form, die zu seinem berühmten *Eisenfaust-Kung-Fu* gehörte.

Wäre sein Inneres Kung-Fu stärker gewesen als das Guo Jings, dann hätte es die ankommende Kraft neutralisiert und dabei vermutlich die inneren Organe des armen Bettlers zu Brei zerquetscht.

Qiu Qianren stolperte rückwärts und wäre beinahe gestürzt, während der unfreiwillig zum Wurfgeschoss mutierte Achtsackbettler dahin zurückflog, wo er hergekommen war, und nahezu unversehrt auf den Füßen landete. Leicht benommen fand er das

Gleichgewicht wieder, drehte sich um und stürzte sich erneut auf Guo Jing.

Erstaunt erkannten die drei Klanältesten, dass Guo Jings Kung-Fu beinahe auf der Höhe des Kung-Fu Qiu Qianrens liegen musste. Viel fehlte jedenfalls nicht.

Noch mehr staunte Huang Rong. *Wie schafft es der alte Schwindler mit seinem armseligen Kung-Fu, der Kraft von Guo Jings Schlägen zu widerstehen? Ich kann mir nicht vorstellen, dass ihm das mit irgendwelchen Tricks gelungen ist.*

Qiu Qianren gebot der Eisenfaustbande mit erhobener Hand, sich zurückzuziehen.

Guo Jing war jetzt dazu übergegangen, die achtzehn *Drachenbezwingenden Hände* in Verbindung mit dem *Großen Wagen* durchzuexerzieren. Er brauchte nur etwa ein Dutzend Schlagwechsel, bis fünf Achtsackbettler mehr tot als lebendig am Boden lagen. Die drei, die noch laufen konnten, traten eilig den Rückzug an, aber Guo Jing schwang das Stahlseil wie ein Lasso, mit dem er die beiden an den Füßen einfing, zu sich heranzog und fesselte.

Huang Rong war begeistert. Während sie sich noch über Guo Jings beeindruckende Darbietung freute, fiel ihr wieder ein, dass es der mondgesichtige Klanälteste Peng gewesen war, der sie beide in diese missliche Lage gebracht hatte.

Er muss sich der dunklen Kunst der Unterwerfung des Geistes bedient haben, von der Meister Hong einmal erzählt hat und die den Gegner schläfrig und willenlos macht. »Jing«, fragte sie. »Steht im *Neun-Yin-Handbuch* etwas über eine Kunst der Unterwerfung des Geistes?«

»Nein …«, sagte Guo Jing und half ihr auf.

Huang Rong war enttäuscht. »Gib auf den Mondgesichtigen acht«, flüsterte sie ihm zu. »Sieh ihm auf keinen Fall in die Augen.«

Guo Jing schüttelte den Kopf. »Ich habe einen anderen im Sinn, dem ich in die Augen sehen will, während er meinen Zorn zu spüren bekommt.«

Er heftete seinen Blick auf Yang Kang und ging mit großen Schritten auf ihn zu.

Yang Kang hatte angesichts von Guo Jings ungekannter Stärke den ganzen Kampf über gezittert und gehofft, die Bettler würden ihn allein durch ihre zahlenmäßige Übermacht bezwingen. Nun, da sich diese Hoffnung in nichts aufgelöst hatte, fürchtete er um sein Leben.

»Klanälteste!«, rief er eilig, als er Guo Jing auf sich zustreben sah. »Wie können wir, wo unter uns zahlreiche tapfere Helden versammelt sind, diesen Verräter ungeschoren davonkommen lassen?«

Seine Füße waren so schnell wie seine Zunge. Im Nu verschwand er hinter dem Klanältesten Jian.

»Keine Sorge, Fürst«, flüsterte Jian ihm zu, »wir setzen ihm zu, bis er mürbe wird.« Laut rief er. »Achtsackbettler! Aufstellen zur Wandformation!«

Einer der Achtsackbettler trat vor, gefolgt von einer Gruppe Bettler niedrigerer Ränge. Mit ineinander verschränkten Armen bildeten sie eine Reihe. Eine zweite Gruppe formierte sich dahinter zu einer weiteren Reihe. Dann stießen sie einen wilden Schlachtruf aus und stürmten mit eingezogenen Köpfen gegen Guo Jing und Huang Rong an.

»Oh nein!«, rief Huang Rong und wich nach links aus, während Guo Jing nach rechts sprang, aber von West und Ost hielt ebenfalls eine Phalanx von Bettlern auf sie zu. Dieser seltsamen Kampfformation auszuweichen, hatte keinen Zweck, entschied Guo Jing. Er stellte sich ihnen entgegen und schlug mit der Faust den Mann in der Mitte der auf ihn zukommenden Bettlerwand nieder. Aber wie sollte er die Wucht der ganzen geschlossenen

Angreifermauer abwehren? Trotz seines außergewöhnlichen Inneren Kung-Fus gelang ihm nur, die Männer in der Mitte etwas zurückzudrängen, wobei die beiden Seitenflügel ihn zunehmend einkesselten. Im letzten Augenblick sprang er hoch und flog über die beiden angreifenden Bettlermauern hinweg, landete aber dadurch nur direkt vor der nächsten Reihe. Er holte tief Luft, stieß sich mit dem rechten Fuß ab und übersprang auch diese Reihe. Dahinter wartete schon die nächste. Wohin er auch sprang, unablässig bildeten die Bettler neue Mauern. Sie liefen immer wieder auseinander und setzten sich neu zusammen wie sich unermüdlich drehende Wagenräder.

Guo Jing sah bald keinen Ausweg mehr. Erneut fühlte er sich wie ein Gefangener.

Huang Rong war die bessere Springerin, agile und rasante Drehungen in der Luft gehörten zu den Vorteilen ihres Kung-Fu. Aber nach einiger Zeit geriet auch sie außer Atem und ihr Herz hämmerte.

Irgendwann landete sie wieder neben Guo Jing. Von allen Seiten drängten die Bettlermauern auf sie zu. Hinter ihnen lag nur noch der Rand des Felsplateaus.

»Los, an den Rand der Klippe!«, schrie Huang Rong. Guo Jing verstand nicht, warum, aber strebte gehorsam rückwärts, bis kurz hinter ihm nur noch gähnende Leere war. Wenige Schritte vor ihm kam die Mauerformation zum Stehen. Jetzt verstand Guo Jing, warum sie ausgerechnet hier sicher waren. Die Bettler wagten sich nicht weiter vor, aus Angst, ihr Gleichgewicht zu verlieren und in den Abgrund zu stürzen. *Meine kluge Rong!* Er strahlte sie an, aber sein Blick traf auf ihre entsetzt aufgerissenen Augen.

Die Bettler hatten sich neu formiert. Eine breite und dicke Mauer aus mehreren dichten Reihen, zu breit, um sie zu überspringen, schirmte jeden Fluchtweg ab. Ganz langsam, Schritt für Schritt drängten die Bettler Guo Jing und Huang Rong weiter zurück.

Guo Jing warf einen Blick nach unten. Der steile Felsen, den er damals in der Mongolei Nacht um Nacht mit Ma Yu erklommen hatte, war viel höher und gefährlicher gewesen. »Ich nehme dich auf den Rücken und klettere hinunter«, sagte er zu Huang Rong.

»Sie werden Steine nach uns werfen«, sagte sie seufzend.

»Im *Neun-Yin-Handbuch* ist die Rede von einer Kunst der Sinneswandlung«, sagte er plötzlich. Er wusste selbst nicht, warum ihm die Stelle in diesem Augenblick, wo ihr Leben an einem seidenen Faden hing, in den Sinn kam. »Das ist vielleicht das, was du mit Unterwerfung des Geistes gemeint hast … Komm, wir kämpfen. Wenn wir stürzen, stürzen sie auch.«

»Aber das sind die treuen Gefolgsleute unseres Meisters, wir dürfen nicht …«

Plötzlich schloss Guo Jing sie in die Arme, presste seine Lippen erst auf ihre Wange und dann auf ihr Ohr. »Flieh!«, flüsterte er und schleuderte sie mit der Kraft seines ganzen Lebens in die Luft.

Huang Rong flog über Hunderte Köpfe hinweg, als ritte sie auf Wolken wie die Unsterblichen. Sie wusste, dass er sie retten und sich den Gegnern allein stellen wollte, und dabei wurde ihr das Herz schwer. Schon landete sie mit angewinkelten Knien weich und elegant auf der Terrasse des Gelben Kaisers.

Niemand schien sie bemerkt zu haben, nicht einmal Yang Kang, der unweit von ihr am Rand der Kaiserterrasse stand und den Bettlern Befehle zuschrie.

Das ist die Gelegenheit!, dachte sie und stieß sich sogleich wieder ab. Als Yang Kang sie bemerkte, wie sie urplötzlich wie eine Himmelskriegerin auf ihn herabstieß, hatten sich ihre Finger schon um das Ende des jadegrünen Bambusstocks geschlossen.

Er zerrte am anderen Ende des Stocks, um ihn ihr wieder zu entreißen, aber Huang Rong stieß ihm die gespreizten Mittel- und Zeigefinger ihrer rechten Hand in die Augen, schwang ihr linkes Bein hoch, schlug ihm mit dem Fuß den Stock aus der Hand und stellte sich darauf. Yang Kangs Kung-Fu war ohnehin nicht so gut wie Huang Rongs und noch dazu gehörte diese Form zu Bettler Hongs Hundestock-Kung-Fu. *Der Dogge aus den Fängen reißen*, hieß sie und war dazu gedacht, den Stock auch dem versiertesten Gegner garantiert zu entwenden.

Dabei sollte der Stoß in die Augen des Gegners eigentlich nur angetäuscht sein. Huang Rong hatte etwas übertrieben und Yang Kang tatsächlich mit den Fingern in die Augäpfel gestochen. Ihm wurde schwarz vor Augen, er taumelte rückwärts und fiel von der Erhebung.

Huang Rong hielt den Stock über ihren Kopf, sammelte ihr Inneres Kung-Fu und schrie: »Klanfürst Hong lebt! Die Geschichte von seinem Tod ist verräterischer Betrug! Hört mich an, meine Brüder, haltet ein!«

Die Bettler hielten überrascht inne. Das kam unerwartet und war schwer zu glauben. Doch von Natur aus zieht der Mensch gute Nachrichten den schlechten vor, weshalb sich fast alle zur Felsterrasse umdrehten.

»Klanfürst Hong geht es prächtig«, fuhr Huang Rong mit ihrer lautesten Stimme fort. »Er isst jeden Tag drei Bettlerhühner und schlägt sich wahrscheinlich gerade tüchtig den Bauch voll!«

Yang Kang konnte immer noch nicht richtig sehen, aber er hörte sie gut. »Ich bin der Klanfürst!«, rief auch er, so laut er konnte. »Alles hört auf mein Kommando! Stoßt den Verräter von der Klippe und dann nehmt diese Verräterin fest.«

Die Bettler waren es gewohnt, sich ihrem Anführer zu unterwerfen, die Verehrung des Klanfürsten gehörte zu ihren geheiligten Regeln. Mit einem lauten Schlachtruf schritten sie weiter voran. Doch der Zweifel nagte an ihnen. Fürst Hong liebte Bettlerhühner. Drei am Tag klang ein bisschen übertrieben, war aber durchaus möglich. Es fehlte wenig, um sie vollständig von der Wahrheit zu überzeugen.

»Seht her!«, rief Huang Rong mit aller Kraft ihres Inneren Kung-Fu. »Ich halte den Hundestock in Händen! Damit bin ich Eure Klanfürstin.«

Das brachte die Bettlermauer zum Stehen. Dass es jemals jemandem gelungen war, dem Bettlerfürsten seinen Hundestock zu entreißen, war in der Geschichte des Klans noch nicht da gewesen.

»Seit Menschengedenken bewegt sich unser Bettlerklan frei und nach seinen eigenen Regeln in der Welt«, fuhr Huang Rong fort, »heute aber mussten wir uns zum ersten Mal in furchtbarer Weise demütigen und beleidigen lassen und das auf unserem eigenen Terrain. Zwei unserer guten Brüder, Li Sheng und Yu Zhaoxing, wurden zu Unrecht in den Tod getrieben und Klanältester Lu ist schwer verwundet. Warum?«

Huang Rong hatte jetzt die Aufmerksamkeit des Großteils der Bettler. Sie hatte sie bei ihrem Sinn für Ehre und Gerechtigkeit gepackt.

»... allein wegen dieses Mannes!«, rief Huang Rong und zeigte auf Yang Kang. »Er hat sich mit der Eisenfaustbande verschworen und die unverfrorene Lüge vom Tod unseres geliebten Klanfürsten in die Welt gesetzt. Wisst Ihr, wer er ist?«

»Wer?«

»Hört nicht auf sie!«

»Sag es uns!«

»Er ist kein Yang. Sein Familienname lautet Wanyan. Jawohl, er ist der Sohn von Wanyan Honglie, Prinz Zhao des Jin-Reichs. Er will nichts außer Elend und Zerstörung über unser Song-Reich bringen.«

Ungläubige Gesichter. Was sie erzählte, klang zu unfassbar, um wahr zu sein. Und wenn es doch wahr war, mussten sie sich für ihre eigene Gutgläubigkeit schämen.

Huang Rong spürte ihre Zweifel. Sie wollten einen Beweis. Da fiel ihr die Eisenfaust ein, das Symbol, das Zhu Cong im Wald von Qiu Qianren stibitzt hatte, und sie wühlte in ihren Taschen. Zum Glück hatten die Bettler sie nicht durchsucht. Da war sie.

Sie hielt die Eisenfaust hoch. »Seht, was ich dem Lügner soeben entwendet habe! Erkennt ihr, was das ist?«

Die Mauer löste sich auf und die Bettler kamen näher an die Kaiserterrasse heran.

»Eine eiserne Faust?«

»Das Symbol der Eisenfaustbande!«

»Warum trägt er es bei sich?«

Huang Rong hatte endlich ihre volle Aufmerksamkeit. »Er ist ihr Spion, deshalb trägt er das Symbol der Eisenfaustbande bei sich. Warum sonst wäre er so schnell damit einverstanden gewesen, dass unser Klan sich in den Süden zurückzieht, wo doch die Bettler seit Jahrhunderten den Armen und Bedrängten des Nordens beistehen?«

Yang Kang war leichenblass geworden. Dann schleuderte er etwas aus dem Handgelenk.

»Vorsicht!«, riefen die Bettler, die nah genug standen, um die Bewegung mitzubekommen.

Aber Huang Rong blieb ungerührt stehen, wo sie war. Bei Yang Kangs Geheimwaffe handelte es sich um kleine Eisenkegel, die auf ihre Brust zielten und zu schweren inneren Verletzungen führen konnten. Doch sie prallten von ihr ab und fielen klirrend zu Boden.

»Wanyan Kang, würde ein Unschuldiger so heimtückische Attacken wagen?«, rief Huang Rong.

Verblüfft rieben sich die Bettler die Augen. Wie kam es, dass sie unverletzt geblieben war? Natürlich wussten sie nichts von dem undurchdringlichen *Eisernen Igel* unter ihren Kleidern.

Wer sagte die Wahrheit? War Fürst Hong tatsächlich noch am Leben? Unter die Zweifel der Bettler mischte sich Hoffnung. Alle sahen erwartungsvoll die Klanältesten an.

Die Mauer hatte sich längst aufgelöst und Guo Jing schritt ungehindert auf die Kaiserterrasse zu. Niemand schenkte ihm noch Beachtung.

鐵掌峰頂

9
Auf dem Eisenfaustberg

Die vier Klanältesten diskutierten miteinander. Lu Youjiao war wieder bei Sinnen und hatte sich so weit erholt, dass er das Wort ergreifen konnte. »Wir Klanältesten müssen die beiden näher befragen, um uns ein Urteil zu bilden. Die wichtigste Frage ist jedoch, ob Fürst Hong noch am Leben ist.«

»Wir haben bereits einen neuen Klanfürsten ernannt«, wandten die drei anderen Klanältesten ein. »Wir können die Entscheidung nicht einfach zurücknehmen.«

»Dem amtierenden Klanfürsten wird unbedingt gehorcht«, sagte Ältester Peng.

Doch Lu Youjiao gab auch trotz der unerträglichen Schmerzen, die sein Gesicht zu einer Grimasse des Leidens verzerrten, nicht nach.

Die drei Klanältesten der Sauberbettler stellten sich in schweigender Übereinkunft zu Yang Kang.

»Wir glauben Fürst Yang«, verkündete Ältester Peng. »Diese Hexe war an einer Verschwörung zur Ermordung von Fürst Hong beteiligt und jetzt versucht sie, ihrer Strafe zu entgehen, indem sie Lügen erzählt. Lasst euch nicht von ihr täuschen, Brüder! Nehmt sie fest und foltert sie, bis sie gesteht!«

Guo Jing war mit einem Satz neben Huang Rong auf der Kaiserterrasse. »Rührt sie nicht an!«

Niemand wagte, dem unbezwingbaren jungen Mann zu nahe zu kommen.

Zufrieden beobachteten Qiu Qianren und seine Gefolgsleute aus einigem Abstand heraus, wie die Bettler sich untereinander stritten.

»Fürst Hong labt sich gerade ausgiebig an den Köstlichkeiten der Küche des Kaiserpalasts in Lin'an«, fuhr Huang Rong fort. »Da er es nicht über sich brachte, sich von seinem Festschmaus loszureißen, hat er mich gebeten, ihn so lange zu vertreten. Er wird zurückkehren, sobald er sich satt gegessen hat.«

Nun gab es zwar unter den Bettlern keinen, der nicht wusste, dass Fürst Hong gutes Essen über alles liebte, und diesen Teil wollten sie ihr auch gern glauben; aber dass er ausgerechnet eine so hübsche und zarte junge Frau zu seiner Nachfolgerin ernannt hätte, schien dagegen zweifelhaft.

»Dieser Jurche namens Wanyan Kang hat mir mithilfe der Eisenfaustbande einen Hinterhalt gestellt, um mir den Hundestock zu stehlen und euch hinters Licht zu führen«, fuhr sie fort. »Wie könnt ihr Bettler so leichtgläubig sein und auf die falschen Behauptungen dieses Schwindlers hereinfallen? Wie ist es möglich, dass unsere weisen Klanältesten die Schliche dieses verlogenen Schurken nicht durchschaut haben?«

Misstrauische Blicke trafen die Klanältesten.

»Angenommen, Fürst Hong ist noch am Leben, warum sollte er dann dich zu seiner Nachfolgerin ernennen?« Yang Kang gab noch lange nicht auf. »Hat er dir denn ein Zeichen mitgegeben, um seinen Willen erkenntlich zu machen?«

»Das hier.« Huang Rong schwang den Bambusstock. »Den Hundestock.«

Yang Kang lachte gekünstelt. »Jedermann hat gesehen, dass du ihn mir entwendet hast.«

»Hätte Fürst Hong dir den Hundestock vermacht, dann hätte er dir auch das *Hundestock-Kung-Fu* beigebracht. Und wenn er das getan hätte, wie kommt es dann, dass ich dir den Hundestock so leicht entreißen konnte?«

Yang Kang nahm an, dass sie das Wort »Hundestock« so oft gebrauchte, um ihn zu ärgern. »Untersteh dich, das geheiligte Zepter unseres Klans zu verunglimpfen!«, antwortete er hochmütig. Er hoffte, mit seiner gespielten Empörung die Bettler auf seine Seite zu ziehen, wusste aber nicht, dass der heilige Stock tatsächlich unter dem vulgären Namen Hundestock firmierte und seine Worte lediglich seine Ignoranz offenbarten. Die beiden Bettler, die ihn auf dem Weg hierher begleitet hatten, hatten diese Bezeichnung aus Respekt nicht in den Mund genommen. Aufgebrachte Blicke straften Yang Kang, der nicht verstand, was er falsch gemacht hatte.

Huang Rong grinste. »Soso, ein Zepter hat er dir vermacht. Dann hol es dir zurück, wenn du kannst!« Sie hielt ihm kokett den Bambusstock hin.

Yang Kang trat näher heran, der Anblick Guo Jings ließ ihn jedoch zurückschrecken.

»Wir stehen Euch bei, Fürst«, raunte Ältester Peng ihm zu und sprang zusammen mit Yang Kang, Liang und Jian auf die Kaiserterrasse.

Lu Youjiao folgte ihnen nach und stellte sich auf Huang Rongs Seite. Seine Arme hingen schlaff herunter. *Meine Hände sind zu nichts mehr zu gebrauchen,* dachte er, *aber ich habe immer noch meine Füße.*

Mit gespielter Zuvorkommenheit hielt Huang Rong Yang Kang den Hundestock hin. Der befürchtete eine Falle und zögerte. Dann hielt er sich abwehrend den linken Arm vor und griff mit der rechten Hand nach dem Stock.

Lächelnd lockerte Huang Rong ihren Griff. »Hast du ihn? Dann halt ihn gut fest«, sagte sie spöttisch.

Grimmig packte Yang Kang zu.

Im selben Augenblick holte Huang Rong mit der linken Hand aus, ihr linker Fuß flog hoch, der rechte Arm schoss vor und schon war der Stock wieder in ihrem Besitz.

Peng, Jian und Liang, die drei Ältesten der Sauberbettler, standen daneben und sahen hilflos zu. Huang Rong hatte ihnen keine Zeit zum Eingreifen gegeben.

Huang Rong warf den Stock in die Luft. »Wenn du es schaffst, ihn festzuhalten, darfst du ihn behalten«, höhnte sie.

Während Yang Kang zögerte, weil er sich nicht noch einmal blamieren wollte, ließ Klanältester Jian bereits seinen weiten Ärmel vorschießen, der sich um den Stock wickelte. So konnte er ihn zu sich heranziehen.

Die Bettler jubelten vor Bewunderung. Es bedurfte großer Kunstfertigkeit, einen weichen Stoff so präzise als Waffe einzusetzen, als wäre er eine Verlängerung seiner Hand.

Jian hielt den Stab hoch und reichte ihn Yang Kang, der ihn mit der rechten Hand packte und mit aller Kraft festhielt. *Diesmal musst du mir schon die Hand abhacken, wenn du ihn wiederhaben willst,* dachte er.

»Als Fürst Hong dir den Hundestock gegeben hat, hat er dir dann nicht beigebracht, wie du ihn bei dir behältst?«, höhnte Huang Rong, stieß sich ab, schoss an Jian und Liang, die sich vor ihrem Schützling aufgebaut hatten, vorbei und landete direkt vor Yang Kang. Jians Versuch, sie mit der linken Hand zu packen und festzusetzen, scheiterte. Dank der Kunst der *Freifliegenden Faust*, die Bettler Hong sie gelehrt hatte, entging sie flink wie ein Vögelchen seinem Zugriff. Ältester Jian griff in die Luft und stutzte. In seinem ganzen Leben war ihm auf so kurze Distanz noch kein Gegner entgangen.

Das vor ihm herumwirbelnde Jadegrün des Hundestocks, der auf sein Schienbein zielte, riss ihn aus seiner Verwirrung. Jian und Liang sprangen aus dem Weg.

»Nehmt es mir nicht übel, wenn der Name dieser Form der Hundestockkunst ein wenig beleidigend klingt. Sie nennt sich *Ein Stock schlägt zwei Köter.*«

Huang Rongs weißes Kleid flatterte im Wind, wie sie dort in ihrer ganzen Schönheit auf der Kaiserterrasse stand, der jadegrüne Bambusstock in ihrer Hand schimmerte schwach unter dem Licht des Vollmonds. Sie hatte den Stock so schnell wieder an sich gebracht, dass niemand sagen konnte, wie sie das angestellt hatte.

»Erkennt Ihr denn immer noch nicht, wen Fürst Hong zu seinem Nachfolger erkoren hat?«, fragte jetzt Guo Jing.

Ein Raunen ging durch die Reihen. Die Bettler waren schon zum dritten Mal Zeuge geworden, wie Huang Rong ihrem Rivalen den Hundestock immer flinker entwendet hatte.

Lu Youjiao trat vor. »Brüder und Schwestern! Es besteht kein Zweifel, dass es sich bei den Formen, die uns diese junge Frau gezeigt hat, um das Kung-Fu von Klanfürst Hong handelt.«

Jian, Liang und Peng wechselten Blicke. Sie kannten Bettlerfürst Hong lange genug, um zu wissen, dass er recht hatte.

»Natürlich kennt sie das Kung-Fu von Fürst Hong, sie ist schließlich seine Schülerin, wie wir wissen«, sagte Jian.

»Das Hundestock-Kung-Fu wird niemandem außer dem Anführer des Bettlerklans beigebracht«, entgegnete Lu. »Das sollte auch Euch bekannt sein.«

»Sicher, die junge Frau beherrscht einige sehr geschickte Formen aus der Reihe *Mit bloßer Hand die Klinge packen*. Aber wer sagt, dass es sich dabei um Hundestock-Kung-Fu handelt?«

Lu Youjiao grübelte. »Wie wäre es, wenn du uns die Formen des Hundestock-Kung-Fu vorführst, junge Dame?«, sagte er dann. »Wenn Fürst Hong dir wahrhaftig alle Formen beigebracht hat, dann werden wir dich einhellig zu unserer neuen Fürstin erklären.«

»Keiner von uns hat je das Hundestock-Kung-Fu gelernt, wie sollen wir dann echt von falsch unterscheiden können?«, wandte Jian ein.

»Was schlagt Ihr vor, Ältester Jian?«

Ältester Jian klatschte mehrmals laut in die Hände, bis er sich der Aufmerksamkeit aller Anwesenden gewiss war. »Wenn es der jungen Dame gelingt, diese Hände zu besiegen, dann schwöre ich bei meinem Namen, dass ich vor ihr niederknien und sie meine Klanfürstin nennen werde. Kommt danach jemals auch nur der geringste Zweifel an meiner Treue zu ihr auf, sollen mich zehntausend Pfeile durchlöchern und tausend Klingen aufschlitzen.«

Lu Youjiao schnaubte empört. »Ihr seid der Älteste und einer der hervorragendsten Kampfkünstler unseres Klans. Euer Stern leuchtet hoch über der Welt des Jianghu. Seht doch, wie jung sie ist! Sie mag sich vortrefflich auf den Umgang mit dem Hundestock verstehen, aber ist es nicht ungerecht, sie an Eurem Kung-Fu zu messen, der Kampfkunst eines ganzen langen Lebens?«

»Gut, dann will ich eben ihr Hundestock-Kung-Fu auf die Probe stellen«, mischte sich jetzt Ältester Liang ein. Er war eine unbeherrschte Natur und hatte genug von den Possen. Ohne Vorwarnung griff er Huang Rong mit seinem Säbel an.

Drei Säbelstöße erfolgten, die die Luft vibrieren ließen. Die kalte Klinge tanzte im Mondlicht, scharf, schnell und präzise, von wahrer Meisterhand geführt. Keiner der Angriffe zielte dabei auf lebenswichtige Organe.

Huang Rongs Füße rührten sich nicht von der Stelle. Seelenruhig hatte sie den Hundestock in ihren Gürtel gesteckt und wich jedem Stoß mit kaum merklichen Bewegungen elegant aus. »Wozu brauche ich gegen Euch einen Hundestock?«, rief sie, versetzte Liang unvermittelt mit der Linken einen Fausthieb und packte mit der Rechten die Säbelspitze.

Ältester Liang bebte vor Zorn. Er, ein berühmter und verdienter Meister des Jianghu, ließ sich von diesem jungen Küken so vorführen! Beim nächsten Angriff stieß und hieb er erbarmungslos mit all seiner Könnerschaft drauflos.

»Sachte, Ältester Liang, lasst sie leben!«, mahnte Ältester Jian. Seine Feindseligkeit gegenüber Huang Rong ließ nach; er fühlte, dass sie die Wahrheit sagte.

»Spart Euch die Höflichkeit«, sagte Huang Rong. Mit wehenden Kleidern tanzte sie um Liang herum und teilte Tritte, Schläge, Hiebe und Ellbogenstöße aus dem Repertoire von bestimmt einem Dutzend verschiedener Kampfkunstformen aus.

Die Bettlerversammlung verfolgte gebannt jede Bewegung.

»Die *Lotusblütenfaust*!«, rief der hagere Achtsackbettler anerkennend.

»Oh, sie beherrscht sogar den *Bronzehammerschlag*!«, ergänzte der dicke Achtsackbettler.

Beflügelt von der allgemeinen Bewunderung demonstrierte Huang Rong eine Form nach der anderen. Die Bettler kamen kaum damit nach, sie alle zu benennen.

»Die *Freifliegende Faust*!«

»Der *Eisenbesentritt*!«

»Der *Mühelose Genickbrecher*!«

Bettler Hong hatte sich immer vor der Plackerei gescheut, die es bedeutete, Schüler zu unterrichten. Nur hin und wieder war es seinen Getreuen vergönnt gewesen, als Anerkennung besonderer Verdienste einen Krümel seiner hohen Kunst lernen zu dürfen. Da es ihn langweilte, immer dasselbe zu unterrichten, brachte er seinen Günstlingen jeweils eine andere Form seiner Kampfkunst bei.

Allein bei Huang Rong hatte er dank ihrer vorzüglichen Kochkunst und ihrem vorwitzigen Charme eine Ausnahme gemacht. In der Zeit, die sie zusammen im Gasthaus von Jiangmiao am Jangtse verbracht hatten, hatte er das Geheimnis Dutzender verschiedener Kampfkunstformen mit ihr geteilt. Sie lernte schnell, war aber auch ständig auf der Suche nach Neuem, sodass sie von jeder Kunst nur wenige Formen gelernt hatte, um unverzüglich zur nächsten überzugehen. Da Bettler Hong auch das Unterrichten von Feinheiten lästig war, beherrschte sie die Techniken nur oberflächlich. Doch das genügte bereits, um vor der versammelten Bettlerschaft zu glänzen. Bei jeder Form, die ihr Publikum erkannte, erntete sie lautstarken Beifall.

Ältester Liang war ein Meisterfechter und sein Kung-Fu war dem Huang Rongs zweifelsohne überlegen; der ständige Wechsel zwischen ihm unbekannten Formen genügte jedoch, um ihn vollkommen aus dem Konzept zu bringen. Er agierte mit Bedacht und versteifte sich darauf, seine Deckung nicht fallen zu lassen und sich keine Blöße zu geben.

Irgendwann ließ Huang Rong die Fäuste sinken und verschränkte die Arme vor der Brust. »Erkennt Ihr es endlich an?«, fragte sie lächelnd.

Aber Ältester Liang sah den Augenblick gekommen, um zu zeigen, dass er der Überlegenere war. Er ließ den Säbel aus der Verteidigungsstellung herausschnellen und die Klinge der Länge nach herabsausen.

Huang Rong machte keine Anstalten auszuweichen und wartete reglos ab.

Die Bettler schrien erschrocken auf. »Nein!«, riefen Jian und Lu wie aus einem Mund. Liang begriff, dass er zu weit gegangen war, und versuchte, im letzten Augenblick den Säbel wieder hochzureißen, aber die Wucht eines so mächtigen Schlags ließ sich auf so kurze Distanz kaum bremsen.

Die Klinge näherte sich Huang Rongs linker Schulter.

Oh weh, dachte Ältester Liang. Er hatte dem Hieb zwar etwas von seiner Kraft genommen, aber die scharfe Klinge würde sich unweigerlich ins Fleisch der jungen Frau graben. *Ich war zu voreilig,* schimpfte er sich selbst.

Plötzlich wurde sein Handgelenk taub. Der Säbel fiel klirrend auf den Felsen.

Hatte sie ihn etwa unmerklich mit der *Orchideenhand* an seinem Nervenpunkt über dem Handgelenk gelähmt? Ältester Liang konnte es nicht fassen.

Huang Rong trat triumphierend auf die am Boden liegende Waffe und legte den Kopf schief. »Nun?«, fragte sie lächelnd.

Liang wusste nichts zu erwidern und zog sich reumütig zurück.

»Vergesst nicht, dass sie die Tochter des Alten Ketzers Huang ist«, meldete sich Yang Kang, noch immer auf die Unterstützung der Ältesten der Sauberbettler hoffend. »Sie trägt einen Eisernen Igel unter den Kleidern, den keine Waffe durchdringt.«

Ältester Jian runzelte bei diesen Worten die Stirn.

Huang Rong lächelte ihm siegesgewiss zu. »Was sagt Ihr, Ältester Jian?«

Lu Youjiao warf ihr rasch einen warnenden Blick zu. *Nicht provozieren!* Er hatte erkannt, dass Huang Rongs Äußeres Kung-Fu sehr vielseitig war, ihr Inneres Kung-Fu aber bei Weitem nicht an das des erfahrenen Liang heranreichte. Ohne ihren verwirrenden Formenwechsel und den Eisernen Igel wäre der Kampf bestenfalls unentschieden ausgegangen. Jian war nicht nur älter als Liang, er war auch der Erfahrenere der beiden. Sie durfte auf keinen Fall gegen ihn kämpfen.

Huang Rong ignorierte ihn und strahlte Jian weiter herausfordernd an.

Lu wollte eingreifen. Aber schon seit Stunden quälten ihn furchtbare Schmerzen in seinen zerstörten Händen. Er hatte nicht einmal mehr die Kraft zu schreien. Hilflos stand er da, in kalten Schweiß gebadet.

Klanältester Jian hob bedächtig den Kopf und sah Huang Rong in die Augen. »Ich nehme Eure Herausforderung an, junge Dame.«

Guo Jing beobachtete ihn, sah die Konzentration hinter seinem freundlichen Plauderton, die geerdete Haltung trotz seiner betagten Erscheinung. Dieser Gegner war zu stark für Huang Rong.

Kurzentschlossen griff er nach dem stahlverstärkten Lederseil, mit dem er gefesselt worden war, und schwang es wie eine Peitsche durch die Luft. Das Seil strebte mit erstaunlicher Geschwindigkeit auf den Felsbrocken zu, in den Qiu Qianren den Eisenstab befördert hatte, und wickelte sich um das Metall.

»Heraus mit dir!«, rief Guo Jing und zog.

Im nächsten Moment schnellte der Stab aus dem Stein heraus und auf den Klanältesten Jian zu.

Jian wusste, dass er seine Knochen nur durch einen Sprung zur Seite retten konnte. »Schnell! Aus dem Weg!«, schrie er seinen Getreuen zu.

Da sah er, wie Huang Rong mit dem Hundestock ausholte, den Stab damit in der Luft traf und direkt vor Jians Füße zu Boden schlug, als wäre es das Einfachste von der Welt. *Dem Hund das Rückgrat zerschmettern* hieß diese Form des Hundestock-Kung-Fu.

»Dann wollen wir mal unseren Spaß miteinander haben!«, sagte Huang Rong.

Jian konnte es nicht fassen. *Ich werde so lange kämpfen, bis ich mich geschlagen geben muss,* dachte er und bückte sich nach seinem Stab.

Dann verbeugte er sich, den Stab mit dem spitzen Ende nach unten. »Bitte seid gnädig mit Eurem Stock, junge Dame.«

Seine Geste entsprach der im Jianghu üblichen Respektsbezeugung gegenüber einem Älteren oder einem Meister. Sie bedeutete, dass man sich eines gleichberechtigten Kampfs unwürdig befand und hoffte, von der Könnerschaft des Gegenübers zu lernen.

»Kein Grund zu übertriebener Förmlichkeit. Ich bin fraglos die schlechtere Kriegerin von uns beiden«, sagte Huang Rong und schlug im nächsten Moment so gegen Jians Eisenstab, dass das normalerweise dem Gegner zugewandte Ende nach oben schwang.

Für Jian war seine Waffe in jahrzehntelanger Handhabung zu einem Teil seiner selbst geworden. Und jetzt hatte diese Novizin sie mühelos mit einem Bambusstock seinem Griff entwunden! *Den Hund auf den Rücken drehen* hieß die Form. Er bekam den Eisenstab gerade noch zu fassen, bevor er gegen seine Stirn schlug.

Da Jian sich zum Unterlegenen erklärt hatte, oblag es ihm nach den Regeln, die ersten drei Angriffe zu führen.

Er holte von hinten aus, indem er den Stab über seine Schulter abrollte, und schwang ihn nach vorn. *Steineklopfen für den König von Qin* hieß die Form, eine Variante des von Lu Zhishen, einem der Räuber vom Liangshan-Moor, erfundenen Kung-Fu des *Stabs der wilden Raserei.*

Huang Rong hatte durchaus verstanden, dass sie Jian nicht unterschätzen durfte. Selbst eine flüchtige Berührung mit dem Stab konnte er ihr trotz des Eisernen Igels innere Verletzungen zufügen. Ihr blieb nur die Kunst des Hundestocks, um den Angriffen mit dem Eisenstab auszuweichen.

Gegen den schweren Stab, der bestimmt dreißig Pfund wog, nahm sich der Bambusstock aus wie ein Grashalm, aber das geringe Gewicht gehörte auch zu seinen entscheidenden Vorteilen. Das von Generationen von Klanfürsten weitervererbte Hundestock-Kung-Fu war von so tiefgründiger Raffinesse, dass Huang Rongs Abwehr undurchdringlich blieb.

Anfangs vermied es Jian, auf den Hundestock zu zielen, um das Symbol höchster Autorität nicht zu zerstören. Aber innerhalb eines Dutzends von Schlagwechseln hatte der wendige Stock bereits jede verletzliche Stelle seines Körpers anvisiert. Jian musste mit vorgehaltener Waffe jedes Fitzelchen seines Kampfkunstwissens und seiner Kampferfahrung bemühen, um den von allen Seiten auf ihn eindreschenden Stock abzuwehren. Irgendwann blieb ihm schlicht keine Zeit mehr zu überlegen, wie er es vermied, dass Stab und Stock aufeinanderprallten.

Guo Jing sah voller Ehrfurcht zu. *Das Kung-Fu unseres verehrten Meisters ist unglaublich,* dachte er und seufzte. *Wo immer Ihr gerade sein mögt, Meister, ich hoffe und bete, dass Ihr wieder vollständig genesen seid.*

Huang Rongs Finger glitten den Bambusstock hinab. Sie nahm ihn in der Mitte und ließ ihn spielerisch zwischen drei Fingern rotieren, wie um sich über ihren Gegner lustig zu machen.

Erstaunt über ihren kecken Leichtsinn, sah Jian endlich die Gelegenheit gekommen, einen Punkt zu landen. Er nahm seinen Stab in die Horizontale und stieß ihn auf Huang Rongs Schulter zu.

Eine Drehung aus dem Handgelenk und der Hundestock wirbelte so herum, dass sein Ende genau einen Fuß unterhalb der Spitze auf den Stab traf. Bei dieser Bewegung machte sich die Angegriffene hauptsächlich die Kraft des Angreifers zunutze. Die Wucht seiner eigenen Waffe wirkte auf Jian zurück und der Stab wäre ihm beinahe entglitten, hätte er nicht noch rasch seine Kraft zurückgenommen.

Der Bambusstock schien jetzt förmlich an seinem Eisenstab zu kleben. Zog er den Stab zurück, folgte der Stock nach. Es war zum Verzweifeln. Auch sieben, acht Kung-Fu-Formen später tanzte der Stock unverändert dicht vor seiner Nase herum.

Zum Hundestock-Kung-Fu gehörten acht verschiedene Formen des Angriffs: Beinstellen, Hacken, Umschlingen, Stechen, Schnalzen, Ziehen, Blockieren, Wirbeln. Huang Rong versteifte sich jetzt auf die Formen des Umschlingens und ließ den Hundestock um den Eisenstab herumtoben wie eine Kletterpflanze, die sich um einen Baum schlingt. Der Baum entkommt der Kletterpflanze nicht, egal, wie hoch und dick er ist.

Ältester Jian mühte sich weiter, aus der Defensive herauszukommen. Schließlich bündelte er sein Inneres Kung-Fu vollständig in den Armen und wechselte zum Kung-Fu *Großer Buddhawächter Vajrapani*. Die Luft vibrierte, als der mächtige Eisenstab sie durchschnitt, aber der Hundestock folgte ohne großen Kraftaufwand jedem Hieb und jedem Schwung wie ein Schatten. Es sah zwar so aus, als zwänge Jian den Hundestock, seinen Bewegungen zu folgen, aber in Wahrheit war er es, der sich nicht aus der Bedrängnis durch den Hundestock freizukämpfen vermochte. Seine Attacken wurden so gebändigt, wie Guo Jing damals in der Mongolei das wilde rote Pferd gebändigt hatte.

Jian hatte inzwischen schon über die Hälfte seines *Buddhawächter*-Repertoires durchexerziert und kam nicht weiter. Er wollte schon aufgeben und seine Niederlage eingestehen, als Ältester Peng sich einmischte. »Denk an *Greifen und Halten*!«, rief er ihm zu.

Huang Rong hörte ihn ebenfalls. »Das könnt Ihr gern versuchen!«, rief sie und wechselte auf die Taktik des Wirbelns. Beim Winden folgte man dem Gegner, beim Wirbeln zwang man den Gegner zu folgen. Der Hundestock wurde zu einem verschwommenen jadegrünen Schatten, der über die fünf wichtigsten Akupunkturpunkte am Rückgrat des Bettlers tobte: den *Unnachgiebigen Raum* am Hinterkopf, den *Sitz des Windes* am Nacken, den *Großen Hammer* zwischen Hals- und Brustwirbelsäule, den *Geistervorsprung* zwischen den Schulterblättern und die *Hängende Achse* über dem Steißbein.

Ein Treffer auf einen beliebigen dieser Punkte wäre lebensgefährlich, wenn nicht tödlich. In seiner Bedrängnis schaffte Jian es kein einziges Mal, sich mit dem Stab zu verteidigen. Stattdessen strebte er vorwärts, um Raum zum Manövrieren zu gewinnen, aber der Stock folgte jeder seiner Bewegungen. Je schneller er war, desto schneller war der Hundestock.

Mit angehaltenem Atem sahen die versammelten Bettler zu, wie ihr Klanältester versuchte, vor dem Stock zu fliehen, und schließlich wie besessen im Kreis lief, während Huang Rong wie eine Dompteuse in der Mitte stand. Mit graziler Gelassenheit ließ sie den Hundestock von einer Hand in die andere wechseln, ohne ihre Position zu verändern, und die Stockspitze dabei unverwandt über Jians Rücken tanzen.

Die anderen Klanältesten hatten sich inzwischen unterhalb der Kaiserterrasse in Sicherheit gebracht, um nicht von Jian umgerannt zu werden.

»Gnade, Fräulein Huang! Ich ergebe mich!«, rief Klanältester Jian nach einigen weiteren Runden keuchend.

»Wie nennt Ihr mich?«, fragte Huang Rong lachend.

»Bettlerfürstin Huang! Habt Gnade mit diesem unwerten Bettler.«

Er wollte vor ihr niederknien, aber noch immer tanzte der jadegrüne Hundestock wütend um ihn herum. Jian war klitschnass geschwitzt, Schweißperlen tropften von seinem Bart.

Huang Rong hatte endlich ihre Genugtuung. Über das ganze Gesicht strahlend zog sie den Hundestock zurück und stieß ihn mit der letzten Vorführung einer Variante des Stechens wieder so gegen Jians Eisenstab, dass sie seine eigene Kraft, die er im Lauf in den Stab gelegt hatte, nutzte, um ihm den schweren Stab aus der Hand zu schlagen.

Die Waffe des Klanältesten flog hoch in die Luft.

Jian, erleichtert darüber, dass er mit dem Leben davongekommen war, legte unverzüglich die Hände zusammen und verbeugte sich tief. Nach dieser unglaublichen Darbietung zweifelte keiner der Bettler mehr an Huang Rongs Anspruch auf das Amt des Klanoberhaupts. Sie reihten sich vor ihr auf und verbeugten sich.

»Es lebe die Klanfürstin!«

Klanältester Jian trat auf sie zu, um ihr als Erster ins Gesicht zu spucken, aber ein Blick auf ihre schneeweiße Haut, die rosigen Wangen, ihre ganze frühlingsblütengleiche Schönheit, ließ ihn seine Spucke wieder hinunterzuschlucken. Er zögerte.

In diesem Augenblick hörte er, wie sein Eisenstab laut zischend auf ihn herabsauste. Da er ihn aus Respekt vor Huang Rong nicht mehr zu packen wagte, sprang er zur Seite.

Ein Schatten glitt über die Terrasse, als eine Gestalt blitzschnell den Stab aus der Luft fing. Klanältester Peng wollte sich noch nicht damit abfinden, sie als Klanfürstin zu bezeichnen.

Huang Rong war die Gelegenheit, mit dem Sauberbettler abzurechnen, der sie und Guo Jing mit seiner heimtückischen Kunst in die Falle gelockt hatte, höchst willkommen. Sie war entschlossen, ihn mit der Wirbeltechnik ihres Hundestock-Kung-Fu zu aller Gespött zu machen. Im Handumdrehen zielte sie mit dem Stock auf den Nervenpunkt auf seiner Brust.

Aber Peng wich nicht zurück, verschränkte stattdessen defensiv die Arme und verneigte sich. Sein Kung-Fu reichte nicht an das des Ältesten Jian heran und er hatte nicht vor, sich einem fairen Kampf zu stellen.

Der Hundestock traf seine Brust am *Violetten Tempel*, aber Huang Rong hielt ihre Kraft zurück. »Was wollt Ihr?«

»Der Klanfürstin die Ehre erweisen.«

Als ihr zorniger Blick seine Augen traf, warnte sie eine innere Stimme und sie drehte schnell den Kopf weg. Aber obwohl sie um die Gefahr wusste, kehrte ihr Blick wie durch Magie zu ihm zurück. Das Glimmen in seinen Augen schlug sie in ihren Bann, berührte ihr Innerstes. Panisch kniff sie die Augen zusammen.

»Ihr seid müde, Klanfürstin, sehr müde«, sagte Peng in seinem einlullenden Singsang, »ruht Euch ein wenig aus.«

Huang Rong befiel tiefe Erschöpfung. *Ja, das war eine anstrengende Nacht,* dachte sie unwillkürlich, *ich sollte mich ausruhen …*

Ihre Lider wurden schwer, ihr Hals rau, ihr Geist wirr.

»Was machst du da mit unserer Klanfürstin, Peng?«

Nachdem er sie als Klanfürstin anerkannt hatte, sah Ältester Jian es als seine Pflicht an, Huang Rong vor Pengs Heimtücke zu schützen.

»Die Klanfürstin ist müde«, sagte Peng lächelnd, »siehst du das nicht? Stör sie nicht.«

Irgendwo in Huang Rongs Bewusstsein erhob sich Protest, aber ihr Körper gehorchte ihr nicht mehr. Und wenn der Himmel einstürzte, sie wollte nur noch schlafen …

Durch ihre halbwache Benommenheit drang die Erinnerung an ihr Gespräch mit Guo Jing. Sie schreckte auf wie aus einem Traum. »Jing!«, rief sie. »Was hast du vorhin gesagt über *Seelenwechsel oder Sinneswandel …?*«

Guo Jing hatte die Szene misstrauisch beobachtet, bereit, Peng jeden Augenblick niederzuschlagen, wenn er es wagen sollte, Huang Rong mit seiner hinterhältigen Kunst zu schaden. Er sprang zu ihr auf die Terrasse und flüsterte ihr den Wortlaut des Abschnitts aus dem *Neun-Yin-Handbuch* ins Ohr. Es ging um die buddhistischen Prinzipien des Samatha und Vipasyana. Huang Rong kannte ihre Bedeutung. *Loslassen und Achtsamkeit.* Sie wiederholte für sich die Worte des Handbuchs. Loslassen bedeutete, die Beherrschung über sein Herz nicht zu verlieren; Achtsamkeit bedeutete, mit dem Körper das Wesentliche zu spüren. Sie war nicht so erfahren in Meditation und Innerem Kung-Fu wie Guo Jing, aber ihr Verstand und ihr Wissen lenkten ihren Geist, während sie mit geschlossenen Augen über diese Kunst meditierte. Langsam brachte sie ihr Herz und ihren Atem in Gleichklang, mit jedem Atemzug gewann sie die Kontrolle zurück. Sie war jetzt vollkommen ruhig und konzentriert.

Ältester Peng sah ihre geschlossenen Augen und den ruhigen Atem, beglückwünschte sich zu seinem Erfolg und machte sich bereit für den nächsten Schritt seines bösartigen Plans.

Huang Rong schlug die Augen auf und lächelte ihn an.

Unwillkürlich lächelte er zurück. Aber etwas in ihrem Lächeln ergriff von ihm Besitz, dieses Strahlen … ein unbeschreibliches Glücksgefühl überkam ihn, er glaubte zu schweben und wusste nicht, wie ihm geschah.

Ältester Peng lachte.

Das Kung-Fu des Wahren Wegs der Neun Yin *ist einfach vortrefflich,* dachte Huang Rong. Mit der bloßen Kraft eines Lächelns bezwang sie ihren Widersacher. Sie zog ihre Mundwinkel weiter nach oben und strahlte, gespannt, wie weit sie es treiben konnte.

Ältester Peng geriet in Panik. Mit aller Macht versuchte er, seinen Geist unter Kontrolle zu bringen, aber sein verzweifeltes Bemühen bewirkte das Gegenteil. Unfähig, sich von Huang Rongs breitem Grinsen abzuwenden, hielt er sich den Bauch und lachte aus voller Kehle.

»Hahaha! Hohoho! Ah … haha! Oh … hoho!« Sein wildes Johlen und Glucksen hallte weit über den See.

Die Bettler sahen sich an. Was war so lustig?

»Ältester Peng! Schluss jetzt!«, ermahnte ihn Ältester Jian. Wie konnte sich sein Klanbruder eine solche Respektlosigkeit gegenüber der Klanfürstin erlauben?

Aber Peng kannte kein Halten mehr. Er zeigte auf Jians Nase und krümmte sich vor Lachen. Peinlich berührt wischte sich Jian mit dem Ärmel über das Gesicht.

Ältester Peng johlte. Sich vor Lachen kugelnd, rollte er rückwärts von der Kaiserterrasse und grölte und gluckste trotz des unsanften Aufschlags auf dem Felsplateau hysterisch weiter.

Das war nicht lustig. Zwei von Pengs Getreuen aus den Reihen der Sauberbettler eilten zu ihm, um ihm aufzuhelfen, aber er stieß sie prustend von sich. Peng japste, sein Gesicht schwoll feuerrot an, er konnte nicht mehr.

Was Huang Rong und Guo Jing Unterwerfung des Geistes genannt hatten, war nichts anderes als die Kunst der Hypnose, die Peng wie kein Zweiter beherrschte. Normalerweise bewirkte die Kunst des *Seelenwechsels* Ähnliches, aber da Huang Rong den *Seelenwechsel* bei ihm anwandte, als Peng gerade selbst mit voller Konzentration versucht hatte, sich ihren Geist zu unterwerfen, war er ihr schutzlos ausgeliefert gewesen. Seine eigene Kraft wirkte auf ihn mit doppelter Wucht zurück.

»Bitte hört mich an, Fürstin!« Ältester Jian fürchtete, dass Peng jeden Augenblick vor Lachen ersticken könnte. Er verbeugte sich. »Ältester Peng war äußerst anmaßend und verdient, bestraft zu werden. Aber ich ersuche Euch dringend, Großmut walten zu lassen.«

Auch Lu und Liang verbeugten sich und legten ein gutes Wort für Peng ein, fortwährend übertönt von dessen heiserem Quieken.

Huang Rong drehte sich zu Guo Jing um. »Genug?«

»Genug. Erlöse ihn.«

»Gut«, teilte Huang Rong den drei Klanältesten mit, »ich lasse Gnade walten, aber unter einer Bedingung: Keiner bespuckt mich.«

»Gewiss. Ihr seid die Klanfürstin und Euer Wunsch ist uns Befehl«, beeilte sich Jian zu versichern.

Der Gedanke, dem widerlichen Initiationsritual zu entgehen, stimmte Huang Rong großmütig. »Geht und lähmt seinen Nervenpunkt«, sagte sie zu Jian.

Jian sprang von der Kaiserterrasse und legte Peng durch Druck auf seine Nervenpunkte lahm. Sein Lachen verstummte. Von Pengs Augen war nur noch das Weiße zu sehen. Keuchend und vollkommen erschöpft rang er nach Luft.

»Nun ist es aber wirklich Zeit zum Ausruhen«, spottete Huang Rong. Sie sah sich um. »He, wo ist Yang Kang?«

»Weggelaufen«, sagte Guo Jing.

»Wie konntest du das zulassen? Wo ist er hin?«

»Er ist mit Qiu Qianrens Leuten weg.« Guo Jing deutete auf den See.

Frustriert spähte Huang Rong über den See, wo noch die Segel der Schiffe von Qius Bande zu sehen waren. Aber sie waren schon zu weit weg, um noch die Verfolgung aufzunehmen. Sie brachte es nicht fertig, auf Guo Jing wütend zu sein. *Er hält noch immer am Versprechen ihrer Schwurbruderschaft fest,* dachte sie.

Guo Jing aber hatte Yang Kangs Verschwinden so wenig bemerkt wie Huang Rong. Als während ihres Kampfs gegen Klanältesten Jian abzusehen war, dass Jian unterliegen würde, wusste Yang Kang, dass er sein Leben nur durch Flucht retten konnte. Verstohlen hatte er sich zu Qiu Qianrens Männern zurückgezogen und um Hilfe gebeten.

Qiu Qianren hegte keinen Zweifel daran, dass die junge Frau binnen kurzer Zeit zur neuen Klanfürstin ausgerufen würde. Es schien geraten, sich davonzumachen, denn seine Leute waren in der Minderzahl und er verspürte wenig Lust auf eine erneute Begegnung mit dem unheimlichen Kung-Fu ihres Begleiters.

Lautlos gab er seinen Leuten ein Zeichen. Sie schlichen zu den Booten und segelten davon. Yang Kang nahmen sie mit sich.

Natürlich hatten einige der Bettler ihren heimlichen Abgang bemerkt, aber da der Kampf zwischen dem Klanältesten und Huang Rong noch in vollem Gange war und sie die Lage nicht einzuschätzen wussten, ließen sie die ungebetenen Gäste tatenlos ziehen.

Huang Rong hielt den Hundestock in die Höhe. »Bis Bettlerfürst Hong zurückkehrt, werde ich vorübergehend die Angelegenheiten des Bettlerklans regeln«, verkündete sie laut. »Ältester Jian und Ältester Liang, Ihr führt die Achtsackbettler nach Osten und geht Fürst Hong entgegen. Ältester Lu bleibt hier, um seine Verletzung auszukurieren.«

Die Versammlung brach in lauten Jubel aus.

»Wie verfahren wir wegen seiner üblen Machenschaften mit dem Ältesten Peng?«, fragte Huang Rong, an die anderen Ältesten gewandt.

Ältester Jian verbeugte sich tief. »Der Älteste Peng hat einen schweren Fehltritt begangen und gehört streng bestraft. Aber in

Anbetracht seiner langjährigen Verdienste um den Klan bitte ich Euch, sein Leben zu verschonen.«

»Ich habe mir schon gedacht, dass Ihr Euch für ihn verwenden würdet.« Trotz ihres strengen Tons umspielte ein Lächeln Huang Rongs Mundwinkel. »Nun gut. Er hat genug gelacht. Wir werden ihn ungeachtet seines Alters zu einem Viersackbettler degradieren.«

Alle vier Klanältesten dankten der Klanfürstin einstimmig für ihre Gnade. Peng legte umstandslos fünf der neun Jutesäcke auf seinem Rücken ab und zog sich hängenden Hauptes in die hinteren Reihen der Bettler zurück.

Huang Rong fuhr mit ihrer Rede an die Bettler fort. »Brüder und Schwestern! Selten habt Ihr die Gelegenheit, Euch zu versammeln und gewiss habt Ihr noch viele Dinge, die den Klan betreffen, zu regeln. Doch zuerst möchte ich Euch bitten, Li Sheng und Yu Zhaoxing ein angemessenes Begräbnis zu bereiten. Lu Youjiao ist, wie sich gezeigt hat, der Edelste unter Euch, weshalb Ihr ihm in meiner Abwesenheit in allen Belangen zu gehorchen habt ...« Sie besann sich kurz, »... unterstützt von den Ältesten Jian und Liang«, fügte sie dann hinzu, um Rivalitäten unter den Ältesten vorzubeugen. »Ich selbst werde mich hiermit verabschieden. Bald sehen wir uns in Lin'an wieder.«

Mit diesen Worten nahm Huang Rong Guo Jing bei der Hand und sprang mit ihm von der Kaiserterrasse.

Die Bettler geleiteten sie bis zum Fuß des Berges und warteten am Ufer, bis das Boot mit ihrer neuen Klanfürstin in den Nebelschwaden über dem Dongting-See verschwand.

Als Guo Jing und Huang Rong zur Yueyang-Pagode zurückkehrten, wurde es schon hell. Neben der Pagode warteten treu und geduldig das kleine rote Pferd und die beiden Adler.

Huang Rong warf einen Blick zurück über den See. Die Morgensonne stieg gerade aus den Wellen des Dongting-Sees und tauchte den Himmel und die Wasseroberfläche in herrliche Farben. Es war ein überwältigender Anblick.

Sie lächelte Guo Jing an und rezitierte:

»An den fernen Bergen nagend, die Wasser des Jangtse verschluckend, entrollt sich der See zu endloser Weite. In Morgenlicht und Abendglut entfaltet er tausend prächtige Bilder.«

»Wie treffend Fan Zhongyan es in seinem Aufsatz *Gedenkschrift für die Yueyang-Pagode* beschrieben hat, nicht wahr, Jing? Komm, wir steigen hinauf und genießen die Aussicht.«

Sie bestiegen die hohe Pagode und bewunderten von dort den Sonnenaufgang. Sie dachten an die abenteuerliche Nacht, die hinter ihnen lag, redeten aber nicht mehr davon, sondern plauderten fröhlich über dies und das. Doch dann verdüsterte sich Huang Rongs Miene. »Das war wirklich gemein von dir, Jing«, sagte sie plötzlich.

Guo Jing zuckte zusammen. »Was?«

»Du weißt genau, wovon ich rede.«

Er kratzte sich verlegen am Kopf, kam aber nicht darauf, was er falsch gemacht haben könnte. »Bitte sag es mir.«

»Gut, dann frage ich dich: Als uns die Bettler vergangene Nacht am Rand der Klippe in die Enge getrieben haben, wolltest du mich da wirklich allein lassen? Als ob ich ohne dich weiterleben wollte! Verstehst du denn immer noch nicht, was ich für dich empfinde?« Tränen rollten ihr über die Wangen.

Zutiefst gerührt nahm Guo Jing ihre Hand in seine beiden Hände. Was sollte er sagen? Erst nach einer ganzen Weile fand er seine Sprache wieder. »Du hast recht. Das war ein Fehler von mir. Wenn einer von uns sterben muss, dann sollte der andere mit ihm sterben.«

Huang Rong seufzte. Sie wollte gerade etwas entgegnen, als sie von unten Schritte zur Aussichtsplattform heraufkommen hörten.

Sie hielten nach dem Neuankömmling Ausschau, und als sich ihre Blicke trafen, zuckten alle drei zusammen.

Es war Qiu Qianren.

Sofort stellte sich Guo Jing schützend vor Huang Rong, aber zu ihrer Überraschung hob Qiu Qianren nur verlegen grinsend die Hand zum Gruß, machte auf dem Absatz kehrt und rannte die Treppe hinunter.

»Hat der etwa Angst vor uns?«, fragte Huang Rong. »Der Kerl ist mir ein Rätsel. Ich gehe nachsehen.«

Ohne Guo Jings Antwort abzuwarten, lief sie ihm hinterher.

»Sei vorsichtig!«

So schnell er konnte, rannte er ihr nach, aber als er am Fuß der Pagode ankam, waren ringsum weder Huang Rong noch Qiu Qianren zu sehen.

»Rong! Wo bist du?« Nun, da er gesehen hatte, über welch erbarmungslose Kampfkunst Qiu Qianren tatsächlich verfügte, machte er sich große Sorgen um Huang Rong.

Huang Rong hörte die Panik in Guo Jings Stimme, zog es jedoch vor, nicht zu antworten, damit sie der alte Schurke nicht entdeckte. Erst wollte sie herausfinden, was er jetzt wieder im Schilde führte.

Auf Zehenspitzen folgte sie ihm bis zu den äußeren Mauern eines herrschaftlichen Anwesens. Während er um das Haus herumging, wartete sie an der Nordseite, bis die Luft rein war.

Aber auch Qiu Qianren hatte Guo Jings Rufe gehört und schlussfolgerte daraus, dass Huang Rong ihm auf den Fersen war. Als er um die Ecke gebogen war, blieb er stehen und wartete. Beide lauschten mit angehaltenem Atem. Nichts. Dann lugten sie im selben Augenblick um die Ecke.

Ein Gesicht so zart und lieblich wie eine Lotusblüte an den Ufern des Xiang traf auf ein Gesicht so runzlig und pockennarbig wie eine Apfelsine an den Ufern des Dongting.

Beide sprangen mit einem Aufschrei zurück.

Dann machten sie kehrt und liefen in entgegengesetzte Richtungen davon. Obwohl sie seit vergangener Nacht Respekt vor Qius Kung-Fu hatte, war es gegen Huang Rongs Natur, ihn so einfach entwischen zu lassen. Ihre leichtfüßige Schwebekunst trug sie im Nu um das große Anwesen herum. Nun hielt sie an der östlichen Ecke der Mauer nach ihm Ausschau.

Wie sich herausstellte, hatte Qiu Qianren dieselbe Idee. Wieder begegneten sich das alte und das junge Gesicht, diesmal an der Geistermauer vor dem Haupteingang des Anwesens.

Huang Rong beschloss, von Angesicht zu Angesicht stehen zu bleiben, damit er sie nicht von hinten angreifen konnte, und ihn in ein Gespräch zu verwickeln, bis Guo Jing sie fand.

»Sieh an, Onkel Qiu«, sagte sie mit einem gewinnenden Lächeln, »die Welt ist klein, nicht wahr?«

»Das kann man wohl sagen«, entgegnete Qiu Qianren mit ebenso gespielter Freundlichkeit, »wo wir uns doch vor Kurzem erst in Lin'an begegnet sind. Wie ist es Euch seither ergangen?«

Als ob du alter Dummschwätzer das nicht wüsstest, dachte Huang Rong. *Oder habe ich nur geträumt, dir gestern Nacht auf dem Berg Jun begegnet zu sein?* Sie beschloss, seine dreisten Lügen mit dem Hundestock zu beantworten. »Jing! Hier ist er, schnapp ihn dir von hinten!«, schrie sie unvermittelt, so laut sie konnte.

Erschrocken fuhr Qiu Qianren herum.

Da war niemand, aber stattdessen spürte er einen Luftzug vor seinem Schienbein. Schnell sprang er hoch.

Huang Rong setzte das Hundestock-Kung-Fu des Beinstellens ein – und das bedeutete, dass unendliche Variationen desselben tiefen Schlags so überwältigend gegen Qiu Qianren anstürmten wie die Fluten des Jangtse. Je schneller Qu Qianren wegsprang, desto schneller drosch der Hundestock auf ihn ein. Er sah nichts als einen jadegrünen Schatten über den Boden tanzen.

Beim achtzehnten Schlag erlahmten Qiu Qianrens Kräfte. Der Hundestock erwischte ihn am linken Schienbein. Flugs stellte der Stock ihm dann das rechte Bein und er fiel auf die Nase.

»Halt! Aufhören! Hör mich an!«, flehte er.

Triumphierend stand Huang Rong über ihm. Als er sich gerade wieder aufgerichtet hatte, trafen ihn die nächsten Schläge mit dem Hundestock. Taumelnd fiel er auf den Hintern.

Dieses Spiel spielte sie noch weitere fünf Male mit ihm. Beim sechsten Mal hatte er begriffen und blieb bäuchlings liegen.

»Steh auf«, befahl Huang Rong.

Brav rappelte er sich wieder hoch, riss dabei aber mit beiden Händen das Schnürband seiner Hose auf und hielt sie schnell am Hosenbund fest. »Weg mit dir, oder ich lasse sie fallen!«, rief er.

Dass ein gefürchteter Bandenführer des Jianghu zu einem so schäbigen Trick greifen konnte, verschlug Huang Rong die Sprache. Sie spuckte aus und wandte sich zum Gehen.

Hinter ihr erscholl Qiu Qianrens Lachen. Sie hörte Schritte. *Was ...?* Sie drehte sich um und sah, dass Qiu Qianren ihr mit hochgehaltenen Hosen nachlief. Er hatte vor, sie ein für alle Mal in die Flucht zu schlagen, damit sie ihn endlich in Ruhe ließ.

Da tauchte Guo Jing auf und verstellte ihm den Weg. Er holte mit dem einen Arm weit von unten aus, während er den anderen schräg auf Brusthöhe hielt.

Qiu Qianren war erfahren genug, um zu erkennen, dass ihn, sobald die beiden Handflächen des jungen Manns einen unsichtbaren Kreis geschlossen hatten, ein Schlag von ungeheurer Macht erwartete. Er krümmte sich und hielt sich den Bauch. »Oh nein, oh weh ...!«, jammerte er.

»Hör nicht auf seinen Unsinn, Jing. Schlag zu!«, rief Huang Rong.

Guo Jing hatte Respekt vor Qiu Qianrens *Eisenfaust*, die er als nicht weniger gefährlich erlebt hatte als das herausragende

Kung-Fu Zhou Botongs oder Huang Yaoshis. Ihn zu unterschätzen, konnte ein tödlicher Fehler sein. Er sammelte sein Qi im Unterbauch und wartete. Sein Körper war entspannt, sein Geist konzentriert.

Qiu Qianren hielt sich den Hosenbund zusammen. »Ach, liebe Kinder, der arme Opa hat zu viel genascht und sich den Magen verdorben. Wenn ich mich entschuldigen dürfte …«

»Schlag zu!« Huang Rong selbst wagte sich nicht vor, sondern blieb vorsichtshalber auf Abstand zu Qiu Qianrens Hose.

»Oh weh … ich weiß, was ihr denkt, Kinder. Da wollt ihr, dass der Opa euch etwas von seiner schönen Kampfkunst vorführt, und dann ist er schon wieder unpässlich. Immer wenn es darauf ankommt, macht mein Magen, was er will, das ist ungerecht, ich weiß. Aber wisst ihr was, ich habe eine Mutprobe für euch: Wir treffen uns in sieben Tagen am Fuß des Eisenfaustbergs.«

Huang Rong hatte genug von seinem dummen Geschwätz. Ihre Hand lag schon auf den Nadeln in ihrer Tasche, um einen *Himmel voller Blüten* auf ihn herunterregnen zu lassen. *Mal sehen, ob er dann immer noch von braven Kindern und netten Opas schwadroniert,* dachte sie grimmig. *Nur was, wenn ich seine Hände treffe und ihm die Hose runterfällt?* Während sie noch zögerte, hallte plötzlich eins seiner Worte in ihr wider. *Der Eisenfaustberg! Davon war doch in der Geheimbotschaft auf der Bildrolle von Qu Lingfeng die Rede …*

»Einverstanden«, sagte sie schnell. »Ob Drachennest oder Tigerhöhle, wir werden dort sein. Wo liegt der Eisenfaustberg? Wie finden wir dorthin?«

»Geht von hier Richtung Westen über Changde und Chenzhou, dann folgt den Wassern des Yuan stromaufwärts. Zwischen Luxi und Chenxi liegt ein Berg, der aussieht wie eine Hand mit fünf ausgestreckten Fingern. Das ist der Eisenfaustberg. Der Berg ist voller Gefahren und das Kung-Fu eures Opas furchterregend, also seid gewarnt. Ich kann gut verstehen, wenn ihr jetzt Angst habt, deshalb genügt es, wenn ihr euch jetzt brav entschuldigt. Dann will ich es dabei bewenden lassen.«

Huang Rong freute sich so darüber, dass seine Beschreibung ganz der Botschaft auf dem Bild entsprach, dass sie sich an seinem dummen Gerede nicht mehr störte. »Es wird uns eine Freude sein, Euch in sieben Tagen am Eisenfaustberg zu treffen«, sagte sie höflich.

Qiu Qianren nickte huldvoll, dann raffte er seine Hose und lief mit theatralischem Wehgeschrei von dannen.

»Ich verstehe das nicht, Rong«, sagte Guo Jing, als er weg war.

»Was denn?«

»Warum tut er so, als ob er nichts kann und gebraucht diese albernen Tricks? Weißt du noch, wie er mir im Wanderwolkenpalast einen Faustschlag versetzt hat? Hätte er damals dasselbe Innere Kung-Fu in seinen Schlag gelegt wie gestern Nacht, wäre ich jetzt nicht mehr hier. Warum spielt er diese Spielchen?«

Huang Rong biss sich nachdenklich auf die Finger. »Ehrlich gesagt, weiß ich das auch nicht. Ich habe ihn eben mir nichts, dir nichts mit dem Hundestock zu Fall gebracht, er war vollkommen hilflos. Vielleicht war das mit dem Eisenstab im Felsen letzte Nacht auch wieder nur ein Trick?«

Guo Jing schüttelte energisch den Kopf. »Er hat Lu Youjiao sämtliche Handknochen gebrochen und meinem Angriff mit seinem Inneren Kung-Fu widerstanden. Das kann man nicht vortäuschen.«

Schweigend zog Huang Rong ihre Haarnadel heraus, ging in die Hocke und kritzelte damit etwas in die Erde. »Ich weiß nicht, was für ein Spiel der alte Schwachkopf mit uns treibt«, seufzte sie dann. »Wir werden es herausfinden, wenn wir am Eisenfaustberg sind.«

»Sollten wir nicht erst in Lin'an nach Meister Hong suchen? Vielleicht ist das nur eine böse Falle? Wozu bis zum Eisenfaustberg reisen?«

»Erinnerst du dich an die Geheimbotschaft auf dem Bild, das mein Vater dir geschenkt hat?«

Guo Jing grübelte. »Wir konnten sie nicht mehr ganz entziffern ... die Hälfte war vom Regen verwischt.«

»Kommst du immer noch nicht darauf?«

»Du kennst mich doch«, sagte Guo Jing verlegen. »Wenn du es weißt, dann sag es mir lieber gleich.«

Huang Rong hatte vier unvollständige Verse vor sich in die Erde geschrieben »Hier ... in der ersten Zeile fehlt das erste Schriftzeichen ... es kann nur ›Yue‹ sein, also *Yue Feis nachgelassene Schriften*. In der zweiten Zeile fehlt auch ein Zeichen ... erst kam ich nicht darauf, aber jetzt, wo der Alte es gesagt hat, besteht kein Zweifel, es muss ›Berg‹ sein.«

»Das heißt, die Botschaft lautet ... *Yue Feis nachgelassene Schriften ... sind auf dem Eisenfaustberg?*« Guo Jing klatschte begeistert in die Hände. »Dann nichts wie los! Die Eisenfaustbande hat sich mit den Jin gegen ihr eigenes Heimatland verbündet. Wanyan Honglie darf auf keinen Fall Yue Feis Schriften in die Hände bekommen! ... Was ist mit den letzten beiden Zeilen?«

»Du überlässt alles mir, statt selbst nachzudenken, nicht wahr?«, meinte Huang Rong verschmitzt. »Nun, der Alte hat gesagt, der Berg sieht aus wie die fünf hochgereckten Finger einer Hand, die fünfte Zeile lautet demnach bestimmt: *Unterhalb des Mittelfingers.*«

»Genau! Wie klug du bist, Rong! Und die letzte Zeile?«

Sie legte den Kopf schief und betrachtete, was sie geschrieben hatte. »*Im zweiten* ... Hm.« Ihr offenes Haar flatterte im Wind. »Ich komme nicht darauf. Wir werden es schon herausfinden, wenn wir dort sind.«

Begleitet von den Adlern ritten sie unverzüglich nach Westen weiter, durch Changde, vorbei an Taoyuan und den Yuan entlang flussaufwärts. Am darauffolgenden Tag erreichten sie Luxi, wo sie nach dem Weg zum Eisenfaustberg fragten, aber die Leute schüttelten nur die Köpfe.

Enttäuscht beschlossen sie, eine Nacht in Luxi zu bleiben. Am Abend fragte Huang Rong den Schankjungen ihrer Herberge nach den Sehenswürdigkeiten der Gegend. Er zählte ihnen mehrere auf, ein Eisenfaustberg war jedoch nicht darunter.

Huang Rong schürzte die Lippen. »Klingt, als hätte diese kleine Stadt nicht gerade viel zu bieten. Gibt es nicht wenigstens sehenswerte Landschaften in der Nähe?«

Ihre Bemerkung verdross den Schankjungen sichtlich. »Luxi mag eine kleine Stadt sein, aber die Landschaft rund um den Affenhandberg ist unvergleichlich schön!«

»Der Affenhandberg?« Huang Rong horchte auf. »Wo liegt der?«

»Entschuldigt mich bitte«, sagte der Schankjunge kurz angebunden und ging zur Tür.

Huang Rong hielt ihn am Hemd zurück, zog ein Silberstück hervor und legte es auf den Tisch. »Erzähl mir mehr über den Affenhandberg, und die Münze gehört dir.«

Mit bebenden Händen berührte der Schankjunge das Silber. »Wirklich? Die ist für mich?«, fragte er argwöhnisch.

Huang Rong nickte lächelnd.

»Gut, ich erzähle Euch alles«, flüsterte er. »Aber geht dort auf keinen Fall hin. Auf dem Affenhandberg haust eine Bande Teufel. Wer sich dem Berg weiter als fünf Li nähert, der kommt nicht lebend zurück.«

Huang Rong warf Guo Jing einen Blick zu. Er nickte. »Der Berg hat fünf Gipfel, die aussehen wie die Finger einer Affenhand, nicht wahr?«

»So ist es. Die fünf Gipfel sehen so aus«, er hob eine Hand und spreizte die fünf Finger. »Der mittlere überragt alle anderen. Aber das ist nicht das einzig Merkwürdige an diesem Gebirge. Seltsam ist vor allem, dass jeder der fünf Gipfel aus drei Abschnitten besteht. Wie ein Finger eben.«

Huang Rong sprang auf. »Drei Abschnitte!«, rief sie begeistert. »Im zweiten Abschnitt …«

»Das ist es!«, rief Guo Jing.

Der Junge starrte sie verständnislos an.

Huang Rong ließ nicht locker, bis er genau beschrieben hatte, wie sie dorthin gelangten. Dann gab sie ihm die Silbermünze, die er fest in die Hand schloss und, fassungslos über sein unverhofftes Glück, schnell das Weite suchte.

»Komm, lass uns gehen!« Huang Rong konnte es nicht mehr erwarten.

»Aber das ist nur sechzig Li von hier, das Pferd trägt uns im Nu dorthin. Warum warten wir nicht bis morgen früh und machen unseren Ausflug bei Tageslicht?«

»Ausflug? Wir wollen wichtige Schriften stehlen, da zählt jeder Augenblick.«

»Stimmt.« Guo Jing kam sich furchtbar dumm vor.

Still und heimlich kletterten Huang Rong und Guo Jing aus dem Fenster und holten Ulaan aus dem Stall. Mit den Adlern im Geleit galoppierten sie südostwärts.

Der Weg, den der Schankjunge beschrieben hatte, führte über wilde und beschwerliche Pfade. Die Zweige und Blätter des dichten Gebüschs reichten bis auf Brusthöhe. Der Mond stand hoch am Himmel, als sie dank ihres schnellen und geschickten Pferds nach etwa vierzig Li in der Ferne fünf Gipfel in die Wolken ragen sahen.

Im Nu hatte Ulaan sie bis an den Fuß des Gebirges getragen, wo sie zu den schwindelerregend hohen, schroffen Felsen hinaufstarrten, die tatsächlich aussahen wie eine Hand, die ihre Finger wütend in den Himmel stieß. Der mittlere Gipfel war ungewöhnlich hoch und aufrecht.

»Dieser Berg sieht genauso aus wie der auf dem Bild«, rief Guo Jing begeistert. »Sieh mal, da oben wachsen sogar Kiefern!«

Huang Rong kicherte. »Fehlt nur noch der General, der mit seinem Schwert exerziert. Wie wäre es, wenn du das übernimmst, Jing?«

»Leider bin ich kein General.«

»So schwer sollte es dir nicht fallen, einer zu werden. Wenn erst Dschingis Khan …« Sie redete nicht weiter.

Guo Jing wusste, woran sie dachte, und wandte sich ab. Er hatte nicht den Mut, ihr in die Augen zu sehen.

Sie ließen das Pferd und die Adler am Fuß des Bergs zurück, vergewisserten sich, dass ihnen niemand auflauerte, und begannen mit dem Aufstieg auf den mittleren Gipfel.

Mithilfe ihrer Schwebekunst kletterten sie an der Felswand entlang, bis sie an der Seite einen schmalen Pfad entdeckten, der in Serpentinen den Berg hinaufführte. Sie folgten dem gewundenen Weg eine gute Weile, bis sie unversehens in einem dichten Kiefernwald landeten. Während sie noch überlegten, ob sie den Wald erkunden oder weiter aufsteigen sollten, entdeckten sie plötzlich zwischen den Zweigen einen Lichtschein. Stumm nickten sie sich zu und schlichen so geräuschlos wie möglich auf die Lichtquelle zu.

»Ha!« Mit einem lauten Ruf sprangen plötzlich zwei schwarz gekleidete Kerle hinter den Bäumen hervor und versperrten ihnen mit gezückten Schwertern den Weg.

Huang Rong überlegte fieberhaft. *Wenn wir gegen sie kämpfen, wird die Eisenfaustbande gewarnt sein und unsere Mission ist in Gefahr.* Da fiel ihr Qiu Qianrens eiserne Hand ein, die sie noch immer bei sich trug. Wortlos zog sie das Symbol heraus und hielt es den Schwarzgekleideten hin.

Die Männer warfen ebenso wortlos wie erstaunt einen Blick auf die Hand, dann gaben sie mit einer Verbeugung den Weg frei.

Ehe sie sichs versahen, hatte Huang Rong den Hundestock gezogen, sie blitzschnell an ihren Nervenpunkten gelähmt und mit einem kräftigen Fußtritt in den Wald befördert. Dann schlich sie mit Guo Jing weiter in Richtung des Lichts.

Der Lichtschein drang aus den beiden Seitenflügeln eines riesigen Steinhauses. Vorsichtig näherten sie sich dem Westflügel und lugten hinein.

Ein dampfender Wok hing über einem glühenden Kohlenfeuer, das ein schmächtiger, schwarz gekleideter Junge kräftig mit dem Blasebalg anfachte, während ein anderer im Wok rührte; dem schabenden Geräusch nach bediente er sich dabei einer schweren Eisenkelle. Ein alter Mann mit grauem Haar und langem grauen Bart saß mit gekreuzten Beinen davor auf dem Boden und atmete mit geschlossenen Augen tief und gleichmäßig den aus dem Wok aufsteigenden Dampf ein. Er trug ein gelbes Hemd aus Kudzu-Fasern.

Es war natürlich Qiu Qianren.

Es dauerte nicht lang, bis heißer Dampf aus seinem Kopf aufstieg. Als er die Arme hochreckte, lösten sich auch aus seinen Fingerspitzen feine Dampfschwaden.

Plötzlich sprang er auf und versenkte beide Hände tief im Wok, woraufhin der Junge, dem vom steten Anfachen des Feuers schon Schweiß auf der Stirn stand, den Blasebalg noch schneller betätigte.

Qiu Qianren hielt mit eisernem Willen die Hände in den siedend heißen Wok, als ob ihm die Hitze nichts anhaben könnte.

Erst nach einer ganzen Weile zog er sie heraus und schlug beide Handflächen mit voller Kraft gegen einen an einem dünnen Seil von der Decke hängenden Sandsack.

Der Sandsack rührte sich nicht.

Guo Jing war beeindruckt. Mit solcher Wucht gegen einen frei hängenden Sack zu schlagen, ohne dass er sich bewegte, zeugte von gewaltigem Kung-Fu. Dieser Mann war ein großer Kampfkünstler, kein Zweifel.

Anders als Guo Jing ging Huang Rong davon aus, dass es sich wieder um einen von Qiu Qianrens billigen Tricks handelte. Wären sie nicht in einer wichtigen Angelegenheit unterwegs gewesen, hätte sie längst den Mund aufgemacht, um den Alten lauthals zu verhöhnen.

Sie sahen zu, wie Qiu Qianren das Ritual noch mehrfach wiederholte, auf die immergleiche Weise seine Hände in den glühend heißen Wok steckte, sie herauszog und gegen den Sandsack schlug.

Huang Rong zerbrach sich den Kopf darüber, wie er es wohl anstellte, es so aussehen zu lassen, als dampften sein Kopf und seine Finger, aber sie entdeckte keinerlei dafür geeignetes Täuschungswerkzeug. Sie erinnerte sich, wie Zhu Cong im Wanderwolkenpalast Qius listige Finten bloßgestellt hatte. *Meister Wunderhand hätte den Alten bestimmt längst durchschaut,* dachte sie resigniert. *Er ist in dieser Hinsicht einfach besser als ich.*

Nachdem sie genug von Qiu Qianrens wundersamem Ritual gesehen hatten, krochen sie hinüber zum anderen Flügel des Hauses. Sie spähten durch die Fensterritzen.

Dort saß Yang Kang. Aber er war nicht allein. Zu ihrem großen Entsetzen erkannten sie direkt neben ihm ein vertrautes Gesicht – Mu Nianci! Was hatte sie hier zu suchen? Die Ohren dicht an die Fenster gepresst, lauschten sie ihrem Gespräch.

Yang Kang überschüttete seine Liebste gerade mit endlosen Schmeicheleien und Versprechungen, um sie zu einer baldigen Heirat zu überreden, während Mu Nianci hartnäckig darauf bestand, dass er erst Wanyan Honglie tötete, um den Tod seiner Eltern und ihres Ziehvaters zu rächen.

»Aber meine Liebste, verstehst du nicht?«

»Was verstehe ich nicht?«

»Wanyan Honglie hat rund um die Uhr Leibwachen um sich. Wie soll ich ihn denn ganz allein töten können? Wenn du erst meine Frau bist, bringe ich dich zu ihm und wir tun so, als wolltest du deinem Schwiegervater die Ehre erweisen. So können wir ungehindert zu ihm vordringen und die Tat gemeinsam vollbringen.«

Mu Nianci senkte den Kopf. Das Licht der Kerzen fiel auf ihre geröteten Wangen. Seine Worte schienen sie zu überzeugen.

Yang Kang spürte, wie sie den Widerstand aufgab. Von seinem Erfolg angespornt, griff er nach ihrer Hand, streichelte sie sanft mit den Fingern und schlang dann den Arm um ihre schmale Taille.

Huang Rong hielt es nicht mehr aus. Sie musste Mu Nianci vor Yang Kangs Lügen retten.

Sie wollte eben ihrer Empörung Luft machen, als hinter ihnen eine tiefe Stimme ertönte.

»Wer hat sich erlaubt, ungebeten in mein Reich einzudringen?«

Huang Rong und Guo Jing fuhren herum.

Vor ihnen stand Qiu Qianren. Er war es zweifellos, aber etwas an ihm war anders. Bei ihren letzten Begegnungen hatte sein schmieriger Blick den erbärmlichen Charakter hinter dem hochtrabenden Getue verraten. Der Mann vor ihnen strahlte Würde aus und sein Blick zeugte von grausamer Entschlossenheit.

Auf seinem eigenen Terrain tut er noch großspuriger, dachte Huang Rong, die sich ihren Schrecken nicht eingestehen wollte. *Wahrscheinlich hat er uns vorhin kommen hören und deshalb die Darbietung mit dem Wok und dem Sandsack inszeniert.*

Sie strahlte ihn an. »Aber Onkel Qiu, wir sind in der besten Absicht hier. Hatten wir nicht eine Verabredung?«

»Was soll der Unfug?«, kam es barsch zurück.

»Ihr werdet doch nicht etwa Eure eigene Einladung vergessen haben?«, fragte Huang Rong fröhlich. »Ich hoffe, dass Euer Bauch sich erholt hat? Falls nicht, holt Ihr vielleicht erst einen Arzt, bevor wir kämpfen, damit Ihr nicht wieder …« Sie hielt sich kichernd die Hand vor den Mund.

Qiu Qianren antwortete mit einem martialischen Schrei und holte mit beiden Händen zu einem Schlag aus. Gelassen blieb Huang Rong stehen, wo sie war, und freute sich bereits diebisch darauf, dass sich die scharfen Stacheln ihres Eisernen Igels in seine Hände bohren würden.

»Weich aus, Rong!«

Im selben Augenblick, als ihr ein heftiger Luftzug verriet, dass Guo Jing den Gegner mit *Die Reue des stolzen Drachen* angriff, spürte sie die Wucht des Schlags, der auf ihre Schultern niederging. Bevor sie auch nur daran denken konnte auszuweichen, flog sie rückwärts durch die Luft und landete bewusstlos auf der Erde.

Wütend und überrascht zugleich starrte Qiu Qianren auf seine blutenden Hände, bis ihn Guo Jings Angriff zum Handeln zwang. Er holte aus.

Mit einem lauten Knall trafen die Kräfte ihres Inneren Kung-Fu so heftig aufeinander, dass sie voneinander abprallten.

Qiu Qianren fand sofort wieder festen Stand, während Guo Jing ein paar Schritte zurücktaumelte.

Nach ihrer Begegnung bei der Bettlerversammlung auf dem Jun hatte Guo Jing ihn als ebenbürtigen Gegner eingeschätzt. Jetzt erkannte er seinen Irrtum. Qiu Qianren war stärker als er und Guo Jing hatte ihn nur deshalb übertrumpfen können, weil die neu gewonnene Einsicht in die Macht des *Großen Wagens* ihn beflügelt hatte.

Wichtiger als alles andere war für Guo Jing, Huang Rong so schnell wie möglich in Sicherheit zu bringen. Rasch schloss er sie in die Arme, als er von hinten den Schlag kommen spürte. Ohne sich umzudrehen, hielt er Huang Rong in einem Arm, während er mit dem anderen zu *Der Drache peitscht mit dem Schwanz* ausholte, einer der wirksamsten Abwehrbewegungen bei einem Angriff von hinten. Guo Jings wütende Verzweiflung tat ein Übriges, um seinem Schlag Wucht zu verleihen.

Wieder trafen ihre geballten Kräfte aufeinander, aber diesmal war es Qiu Qianren, der beinahe sein Gleichgewicht verlor. Er spürte jetzt deutlich den Schmerz in seinen Händen, hielt sie hoch ins Mondlicht und besah sich die tiefen, bluttriefenden Einstichlöcher. *Wenigstens waren die Stacheln nicht vergiftet,* dachte er beim Anblick des hellroten Bluts erleichtert.

Guo Jing nutzte die Gelegenheit, um mit Huang Rong im Arm so schnell er konnte bergaufwärts zu flitzen. Seine Schwebekunst verschaffte ihm einen gewissen Vorsprung, aber es dauerte nur einen Augenblick, bis unten im Kiefernwald Alarm geschlagen wurde. Er sah sich um. Ein großer Trupp schwarz gekleideter, mit Fackeln bewehrter Krieger lief dort zusammen.

Ihm blieb nur der Weg nach oben.

Guo Jing rannte wie nie zuvor und forderte seine Schwebekunst bis zum Äußersten, während er sich verzweifelt nach einem Unterschlupf umsah. Huang Rong gab die ganze Zeit über keine Regung von sich. Er hielt einen Finger unter ihre Nase. Nichts.

Kein Atemzug.

»Rong!«

Sie antwortete nicht.

Sein kurzes Zögern hatte genügt, um den Abstand zwischen ihm und Qiu Qianren, der ein Dutzend seiner stärksten Kämpfer im Gefolge hatte, erheblich zu verringern.

Wäre ich allein, könnte ich mich vielleicht bis zum Fuß des Berges durchkämpfen, dachte Guo Jing. *Aber ich kann Rong unmöglich dieser Gefahr aussetzen.*

Er verließ den gewundenen Pfad und nahm den Weg in gerader Linie nach oben über das schroffe Gestein. Nicht umsonst hatte er in der Mongolei Nacht um Nacht mit bloßen Händen eine steile Felswand erklommen. Es dauerte nicht lange, bis der Abstand zu seinen Verfolgern sich verdoppelt hatte. Vorsichtig drückte er Huang Rongs Wange an seine. Sie fühlte sich warm an, wie er erleichtert feststellte. Noch einmal rief er ihren Namen, aber es kam keine Antwort.

Der Gipfel war nicht mehr weit. Er überschlug in Gedanken ihre Möglichkeiten. Hier oben war nicht viel Platz und gleich würde er von seinen Gegnern umzingelt sein. Der einzige Ausweg war, ein Versteck zu finden, wo er in Ruhe Huang Rong wiederbeleben konnte. Dann würde er weitersehen.

Hastig blickte er sich um und entdeckte nicht allzu weit über ihm einen tiefdunklen Fleck. Er vermutete den Eingang zu einer Höhle, holte tief Luft und überwand die Distanz mit wenigen Sätzen. Es handelte sich tatsächlich um eine Höhle. Ihr Eingang war von Menschenhand mit einem Gewölbebogen aus Jadesteinen verstärkt worden.

Guo Jing hielt sich nicht damit auf zu überlegen, ob in der Höhle Gefahren lauerten oder nicht, sondern trug Huang Rong hinein und legte sie sachte ab. Dann massierte er den *Geisterturm* zwischen ihren Schulterblättern und ließ sein Qi so lange auf sie einwirken, bis sie ruhig und gleichmäßig atmete.

Inzwischen sammelten sich mehr und mehr von Qiu Qianrens Männern auf dem Wegabschnitt unterhalb der Höhle. Von allen Seiten erschollen ihre Rufe. Guo Jing kümmerte sich nicht darum. Selbst wenn ein Heer mit zehntausend Reitern im Anmarsch gewesen wäre – ihn interessierte nur, dass Huang Rong überlebte. Es verging nicht mehr Zeit als für eine Tasse Tee, dann schlug Huang Rong endlich mit einem leisen Stöhnen die Augen auf. »Meine Brust tut weh«, stieß sie schwach hervor.

Guo Jing war überglücklich. »Keine Angst«, flüsterte er. »Ruh dich ein wenig aus.«

Er bettete sie etwas weicher und ging dann zum Höhleneingang, den Arm horizontal vor der Brust erhoben, bereit, Huang Rong mit seinem Leben zu verteidigen.

Er spähte hinaus. Nicht weit unterhalb der Höhle sah er einen dichten Ring von Fackeln, die genug Licht auf ihre Träger warfen, um ihre grimmigen, von wilden Schlachtrufen verzerrten Gesichter zu erkennen. Vor ihnen stand ein einzelner Mann in einem Kudzu-Hemd. Qiu Qianren.

Doch keiner von ihnen rührte sich und schritt zum Angriff. Wie angewurzelt standen sie da und Guo Jing rätselte, was sie im Schilde führten. Er ging zurück zu Huang Rong.

Gerade als er sich neben sie knien wollte, hörte er ein Schlurfen, das tief aus der Höhle zu kommen schien. Schritte? Er warf die Arme nach hinten, um sich vor einem rückwärtigen Angriff zu schützen, und wirbelte herum. In der Höhle war es so dunkel, dass man die Hand nicht vor den Augen sehen konnte. Die Dunkelheit starrte auf ihn zurück und er wusste nicht, ob er Mensch oder Ungeheuer gehört hatte.

»Wer ist da? Komm heraus!«

Stille. Nur sein Echo antwortete von den Felswänden.

Dann hüstelte jemand und ein verlegenes Kichern folgte. War das nicht Qiu Qianrens Stimme?

Guo Jing zog Flintstein und Zunder aus seinem Hemd und machte Licht. Jetzt sah er einen Mann auf sich zukommen: gelbes Kudzu-Hemd, Schirmpalmenfächer, graues Haar, langer Bart … Es war unzweifelhaft Qiu Qianren, der Wasserwandler mit der Eisenfaust.

Habe ich ihn nicht eben erst draußen gesehen? Wie ist er so schnell hier hereingekommen?, fragte sich Guo Jing verwirrt. Kalte Schauer liefen ihm über den Rücken.

»Ah, liebe Kinder, ihr habt es tatsächlich bis hierhergeschafft, um Onkel Qiu zu treffen«, lachte Qiu Qianren. »Das zeugt von Mut und Entschlossenheit. Mein Respekt!« Dann wurde seine Miene plötzlich frostig. »Dieser Ort ist das verbotene Geheimversteck der Eisenfaustbande. Niemand, der ihn ungebeten betritt, verlässt ihn lebend.«

Guo Jing überlegte noch, was er damit sagen wollte, als sich Huang Rongs schwache Stimme vernehmen ließ. »Wenn das so ist, was macht *Ihr* dann hier?«

»Ich habe etwas Wichtiges zu erledigen und leider keine Zeit, um mit Euch zu plaudern.« Qiu Qianren strebte zum Höhlenausgang.

Es lag nicht in Guo Jings Natur, zuerst anzugreifen, aber mit der verletzten Huang Rong an seiner Seite wollte er nichts riskieren. *Wer zuletzt schlägt, zieht den Kürzeren,* dachte er und holte mit beiden Händen zu einem Schlag gegen Qiu Qianrens Schultern aus. Wie erwartet, riss Qiu die Arme hoch, um abzublocken. Sofort nutzte Guo Jing die Abwehrlücke, um ihm beide Ellbogen in die Rippen zu rammen. Diese Technik – mit den Händen anzutäuschen, um dann flink die Arme zum eigentlichen Angriff zu beugen – hatte er von seinem zweiten Meister Zhu Cong. Die Finte war so durchdacht, dass die meisten Gegner sie nicht durchschauten. Aber noch bevor er den Ellbogenstoß vollzogen hatte, fühlte Guo Jing, wie wenig Kraft hinter Qius Abwehr stand. Die Energie, die von seinem Gegner ausging, war eine ganz andere als die, die er eben vor dem Steinhaus zu spüren bekommen hatte.

Sein Körper war wie immer schneller als seine Gedanken. Während er sich noch über Qiu Qianrens plötzliche Schwäche wunderte, hatten seine Hände schon instinktiv mit einer Drehbewegung die Handgelenke des Alten gepackt.

Qiu Qianren wand und krümmte sich, um sich zu befreien. Aber damit erreichte er nicht mehr, als sein erbärmliches Kung-

Fu zu entblößen. Guo Jing, der jetzt ganz sicher war, der Überlegenere von beiden zu sein, lockerte seinen Griff und zog. Qiu Qianren taumelte vorwärts. Schnell übte Guo Jing Druck auf den Sitz des *Großen Yin* an Qius Brusthöhle aus und der Alte ging gelähmt zu Boden.

»Junger Herr«, stöhnte Qiu Qianren, »wie könnt Ihr Euer Spiel mit mir treiben, während Euer Leben auf Messers Schneide steht?«

Tatsächlich schwoll das wütende Kampfgeschrei vor der Höhle immer lauter an.

»Gebt uns sicheres Geleit bis zum Fuß des Bergs«, verlangte Guo Jing.

»Ich kann nicht einmal für mein eigenes Leben bürgen, wie soll ich es dann für Eures tun?«

»Befehlt Eurem Gefolge, uns in Ruhe zu lassen. Ich verspreche, dass ich Euch gehen lasse, sobald wir in Sicherheit sind.«

Qiu Qianrens Miene verzog sich zu einem kläglichen Grinsen. »Was erwartet Ihr von mir, junger Herr? Werft einen Blick aus der Höhle und Ihr wisst, wovon ich rede.«

Obwohl er einen von Qius heimtückischen Kniffen vermutete, trat Guo Jing an den Eingang der Höhle und spähte hinaus.

Unweit davon stand ein Mann in gelbem Kudzu-Hemd mit einem Schirmpalmenfächer in der Hand, stampfte mit den Füßen und schrie Verwünschungen in Richtung der Höhle.

Guo Jing drehte sich nach dem Mann in der Höhle um. »Wie … was …? Es gibt Euch zweimal?«

»Aber Jing, verstehst du denn nicht?« Huang Rongs schwache Stimme war durch den Lärm vor der Höhle kaum vernehmbar. »Es gibt zwei Qiu Qianrens. Einer ist ein meisterlicher Kämpfer, der andere ein meisterlicher Aufschneider. Sie gleichen einander wie ein Ei dem anderen. Der hier ist der verlogene Schwächling.«

Es bereitete Guo Jing gewisse Schwierigkeiten, diese Worte nachzuvollziehen. »Stimmt das?«, fragte er Qiu Qianren.

»Wenn die junge Dame es sagt«, sagte der Alte bitter. »Wir sind Zwillinge. Ich bin der ältere. Und früher war ich auch einmal der bessere Kämpfer … bis mein kleiner Bruder ein wenig besser wurde.«

»Wer von Euch beiden ist der echte Qiu Qianren?«

»Macht das einen Unterschied, ob er Qianren heißt oder ich? Wir stehen uns seit Kindesbeinen nahe, also teilen wir uns auch den Namen.«

»Sag schon! Wer von Euch ist Qiu Qianren?«

»Der hier ist es nicht, das ist doch offensichtlich«, warf Huang Rong abermals ein.

»Und wie lautet dann Euer Name?« Guo Jing ließ nicht locker.

In seiner Hilflosigkeit sah sich der Alte gezwungen nachzugeben. »Nun ja … mein seliger Vater hat mir einen anderen Namen gegeben, Qianzhang. Aber das klingt nicht besonders gut, findet Ihr nicht? Daher habe ich ihn nie benutzt.«

Guo Jing kicherte. »Ihr seid also Qiu Qianzhang.«

»Ich kann heißen, wie ich will. Was geht dich das an?«, sagte Qiu Qianren beleidigt. »Zehn Fuß sind ein Zhang, und sieben Fuß sind ein Ren. Also hat ein Qian*zhang* einem Qian*ren* dreitausend Schritt voraus.«

»Ich glaube Qian*fen* wie ein ›Bruchteil von tausend‹ wäre ein passenderer Name für Euch«, höhnte Huang Rong.

»Warum stehen alle draußen und brüllen nur, ohne anzugreifen?«, fragte Guo Jing.

»Sie warten auf mein Kommando.«

Guo Jing wusste nicht mehr, was er glauben sollte.

»Sei nicht so milde mit diesem miesen alten Lügner. Versetz ihm einen Schlag auf den *Himmelsschlot*!«

Guo Jing tat wie geheißen.

Ein Schlag auf den sogenannten *Himmelsschlot* in der Mitte des Schlüsselbeins, auch Armillarsphäre genannt, verursachte ein unerträgliches Kribbeln am ganzen Körper, als hätte man tausend Ameisen unter der Haut.

»Ah … ah …«, stöhnte Qiu Qianzhang. »Pfui, wie gemein! Wollt Ihr einen armen alten Mann umbringen? Ihr bösen Kinder … ihr …«

»Erzähl uns alles und ich erlöse dich.«

Qiu Qianren holte tief Luft, um das Kribbeln zu unterdrücken, und erzählte.

Qiu Qianzhang und Qiu Qianren waren eineiige Zwillinge. Als Kinder waren sie sich im Aussehen und Temperament so ähnlich, dass niemand sie unterscheiden konnte. Als sie dreizehn Jahre alt waren, rettete Qianren durch einen Zufall Hauptmann Shangguan, dem Anführer der Eisenfaustbande, das Leben, der ihn daraufhin aus Dankbarkeit in seiner Kampfkunst unterrichtete.

Qianren war ein tüchtiger Schüler – so tüchtig, dass er mit vierundzwanzig Jahren bereits besser war als sein eigener Meister. Bald darauf ernannte Shangguan ihn zu seinem Nachfolger, und als er ein Jahr später starb, wurde Qianren zum neuen Anführer der Eisenfaustbande.

Als wackerer Patriot hatte Shangguan sich sein Leben lang dafür eingesetzt, dass das gebeutelte Song-Reich die an die Jin verlorenen Gebiete zurückeroberte. Qiu Qianren dagegen war an nichts anderem als seiner eigenen Macht interessiert. Er wurde zu einem im ganzen Jianghu unter dem Namen Wasserwandler mit der Eisenfaust gefürchteten Kampfkunstmeister, einer von denen, die zum großen Wettstreit der Besten auf dem Gipfel des Hua geladen wurden.

Qiu Qianren konnte nicht verlieren. Da er wusste, dass er Wang Chongyang, den Großmeister der daoistischen Quanzhen-Schule, nicht schlagen konnte, blieb er dem Wettstreit fern und zog sich für die nächsten zwei Jahrzehnte als Eremit auf den Eisenfaustberg zurück, um dort seine Kampfkunst zu vervollkommnen, fest entschlossen, aus dem nächsten Wettstreit der Großmeister auf dem Gipfel des Hua als Sieger hervorzugehen.

Sein Bruder Qianzhang blieb in dieser Zeit zwar stets an seiner Seite, aber zunehmend traten die Unterschiede zwischen ihren Persönlichkeiten zutage. Während der eine verbissen trainierte, gab der andere auf, sobald es ihm zu anstrengend wurde. Während der eine ein Einsiedlerdasein inmitten eines wilden Gebirges fernab der Zivilisation lebte, schwindelte sich der andere durch das Land und profitierte vom Ehrfurcht gebietenden Ruf seines Bruders. Natürlich war es Qiu Qianzhang, dem Huang Rong und Guo Jing im Wanderwolkenpalast begegnet waren. Auf den echten Qiu Qianren waren sie zum ersten Mal bei der Bettlerversammlung auf dem Gipfel des Jun getroffen, und bei der letzten Begegnung mit dem echten Qiu Qianren hatte Huang Rong einen bitteren Preis für das Verwirrspiel seines verlogenen Bruders zahlen müssen.

Die Höhle, in der die drei sich jetzt befanden, diente den Anführern der Eisenfaustbande seit Generationen als letzte Ruhestätte. Der Tradition gemäß erklommen sie, wenn ihr Ende nahte, den zweiten Abschnitt des mittleren Gipfels, um hier auf den Tod zu warten. Gewöhnlichen Mitgliedern der Bande war es bei Todesstrafe verboten, sich der Höhle zu nähern. Kam ein Anführer an einem anderen Ort zu Tode, oblag einem seiner Getreuen die ehrenvolle Aufgabe, seine sterblichen Überreste zur Grabstätte zu tragen, um sich dann an Ort und Stelle selbst die Kehle aufzuschlitzen.

Guo Jing hatte Glück gehabt, ausgerechnet in dieser sakrosankten Stätte zu landen und damit unverhofft von seinen Verfolgern verschont zu bleiben. Sosehr die Eisenfaustbande auch fluchte und brüllte, keiner von ihnen, einschließlich des Anführers, hätte gewagt, sich auf das verbotene Territorium vorzuwagen. Der Bandenführer betrat die Höhle nur, um niemals wieder daraus hervorzukommen. Deshalb verharrte Qiu Qianren unterhalb der Höhle und legte die ganze Macht seines Kung-Fu allein in seine furchterregende Stimme.

Was hatte Qiu Qianzhang dann in der Höhle zu suchen? Er war alt, aber weder der Anführer der Eisenfaustbande noch todkrank. Die todgeweihten Anführer der Bande traten ihre letzte Reise traditionell mit ihren liebsten Waffen und anderen Besitztümern an, damit sie ihnen im Jenseits Gesellschaft leisteten. Aus diesem Grund hatten sich über viele Generationen große Schätze in der Höhle angesammelt.

Qiu Qianzhang hatte genug von den Rückschlägen und Demütigungen der vergangenen Monate gehabt, noch dazu durch vorlaute junge Damen. In Erwartung von Guo Jings und Huang Rongs Eintreffen, wollte er gewappnet sein. Waffen mochten sein mickriges Kung-Fu auch nicht verbessern, aber sie konnten ihm zu seiner Verteidigung nützen. Daher hatte er sich heimlich in der Höhle nach geeignetem Gerät umgesehen, darauf hoffend, dass niemand der Höhle nah genug kam, um sein Vergehen zu bemerken. Nun hatten ausgerechnet diejenigen, gegen die er die Waffen einsetzen wollte, die ganze Bande bis kurz vor den Eingang geführt.

Nachdenklich lauschte Guo Jing seinem Bericht. *Für den Augenblick sind wir hier sicher,* sagte er sich, *die Eisenfaustbande wird sich nicht in die geheiligte Stätte vorwagen. Aber wie kommen wir hier wieder weg? Weiter oben warten nur die Wolken, unten erwarten uns Qiu Qianren und die ganze Meute …*

Huang Rong riss ihn aus seinen Gedanken. »Geh und erkunde die Höhle, Jing«, sagte sie.

»Erst sehe ich mir deine Wunden an.« Guo Jing zündete ein Stück Holz an. Dann öffnete er vorsichtig ihr Kleid und zog den Eisernen Igel von ihren Schultern. Zwei dunkle Fingerabdrücke zeichneten sich auf ihrer schneeweißen Haut ab. *Ohne den Eisernen Igel wäre sie jetzt tot,* dachte Guo Jing erschauernd. *Das sieht schlimmer aus als die Verletzung durch den Schlag, den mir Ouyang Feng verpasst hat. Vielleicht versuchen wir es noch einmal mit der Methode aus dem* Neun-Yin-Handbuch*?*

»He, junger Mann, dein Versprechen ist wohl keinen Furz wert«, beschwerte sich Qiu Qianzhang. »Erlöse mich endlich von diesem furchtbaren Kribbeln. Ich halte es nicht mehr aus.«

Guo Jing war mit den Gedanken ganz bei Huang Rong und nahm ihn gar nicht wahr.

»Jing, was ist los?«, fragte Huang Rong lächelnd. »Komm, quäl den Alten nicht länger.«

Ihre Stimme rüttelte ihn aus seiner Versunkenheit. Er löste den Druck von Qiu Qianzhangs *Himmelsschlot* und sofort hörte das Jucken auf. Von seiner Lähmung erlöste er den Alten allerdings nicht und ließ ihn liegen, wo er war, da konnte Qiu Qianzhang auch noch so wütend fluchen.

Guo Jing fand einen längeren Ast, der ihm als Fackel diente. »Gut, ich gehe tiefer in die Höhle. Bist du sicher, dass du allein keine Angst hast, Rong?«

»Der alte Schwachkopf leistet mir Gesellschaft. Geh!« Huang Rong versuchte, unbeschwert zu klingen, obwohl sie, immer wieder von Fieberkrämpfen geschüttelt, furchtbare Schmerzen litt.

Vorsichtig tastete Guo Jing sich voran. Er drang in einen gewundenen Tunnel vor, der bald in eine riesige Höhlenkammer mündete, die zehnmal so groß wie der Raum direkt hinter dem Eingang war.

Etwa ein Dutzend Skelette lagen dort, manche in sitzender, andere in liegender Haltung. Jeder der Bandenführer hatte den Weg ins Jenseits auf seine Weise angetreten. Viele Knochen lagen bereits verstreut und verwittert umher, andere Skelette erinnerten noch an den Menschen, dem sie gehört hatten. Opfergefäße und Steinplatten mit den Namen der Toten waren zusammen mit einer Vielzahl von Schwertern, eigentümlichen Kurzwaffen und wertvollen Jade- und Bronzegefäßen um jedes Skelett gruppiert.

Sie alle waren in der Vergangenheit einmal große Helden, dachte Guo Jing voller Rührung, *und jetzt sind sie nur noch ein Haufen Knochen.* Ihm gefiel die Idee, dass diese Heroen sich ein Grab teilten und einander im Tod Gesellschaft leisteten, statt jeder für sich allein unter der Erde zu liegen.

Für Waffen und Wertgegenstände hatte Guo Jing noch nie etwas übriggehabt, er nahm sie gar nicht wahr. Er hatte genug gesehen und wollte so schnell wie möglich zurück zu Huang Rong. Als er sich zum Gehen wandte, bemerkte er ein an der hinteren Wand lehnendes Skelett, das ein Holzkästchen auf dem Schoß trug. Es sah aus, als stünde darauf eine Inschrift. Neugierig kroch er näher heran.

Der Schlüssel zum Sieg gegen die Jin, las er. Guo Jing zuckte zusammen. *Das ist doch nicht etwa …*

Vorsichtig griff er nach dem Kästchen.

Klappernd schnappte das Skelett nach ihm. Erschrocken wich er zurück. Das Skelett fiel um und die Knochen verteilten sich auf dem Felsboden.

Guo Jing sprang auf, nahm das Kästchen unter den Arm und lief so schnell er konnte zurück zu Huang Rong und Qiu Qianzhang. Dann richtete er Huang Rong so auf, dass sie an ihn gelehnt sitzen konnte, und gemeinsam lüfteten sie den Deckel.

Das Kästchen enthielt zwei fadengebundene Hefte.

Guo Jing durchblätterte das schmalere von beiden. Gesuche, Eingaben, Berichte des Generals an den Kaiser, außerdem Kampfaufrufe, Abhandlungen, Kommentare, Gedichte … jede Seite ein Dokument von Yue Feis entschiedener Loyalität und Ergebenheit gegenüber seiner Heimat und seinem Kaiser. Immer wieder nickte und jubelte Guo Jing, voller Bewunderung für sein heldenhaftes Vorbild.

»Lies vor«, bat Huang Rong.

Guo Jing schlug einen Text auf, der die Überschrift *Gelöbnis am Tempel der Fünf Heiligen Berge* trug und las:

»Seit den Aufständen und Unruhen in der Zentralebene wurde das Land von Invasoren aus dem Nordosten heimgesucht. Ich stamme vom Nordufer des Gelben Flusses, aus dem Gebiet von Xiangtai. Kaum der Kindheit entwachsen, ging ich zur Armee; mehr als zweihundert Schlachten habe ich geschlagen. Auch wenn ich noch nicht bis zur Wildnis des Ostens vorgedrungen bin, um die Stützpunkte unserer Feinde auszuheben, ist es mir jedes Mal eine Freude, auch nur eine einzige der unzähligen Kränkungen, die mein Land hinnehmen musste, zu vergelten.

Noch einmal habe ich meine Truppe aus Yixing geführt und in der Schlacht von Jiankang den Feind beim ersten Schlag der Kriegstrommel besiegt; es fehlte nur, ihn bis zum letzten Mann auszulöschen, bis keins ihrer Pferde mehr mit einem Reiter nach Hause zurückkehrte. Augenblicklich stähle ich meine Armee und stärke die Soldaten, bis sie in Herz und Geist bereit sind für die nächste Schlacht.

Gewappnet ziehen wir in den nächsten Kampf, durchqueren die Wüste und die Steppe, baden den Erzfeind am eigenen Hof in seinem Blut, vernichten die Besatzer unseres Landes in Erwartung des Wiedereinzugs unserer Kaiser in ihre rechtmäßige Hauptstadt, um die Grenzen unseres Reichs wiederherzustellen. Auf dass der Hof unbesorgt herrsche und unser geheiligter Kaiser sein Haupt beruhigt auf sein Kissen bette. Das ist mein größter Wunsch.

Verfasst von Yue Fei, einem Sohn des nördlichen Reichs der Song.«

Jede Zeile dieses Manifests zeugte von Yue Feis unnachgiebiger Entschlossenheit, seiner Liebe zum Vaterland. Guo Jings Wortschatz war begrenzt, und obwohl er viele der schwierigen Schriftzeichen falsch aussprach, las er mit solcher Inbrunst, als stammten die Worte von ihm selbst.

Unter anderen Umständen hätte Qiu Qianzhang es sich nicht verkneifen können, so wie damals im Wanderwolkenpalast, abfällige Bemerkungen über Yue Feis sturen Patriotismus zu machen. In seinen Augen war Yue Fei ein verbohrter Narr, der die Zeichen der Zeit verkannt hatte. Ganz anders als er, Qiu Qianzhang natürlich. Nun lag er allerdings hier, gelähmt und verängstigt, und die Zeichen der Zeit standen unversehens gegen ihn. Er war bereit, alles zu tun, um Guo Jing bei Laune zu halten, damit er ihm bloß nicht noch einmal Ameisen unter die Haut zauberte.

»Ausgezeichnet!«, brummte er zustimmend. »Die Worte eines Helden aus dem Mund eines Helden!«

»Vater hat sich immer gewünscht, er wäre ein paar Generationen früher geboren und diesem großen Mann begegnet …«, sagte Huang Rong. Ihre Gedanken wanderten zu ihrem Vater. »Lies mir ein paar der Gedichte vor, bitte.«

Guo Jing blätterte weiter und las ein Gedicht auf die Melodie *Rotgefiederter Algenfarn* und eins auf die Melodie *Sich auftürmende Hügel*, die Huang Rong wohlbekannt waren. Dann folgten Verse, von denen sie noch nie gehört hatte: *Ode auf den Tempel des smaragdgrünen Leuchtens* und *Zhang Yuan gewidmet*.

Die beiden waren so in die Lektüre vertieft, dass sie das Gebrüll unterhalb der Höhle gar nicht mehr wahrnahmen. Im flackernden Licht der Fackel las Guo Jing, Huang Rongs Kopf in seinem Schoß, die nachgelassenen Gedichte des Generals vor.

»Das hier heißt *Der Drachentempel von Poyang*:

Der Tempel vor den aufragenden Gipfeln,
stille Wälder, sanfte Quellen, weltenferner Ort.
Von blendendem Gold verziert, die Statuen Buddhas
von weißem Schnee geziert, die Häupter der Mönche.
Über dem See steigt der kalte Mond empor,
der Wind in den Kiefern kündet vom Herbst.
Hier bin ich und bitte den Drachen:
Wasch mit dem Regen die Note des Volkes fort.«

Huang Rong glaubte, über dem Lärm vor der Höhle den Wind in den Bäumen und das morgendliche Zwitschern der Vögel im Tal zu hören. Fröstelnd kuschelte sie sich so weit, wie der Eiserne Igel es zuließ, in Guo Jings Arme.

»General Yue Fei hatte bei allem, was er tat, die Sorgen der einfachen Menschen im Sinn. Wirklich ein großer Mann, ein wahrer Held«, stellte Guo Jing fest.

»Lauter Helden«, sagte Huang lächelnd. »Ein kleiner Held liest die Gedichte eines großen Helden und da auf dem Boden liegt noch so ein alter Held.«

»Aber nicht doch«, sagte Qiu Qianzhang schnell. »Was bin ich schon gegen Euch, junge Heldin!«

Huang Rong kicherte. »Was ist mit dem anderen Band?«, fragte sie dann und deutete mit dem Kinn auf das zweite Heft.

Guo Jing nahm es zur Hand und überflog die ersten Zeilen. »Das ist … das ist Yue Feis *Kunst der Kriegsführung!*«, rief er aufgeregt. »Das müssen die Schriften sein, hinter denen Wanyan Honglie her ist. Ein Glück, dass wir sie vor ihm gefunden haben.«

Er las die Widmung zuerst still für sich und dann laut vor:

»*Umsichtig bei Auswahl und Talent,*
bedacht bei Form und Drill,
gerecht in Strafe und Belohnung

deutlich in Worten und Befehl
gestreng in Regeln und Moral
vereint in Triumph und Leid.«

Er wollte weiterlesen, als ihm auffiel, dass er beim Umblättern das Papier rascheln hörte.

Der Tumult unterhalb der Höhle hatte sich gelegt, die zornigen Rufe der Eisenfaustbande waren verstummt. Mit einem Mal herrschte eine unheimliche Stille.

Guo Jing und Huang Rong lauschten.

Dann hörten sie es, erst ganz leise, dann immer stärker – das Knistern und Knacken von brennendem Holz. Feuer!

Qiu Qianzhang jammerte. »Das habt ihr nun davon, ihr bösen Kinder! Wegen euch stirbt der Opa einen qualvollen Tod.« Dass er die bösen Kinder eben noch als große Helden gelobt hatte, war vergessen.

Guo Jing ignorierte seine Flüche, bettete Huang Rong vorsichtig auf den Boden und lief zum Ausgang, um nachzusehen. Eine Feuersbrunst breitete sich von unten den Berg hinauf aus, angefacht durch den Wind und gefüttert von dem trockenen Gestrüpp, das bis hinauf zum Gipfel wucherte. Bald würde sich alles rings um die Höhle in ein Flammenmeer verwandeln.

Sie wollen uns bei lebendigem Leib verbrennen!, dachte Guo Jing entsetzt. *Wir dürfen keine Zeit verlieren.*

Er rannte zurück, steckte Yue Feis Schriften wieder in das Kästchen, das er in seinem Hemd barg, schloss Huang Rong in die Arme und versetzte beim Hinauseilen beiläufig dem zeternden Qiu Qianzhang zwei sanfte Tritte in die Seiten, die ihn von seiner Lähmung befreiten.

Der einzige Fluchtweg führte nach oben. Die Höhle lag am oberen Ende des zweiten Abschnitts des Bergs, bis zum Gipfel fehlten noch etwa fünfzig Schritte. Guo Jing konzentrierte sich auf sein Inneres Kung-Fu und überwand die kurze Distanz mit Leichtigkeit. Qiu Qianzhang stolperte keuchend hinterher.

Oben angekommen, wusste Guo Jing nicht mehr weiter. Unter ihnen loderten die Flammen und es war nur eine Frage der Zeit, bis das Feuer sie einholen würde.

Seufzend setzte er Huang Rong ab.

»General Yue Feis Vorname *Fei* bedeutet ›aufsteigen‹«, sagte Huang Rong unvermittelt. »Sein Beiname lautete Pengju, was so viel heißt wie: getragen von den Flügeln des Vogels Peng …«

»Wovon redest du?«

»Die Adler. Sie könnten uns hier wegbringen.«

»Natürlich! Warte, ich rufe sie … Ob sie denn stark genug sind, um uns zu tragen?«

»Ich fürchte, uns bleibt nichts anderes übrig, als es zu versuchen.«

Guo Jing setzte sich mit gekreuzten Beinen hin und schloss die Augen. Konzentriert sammelte er sein Qi im *Dantian* des Unterbauchs und ließ es mehrmals zirkulieren. Er hätte keinen besseren Meister finden können als Ma Yu, der ihn, ohne dass er sich dessen bewusst war, in die hohe Schule des Inneren Kung-Fu der Daoisten eingeweiht hatte. Die tiefe Weisheit des *Wahren Wegs der Neun Yin* tat ein Übriges.

Guo Jings Pfiff erscholl aus tiefster Kehle über die Gipfel des Gebirgszugs bis hinunter ins Tal.

Das Echo hallte noch immer, als sie die großen Vögel wie weiße Schatten im Mondlicht kreisen sahen. Mit lauten Rufen stießen die Adler zu ihnen herab und hockten sich vor ihren Herrn.

Guo Jing half Huang Rong, den schweren Eisernen Igel abzulegen, und hob sie auf den Rücken des weiblichen Adlers. Aus Angst, dass sie zu schwach wäre, um sich festzuhalten, band er sie mit einem ihrer Gürtelbänder an dem geduldigen Vogel fest.

Dann stieg er selbst auf den Rücken des Männchens und schlang die Arme um den Hals des Adlers. Ein Pfiff und die beiden riesigen Vögel breiteten ihre Schwingen aus und hoben ab.

Im nächsten Augenblick glitten Huang Rong und Guo Jing über die Berge durch die Nachtluft.

Die Vögel trugen ihr Gewicht mit Leichtigkeit. Das Gefühl zu fliegen, machte Huang Rong trotz ihrer Schwäche übermütig. Sanft lenkte sie das Adlerweibchen so, dass sie knapp über Qiu Qianzhang kreiste. Erschrocken starrte er in einer Mischung aus Bewunderung, Neid und Panik zu ihr herauf.

»Nimm mich mit, junge Dame, ich verbrenne!«

»Hier ist kein Platz für dich. Warum fragst du nicht deinen kleinen Bruder? Bist du ihm nicht dreitausend Schritt voraus?«, spottete sie und wollte davonfliegen.

»Aber sieh doch, was ich hier habe!«

Neugierig senkte Huang Rong den Vogel wieder auf seine Höhe.

Qiu Qianzhang war verzweifelt. Selbst wenn er aus dem Feuer lebend herauskäme, war ihm der Tod sicher, denn er hatte die geheiligte Stätte der Eisenfaustbande geschändet, und die kannte keine Gnade, nicht einmal mit dem Bruder des Bandenführers.

Er sprang und landete hinter Huang Rong auf dem Adler. Mit aller Macht klammerte er sich an ihr fest.

Zwei erwachsene Menschen waren selbst für einen starken Adler zu schwer. Wild mit den Flügeln schlagend sank der weiße Vogel in die Tiefe. Qiu Qianzhang versuchte, Huang Rong hinunterzustoßen, aber sie war gut festgebunden. Sie wand sich und kämpfte, so gut es ihr Zustand erlaubte.

Der Vogel sank immer tiefer. Gleich würden alle drei mit zerschmetterten Gliedern im Tal liegen.

Da ertönten die Rufe des männlichen Adlers. Mit Guo Jing auf dem Rücken umschwirrte er die Gefährtin, während er mit seinem eisenharten Schnabel auf Qiu Qianzhangs Kopf einhackte. Instinktiv riss er abwehrend die Hände hoch.

Mit einem furchtbaren Schrei stürzte Qiu Qianzhang in den Tod.

Endlich von der Last befreit, stieg der weibliche Adler fröhlich schreiend in die Höhe.

Mit weitgespannten Schwingen trugen die weißen Adler Huang Rong und Guo Jing durch die Lüfte nach Norden.

Glossar

Buch der Lieder

Das *Shijing* 詩經 ist die älteste Sammlung von chinesischen Gedichten. Es enthält 305 Gedichte, die zwischen dem 10. und dem 7. Jahrhundert v. Chr. entstanden sind. Bei dem von Huang Rong zitierten Gedicht handelt es sich um das erste Lied der Sammlung – ein Gedicht, das in China jedes Kind kennt. Allerdings lässt der Autor sie es in Band 2 vermutlich bewusst falsch zitieren, denn von einer Turteltaube ist dort nicht die Rede, sondern von einem Fischadler.

Buch der Wandlungen

Das *Yi Jing* (易經) ist einer der ältesten Texte chinesischer Philosophie und entstand als Orakelbuch in der Westlichen Zhou-Zeit (1000–750 v. Chr.). Er besteht aus Erläuterungen zu vierundsechzig Hexagrammen, die jeweils aus zwei Trigrammen zusammengesetzt sind, d. h. zweimal drei Linien, die entweder gebrochen oder durchgängig sind. Diese Hexagramme lassen sich nach einem festen Schema in einem Rad (wie bei einem astrologischen Diagramm) darstellen.

Buch vom Weg und der Tugend – Daodejing

Das *Daodejing* (道德經) ist ein philosophisch-poetischer Text, der vermutlich im 3. Jahrhundert v. Chr. entstanden ist. Als sein Verfasser gilt gemeinhin der legendäre Philosoph Laozi (wörtlich

»alter Meister«), dessen Leben allerdings nicht historisch belegt ist. Die zentrale Botschaft der 81 Kapitel umfassenden Schrift ist, den Weg zu einem Leben im Einklang mit der Natur der Dinge zu weisen (➛ *Daoismus*).

Daoismus

Der *Daoismus* (道教, *Daojiao*), in alter Schreibweise Taoismus, ist seit dem 4. Jahrhundert v. Chr. eine selbstständige geistige Strömung der chinesischen Philosophie, später entstand daraus auch eine eigene Religion, die ein Kloster- und Mönchswesen analog zum Buddhismus entwickelt hat. Im Zentrum seiner Lehre steht die meditative Selbstversenkung. Dabei meint der schwer übersetzbare Begriff *Dao* (»Weg«) eine Einheit von mystischem Urgrund und Weltgesetz. Im Gegensatz zum weltlich-politisch orientierten Konfuzianismus ist das Leitbild für menschliches Verhalten im Daoismus die Weltabgewandtheit. Seine Ideale sind Gleichmut, Güte und das Nicht-Eingreifen in den Lauf der Dinge.

Emei-Nadel

Emeici (峨嵋刺) ist eine kleine, traditionelle Stichwaffe in der chinesischen Kampfkunst, bestehend aus einem Metallstab mit einem spitzen, scharfen Ende. Üblicherweise wird sie mit einem Ring am Mittelfinger getragen und auf diese Weise für Überraschungsangriffe eingesetzt.

Energiezentrum – Dantian

Der Begriff *Dantian* (丹田, *dantian*, »Zinnoberfeld«) kommt aus dem Daoismus und bezeichnet die »energetischen Zentren« des Körpers. Diese energetischen Zentren spielen eine wichtige Rolle bei der Kunst, seinen Atem und sein *Qi* zu lenken (*Qigong*), so wie es Guo Jing von Ma Yu, einem Mönch der Quanzhen-Schule, lernt. Es werden drei Dantians unterschieden (unteres, mittleres und oberes), wobei im Roman meist von dem unteren, im Bauch angesiedelten Dantian die Rede ist. Die Aktivierung dieser Körperregionen ist im Kung-Fu der daoistischen Schulen und den traditionellen Kampfkünsten generell von großer Bedeutung.

Fan Li und Xi Shi

Fan Li (范蠡) lebte um 500 v. Chr. und war während der Frühlings- und Herbstperiode Beamter am Hof des Staats Yue. Nachdem er zunächst seinem König Goujian treu ergeben war und mit ihm drei Jahre in Gefangenschaft im verfeindeten Staat Wu verbracht hatte, trat er nach dem Fall von Wu von seinem Ministerposten zurück, tat sich mit der legendären Schönheit Xishi (西施) zusammen und ruderte mit ihr auf einem Fischerboot hinaus in den Nebel der Fünf Seen und verschwand für immer.

Fan Zhongyan

Fan Zhongyan (范仲淹, 989–1052) war Dichter, Schriftsteller und Politiker der Song-Dynastie (➤ *Song-Dynastie*). Er gehörte zu den wichtigsten Sozialreformern der Zeit, unter anderem setzte er gegen konservative Kräfte eine Reform des Steuersystems durch, förderte die Gründung von Schulen und öffnete das kaiserliche Beamtenprüfungssystem für Anwärter aus dem einfachen Volk.

Neben seiner *Ci*-Dichtung gilt die *Abhandlung über die Yueyang-Pagode* als sein bedeutendstes Werk.

Fliegenwedel

Ein *Fuchen* (拂尘), auch *Hossu* genannt, wie er im Roman von Yin Zhiping als Waffe eingesetzt wird, ist natürlich kein gewöhnlicher Fliegenwedel. Dieses Instrument, ursprünglich tatsächlich zum Verscheuchen ungebetener Insekten gebraucht, besteht aus zu einer Art sehr langem Pinsel zusammengebundenem Rosshaar an einem Bambus- oder Holzgriff. Als vergleichsweise harmlose Waffe entspricht der Fliegenwedel dem sowohl daoistischen (➤ *Daoismus*) als auch buddhistischen Prinzip des Mitleids, d. h., dass man keinem Lebewesen etwas zuleide tun soll. Traditionell wurde ein Fuchen einem daoistischen Novizen beim Verlassen des Tempels zum Geschenk gemacht.

Fünf Heilige Berge

Der Berg (山 *shan*) steht für Charaktereigenschaften wie Geduld, Aufrichtigkeit und Beharrlichkeit. Die Zahl Fünf selbst ist eine mythologische Zahl (➤ *Kunst der Magischen Tore und der Fünf Elemente*) und die fünf heiligen Berge des Daoismus (➤ *Daoismus*) werden den Himmelsrichtungen zugeordnet, ergänzt um die »Mitte«, die chinesische Zentralebene. In der daoistischen Mythologie stellten die fünf Gipfel den Kopf und die Glieder des Urwesens Pangu (盤古) dar.

Es handelt sich um den Huashan (華山, im Westen, Provinz Shaanxi), Taishan (泰山, im Osten, Provinz Shandong), Hengshan (衡山, im Süden, Provinz Hunan), Hengshan (恒山, im Norden, Provinz Shanxi) und Songshan (嵩山, in der Mitte, Provinz Henan).

Geistermauer

Jin Yong versteht es geschickt, die Figuren seiner Handlung immer wieder auch durch die Orte und Gegebenheiten der Handlung selbst zu charakterisieren. Dass der verlogene Qiu Qianren hier mit Huang Rong Verstecken spielt und sie an der »Geistermauer« des Anwesens aufeinandertreffen, ist gewiss kein Zufall.

Die chinesische Redewendung *zhuan yingbi* (轉影壁, »die Geistermauer umkreisen«) bedeutet in etwa: »wie die Katze um den heißen Brei schleichen«.

Die Geistermauer, auch Schattenmauer (影壁, *yingbi*) oder Spiegelmauer (照壁, *zhaobi*) genannt, ist ein wesentliches Element der traditionellen chinesischen Architektur. Die kurze und nicht sehr hohe Mauer steht in geringem Abstand vor dem Eingangstor eines Anwesens und kann aus Holz oder Stein gefertigt sein. Häufig ist sie mit farbigen Drachenbildern bemalt oder verziert. Ihr Zweck ist, wie der Name schon sagt, zu verhindern, dass böse Geister ins Haus eindringen. Geister können nämlich nur geradeaus gehen (also keinen Bogen um die Geistermauer schlagen).

Gelber Kaiser

Huangdi (黃帝) ist einer der legendären chinesischen Urherrscher und eine Gottheit (*shen*) in der chinesischen Religion, einer der legendären chinesischen Herrscher und Kulturhelden. Die Bezeichnung »Gelber Kaiser« kommt daher, dass *huang* wie »gelb« ein Homophon von *huang* (皇) wie »Kaiser« ist. Die Farbe Gelb repräsentiert außerdem eine der Fünf kosmologischen Phasen und steht für die Erde. Ein weiterer Name für ihn, den auch Jin Yong verwendet, lautet Xuanyuan (軒轅). Traditionell werden ihm die Regierungsdaten 2697–2597 v. Chr. zugeschrieben, es ist jedoch umstritten, ob es sich bei ihm um eine historische oder rein mythische Gestalt handelt. Zum unsterblichen Gott verklärt wurde er vor allem im Daoismus (➛ *Daoismus*). Geboren wurde er nach den *Aufzeichnungen des Historikers* von Sima Qian so wie Konfuzius in der Nähe von Qufu in der heutigen Provinz Shandong. Er gehört zu den Drei Herrschern und Fünf Kaisern der chinesischen Mythologie und den kosmologischen Fünf Formen der Höchsten Gottheit. Dem Gelben Kaiser werden zahlreiche wissenschaftliche Errungenschaften, u. a. die Erschaffung des chinesischen astronomischen Kalenders, zugeschrieben, aber auch die Erfindung des (chinesischen) Fußballspiels und der chinesischen Zither Guqin (➛ *Zheng*).

Nördlich von Peking gibt es ein Ausflugsziel, das als »Felsterrasse des Gelben Kaisers« bezeichnet wird, und in der Provinz Shaanxi außerdem ein Mausoleum für den Gelben Kaiser; die Felsterrasse des Gelben Kaisers auf dem Berg Jun im Dongting ist aber offenbar eine Erfindung Jin Yongs.

Großer Buddhawächter Vajrapani

Der Name *Vajrapani* kommt aus dem Sanskrit und bezeichnet im Buddhismus einen mächtigen Beschützer. Meistens wird er in Gestalt eines grimmigen Dämons dargestellt. In der Hand hält er als Waffe einen sogenannten Vajra (*vajra pani* bedeutet »der den vajra in der Hand hält«), eine Waffe in Form eines Knochens.

Guo Sheng und Yang Zaixing

Guo Sheng ist ein fiktionaler Charakter aus dem Roman *Die Räuber vom Liangshan-Moor* (水浒传, *Shuihu zhuan*) aus dem 14. Jahrhundert. Der Roman spielt in der Song-Dynastie (➤ *Song-Dynastie*), etwa achtzig Jahre vor unserer Romanhandlung. Guo Sheng gehört dort zu einer Gruppe von heroischen Rebellen des *Jianghu* (➤ *Jianghu*). Der Roman beginnt damit, dass diese einstmals von Urkaiser Shangdi verbannten Dämonen als Kämpfer für Gerechtigkeit und Gleichheit wiedergeboren werden, die sogenannten »hundertacht Sterne des Schicksals«. Auch Yang Zaixin ist ein fiktionaler Charakter und entstammt einer volkstümlichen Sammlung von Erzählungen mit dem Titel *Die Generäle der Familie Yang*. Diese Geschichten spielen ebenfalls in der frühen Song-Zeit und handeln von General Yang Ye und seinen sieben Söhnen, die durch taktisches Geschick und hohe Waffenkunst die Grenzen des Song-Reichs gegen seine Feinde verteidigen.

Hexagramme

(➤ *Buch der Wandlungen*)

Himmlische Stämme

Die zehn Himmlischen Stämme (天干, *tiāngān*, auch: *Himmelsstämme*) bilden zusammen mit den zwölf Irdischen Zweigen (地支, *dìzhī*, auch: *Erdzweige*) den Jahreszyklus des chinesischen Kalenders, der sich durch die Kombinationen aus Stämmen und Zweigen alle sechzig Jahre wiederholt. Jedem Jahr wird ein Himmelsstamm und ein Erdzweig zugeordnet. Die Erdzweige entsprechen außerdem den zwölf Tieren des chinesischen Tierkreises.

Das Schriftzeichen für den zweiten Himmlischen Stamm ist *yǐ* (乙). Diese Form bildet der in chinesischer Astronomie bewanderte Huang Yaoshi an einer Stelle des Romans mit seiner Fußstellung ab.

Jadekaiser

Der *Jadekaiser* (玉皇, *Yù Huáng*) ist der höchste Gott der daoistischen Mythologie (➛ *Daoismus*), die in späteren Jahrhunderten mit den Ideen des Konfuzianismus (➛ *Konfuzianismus*) verschmolz. Der Mythos dieser höchsten Gottheit reicht auf das 17. Jahrhundert v. Chr. zurück und steht in enger Verbindung mit der Entstehung des Ahnenkults. So ist der Jadekaiser kein Schöpfergott im christlichen Sinn, sondern regiert über die anderen mythischen Gottheiten, verteilt Ämter, Lob und Strafen, ganz nach dem konfuzianischen System der Staatsverwaltung. Der Kaiser von China galt den Daoisten als irdischer Sohn des Jadekaisers (»Sohn des Himmels«). Jade ist das Symbol höchster Tugend, nach der in der konfuzianischen Ethik ein Edler handelt und regiert. Der Jadekaiser wird traditionell in Drachengewändern auf einem Thron sitzend dargestellt.

Jianghu

Der Begriff *Jianghu* (江湖) bedeutet wörtlich *jiang* »Fluss« und *hu* »See«, also »Flüsse und Seen«. Er wurde bereits von dem daoistischen Philosophen Zhuangzi (ca. 365–290 v. Chr.) verwendet, aber erst in der chinesischen Kampfkunst-Literatur seit dem 12. Jahrhundert zu einer Metapher für die Welt der Randständigen, Ausgestoßenen und außerhalb der staatlichen Ordnung Lebenden. Er ist ein Sammelbegriff für Gemeinschaften mit eigenem Moral- und Ehrenkodex und jeweils eigenen Kampftechniken. Ihre Welt wird auch als *Wulin* (武林, »Wald der Kampfkunst«) bezeichnet und ist sozusagen die chinesische Variante von Robin Hoods Wald von Sherwood.

Heute steht Jianghu auch für die raue Welt der Triaden und Gangsterbanden, zum Beispiel die Hongkonger Mafia in modernen Actionfilmen.

Jin

(➛ *Song-Dynastie*)

Jingkang

Die Vornamen *Jing* (靖) und *Kang* (康) ergeben zusammen den Namen einer der Regierungsdevisen des Song-Kaisers Qinzong (1100–1161, ➛ *Song-Dynastie*) unter dessen Herrschaft das chinesische Reich die demütigende Niederlage gegen die Jin-Invasoren hinnehmen musste. Das Jahr 1127, in dem die Jin die Song-Hauptstadt Kaifeng einnahmen, ist deshalb als das Jahr der »Schmach von Jingkang« (靖康之耻, *Jingkang zhi chi*) in die Geschichte eingegangen. In der Regierungsdevise drückte sich der Wunsch des Kaisers nach Frieden und Wohlstand für sein von Kriegen gebeuteltes Reich aus. Jing bedeutet »Gelassenheit« und Kang »Lebenskraft«. Den beiden Kindern wird mit ihren Namen also noch vor ihrer Geburt die Verantwortung auferlegt, die Schande ihrer Nation zu tilgen.

Jurchen

(➛ *Song-Dynastie*)

Kaiserkanal

Der Kaiserkanal (大運河 *Dayunhe*, »Großer Kanal«) wurde vor allem ab dem 6. Jahrhundert zu einem der wichtigsten Versorgungs- und Handelswege Chinas ausgebaut. Besonderen Aufschwung nahm die Bedeutung des Kanals mit Erfindung der Schleuse in der frühen Song-Zeit (984). Er verbindet die Stadt Hangzhou (im Roman die Hauptstadt Lin'an der Südlichen Song-Zeit, ➤ *Lin'an*) mit der Stadt Peking (im Roman die Jin-Hauptstadt Zhongdu) und gilt mit einer Länge von über 1800 Kilometern als die längste von Menschen geschaffene Wasserstraße der Welt. Heute existiert er nur noch in Teilen und ist als Handelsweg von geringer Bedeutung. Seit 2014 ist er UNESCO-Weltkulturerbe der Menschheit.

Kang

Ein *Kang* (炕) ist ein in Nord- und Zentralchina verbreitetes, hohes gemauertes Bett bzw. eine Sitzgelegenheit. Es ist innen hohl und wird zumeist mit der abgeleiteten Hitze des Herdfeuers erwärmt.

Konfuzianismus

Der Konfuzianismus ist weniger eine Religion als eine Morallehre. Zur Zeit der Romanhandlung (im 12./13. Jahrhundert) war er in Form des Neokonfuzianismus im kaiserlichen China Staatsdoktrin. Der Begriff Konfuzianismus leitet sich von der latinisierten Form des Namens des Philosophen Konfuzius (孔子, *Kongzi*) ab.

Aus der philosophisch begründeten Tugendlehre der Schule des Konfuzianismus ergeben sich drei soziale Pflichten, nämlich Loyalität (忠, *zhong*), Kindliche Pietät (孝, *xiao*) und die Wahrung von Anstand und Sitte (禮, *li*). Dabei gehört zur Kindlichen Pietät die absolute Folgsamkeit nicht nur gegenüber den Eltern, sondern auch gegenüber den Ahnen. In einem Tempel der Kindespietät werden den Ahnen von ihren Hinterbliebenen Opfergaben dargebracht, vor allem zum Qingming-Fest, dem Totengedenktag (5. April).

Kong meng dong song

Die Schriftzeichen dieser von Zhou Botong erfundenen Kung-Fu-Formel haben zwar jeweils eine Bedeutung, aber man erkennt, dass es sich um eine Unsinnsformel handelt, mit der der Alte Kindskopf sich über traditionelle chinesische Dichtung lustig macht. Wichtig ist an dieser Stelle der Klang, nicht der Inhalt, weshalb ich die Formel nicht übersetzt habe. Ihre wesentlichen Elemente werden anschließend im Text selbst erklärt.

Kröte im Mond

Um den Mond ranken sich in der chinesischen Mythologie nicht anders als in der westlichen Mythologie zahlreiche Legenden. Das chinesische Mondfest im Herbst geht auf Legenden um die Mondgöttin Chang'e (嫦娥) zurück, die zusammen mit dem Jadehasen in einem Palast im Mond lebt, sie ist also die »Frau im Mond«. Eine der Legenden erzählt (kurzgefasst) davon, dass die mit dem Bogenschützen Houyi (后羿) verheiratete Göttin Chang'e beim Jadekaiser in Ungnade fällt. Ihr Mann macht sich daher auf die Suche nach einem Unsterblichkeitselixier, um die verlorene göttliche Unsterblichkeit zurückzuerlangen. Chang'e nimmt heimlich die doppelte Menge des Elixiers ein und steigt dadurch ohne ihren Mann zum Mond auf, wo sie sich in eine Kröte verwandelt und aus Einsamkeit mit dem Jadehasen zusammentut. Kröte und Hase gelten (ähnlich wie bei uns) als Fruchtbarkeitssymbole.

Kuhhirte und Weberin

Die chinesische Volkssage vom Kuhhirten und der Weberin (牛郎織女, *Niulang Zhinü*) gehört zu den ältesten Volkssagen Chinas, wird bereits im klassischen Buch der Lieder (➛ *Buch der Lie-*

der) besungen und kennt mehrere Varianten. Darin wird erzählt, wie die Weberin (der Himmelsstern Wega), Enkelin des Himmelskaisers, die für die Herstellung göttlicher Gewänder zuständig ist, sich in einen Kuhhirten auf der Erde verliebt. Für ihn gibt sie ihre Arbeit für die Götter auf und kommt auf die Erde, um ihn zu heiraten. Das erzürnt die Himmelsherrscher so sehr, dass die Himmelskaiserin auf die Erde kommt, um die Liebenden zu trennen und die Weberin mit sich zurück ins Sternbild zu holen. Als der Kuhhirt ihr nachfolgt und ebenfalls zu einem Stern wird (Atair), zieht die Himmelskaiserin mit ihrer silbernen Haarnadel einen Fluss (die Milchstraße, chinesisch Silberfluss genannt) am Himmel, um sie für immer voneinander zu trennen. Nur einmal im Jahr, am siebten Tag des siebten Monats, taucht ein Schwarm Elstern auf und bildet eine Brücke über den Silberfluss, die die beiden Liebenden vereint. Der 7. 7. des Mondkalenders (in der Regel im August) wird daher in China als Tag der Liebenden gefeiert.

Kung-Fu

Für Bruce Lee bedeutete Kung-Fu, »sich keine Grenzen als Grenze zu setzen«. Der Begriff ist eine Romanisierung des chinesischen *gongfu* (功夫), der zunächst alle Kunstfertigkeiten bezeichnet, die durch geduldige und harte Arbeit erlangt werden. Er bezieht sich also nicht nur auf die Kampfkünste, sondern kann genauso Kalligrafie, Kochkunst oder Zaubertricks meinen. Der eigentliche Begriff für Kampfkunst im Chinesischen ist *Wuxia* (武侠), was dem englischen *martial arts* entspricht. Chinesische Kampfkünste sind untrennbar mit der zentralen Idee der Selbstkultivierung verbunden, die sich in den Philosophien des Konfuzianismus und des Daoismus und der Religion des Buddhismus findet. Die bekannteste Schule chinesischer Kampfkunst ist die des im späten fünften Jahrhundert gegründeten Shaolin-Tempels in der Provinz Henan. Zwar diente die Praxis innerer (Meditation, Atmung) und äußerer (Angriff und Verteidigung mit und ohne Waffen) Kampfkunst vor allem der Selbstveredlung und der Harmonisierung von Körper und Geist, jedoch waren die buddhistischen und daoistischen Mönche durch den Besitz von Ländereien tatsächlich wiederholt Angriffen von Feinden ausgesetzt, gegen die sie sich aktiv verteidigen mussten. Die traditionellen Werte der Kampfkunst, wie sie in der Literatur verbreitet werden, sind Güte, Gerechtigkeit, Loyalität, Mut, Aufrichtigkeit, Verachtung weltlicher Besitztümer und der Wunsch nach Ruhm und Ehre. In der Welt des Jianghu (➛ *Jianghu*) schulden die Schüler eines Meisters (*Shifu*) diesem absolute Treue und Respekt. Chinesische Kampfkunst-Literatur wurde als eigene Erzählform erstmals in der Tang-Zeit (618–907) populär und fand ihren ersten Höhepunkt in den chinesischen Romanen der Ming-Zeit (1368–1644), wie *Die Reise nach Westen* oder *Die Räuber vom Liangshan-Moor*. Neue Popularität gewann das Genre in den 1920er- und 1940er-Jahren. Unter den zahlreichen Autoren dieser Epoche ist vor allem Wang Dulu zu nennen, dessen Werk wiederholt verfilmt wurde. Hierzulande bekannt ist zum Beispiel die oscarprämierte Adaption *Tiger and Dragon* von Ang Lee. Jin Yongs Geschichten wurden seit den späten 1950er-Jahren zuerst als Fortsetzungsromane in Hongkonger Zeitungen und Zeitschriften veröffentlicht und trugen zu einem enormen Aufschwung und Ansehen der Kung-Fu-Literatur und der Kampfkünste selbst bei. Die Millionenauflagen seiner Bücher haben ihn zum meistgelesenen chinesischen Autor der Welt gemacht.

Im Roman wird häufig gekämpft und immer geht es darum zu gewinnen, aber nicht immer darum, den Gegner zu verletzen oder zu töten. Oft messen sich die Kampfkünstler wie in Kampfsportschulen durch die Demonstration ihrer Beherrschung von Formen, d. h. eine bestimmte Bewegungsabfolge von Angriff, Abwehr, Gegenangriff und Gegenwehr (im Boxen würde man es Sparring nennen). Die meisten von Jin Yongs Kampfkunstformen sind frei erfunden.

Drei Arten von Kung-Fu kommen bei den Formen in den Adlerkriegern zur Anwendung: *Waigong* (Äußeres Kung-Fu), *Neigong* (Inneres Kung-Fu, ➛ *Neigong*) und *Qinggong* (Schwebekunst), wobei die Schwebekunst (leider) nur eine Erfindung der Kampfkunstliteratur ist.

Kunst der Magischen Tore und der Fünf Elemente

Bei den Künsten, auf die sich Huang Yaoshi so vortrefflich versteht, handelt es sich um Elemente aus der chinesischen Astrologie und Wahrsagekunst und der mit der Suche nach Unsterblichkeit verbundenen daoistischen Alchemie. In der daoistischen Lehre (➛ *Daoismus*) geht es unter anderem darum, im Einklang mit dem ganzen Universum zu einem erfüllten Leben zu gelangen. Zur daoistischen Naturbeschreibung dient die Lehre der Fünf Wandlungsphasen oder Fünf Elemente, nämlich Holz, Feuer, Erde, Metall und Wasser, diese sind dabei nicht ebenbürtig, sondern entsprechen verschiedenen Zuständen des Wandels von Himmel und Erde. Sie sind die grundlegende Methode der traditionellen chinesischen Weltbeschreibung. Alles, vom menschlichen Körper bis zu Musik, Farben, Jahreszeiten etc. lässt sich auf der Grundlage dieser Lehre analysieren. So tragen zum Beispiel auch die zuerst bekannten Planeten der chinesischen Astronomie (Merkur, Venus, Mars, Jupiter, Saturn) die Namen der Fünf Elemente.

Die Magischen Tore sind vor allem eine Wahrsagekunst, die sich der Astrologie, Geomantik und Naturbeobachtung bedient. Mit ihrer Hilfe wird z. B. der Erfolg von militärischen Interventionen auf dem Schlachtfeld vorausgesagt, aber auch generell die günstige oder ungünstige Wirkung bestimmter Handlungen oder eben auch architektonischer Anlagen vorausbestimmt. Eine wichtige Voraussetzung dafür ist die Kenntnis der Wechselwirkungen der Fünf Elemente.

Laozi

(➛ *Buch vom Weg und der Tugend*)

Li

Li (里) ist ein traditionelles chinesisches Längenmaß, das etwa einem halben Kilometer entsprach und heute mit exakt fünfhundert Metern definiert wird.

Li Bai

Li Bai (李白, 701–762) war neben Du Fu der bedeutendste Dichter der Tang-Zeit. Am Dongting-See, dem zweitgrößten Süßwassersee Chinas mit der berühmten Yueyang-Pagode, schrieb er zahlreiche Gedichte auf die Schönheit des Sees und seiner Umgebung. Ein wiederkehrendes Motiv seiner Dichtung ist das Spiegelbild des Monds auf der nächtlichen Wasseroberfläche. Der Legende nach ertrank Li Bai bei dem Versuch, in trunkenem Zustand den Mond aus dem See zu fischen.

Li Yuan und Li Shimin

Li Yuan (李渊) war der Begründer der Tang-Dynastie (618–907), die als kulturelle, politische und wirtschaftliche Blütezeit Chinas gilt. Er stürzte 618 die Sui-Dynastie und regierte, bis ihn sein ehrgeiziger Sohn Li Shimin 626 zur Abdankung zwang. Li Shimin (李世民), der politisch und militärisch entschlossener als sein Vater agierte, ging als eigentlicher erster Kaiser der großen Tang-Dynastie (唐太宗, *Tang Taizong*) in die Geschichte ein und regierte bis 649.

Li Shimin

(➛ *Li Yuan*)

Lin'an

Mit der Eroberung der alten Hauptstadt Kaifeng durch die Jurchen 1138 wurde Lin'an die Hauptstadt des südlichen Song-Reiches (1127–1279, ➛ *Song-Dynastie*) unter Kaiser Ningzong. Die Präfektur Lin'an grenzt an das Gebiet des heutigen Hangzhou in der Provinz Zhejiang. Lin'an galt im 13. Jahrhundert als eine der bevölkerungsreichsten und fortschrittlichsten Städte der Welt.

Liu Yong

Liu Yong (柳永, 987–1053) war ein Dichter der Song-Zeit und gilt als einer der Schöpfer der für diese Zeit typischen Liedform *Ci*, zu der auch das hier zitierte Gedicht *Wang Hai Chao* (望海潮) gehört. Es entstand angeblich, als Liu Yong 1054 in Lin'an (dem heutigen Hangzhou, ➛ *Lin'an*) den Präfekten Sun Mian besuchen wollte. Liu Yong genoss allerdings als Dichter noch keinen besonders guten Ruf, weil er seine Zeit gern bei Prostituierten verbrachte (den hier im Text erwähnten »Singmädchen«, japanischen Geishas ähnliche Unterhaltungsdamen), für die er Lieder schrieb. Er brachte eine seiner Gespielinnen dazu, Sun Mian *Bei Betrachtung der Fluten* vorzusingen. Der Präfekt war so begeistert von dem Lied, dass er den Dichter schließlich bei sich willkommen hieß.

Mantou

Ein *Mantou* (馒头) ist ein dampfgegartes Brötchen mit oder ohne Füllung.

Mu Yi

Der falsche Name, den sich Yang Tiexin zugelegt hat, ist ein Spiel mit chinesischen Schriftzeichen. Zerlegt man das Schriftzeichen *Yang* (杨) seines Familiennamens in seine beiden Bestandteile, erhält man die Schriftzeichen *mu* (木, Holz) und *yi* (易, Wandlung).

Neigong

Neigong (内功), wörtlich »innere Kunst«, bezeichnet im Kung-Fu und im Qigong eine innere Kraft (im Gegensatz zu äußerlichen Kampftechniken). Sie beinhaltet die Stärkung und die Fähigkeit zur bewussten Steuerung der Lebensenergie Qi. Durch Meditation und Atemübungen werden die inneren Funktionen des Körpers (Gedanken, Atmung, innere Organe, Meridiane, Kreislauf) beeinflusst. In den *Adlerkriegern* ist es vor allem Wang Chongyangs Quanzhen-Schule des Daoismus, die diese Kunst wie keine andere meistert.

Nervenpunkte

Dianxue (点穴) oder *Dianmai* (点脉), »auf den Nervenpunkt drücken«, ist ein wissenschaftlich nicht belegtes Konzept ostasiatischer Kampfkünste, bei dem der Gegner durch kurzzeitigen Druck auf die Meridiane vorübergehend gelähmt oder getötet wird.

Pan Guan (➛ *Zhong Kui*)

Qi

(➛ *Neigong*)

Die Quanzhen-Schule

Chinesisch *Quanzhen dao* (全真道, »Weg der vollkommenen Wahrheit«). Diese Schule des Daoismus (➛ *Daoismus*, ältere Schreibweise: Taoismus) wurde im 12. Jahrhundert von Wang Chongyang begründet. Der Legende nach begegnete Wang Chongyang im Jahre 1159 zwei Unsterblichen, die ihn in die Geheimnisse des ewigen Lebens einweihten. Daraufhin gründete er seine Schule in den Zhongnan-Bergen in der zentralchinesischen Provinz Shaanxi, die bis heute das Zentrum des religiösen Daoismus ist. Die Quanzhen-Schule gehört zu den ersten Schulen des Daoismus, deren Anhänger als Mönche zölibatär in Klöstern lebten. Anders als es die Legende nahelegt, ging es in den Lehren Wang Chongyangs aber nicht um die Suche nach Unsterblichkeit, sondern um Askese und geistige Vervollkommnung. Er und seine sieben Schüler gelten bis heute als einflussreiche Denker des religiösen Daoismus.

Schwebekunst

(➛ *Kung-Fu*)

Siegelschrift

Die chinesische Kalligrafie kennt fünf Schreibstile, einer der ältesten davon ist die Siegelschrift (篆書, *zhuanshu*). Anders als bei den späteren Formen, wie der Regelschrift (*kaishu*) oder der Kursivschrift (*xingshu*), werden die Pinselstriche dabei nicht geschwungen und mit unterschiedlicher Betonung des Strichs, sondern gleichmäßig und mit spitz zulaufenden Enden ausgeführt. Diese alte Schriftform ist nicht einfach zu lesen und wird bis heute vor allem für Siegel von Malern und Kalligrafen als Signatur ihrer Werke verwendet.

Song-Dynastie

Das Königshaus der Jin herrschte im 12. und 13. Jahrhundert im Nordosten Chinas und entstammte dem Volk der Jurchen. Um das mit China verfeindete Liao-Reich zu bezwingen, schloss die Song-Dynastie (960–1279) unter Kaiser Huizong ein Bündnis mit den Jin. Vom Sieg über die Liao profitierten aber allein die Jurchen, die 1125 auf den Ruinen des Liao-Reiches ihre Dynastie gründeten und die Schwäche Chinas ausnutzten, um den gesamten Norden des Reiches bis zum Gebiet des Huai-Flusses zu erobern. Kaiser Huizong und sein Nachfolger Qinzong wurden gefangen genommen. Von 1153–1214 wurde Yanjing, das heutige Peking, zur Hauptstadt des Jin-Reichs und in Zhongdu (»zentrale Hauptstadt«) umbenannt. Die Anhänger der Song-Dynastie flohen nach Süden und machten zunächst die Stadt Nanjing zur Hauptstadt der südlichen Song-Dynastie (1127–1279), später verlegten sie den Sitz nach Lin'an (in der Nähe des heutigen Hangzhou, ➤ *Lin'an*). Die Song-Dynastie im Süden konnte sich noch hundertfünfzig Jahre halten. Der Song-Kaiser hatte die Aufgabe, das Reich zu konsolidieren und weitere Vorstöße der Jurchen zurückzuschlagen, die bis zum Jangtse-Fluss vordrangen. Nach anfänglichen Erfolgen wurden jedoch alle Anstrengungen, den Norden zurückzuerobern, aufgegeben. Im Jahr 1276 wurde die Herrschaft der südlichen Song-Dynastie mit der Eroberung Hangzhous durch die Mongolen beendet. Diese begründeten die Yuan-Dynastie (1279–1368).

Der »Süden«

Jiangnan (江南), ein Begriff, der von den Helden des Romans immer wieder verwendet wird, bedeutet wörtlich »südlich des Flusses« und meint vor allem den chinesischen Südosten mit dem Flusslauf des Jangtse als natürlicher Grenze zu Nordchina und damit den heutigen Provinzen Anhui, Zhejiang und Jiangxi. Durchzogen von zahlreichen Flüssen und Kanälen, gehörte die wasserreiche Gegend schon immer zu den fruchtbarsten und grünsten Regionen Chinas (»Land von Fisch und Reis«), und ihre Einwohner, insbesondere die Frauen, galten im kaiserlichen China als besonders liebreizend und elegant. Wenn vom »Süden« die Rede ist, ist daher weniger ein geografischer als ein kulturhistorischer Ort gemeint.

Tael

Ein Tael ist eine nicht mehr gebräuchliche chinesische Währungseinheit, ein Silberstück, dem zehn Mace, hundert Kandarin und tausend Käsch (Messing- oder Kupfermünzen mit einem Loch in der Mitte, um sie an Schnüren zu tragen) entsprechen.

Tempel der Kindespietät

(➛ *Konfuzianismus*)

Trigramme

(➛ *Buch der Wandlungen*)

Vogel Peng

Zu Beginn des philosophischen Werks *Zhuangzi* (im Deutschen bekannt unter *Das wahre Buch vom südlichen Blütenland*), neben dem *Daodejing* das bedeutendste Werk des Daoismus (➛ *Daoismus*), erzählt der Autor die Parabel vom Fisch Kun, der sich in den Riesenvogel Peng (鵬) verwandelt, dessen Flügel den ganzen Himmel bedecken. Mit einem einzigen Flügelschlag verursacht er Stürme. Das auch heute noch gebräuchliche Sprichwort *peng cheng wan li* (鵬程萬里, »der Vogel Peng fliegt zehntausend Meilen weit) bedeutet so viel wie: »verheißungsvolle Zukunft«.

Xi Shi

(➛ *Fan Li* und *Xi Shi*)

Xiao

Die *Xiao* (簫) ist eine chinesische Bambus(längs)flöte. Sie umfasst zwei Oktaven und hat in der Regel fünf Fingerlöcher und ein Daumenloch. In Japan ist dieselbe Flöte unter dem Namen *Shakuhachi* bekannt.

Yang Zaixing
(➛ *Guo Sheng* und *Yang Zaixing*)

Yue Fei
Yue Fei (岳飞, 1103–1141) ist als Heerführer des südlichen Song-Reichs nach der Teilung des Reichs 1127 als tragischer Held in die chinesische Geschichte eingegangen. Die erfolgreichen Feldzüge des Generals gegen die Jin-Eroberer wurden von Kräften am Hof sabotiert, die eine friedliche Koexistenz mit den Jin befürworteten. Wegen angeblichen Hochverrats wurde Yue Fei inhaftiert und schließlich im Kerker ermordet. Seither wird der Feldherr in zahlreichen volkstümlichen Romanen und Theaterstücken bis in die Gegenwart zum patriotischen Märtyrer verklärt.

Zao Jun (➛ *Zhong Kui*)

Zhang Yuhu
Zhang Yuhu war der Künstlername des Dichters und Kalligrafen Zhang Xiaoxiang (張小項, 1132–1170). Als Beamter am Hof der Südlichen Song-Dynastie (➛ *Song-Dynastie*) schlug er sich auf die Seite des verfemten und eingekerkerten Generals Yue Fei (➛ *Yue Fei*) und forderte, die von den Jin eroberten Gebiete Nordchinas zurückzuerobern.

Zheng
Die *Zheng* oder *Guzheng* (古筝) ist eine chinesische Wölbbrettzither und ein typisches Instrument der klassischen chinesischen Musik. Im Unterschied zu der wie eine Laute gespielten *Guqin* hat sie bewegliche Stege und einen kräftigeren Klang als die helle *Qin*. Sie hat zwischen 5 und 21 Saiten aus Seide, Kupfer oder Stahl und ist in der Regel aus Holz – eine »eiserne Zheng«, wie im Roman beschrieben, ist historisch nicht belegt.

Zhong Kui, Pan Guan, Zao Jun

Die chinesische Literatur verfügt nicht anders als die europäische über einen großen Schatz an Mythen, Volkssagen und Märchen, in der unzählige Götter- und Geisterwesen, Feen und Dämonen eine Rolle spielen. Die gruseligen Masken, die Huang Rong als Geschenk für Zhou Botong ersteht, kann man sich als Vorläufer der Masken der (erst später entstandenen) chinesischen Oper vorstellen.

Joe Abercrombie

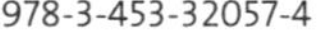
978-3-453-32057-4

HEYNE
JOE ABERCROMBIE
»EIN RACHE-EPOS, DAS MICH VON DER ERSTEN SEITE AN GEPACKT HAT!«
GEORGE R. R. MARTIN
KÖNIGS SCHWUR
ROMAN

978-3-453-31599-0

Kriegsklingen
978-3-453-32057-4

Feuerklingen
978-3-453-31477-1

Königsklingen
978-3-453-32064-2

Racheklingen
978-3-453-52522-1

Heldenklingen
978-3-453-52523-8

Blutklingen
978-3-453-31483-2

Schattenklingen
978-3-453-31806-9

Zauberklingen
978-3-453-31533-4

Friedensklingen
978-3-453-31534-1

Silberklingen
978-3-453-31535-8

Königsschwur
978-3-453-31599-0

Königsjäger
978-3-453-31600-3

Königskrone
978-3-453-31601-0

Leseproben unter **www.heyne.de**

HEYNE <

Bernhard Hennen

Die Elfen

Der große Fantasy-Klassiker in exklusiver Prachtausgabe mit ganzseitigen Farbillustrationen, neuem Kartenmaterial und spektakulärer Veredelung

978-3-453-53494-0

Leseprobe unter **www.heyne.de**

HEYNE

Peter V. Brett

Manchmal gibt es gute Gründe, sich vor der Dunkelheit zu fürchten …

Peter V. Bretts Dämonensaga – ein Epos vom Weltrang des »Herrn der Ringe«

978-3-453-52476-7

Die Romane

Das Lied der Dunkelheit
978-3-453-52476-7

Das Flüstern der Nacht
978-3-453-52611-2

Die Flammen der Dämmerung
978-3-453-52474-3

Der Thron der Finsternis
978-3-453-31573-0

Das Leuchten der Magie
978-3-453-31574-7

Die Stimmen des Abgrunds
978-3-453-31938-7

Der Prinz der Wüste
978-3-453-31811-3

Die Erzählungen

Der große Bazar
978-3-453-52708-9

Das Erbe des Kuriers
978-3-453-31682-9

Selias Geheimnis
978-3-453-31970-7

Alle Erzählungen in einem Band

Das Feuer der Dämonen
978-3-453-32053-6

Leseproben unter **www.heyne.de**

HEYNE <